JENSEITS DER NEBELWAND
DER TRAUM VON KABAKON

Jörgen Bracker

JENSEITS DER NEBELWAND
DER TRAUM VON KABAKON

Historischer Kriminalroman

elbaol verlag hamburg

FSC
www.fsc.org
MIX
Papier aus verantwortungsvollen Quellen
Paper from responsible sources
FSC® C105338

Impressum

Überarbeitete und ergänzte Ausgabe
(Ersterscheinung 2011 im Wachholtz-Verlag unter dem Titel
HINTER DER NEBELWAND)

Rechte für diese Ausgabe:
elbaol verlag hamburg
www.elbaol-verlag-hamburg.de

Titelmotiv: Joachim Staugaard

Autorenporträt Rückseite: romanus fuhrmann

Illustrationen: s. Abbildungsverzeichnis S. 338

Umschlaggestaltung, Druck, Fertigung und Vertrieb:
BoD GmbH, Norderstedt

ISBN 978-3-939771-83-8

EUR 13,99

Inhalt

Skylla und Charybdis – und der Traum von Kabakon

Mein Westküsten-Krimi „HINTER DER NEBELWAND“ hatte 2011 das Licht der Welt erblickt und – wegen zwei hoffnungslos ineinander verknallter Jungs – mehr beiläufig das Paradies deutscher Nestflüchter, Kabakon, die Sehnsuchtsinsel in der Südsee, gestreift.
Da rührten zwei große Romanciers die Herzen spät-kolonialistischer Kreuzfahrer: Christian Kracht und Marc Buhl. Dazu gelang es ihrem Rezensenten, Denis Scheck, eine Diskussion über das Flair der Insel und ihre Verwandlung in ein Zentrum „kokovinistischer“ Lebensformen durch August Engelhardt zu entfachen. Beide Romanciers verfehlen nicht, die explodierenden Lustgefühle solcher Kabakon-Reisenden zu beschreiben, die es sich leisten, einige Tage dort als Nudisten aufzutreten und einheimische Knaben brutal zu vergewaltigen. Täter? Die auf Kabakon gerichteten Sehnsüchte mancher ohn‘ eigne Schuld verkrachter Existenzen – so die jener HINTER DER NEBELWAND sich abstrampelnden Kieler Jungs – fehlen. Kabakon beseelt die Hoffnungen jener von der Gesellschaft Ausgeschwitzten auf ein normales Leben, weit weg von der verlogenen Prüderie des Kaiserreichs! Die beiden Romane (s. o) regten mich an, den vergriffenen Auflagen der NEBELWAND eine dritte Edition mit dem Ziel zu gönnen, dem Schicksal dieser Jungs nachzuspüren, die durch sozial „würgsame“ Beschränkungen, die den mythischen Riesenschlangen ‚scylla et charybdis‘ ähneln, in Todeangst versetzt werden. Sie müssen fliehen, stehlen ein Schiff und werden, ehe die Ausreise beginnt, plötzlich vor die Wahl gestellt, sich den Seeweg nach Kabakon frei zu schießen oder in Kiel zu verrotten.

Hamburg. im August 2020

Jörgen Bracker

Jetzo entstiegen der Fluth dichtwimmelnde
Robben, und ringsum streckten sich alle
gereiht am Wogenschlage des Meeres.

(Homer, Odyssee)

Schiffstaufe mit Nachschlag

Donnerstag, 25. Mai 1911

Es war alles ein wenig anders gewesen: Von Westen her zog ein giftiges Blau die Niederelbe herauf. Die Sonne zerbiss die Wolken und machte den über Land und Wasser gebreiteten nebelgrauen Schleier verdampfen. Die Watten, die Deiche, die Marschen funkelten vor Nässe. Ganz Süderdithmarschen trumpfte mit feuchten Farben. Den eher musisch und literarisch gebildeten Landarzt Dr. Frank Wittenborg aus Kronprinzenkoog hatte man zur Mitfahrt auf dem Kutter LISA des Altfischers Jens Ohm aus dem Kaiser-Wilhelm-Koog freundlichst drängen müssen. Sie erreichten frühzeitig und vor allen anderen Gästen den Werftplatz. Wittenborg sprang als erster an Land und brachte, weil er auch vom Segeln etwas verstand, an dem vorgesehen Liegeplatz die Festmacherleinen aus. Sodann nahm er den neuen Kutter, der heute feierlich getauft und seinem Element übergeben werden sollte, etwas gründlicher unter die Lupe. Das neue Boot war aus der Halle herausgerollt worden, getragen von einer auf Schienen laufenden Werftlore, und stand am oberen Rand der Uferböschung. Nach Wegnahme der Bremsklötze würde es nur eines geringen Anstoßens bedürfen, die Lore in Schwung zu versetzen und mit dem Kutter auf dem Rücken in die Stör hinabrauschen zu lassen. Den Mast hatte man bereits am Vortag gestellt. Auch das frische Namensschild war am Heck befestigt und mit einem Tuch sicher abgedeckt worden, um vorwitziger Skopophilie der ewig neugierigen Nachbarschaft einen Riegel vorzuschieben. Noch rührte sich auf der Werft keine Hand. Frühestens in einer halben Stunde erwartete man die ersten Gäste. Mit auffälliger Wissbegier für all die technischen Details beäugte Dr. Wittenborg indessen die aus kräftigem Balkenwerk bestehende Trägerkonstruktion, die dem Kutter den notwendigen Halt auf der Lore gab. Man hätte leicht auf den Gedanken verfallen mögen, dieser Herr da sei ein Spezialist aus dem Konstruktionsbüro der Werft und verantwortlich für ein fehlerfreies Funktionieren des Stapellaufes. Dazu passte jedoch der eher städtisch elegante Habit nicht so ganz.

Stapellauf auf der Kutterwerft der Elbinsel Krautsand

Dr. Frank Wittenborg war eine schlanke Erscheinung, von mittelgroßem Wuchs. Das dichte, schwarzbraune Haar trug er kurz geschnitten und nach rechts gescheitelt. Eine widerborstige Strähne, stets aufs Neue bekämpft, rutschte ihm ab und zu in die Stirn. Die Vierzig hatte er gerade überschritten. Die grauen Augen unter den buschigen Brauen sandten Zuversicht und Verlässlichkeit aus.

„Guten Morgen, Herr Doktor Wittenborg!“, drang es von der Seite her zu ihm hinüber.

„Ach, Herr Behr – Sie! Auch Ihnen einen Guten Morgen! Für Sie ein sehr besonderer Morgen, nicht wahr? Ein erhebendes Gefühl, nicht wahr? Gestern noch Maat bei der Kaiserlichen Marine, heute schon angehender Fischersmann beim Stapellauf des ersten eigenen Kutters? Da darf man Sie wohl schon beglückwünschen!"

„Warten Sie's man ab, Herr Doktor Wittenborg! Das mit den Glückwünschen am frühen Morgen ist immer so 'ne Sache. Die Büsumer Fischer wird's freuen, mal wieder einen Kutter mehr gegenüber den aus Ostpreußen zugezogenen Konkurrenten aufbieten zu können. Es gab schon erste Anfeindungen deswegen, dass wir vom Vorbild ihrer Keitelkähne erst lernen mussten, wie man den Keitelbaum zu einem Kurrenbaum umfunktionieren kann und wir Dithmarscher auf diesem Wege unsere Krabbenfischerei vom Kutter aus erst richtig ertragreich gestalten können."

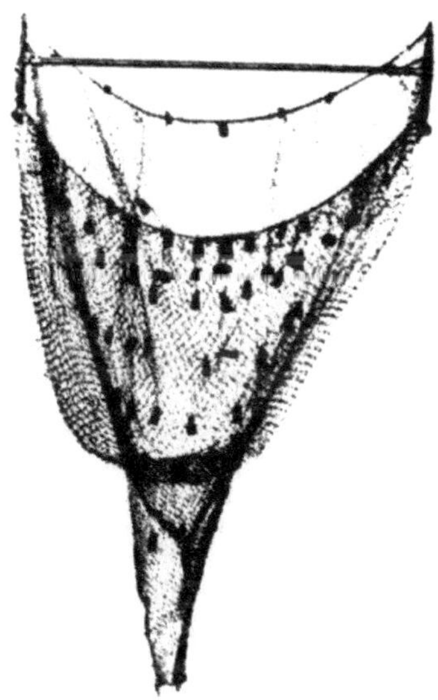

Keitelgarn und Keitelbaum. Zwei kürzere, seitliche Querspieren am Baum, halten das Netz offen.

Der Arzt kannte ihn gut, den bedächtigen Jungfischer aus Eckstedt, dem kleinsten Ort im Kaiser-Wilhelm-Koog, tüchtig in seinem Beruf, kein Mann vieler Worte. Jetzt stellte er eine Leiter an das aufgebockte Schiff. Und wie Wittenborg ihn dann so die Leiter auf entern sah, musste er sich eingestehen, dass dieser junge Mann seinen Konkurrenten gegenüber im Wettstreit um die Gunst des weiblichen Geschlechts einige körperliche Präferenzen vorzuweisen hatte, um die jene ihn mit Recht beneideten: hochgewachsen, breitschultrig, strohblond; und immer wieder die treu und friedliebend dreinblickenden, blauen Augen! Kein Wunder, dass ihm die Frauen im Koog nur so hinterherliefen.

Nun stand Karl Theodor Behr oben an Deck. Er bückte sich, hob eine schier endlos lange Reihe aneinander geknoteter Signalflaggen auf und ließ sie prüfend durch die Hände gleiten. Die letzte Flagge in der Reihe befestigte er am Bug und zog die bunt flatternde Wimpelschlange mithilfe einer Flaggenleine über die Mastspitze und dann wieder zum Heck des Kutters. Danach stieg er die Leiter hinunter und betrachtete aus einiger Entfernung sein Œuvre. Nicht heiter, wie man es an einem solchen Tag hätte erwarten dürfen – eher abwartend, verloren stand er da, ein wenig linkisch bemüht, die Hände unter den Achseln zu verbergen.

Das frisch angemalte Schiff aber machte, nunmehr über dieToppen geflaggt, einen umwerfenden Eindruck. Es fehlte nur noch die Girlande aus Tannengrün und frischen Blumen. Diese würde gleich von der Taufpatin und ihrer Familie herbeigeschafft und in hängenden Buchten feierlich um den Bug gelegt werden. Für die Taufpatin hatten die Mitarbeiter der Werft ein Podest mit Balustrade gezimmert, damit sie von dort oben die Flasche mit dem Champagner gegen den Bug schleudern möge.

Mittlerweile hatten sich zahlreiche Gäste eingefunden – Berufskollegen, Handwerker, Mitglieder der Freiwilligen Feuerwehr und Honoratioren – um dem festlichen Ereignis bei Bier, Schnaps und Kartoffelsalat den passenden Rahmen zu verleihen. Es war eben noch immer etwas Besonderes, einen neuen Büsumer Kutter vom Stapel laufen zu sehen und eine Schiffstaufe mitzuerleben!

Lauter fröhliche Gäste waren da beisammen, aber niemand, kein einziger, nicht einer von diesen allen, ahnte das schreckliche folgenreiche Gesche-

hen voraus, dass ihnen noch bevorstand und die allgemeine Heiterkeit von einem zum nächsten Augenblick in pure Angst verwandeln sollte!
Noch standen da der Fabrikant Hugo Nonnenwort, seine Ehefrau und seine Tochter Marga stolz in der ersten Reihe. Sie unterhielten sich mit Karl Theodors Eltern, redeten und lachten. Karl Theodor reihte sich endlich neben Marga ein, gab ihr die Hand und zwinkerte ihr zu. „Nur Mut, Marga!", bellte er heiser hervor. „Wir ziehen das jetzt durch!" Marga kicherte noch ein klein wenig in sich hinein und wurde ganz rot dabei.
Jungfischer Behr hatte in der vergangenen Woche noch einmal im Hause des Fabrikanten Nonnenwort vorgesprochen, ob die anteilige Finanzierung des Kutters durch die Fischkonservenfabrik auch wirklich in Ordnung gehe. Zu diesem Zweck hatte er seinen besten Anzug angezogen und voller Stolz dem großen Unternehmer gegenüber unterstrichen, dass er den von der Werft im Voraus verlangten Grundbetrag aus eigenen Ersparnissen zusammengebracht habe. Wegen der Kreditierung aller folgenden Raten durch Nonnenwort wie auch wegen der Höhe der Zinsen und der Vereinbarung bindender Lieferverträge, die eine Abgabe sämtlicher Krabbenfänge Behrs an Nonnenwort vorsahen, war man sich seit Beginn der Bauarbeiten an dem Kutter einig gewesen. Doch – wenn dem so war, warum mochte ihm der Alte gerade heute nicht klar in die Augen sehen?
Gegen Ende des Gesprächs hatte Hugo Nonnenwort dem Jungfischer einen scheinbar kleinen, leicht erfüllbaren Gefallen abgerungen: Es würde seiner Tochter Marga eine besondere Freude bereiten, einmal im Leben einen Kutter taufen und sich einen schönen Taufnamen ausdenken zu dürfen.
Als Taufpatin sei sie ihm schon recht, seine ehemalige Klassenkameradin, hatte Karl Theodor Behr dem beigestimmt – nur den Namen für das Schiff würde er, der Schiffer, selbst auswählen. Nonnenwort hatte daraufhin sanft genäselt: „Dann werde ich es mir noch erlauben, dem Schiff ein Namensschild zu stiften und an diesem Ehrentag die Kosten für die Getränke zu übernehmen!"

Heute trug er, der Jungfischer, zum ersten Mal einen schwarzen Bowler auf dem Haupt – wie es dem Schipper und Eigner eines Kutters zukommt – dazu wieder den dunklen Anzug aus schwerem Stoff und ein paar Maiglöckchen im Knopfloch. Die Ärmel des Anzuges hätten nur gern ein wenig länger sein dürfen, um seine auffallend großen Hände – denen er seinen Necknamen ‚Flosse' verdankte – nicht so einsam hervorlugen zu lassen. Mit seiner Ruhe war es nicht weit her. Die scheelen Blicke Nonnenworts? Er spürte, dass Ungewöhnliches geschehen werde. Vor Aufregung tanzte sein Kehlkopf Polka, den schlanken Hals immer auf und ab, wie Dr. Wittenborg – mit dem dazu passenden Rhythmus im Kopf – amüsiert feststellte.
Durchaus frei und selbstbewusst hielt sich dagegen Marga an Karl Theodors Seite – sie ergriff jetzt seinen Arm. Mein Gott! Dem Arzt stockte der Atem: Was für eine hinreißende junge Frau – die wandelnde Versuchung!, fand er. Die leicht vom Wind geröteten Wangen verliehen Margas Gesicht einen frischen, fröhlichen Ausdruck. Jede noch so kleine Erregung teilte sich sofort durch zarte Einfärbungen des sonst so makellosen, milchig-weißen Teints mit. Ihre leuchtend blauen Augen blickten wach und aufmerksam. Das kupferrote lange Haar trug sie streng nach hinten gekämmt und zu einem Zopf geflochten, der im Nacken zu einer großen Schnecke zusammengefasst war. Das bodenlange Kleid aus hellblauem Taft lag eng an und fiel erst unterhalb der Knie in weiten Schlitzen auseinander. – Der Fischkonservenfabrikant musste sehr wohlhabend sein, wenn er seiner Tochter für diesen einmaligen Auftritt bei einer Schiffstaufe, der zudem nur wenige Minuten dauerte, eine solch extravagante Robe schenken konnte!
Noch vor seiner Tochter erklomm der Fabrikant selbst das Taufgerüst. Der mittelgroße, dünne Mann mit kleinem Kopf und einem verdorrten Gesicht, einem Kneifer und schneidig frisiertem Mittelscheitel präsentierte sich in einem Cutaway mit grauer Weste; dazu trug er die standesgemäß obligatorische, weiße Hemdenbrust. Er verbeugte sich auf dem Podest nach allen Seiten und wedelte mit weißen Glacéhandschuhen in seiner Rechten, um sich Gehör zu verschaffen. Aller Blicke richteten sich auf ihn. Es wurde still.

Nonnenwort näselte distinguiert: „Meine Damen und Herren, liebe Familie Behr, werte Gäste aus nah und fern! Wundern Sie sich bitte nicht, ausgerechnet mit meiner Wenigkeit zu Beginn dieser feierlichen Schiffstaufe für einen Augenblick vorliebnehmen zu müssen. Ich erlaube mir, Sie in aller Bescheidenheit und im Namen des künftigen Schiffseigners – des Jungfischers Karl Theodor Behr – an dieser Stelle auf das Herzlichste zu begrüßen. Diese Aufgabe fällt nach Gebühr einem Angehörigen der jeweiligen Taufpatin zu. Und wer ist die heutige Schiffspatin? Ich verrate es Ihnen: Es ist Marga Nonnenwort, meine geliebte Tochter. – Und wer hat sie zur Taufpatin bestimmt? Kein anderer, als der ihr innigst zugetane Jungfischer, unser lieber Karl Theodor Behr. Marga wird nach wenigen Wimpernschlägen die Taufe von hier aus vornehmen."

Man nannte Gustav Junges Werft „Die Kutterschmiede von der Küste" Ein zweimastiger Kutter aus Finkenwerder mit der Fischereinummer HF 211 liegt im Vordergrund.

Was beabsichtigte Nonnenwort mit seiner übertriebenen Aufdringlichkeit? Der fuhr fort: „Und nun, liebe Freunde bitte ich meine Tochter Marga zu mir aufs Podest."

Marga stieg die Stufen hinauf, raffte mit der Linken sorgsam das Taftkleid über die Knie, wobei Kaskaden breiter Spitzen des Unterrocks und ein wohlgeformtes Bein sichtbar wurden. „Ein Hoch auf die Taufpatin!", krächzte Nonnenwort mit heiserer Stimme. Alles brüllte: „Hoch, Hoch!" und die Rufe „Vivat! Vivat!" wollten kein Ende nehmen. Nonnenwort verbeugte sich nach allen Seiten hin und überließ seine Tochter dem tosenden Beifall. Er stieg eine Stufe abwärts, winkte mit beiden Armen einen der Hilfskellner heran und bat um zwei Gläser Champagner. Er stellte er sich wieder neben seine Tochter, drückte ihr ein Glas in die Hand und bedeutete der Menge, dass er noch etwas sagen wolle. „Liebe Freunde, liebe Familie Behr! Nun wird meine Tochter den Taufspruch hersagen, das Namensschild am Heck des Kutters aufdecken und schließlich den Taufakt vollziehen. Sobald sie das Namensschild aufdeckt, wird sie aller Welt offenbaren, dass dem künftigen Eigentümer des Kutters heute noch eine besondere Freude bevorsteht. Er wird ein Schiff übernehmen und sich gleichzeitig verloben, ja schlussendlich die Braut in seine Arme schließen. – Nun, liebe Marga, wollen wir den Taufspruch hören." Marga trat nach vorn, zauberte mit einem schnellen Griff einen kleinen Zettel aus dem Ärmel und las:

„Fahre weit aufs Meer hinaus,
Bring dem Schiffer Glück!
Bring viel Krabben mit nach Haus
Und den Mann zurück!"

Sie wendete sich zum Schiff um und riss die Abdeckplane vom Heck. Erstaunt und erfreut lasen die Gäste auf einem Schild aus naturfarbenem Eichenholz in goldenen Lettern den Namen MARGA.

„Nun ist es heraus, werte Gäste!", kreischte Nonnenwort, und seine Stimme überschlug sich dabei. „Ich habe die Ehre, das Fest des Stapellaufs mit der

Bekanntgabe einer Verlobung zu schmücken. Es gibt da zwei junge Leute, die schon seit Jahren einander gut sind und keinen sehnlicheren Wunsch hegen, als von nun an für alle Zeit zusammen zu bleiben. – Liebe Familie Behr, euer tüchtiger Sohn Karl Theodor möchte, wie mir sein Vater in Vorgesprächen versicherte, meine über alles geliebte Tochter Marga so schnell wie möglich zum Traualtar führen. Diesem Wunsch kann und möchte ich mich nicht verschließen, zumal auch meine Tochter, wie ich von ihr persönlich weiß, nur diesen und sonst keinen zum Ehemann begehrt. Ich darf Sie, meine verehrten Anwesenden, bitten, mit mir auf das junge Paar anzustoßen – Prosit, zum Wohle!"

Stolz wie ein Pfau stelzte er von dem Gerüst herunter, indem er auf jeder Stufe innehielt und der in fröhliche Stimmung geratenen Gesellschaft zuprostete. Am Fuße der Treppe blieb er stehen, um von dort den Taufakt zu beobachten. Die Honoratioren drängten nach vorn, um den Eltern und Karl Theodor zu gratulieren. Der aber rührte sich nicht vom Fleck, schaute über die Gäste hinweg und ballte seine großen Hände unter den Achseln zu Fäusten, als wüsste er im Voraus, wogegen es sich zu wehren galt! „Sturer Bock!" – „So eine Frechheit!" – „Seine Braut lässt er da oben stehen und tut so, als ob ihn die Verlobung gar nichts anginge!", murmelten einige der Anwesenden verärgert. Andere schauten auf Marga, um nicht zu verpassen, wie sie wohl auf das eigenartige Verhalten ihres Verlobten reagieren würde. Marga hatte jedoch gar nichts davon mitbekommen. Sie war viel zu sehr mit der Vorbereitung des Taufaktes beschäftigt, indem sie schon einmal die von der Fabrik gelieferte Sektflasche wurfgerecht in die Hand nahm. Auf ein Zeichen des Werftbesitzers Torben Hansen packte sie die Flasche fester und rief fröhlich: „Ich taufe dich auf den Namen MARGA, der dem Schiff, dem Fischer und uns beiden Verlobten Glück bringen soll!"

Flosse zitterte und bebte – er vermochte kaum mehr, an sich zu halten. Sie also auch! Ein abgekartetes Spiel! Alle waren informiert, nur ihn, Flosse – den ins Auge gefassten Bräutigam – hatte man außen vorgehalten.

Die Flasche flog, noch während er dies dachte. Sie flog, sie knallte gegen den Bug, blieb aber ganz und fiel neben dem Schiff herab auf scharfkantige Steine. Ihr Hals zerplatzte und der köstliche Inhalt spritzte und zischte über den Schotter zwischen den Gleisen. Welch böses Indiz! Ehe sie recht bemerkte, wie es jetzt weitergehen würde, wurde sie von zwei Werftarbeitern gepackt und vom Podest gehoben. Ein unheimliches, schnell heftiger werdendes Geräusch näherte sich aus Richtung der Elbe – ein gräuliches Schlurfen und Saugen. Dann war sie zu erkennen, die sich zum Himmel windende graue Säule – eine Windhose! Die mit beachtlicher Geschwindigkeit die Stör heraufegte, schon in das Werftgelände einfiel und alles, was nicht niet- und nagelfest war, in sich aufsog und durch die Luft wirbelte. Im nächsten Moment erfasste sie auch das Podest und schleuderte es gegen das frisch getaufte Schiff.
Der neue Kutter kippte samt der ihn tragenden Balkenkonstruktion mit der Werftlore von den Gleisen und krachte auf die Steine. Den Honoratioren wurden die Hüte vom Kopf gerissen – diese wirbelten durch die Luft, segelten gen Himmel und kreisten dort oben, um sich dann schließlich in den Zweigen der umstehenden Bäume zu verfangen, auf dem Werftplatz zu landen oder aber auf der Stör davonzutreiben. Die ihrer Kopfbedeckungen Beraubten rannten fluchend hinterher, ihr Eigentum möglichst wieder einzusammeln. Eine Kiste mit Sägespänen war umgestürzt, ihr Inhalt formierte sich zu einer dicken Luftschlange, die ebenfalls hinauf in den Himmel schoss, dann aber wieder fauchend herabstieß, die Menge der Gäste umkreiste und schließlich – über deren Köpfen zerplatzend – herab rieselte, um sich auf den Hüten und Mützen, den Röcken und Mänteln zu verteilen. Die in Päckchen zusammen am Werftkai liegenden Gastschiffe schlugen gegeneinander und zerrten an den Festmacherleinen. Eines riss sich los und trieb nur deshalb nicht davon, weil beim Tidenwechsel der Flutstrom auf der Stör gerade zum Stillstand gekommen war.
Marga starrte fassungslos auf ihren von oben bis unten mit Sägemehl eingestaubten Vater. Ihr Kleid war an den Seiten aufgerissen, sodass die dekorati-

ven Schlitze jetzt fast bis zu den Achselhöhlen hinaufreichten. Mutter Behr, die sich recht schnell wieder gefasst hatte, sah das Unglück und half der jungen Frau, die sie rings umflatternden Stofffetzen zumindest notdürftig zu verschließen. Dann schlich Marga weinend auf Karl Theodor zu, der ihren Nöten jedoch kaum Beachtung schenkte, weil der Zorn – ausgelöst durch des Herrn Nonnenworts Intrige – in ihm überkochte und er noch nach einer passenden Antwort suchte: die Windhose! Der junge Behr schien auf ein solches Zeichen des Himmels nur gewartet zu haben. Er schleuderte den Bowler in den Wind und griff nach einer Axt, die neben dem Schiff lag. Mit einem Riesensatz sprang er auf die umgestürzte MARGA. Mit wahllos ausgeteilten Axthieben zerkleinerte er das Balkenwerk des Trägergerüstes, um sein Schiff darunter freizulegen. Er glich einem Berserker, wie er mit seinen langen Armen und Beinen auf den Außenplanken des Schiffs herumwirbelte und um sich schlug. Dann fiel er auf die Knie, hob das Gesicht gen Himmel, verdrehte die Augen und stützte das Kinn auf die Fingerspitzen der zum Gebet zusammengelegten Hände. Was dann seiner Kehle entfuhr, klang nicht nach einem Gebet. Bitter spie er jedes Wort einzeln heraus:
„Lieber Gott! Hältst Du Gerichtstag über uns? Wie groß ist meine Schuld, dass Du mein Schiff zerstörst, obwohl ich es für meine Arbeit brauche? Was habe ich verbrochen, dass Du mich mit einer Verlobung strafst, an deren Zustandekommen ich nicht beteiligt war? Alle wussten davon, wieso nur ich nicht? Was habe ich denn getan?“
Dr. Wittenborg und einige Damen und Herren in der ersten Reihe hielten tapfer ihre Mienen im Zaum. Manche reagierten entsetzt, andere versuchten, ein Grienen zu unterdrücken. Die meisten aber hatten diese gen Himmel gebrüllte Anklage gar nicht gehört, weil sie damit beschäftigt waren, ihre Mäntel und Joppen abzuklopfen, sich mit Taschentüchern den Staub aus den Gesichtern zu wischen und einander die Sägespäne aus den Haaren zu klauben.
Noch während die Taufgäste versuchten, sich von der himmlischen Entzauberung dieser nach Gutsherrenart verordneten Verlobung zu erholen, flog

aus dem dicht wogenden Reet am gegenüberliegenden Uferrand der helle Singsang einer Knabenstimme herüber – so herb und so traurig, als käme sie aus einer anderen Welt:

„Verliebt, verlobt und bald getraut?
Wer nimmt denn jetzt die Nebelbraut?“

Die Gäste blickten sich beunruhigt um. Wer sang da? Was hatte dieser Vers zu bedeuten? Und wer war mit der ‚Nebelbraut‘ gemeint?
„Ah!“, rief da ein blasierter Schlaks in Polizeiuniform. „Die ‚Nebelbraut'? Der meint wohl Flosses Polackin, die Mandrukeitsche!“
Es entstand ein allgemeines Durcheinander. Nonnenwort, ziemlich zerzaust, trat noch einmal vor, besann sich, reinigte seine Brille und drehte sich – dabei immer über die Schulter zurücklinsend – mehrmals im Kreis. Dann hob er den Blick gen Himmel, als suche er den Rat des Schöpfers, und zog dabei ganz in Gedanken das Futter seiner Hosentaschen heraus, wodurch er erneut kleine Staubwölkchen auslöste. Endlich war er soweit, wusste, was zu tun war: „Der Doktor, der Doktor muss her!“, rief er. „Der junge Behr verfällt dem Wahnsinn! Der Arme ist nicht mehr bei Trost – er faselt nur noch Unsinn. Wo bleibt denn der Doktor? Mein Gott, Herr Doktor Wittenborg, seien Sie so gut, bitte helfen Sie ihm ...!“
Dr. Wittenborg stutzte, da er sich im vorliegenden Fall beileibe nicht gefragt sah – medizinisch bestand hier kein Handlungsbedarf. Dennoch machte er sich auf den Weg durch die Trümmer. Einmal mehr bückte er sich knapp, um den verbeulten Bowler von der Erde aufzuheben, den Flosse sich beim Sprung auf das Schiff vom Kopf gerissen hatte.
Die Gäste verfolgten stumm Wittenborgs Bemühungen um den jungen Behr. Der Arzt redete diesem gut zu und klopfte ihm auf die Schulter, als wollte er sagen: ‚Nun lass mal das Theater und beruhige dich wieder! Du bist hier nicht der einzige Betrogene.‘ Er zeigte zu Marga hinüber – vermutlich, um ihm zu bedeuten, sich auch einmal in ihre Lage zu versetzen. Schließlich bot er ihm die Hand und zog ihn von seinem Schiff herunter.

Dann nahm Wittenborg den Bowler in beide Hände, stieß mit der Faust die Beule heraus, dass es nur so bufft e, wischte mit seinem Taschentuch ein paar Spritzer von diesem edlen Statussymbol und überreichte ihn dem Eigentümer. Flosse drehte den Hut zwei Seufzer lang unschlüssig in den Händen, dann setzte er ihn wieder auf und griente unverschämt bissig. Ein Aufatmen ging durch die Reihen und einige der Gäste klopften sogar schüchtern Beifall.

Marga stand immer noch da, bekümmert und stumm. Sie begriff nur halb, wollte auch gar nicht verstehen, was hier vor sich ging. Sie war erst gestern Abend von Altona nach Hause zurückgekommen und von ihrem Vater mit der freudigen Nachricht von der Verlobung überrascht worden. Erst hatte sie es gar nicht glauben wollen, dass Flosse um ihre Hand angehalten habe, weil der sich doch für eine andere interessierte, wie sie nur zu gut wusste. Aber ihr Vater hatte darauf beharrt und weiterhin behauptet, alle Beteiligten seien einverstanden und freuten sich auf die Verlobung. Da war sie ihrem Vater vor Glück um den Hals gefallen.

Und nun dieser Absturz! Alles Lug und Trug! Ein schneidender Schmerz bemächtigte sich ihrer – ein Schmerz, wie sie ihn zuvor noch nie empfunden hatte und wie er ihr bisher auch noch von niemandem zugedacht worden war. Was hier vor sich ging, überstieg ihre Phantasie. Tat Flosse nur so, als ob er von nichts wüsste? Oder hatte ihr Vater tatsächlich, ohne Flosse ins Boot zu holen, die Verlobung verkündet? Sie sah sich benutzt und schäbig bloßgestellt. Sie musste sich zusammennehmen – sie wollte nicht weinen, sie wollte stark sein.

Die Schiffbauer machten sich über den verunglückten Kutter her, um etwaige Beschädigungen in Augenschein zu nehmen und den gegenwärtigen Zustand zu sichern, sowie auch, um Folgeschäden abzuwehren. Bald schon ließen ihre Mienen und beschwichtigenden Gesten darauf schließen, dass der Kutter wie durch ein Wunder beinahe unversehrt geblieben war.

„Hat dscha noch ma gut gegangen“, kommentierte einer von ihnen dieses Glück im Unglück.

Zur Beruhigung der Gäste dieser misslungenen Taufe konnten diese Beschwichtigungen jedoch kaum beitragen. Viele ließen ihrem Unbehagen freien Lauf:

„Das Schiff möchte ich nicht geschenkt, daran wird er keine Freude haben!"

„Ein Onglöcksschüff ..."

So wurde überall getuschelt.

Torben Hansen ging auf Flosse zu und legte ihm den Arm um die Schultern. „Guck noo vörn, Seemann! Alles halb so schlimm. Morgen steht das Schiff wieder auf der Lore, als wäre nichts geschehen. Dann wird's noch einmal übergemalen und denne rauscht's ab ins Wasser. In vier Tagen kannst du dir dein Schiff abholen und nach Eckstedt überführen. Verlass dich drauf!"

Flosse lächelte schon wieder, wenn auch etwas gequält, und bedankte sich artig. „Ich nehme Sie beim Wort – am Montag, dem Neunundzwanzigsten, bin ich zur Stelle."

„Allens klar, Schipper! Denn kannst du dich allmählich auch verdrücken. Du siehst ja, wie der Platz sich leert. Wär' nett, wenn du'n paar Leute mit deinem Wagen bis zum Bahnhof nach Wilster mitnehmen könntest."

„Etwa die Nonnenworts?"

„Keine Bange! Die würd' ich dir nach alledem, was hier vorhin abgelaufen ist, bestimmt nicht mehr aufhalsen", lachte Torben Hansen. „Außerdem haben sich Nonnenworts heut' früh in Marne gleich 'ne Kutsche für den ganzen Tag gemietet. Aber sag, wie kommen deine Eltern zurück?"

„Die parkt Jens Ohm bei sich an Deck seines Kutters. – Ja, Meister, wenn't denn sonst nichts mehr gibt, sag ich Tschüss bis Montag!" Es war kühl geworden; der Himmel mulmig bedeckt, aber es regnete wenigstens nicht. Die ersten Schiffe legten ab, die Kutschen mit den Honoratioren und ganze Pferdefuhrwerke aus den Nachbarorten setzten sich in Bewegung. Stolz ritten die Besitzer von hartgummibereiften Drahteseln auf diesen davon. Ein paar handfeste Seeleute in blauweißen Fischerhemden schoben die Mütze ins Genick und verzogen sich in den nahegelegenen Dorfkrug.

Vater und Mutter Behr trippelten fröstelnd über den Platz zum Anleger hinunter, wo Jens Ohm und der Doktor sie bereits erwarteten. Letztere halfen den beiden Alten auf den Kutter LISA hinüber und führten sie nach vorn unter Deck, wo ein kleiner Kanonenofen für gemütliche Wärme sorgte.

Jens Ohm – von den meisten nur ‚der Schrauber' genannt – ging nach hinten ans Ruder und spannte auch Wittenborg gleich ein. „So Doktor, nu' woll'n wir seh'n, ob noch alles sitzt, was wir heute Morgen gelernt haben. Wir legen ab."

Schon war der Doktor dabei, die Leinen fachgerecht einzuholen und drückte den Kutter mit dem Peekhaken vom Steg ab, sodass er sich auf die Fahrwassermitte zu bewegte. Die LISA wurde vom stärker werdenden Ebbstrom erfasst, der sie trotz leichten Gegenwindes wieder an Störort, der zauberhaften Landschaft zuseiten der Nebenflussmündung, vorbei auf die Niederelbe hinauszog. Wie Jens Ohm das bewerkstelligte, sollte Wittenborg schnell gewahr werden. Ohm hatte schon vor Fahrtbeginn nur das Großsegel gesetzt und hielt es jetzt locker mittschiffs, sodass der Gegenwind an beiden Seiten daran vorbeistreichen, aber niemals voll von einer Seite ins Segel einfallen konnte. So steuerte er den Kutter allein durch geschickte Handhabung des Großsegels gegen den Wind.

Sobald die LISA in die Elbe hineinglitt und auf neuen Kurs Richtung See ging, überließ Jens Ohm dem Doktor das Ruder und setzte die beiden Vorsegel und das Topsegel über der Gaffel. Von einer sauberen Brise aus Südost und durch den Ebbstrom begünstigt, rauschte die LISA an der Nordseite des Hauptfahrwassers mit acht Knoten über Grund dahin. Sie wiegte sich wohlig in der jadefarbenen Dünung und reagierte leicht auf jede Bewegung der Ruderpinne. Welch ein beglückendes Gefühl!

Frank Wittenborg verstand mehr und mehr, was es einem Jungfischer bedeuten mochte, sich ein solches Schiff zu verdienen und Tag für Tag mit ihm verbunden zu sein.

Von Nord nach Süd: Blick aus der Stör auf die Elbe

Vom ausgelaufenen Hochwasser war nur noch eine Pfütze übriggeblieben. Sie warfen beim Lüchterloch den Anker und erwarteten dort mehrere Stunden die Rückkehr der Flut, um mit Ankerauf die letzte Strecke des Heimwegs zu bewältigen.

Der Rest der Nachmittagssonne reichte nicht, die Decksplanken zu erwärmen und die Gemüter sonderlich zu ermuntern. Jens Ohm, an die siebzig Jahre alt, hatte sich auf der Großluke niedergelassen, gegen den Mast gelehnt und die langen Beine in Richtung der Schanz ausgestreckt – er ließ den Doktor machen. Der hagere Alte mit der ewigen Shagpfeife im Mundwinkel wirkte immer ein wenig phlegmatisch, wenn er nur so unter den Augenlidern hervorblinzelte – aber er hatte alles im Blick.

Der Wind drehte in die Süd und kam jetzt etwas mehr von der Seite.

„Das kommt uns gut zu Pass, denn wir müssen hier ohnehin ein wenig nach Norden abfallen", rief Ohm Wittenborg zu. „Sehen Sie da drüben den Sand, der bei Ebbe ganz aus dem Wasser steigt? Das ist der Hakensand. Sie müssen auf seine Westspitze zuhalten und diese umrunden. Dann sind wir schon halbwegs zuhause. – Mögen Sie noch oder soll ich das Ruder wieder übernehmen?"

„Aber nein! Es macht mir richtig Spaß. Ich begreife allmählich, warum Flosse dem alten Nonnenwort gegenüber so direkt wurde: Ihm ging es heute nur um das Schiff, Nonnenwort dagegen anscheinend nur um das von ihm inszenierte Theater mit der Verlobung. – Man kann es verstehen, wenn Flosse glaubt, dass das Schiffsunglück die Antwort des Himmels auf dieses Falschspiel mit der Verlobung war."

„Schändlich, was sich der Herr Fabrikant da geleistet hat!", brummte Ohm. „Die Marga und der Flosse konnten einem richtig leidtun."

„Flosse hat bestimmt geglaubt, dass seine ehemalige Klassenkameradin bei der Intrige mitgespielt hat", meinte Wittenborg nachdenklich.

„Aber da liegt er falsch", brummte Ohm. „Ich hab' Marga beobachtet und ihr entsetztes Gesicht gesehen, wie sie aus Flosses Mund mit anhören musste, dass er von Nonnenworts Absichten nichts gewusst hatte."

Wittenborg nickte. „Mir fällt da übrigens noch etwas ein, wonach ich Sie fragen wollte, Herr Ohm. Ich wurde vor Schluss der Veranstaltung ganz unabsichtlich Augenzeuge eines Vorgangs, den ich mir nicht zu erklären weiß. Nachdem Flosse vom Wrack heruntergeklettert war, ging er wortlos an Marga vorbei auf einen jungen Mann zu, der mir seiner Schmalzlockenfrisur wegen schon vorher aufgefallen war. Er begrüßte ihn freudig mit einer Umarmung und besprach sich mit ihm. Wenig später schlich sich – man muss es wirklich so bezeichnen – der alte Nonnenwort zu diesem jungen Mann und erklärte ihm irgendetwas mit dämpfenden Handbewegungen und zeitweise sogar mit dem Finger vor dem Mund. Der andere schien zunächst sehr erstaunt, doch hellte sich seine Miene dann schnell auf. Schließlich schlugen sie mit der Rechten kräftig ein, als hätte der eine dem anderen eine Kuh verkauft. – Wer war dieser junge Mann?"„Ihrer Beschreibung nach könnte es sich um den Kerl handeln, den Flosse als Knecht auf seinem neuen Schiff angeheuert hat. Ich mein', er heißt Erwin und stammt aus Kiel, kann mir aber nun gar nicht vorstellen, was Nonnenwort mit dem zu bereden hätte." „Das müffelt verdächtig nach einer weiteren Intrige, Ohm." „Kann schon sein. Nach den heutigen Ereignissen wundert mich rein gar nichts mehr."

In diesem Augenblick rumpelte es unter dem Schiffsboden. „Doktor! Sie müssen besser aufpassen, wenn Sie am Ruder sitzen! Das war 'ne Grundberührung. Wir haben noch nicht allzu viel Wasser unter dem Kiel – geben Sie mir mal die Pinne, schnell, zack-zack!" Mit einigen gekonnten Bewegungen am Ruder manövrierte Ohm das Boot aus der flachen Gefahrenzone und fädelte es in das enge Fahrwasser des „Putengatts" ein und von dort in den gut beprickten Weg des „Nordergatts", das bis an den Eckstedter Hafen heranführte. Zu beiden Seiten wuchsen die Sand- und Schlickflächen zu hohen Ufern an und das Schiff sank umso tiefer in diese Landschaft ein, je schmaler das Fahrwasser wurde. Nach einiger Zeit erregte rechts voraus eine spitze Düne Wittenborgs Aufmerksamkeit. „Ein stattlicher Hügel, finden Sie nicht, Herr Doktor? Er markiert die Einfahrt in den Eckstedter Hafen. In den Seekarten steht daneben ‚Schuhmacherberg' zu lesen, obwohl wir Plattdeutschen seit ewigen Zeiten ‚Schosterbarg' dazu sagen", meinte Ohm nachdenklich. „Das gibt 'ne Menge Geistergeschichten, die sich da oben abgespielt haben sollen."

Sie glitten an der Erhebung vorüber und steuerten den Landesteg an. Der Doktor hüpfte als Erster an Land, nahm die Leinen wahr, während Jens Ohm die Segel ordnete. Vom Deich herab winkte ihnen eine stämmige Frau in den besten Jahren zu. Sie stand neben einem leichten Kutschwagen mit einem Rappen davor. „Na, sehen Sie, Doktor, Ihre Haushälterin ist gerade rechtzeitig mit der Chaise zur Stelle, um Sie abzuholen." Ohm und Wittenborg halfen dem Ehepaar Behr an Land und stiefelten mit ihnen gemeinsam den Deich hinauf.

Liebe auf dem Prüfstand

Dienstagvormittag, 30. Mai 1911

Das Pfingstfest stand bevor. Frisches Blattwerk verdichtete sich in den Baumkronen. Darunter im Schatten, nahe beim Gartenzaun, hielten sich, recht verspätet, immer noch dicht beieinander flamingofarben leuchtende Anemonen. Im Steingarten waren die Hyazinthen aufgesprungen und verströmten betörenden Duft. Die Pflege des Gartens lag ganz in Ottiliens Hand.

Ottilie war eine stattliche Person, die dem Landarzt Dr. Frank Wittenborg sowohl als Haushälterin wie auch als Arzthelferin zur Seite stand. Sie trug die Haare streng nach achtern getrimmt und zu einer Glaubensfrucht am Hinterkopf zusammengefasst. Wie behände diese breitschultrige, schwere Frau sich hier draußen bewegte und mit den Gartengeräten umging, war nur zu bewundern. Trotz ihrer kräftigen Statur wirkte sie, sobald sie einmal die starke Brille absetzte, ausgesprochen schön. Sie entstammte einer Breklumer Missionarsfamilie, war herzensgut und lebensklug. Sie war die Seele des Hauses und wohnte dort zusammen mit dem Landarzt.

Westlich der Kirchenstraße, nahe der Abzweigung nach Schadendorf, hatte Wittenborg im Kronprinzenkoog den Ruhesitz eines nach Heide verzogenen Altbauern erworben und sich diesen von einem befreundeten Berliner Architekten nach beruflichen Erfordernissen und privaten Wünschen umgestalten lassen. Die Aufteilung der Räume war mit der Herausnahme zahlreicher Zwischenwände geschickt verändert worden. Die Mitte des mit dem First parallel zur Straße errichteten Gebäudes wurde durch den gegiebelten Haupteingang betont. Sowohl Patienten als auch private Besucher betraten das Haus bzw. den Hausflur durch denselben Eingang. Vom Flur aus lagen dann linker Hand die Praxisräume, während man durch eine Tür zur Rechten die große Küche erreichte. Um in den größten Raum des Hauses, das Wohnzimmer, zu gelangen, durchschritt man den Flur bis zu seinem Ende und stand vor einer vielversprechenden Tür. Des Abends war aus diesem Raum häufig wunderschönes Klavierspiel zu hören. Dann durchbrausten Impromptus von Chopin, die „Kinderszenen" von Robert Schumann oder die großen Beethoven-Sonaten – die Pathétique, die Appassionata, die Mondscheinsonate – das Haus.

Der volle Klang wurde einem wunderbar gepflegten, schwarz lackierten Instrument abgewonnen, einem Blüthner-Stutzflügel, der mitten im Wohnzimmer stand. Wittenborgs Herz hing an dem reifen, erzählenden Klang der – gegenüber der sonst geläufigen, vom Kammerton A 440 her fixierten, hier aber um einen Halbton herabgesetzten – Stimmung. Der Klang entführte den Arzt zurück zu unvergessenen Leidenschaften – zu der verlorenen Frau, die er noch immer liebte, auch über ihr Leben hinaus. Vor Jahren war sie ihm durch einen Unfall genommen worden.

Durch das Wohnzimmer gelangte man weiter in eine verglaste Veranda und von dort aus schließlich auf die Gartenterrasse. Der Bauerngarten vor dem Haus hatte trotz der baulichen Veränderungen erhalten werden können. Zur Linken des Gartens reichte ein Nebengebäude, ein alter Schuppen, bis an die Straße heran. Darin waren nun ein Pferdestall und die Wagenremise untergebracht. Hinter dem Haus dehnte sich ein parkähnlicher Garten mit zwei alten Kastanienbäumen und einer Rotbuche bis an das angrenzende Feld aus.

Über das, was die Bauern an ihrem neuen Doktor ungewöhnlich fanden, wurde bereits seit Längerem geredet. Dabei ging es aber nicht etwa um sein Klavierspiel – hier harrten delikatere Fragen dringender Klärung: War er wirklich ein eingefleischter Junggeselle? War er geschieden? Oder gab es etwa eine heimliche Geliebte? Man behielt es sich vor – zumindest der weibliche Anteil der Bevölkerung bestand darauf – den neuen Doktor deswegen etwas genauer unter die Lupe zu nehmen. Im Übrigen schätzte man jedoch seine ärztliche Kunst, seinen freundlichen Umgang mit den Patienten und vor allem seine prompten Hausbesuche bei Wind und Wetter. Dafür konnte dieser Doktor sich nahezu alles erlauben!

Wittenborg hatte einen ruhigen Tag erlebt und sich früher als gewöhnlich aus den Praxisräumen zurückgezogen. Entspannt lag er in seinem Schaukelstuhl auf der Terrasse und las in einem Roman. Das Buch war ihm vor wenigen Tagen von einem Freund aus London zugesandt worden. Dieser pflegte ihn regelmäßig mit englischen Kriminalromanen zu versorgen. Diesmal ging es um einen Spionagefall im ostfriesischen Wattenmeer – ein aufregendes Buch, das man nicht so schnell aus der Hand legen mochte.
„Eine Tasse Tee, Herr Doktor?" Ottilie kam mit einem Tablett und setzte es auf dem Beistelltischchen neben dem Lehnstuhl ab. Sie legte ein Stück Kandis in die feine Tasse, goss den Tee darüber und ließ von einem Silberlöffelchen einen winzigen Klecks Sahne abtropfen. Der Tee funkelte wie dunkler Bernstein und der Tropfen Sahne schwebte darin wie ein heller Einschluss.
Der Doktor nahm einen Schluck und nickte anerkennend. „Sie bereiten mir ein ganz schlechtes Gewissen. Ich sitze hier und faulenze. Und Sie? Sie haben mir schon den ganzen Tag in der Praxis assistiert und kredenzen mir jetzt auch noch den Tee so, wie ich es liebe!"
„Sie – und faulenzen? Papperlapapp, Herr Doktor. Sie bringen mich noch dazu, Sie verdursten zu lassen. Sie sollten wieder heiraten. Dann werden Sie bestimmt noch mehr bemuttert."
Wittenborgs Züge verhärteten sich. Er nahm wieder seinen Roman zur Hand und versenkte sich in den Text, ohne Ottilie weiter zu beachten. Sie begriff, dass er nicht weiterreden wollte, und sagte leise: „Entschuldigen Sie, Herr Doktor, wenn ich etwas Falsches gesagt haben sollte. Das wollt ich nicht – und schon gar nicht wollte ich Ihnen zu nahe treten."
„Es ist Ihnen aber dennoch gelungen, meine Liebe, wie Sie richtig bemerkt haben. Ihnen entgeht anscheinend aber auch wirklich gar nichts."
Ottilie hatte das Gefühl, in seinen Worten, aber auch in der Art, wie er sie aussprach, eine tiefsitzende Bitterkeit zu verspüren. Schnell wechselte sie das Thema und fragte scheinbar belanglos: „Was lesen Sie da gerade, Herr Doktor, wenn ich einmal fragen darf?"

„Das Buch heißt ‚Das Rätsel der Sandbank' – ein Ire hat es geschrieben. Ich vermute, dass kaum ein Ostfriese sein Wattenmeer so gut kennt wie dieser Erskine Childers; ein wilder Bursche. – Aber das ist ganz bestimmt überhaupt nichts für Sie!"
„Sagen Sie das nicht!", widersprach sie. „Lieber Doktor, wenn Sie mögen, mach ich Sie gern mal mit einer Frau bekannt, die das Watt hier vor unserer Haustür mit Sicherheit besser kennt, als all die, die sich vor den Kurgästen als Wattführer aufspielen. Sie stammt aus Ostpreußen und heißt Elsbeth Mandrukeit. Von Freunden wird sie einfach nur Betty genannt. Aber es gibt auch Leute, die glauben, mit so einer wie ihr sollte man sich nicht gemeinmachen."
„Sollte man nicht?"
„Diese Leute behaupten, sie sei nun mal aus 'm Osten und so sähe sie auch aus: eben „ostisch"! Ins Geheime fügen sie hinzu: Sie gehöre einfach nicht hierher – und einlassen dürfe man sich mit ihresgleichen schon gar nicht." Reichlich kühn fügte sie hinzu: „Denken Sie etwa auch so?"
„Wie kommen Sie darauf? Sie kennen mich doch: nein und nochmals nein! Solche ewig Gestrigen, von denen Sie sprechen, gibt es aber leider überall. Sie schmähen grundsätzlich die Fremden und ihre Zahl nimmt unglücklicherweise jetzt noch zu", meinte Wittenborg kopfschüttelnd. „Das sind nicht nur ewig Gestrige – die sind gehässig und gemeingefährlich. Sie trauen sich nicht, ihre Namen zu verraten. Sie arbeiten unterirdisch und entwickeln eine unterirdische Hasssprache, eine Rattensprache, die mit unsrem Deutsch und Deutschland nicht das Geringste gemein hat. Dennoch spielen sie sich als Anwälte Deutschlands auf und fordern Deutschland für sich und ihre Rattengefolgschaft."
Ottilie stemmte die Hände in die Hüften und nickte bestätigend: „Völlig richtig, Herr Doktor. Diese Ratten erkühnen sich, die deutsche Ostpreußin Elsbeth Mandrukeit als ‚Polackin' und mit ihr zusammen gleichzeitig die polnischen Erntehelfer mit einem bösen Schimpfnamen zu diffamieren !"

„Wirklich, Ottilie? Ich erinnere mich daran, wie ein junger Polizist beim Stapellauf in Wewelsfleth mit einem Schmähruf auf einen Liedvers reagierte, der eine ‚Nebelbraut' mit dem jung verlobten Fischer in Verbindung brachte. Handelt es sich etwa um eine heimliche Geliebte des Jungfischers Behr?"
„Ziemlich verwickelt, nicht wahr? Betty ist schon eine rätselhafte Frau, Herr Doktor! Man munkelt, es gäbe da noch einen anderen, der sich um sie bemüht und der aller Welt verkündet, sie sei seine ‚Nebelbraut' – warum, weiß kein Mensch."
„Das Zusammenleben auf dem Lande scheint mir nicht ganz frei von Tücken zu sein. Seien sie doch so nett, diese ungewöhnliche Frau bei Gelegenheit einmal zu uns zu bitten." „Nicht nötig!", rief Ottilie lachend. „Ich erwarte sie jede Minute, weil ich frische Krabben bei ihr bestellt habe. – Aber trinken Sie doch Ihren Tee, Herr Doktor, der wird ja ganz kalt!"
Der Arzt rührte in seiner Tasse und Ottilie fuhr fort: „Die Betty ist stumm. Sie versteht aber jedes Wort, kann gut lesen und schreiben. Seit einigen Jahren bemüht sie sich sogar, noch 'n bisschen Englisch schreiben zu lernen. Ein pensionierter Lehrer von der Süderschule hat sich ihrer angenommen. Sie wohnt bei ihm und führt ihm den Haushalt." Wittenborg schlürfte den Tee aus und reichte die Tasse mit einem Dankeschön an Ottilie zurück. Sie nahm sie und trug sie in die Küche.
Wittenborg legte das Buch zur Seite, erhob sich und ging ins Wohnzimmer zurück. Er öffnete den Deckel des Flügels und setzte sich in Positur, als gelte es, ein Konzert in einem gut gefüllten Saal zu geben. Für die Länge einer Atempause schwebten seine Hände einsatzbereit über der Tastatur, suchten ihr Ziel und fielen mit den ersten, wuchtigen Akkorden der Revolutionsetüde von Frederic Chopin über den Flügel her. Rasende Läufe über die Tastatur, Triller und Arpeggien verlangten der Mechanik die Umsetzung eines vom Komponisten tief empfundenen, stürmischen Durchbruchs zur Freiheit ab und betteten das Erlebte am Ende mit tiefen, schwermütigen Akkorden wieder in nachdenkliche Stille.

Wittenborg verharrte vornübergebeugt und starrte auf die Tasten. Endlich hob er den Kopf und sein Gesicht hellte sich auf. Er schob den Hocker zurück und begab sich wieder auf die Terrasse. Erneut ließ er sich im Schaukelstuhl von seiner Lektüre in die ostfriesischen Watten entführen.

Er hatte kaum zwei, drei Seiten weitergelesen, da hörte er leise Schritte vor dem Haus und wie die Klinke an der Haustür vorsichtig niedergedrückt wurde. Ottilie würde sich schon darum kümmern. Einen Augenblick später begrüßte sie dann im Flur vor der Küche irgendeinen Menschen. Es begann eine Unterhaltung, in der jedoch nur sie sprach – und in der sie nicht eine einzige Antwort erhielt.

„Und all diese Krabben sind für uns? Hoffentlich werden wir damit fertig. – O nein, hast du die ganze Portion schon ausgepult, Betty? – Da bin ich dir aber sehr dankbar", hörte er Ottilie sagen. Dann bat sie die junge Frau auf die Terrasse, um sie mit dem Landarzt bekannt zu machen. Elsbeth Mandrukeit betrat die Terrasse. Sie trug ein einfaches Sommerkleid aus geblümtem Stoff. Als sie den Doktor sah, blieb sie stehen und ließ ihm Gelegenheit, aus seinem Schaukelstuhl hochzukommen, um sie zu begrüßen. Schnell war er auf den Beinen und ging auf sie zu. Für eine Fischerin wirkt ihre Gestalt erstaunlich zart, beinahe zerbrechlich, dachte Wittenborg. Das schwarzbraune Haar fiel ihr zu beiden Seiten in langen Locken über die braun gebrannten Wangen. Ihre Augen waren dunkel und blickten ihn freundlich an.

Ottilie stellte sie vor: „Das ist unsere liebe Betty, Herr Doktor!" Wittenborg reichte ihr die Hand. „Sie sind Elsbeth Mandrukeit! Ottilie hat mir schon viel von Ihnen vorgeschwärmt. Kommen Sie doch bitte weiter!" Er nötigte sie in einen Korbsessel und Elsbeth nahm Platz. Wittenborg räusperte sich, als suche er nach den passenden Worten und begann dann ziemlich belanglos: „Ich lasse mir häufiger mal auf dem Deich den Wind um die Nase wehen und treffe dann auf Frauen, die im Watt auf Krabbenfang gehen. Diese Frauen bewundere ich – aber ich bedauere sie auch, weil sie so schwere Arbeit leisten müssen, um ihren Lebensunterhalt zu bestreiten." Elsbeth Mandrukeit schaute ihn unsicher an und zeigte mit dem Finger auf ihren Mund. „Ich weiß, ich weiß, Fräulein Mandrukeit! Ich kann jedes Wort von ihren Lippen ablesen. Ich hab's auf der Universität gelernt. Solange sie mit ihren Lippen die Worte deutlich formen, werde ich alles verstehen." Sie machte ihm deutlich, wie erleichtert sie deswegen sei und hörte weiter zu.

Büsumer Krabbenfischerin mit einem Schiebehamen auf der Schulter

„Sie sollen ja besonders tüchtig mit dem Schiebehamen umgehen und deswegen auch so erfolgreich Krabben fangen. Man hört auch, niemand wüsste im Watt und auf den Überwattwegen besser Bescheid als Sie. Stimmt das?"
Sie errötete ein wenig und versuchte mit Handbewegungen, dieses Lob abzuschwächen. Wittenborg fuhr fort: „Ich bin gerade dabei, einen englischen Roman zu lesen, der vor acht Jahren in London erschienen ist und von einer Fahrt durch das ostfriesische Watt berichtet. Es ist wohl nicht ganz abwegig, wenn ich behaupte, dass der Autor, ein Ire, als der beste Kenner des Wattengebietes zwischen den Ems- und Wesermündungen zu gelten hat. Ein spannendes Buch! Mögen Sie's mal lesen?"
Sie nickte freudig und er überreichte es ihr, ohne zu zögern. „Ich hab ohnehin im Augenblick zu wenig Zeit, um es zu Ende zu lesen", fügte er hinzu. Elsbeth nahm es dankend an sich. Einen Moment lang schaute sie zur Seite, als gäbe es noch etwas zu überlegen, dann wandte sie sich dem Doktor wieder entschlossen zu. Er merkte ihr sofort an, dass sie noch etwas anderes auf dem Herzen hatte. „Was kann ich sonst noch für Sie tun?"
Mit einer leichten Handbewegung wies sie auf ihren Leib und deutete ihm unmissverständlich an, dass sie schwanger sei. „Soll ich Sie untersuchen?", fragte er vorsichtig. Sie nickte und konnte dabei nicht vermeiden, dass sich ein Anflug von Ängstlichkeit in ihre Züge mischte.
Wittenborg stand auf und versuchte, sie zu beruhigen: „Sie brauchen keine Angst zu haben. Von mir erfährt keine Seele etwas. Ich stehe unter Eid."
Sie verließen die Terrasse und verschwanden im Behandlungszimmer. Ottilie assistierte. Frank Wittenborg war ein erfahrener Arzt, aber nur selten hatte er bisher eine werdende Mutter wie Elsbeth Mandrukeit kennen gelernt, die ein großes Glück auf sich zukommen sah und dabei gleichzeitig so ängstlich darauf bedacht war, dieses Glück gegen eine boshafte und rücksichtslose Welt zu verteidigen. Wittenborg vermutete, dass sie bereits schlimme Erfahrungen in ihrem Leben gemacht haben musste.
Sie blieben im Behandlungszimmer und der Doktor schrieb noch ein Rezept aus. Elsbeth Mandrukeit schien jetzt wie umgewandelt – gab sich gelöst und

selbstbewusst: Sie war sich nun sicher, in dem Arzt einen zuverlässigen Mitstreiter gewonnen zu haben.

Die beiden tauschten sich noch darüber aus, was im Einzelnen bis zur Geburt des Kindes bedacht werden müsse und welche Termine einzuhalten seien, als ein Glockenzeichen anzeigte, dass ein weiterer Besucher das Haus betreten hatte. Ottilie ging in den Flur, um nachzusehen.

„Du bist es, Flosse! Und so elegant in Ausgehuniform!“, begrüßte sie den Ankömmling. „Nun gib mir schon deine Mütze. Oder hast du Spatzen darunter?“

„Ich will noch nach Kiel weiter“, ließ Flosse sie wissen. „Ich hörte, Betty sei bei euch. Ich wollte etwas mit ihr besprechen.“

„Sie unterhält sich gerade mit dem Doktor.“

„Worum geht es denn? Ich dachte, sie bringt euch die Krabben.“ Flosse, ein wenig ängstlich: „Darf ich denn so ohne Weiteres ...?“

„Ganz bestimmt! Du kommst sogar wie gerufen – ihr kennt euch ja.“

Ottilie wies ihm den Weg ins Behandlungszimmer. Flosse, völlig überrascht, konnte nur noch ein staunendes „Wie …?“ hervorbringen, da stand er schon in der offenen Tür. Etwas schüchtern wagte er sich hinein. Der Doktor wandte sich ihm sogleich zu, begrüßte ihn freundlich und trat einen Schritt beiseite. Flosse stand vor Betty. Sie schaute ihn nur an und wollte ihm einen Kuss auf die Wange hauchen. Der Kuss ging ins Leere, weil Flosse den Kopf zur Seite wendete. Der Doktor nahm es staunend wahr. Ob Flosse gar nicht im Bilde war? Dann hieß es, den Stier bei den Hörnern zu packen: „Ich freue mich mit Ihnen und gratuliere schon einmal, aber mit mehr Erfolg als kurz vor Ihrem Stapellauf. Fräulein Mandrukeit hat sich untersuchen lassen; nur – daran, dass dies notwendig wurde, sind Sie wohl nicht ganz unschuldig, wenn ich recht vermute. Bald heißt es, für drei Menschen zu planen und zu sorgen. – Sie werden das schon schaffen. Dessen bin ich mir ganz sicher, Herr Behr!“

Flosse verschlug es die Sprache. Verlegen kratzte er sich am Hinterkopf. Er gab sich wortkarg und zurückhaltend. Die Anspielungen des Arztes ließ er

unkommentiert. Wittenborg beobachtete den jungen Mann genau, während er sich bemühte, ihm das Glück der Vaterschaft zu vermitteln. Aber er kam nicht an ihn heran.
„Ich will weiter gar nichts – will nur Fräulein Mandrukeit abholen“, brummte Flosse und vergrub seine Fäuste unter den Achseln.
Wittenborg ließ nicht locker. „Ich hätte mich gern noch ein wenig länger mit Ihrer künftigen Frau darüber verständigt, was bis zur Geburt des Kindes noch berücksichtigt werden muss. Aber Familienangelegenheiten haben nun einmal Vorrang, Sie Glückspilz!“
Flosses Mienenspiel wurde noch abweisender. „Komm“, sagte er und packte Elsbeth am Ellenbogen, „wir müssen weiter ...“ Er nahm seine Mütze vom Haken und drängte die Geliebte zum Ausgang, ohne Rücksicht darauf zu nehmen, dass Elsbeth sich gern noch gebührend verabschiedet hätte. Ein wenig hilflos winkte sie dem Doktor zu, als sie das Haus verließen. Dann nahmen sie den Weg in Richtung des Deiches.
Ottilie und der Doktor blickten ihnen nach.
„Ich hätte mir ein deutlicheres Bekenntnis zu seiner Vaterschaft gewünscht“, sagte Wittenborg.
„Ich hoffe, dass Ihre Befürchtungen sich nicht bewahrheiten werden“, meinte Ottilie dazu. „Der Karl Theodor ist an sich nicht schlecht. Aber Sie haben mir ja selbst von der Zwangsverlobung beim Stapellauf erzählt: Er ist jetzt mit der Falschen verlobt. Wie soll er sich entscheiden?“
„Nach Jubeln ist ihm bestimmt nicht zumute“, erwiderte Wittenborg. „Er ahnt doch, was auf ihn zukommen wird, wenn das mit der Schwangerschaft erst mal die Runde macht. Ich möchte nicht in seiner Haut stecken.“
„Das ist es, was ich meine, Herr Doktor. Wie immer man es auch dreht und wendet: Karl Theodor muss endlich mal anfangen, für seine wahre Liebe und sein Kind zu kämpfen und beide gegen alle Widerstände zu verteidigen!“ „Warten wir's ab, Ottilie! Ach, eh' ich's vergesse: Seien Sie so lieb, eine Akte für Elsbeth Mandrukeit anzulegen!“

Das junge Paar hatte den Deich erreicht und wanderte langsam wieder zurück. Betty wirkte enttäuscht. Flosse wusste genau, warum.
„Ich konnte doch nicht vor Ottilie und dem Doktor einen Freudentanz aufführen und Hurra schreien“, versuchte er zu erklären. „Ich wusste bis dahin doch nichts von deiner Schwangerschaft und musste mich erst einmal an diesen Gedanken gewöhnen. Das geht mir alles viel zu schnell.“ Betty blieb stehen und sah ihn angsterfüllt an. Flosse umfing sie mit beiden Händen und fuhr fort: „Hör mir zu, Betty! Damit du's weißt: Mein Vater ist auf bestem Wege, mich mit Hugo Nonnenworts Tochter zu verkuppeln. Es interessiert ihn einen Dreck, was ich dazu sage. Und das, obwohl er genau weiß, dass ich nur dich liebe!“
Elsbeth unterbrach seine Erklärungen, indem sie seinen Kopf ergriff und ihn auf den Mund küsste. Als sie von ihm abließ, holte er tief Luft und setzte seine Erklärungen fort: „Was mein Alter ist, der hat den Nonnenwort angeschwindelt. Er erzählte ihm, das mit der ‚Polackin' – du weißt, wen er damit meint – wär‘ vorbei. Nun hätt' ich nur noch seine Tochter, die Marga, im Sinn, wäre aber zu schüchtern, ihr das persönlich zu erklären. Woher ich das weiß? Ich hab‘ die Marga …“
Elsbeth hielt das Gerede nicht länger aus und versuchte wieder, Flosses Mund mit Küssen zu bedecken. Er aber quasselte unter ihren Küssen weiter: „… also ich hab‘ die Marga dieser Tage vor ihrer Haustür abgepasst und mich mit ihr ausgetauscht. Sie ist genauso wie ihr Vater auf meinen Alten reingefallen und fiel beim Stapellauf aus allen Wolken, wie das gedeichselt wurde. Der Nonnenwort soll nach der Rückkehr von Wewelsfleth zuhause gegeifert haben wie ein altes Waschweib. Wenn ich mich nicht an die Verlobung hielte, würde die ganze Finanzierung des Schiffes platzen. – Ich will die Marga nicht heiraten, werde aber die Nonnenworts hinhalten müssen, damit ich das Schiff nicht verliere.“
Betty starrte Flosse ungläubig an. Sie vermutete, dass er diese Geschichte nur erfunden hatte, um sich herauszureden. Sie traute ihm nicht. Jetzt

trommelte sie mit beiden Fäusten gegen seine Brust, als wollte sie ihn damit an seine Verantwortung für das Leben, dass in ihr heranwuchs, erinnern.
„Ja, ja! Ich weiß schon, Betty. Aber ich brauche Zeit, um die Verbindung mit dir bei meinen Eltern durchzusetzen." Betty zitterte, drängte sich an ihn und umklammerte ihn, als wollte sie ihn nie wieder loslassen. Sie kam gegen seine Mütze, die daraufhin ins Gras fiel.
„Pass doch auf!", fuhr er sie an, nahm die Mütze wieder auf und putzte heftig mit der flachen Hand unsichtbare Staubkörnchen herunter.
Hilflos ließ sie von ihm ab. Als ob die dumme Maatenmütze in diesem Augenblick das Wichtigste wäre! Die Tränen liefen ihr über das Gesicht und sie suchte nach einem Tuch, um ihre Wangen abzutupfen.
Er versuchte, sie zu trösten: „Wir können uns ja auch zwischendurch noch heimlich sehen. So wie früher! Ich rede noch einmal mit meinen Eltern. Nur das mit dem Kind – das geht gar nicht, denn es bringt uns unter Zeitdruck. Kannst du deinem Arzt nicht schreiben und ihn fragen, ob er nicht vielleicht ein Mittel wüsste, wodurch sich die Geburt vermeiden ließe? Ich wüsste da sonst auch noch jemanden in Kiel."
Betty wich entsetzt zurück, schüttelte den Kopf und stieß ihn beiseite, als gelte es, sich gegen einen Anschlag des Teufels zu wehren. Dabei fiel ihr das Buch aus der Hand, das Wittenborg ihr geliehen hatte. Es landete im Straßendreck. Er war drauf und dran, sich danach zu bücken und es ihr zurückzugeben – doch er zwang sich, es zu lassen.
„Ich muss los, den Zug in Marne kriegen", sagte er kurz und ging zu seinem Fahrrad, das er an Wittenborgs Gartenzaun hatte stehen lassen. Er blickte auf die Erde und sagte: „Versteh doch! Es geht mir nicht nur um das Schiff. Aber ich kann doch meinen Vater nicht ins offene Messer laufen lassen, nur weil er so dumm war, dem Nonnenwort einen Bären aufzubinden. Der Nonnenwort hat ihn schon bedroht. Das ist ein gefährlicher Mann."
Dann schwang er sich auf das Rad und radelte in Richtung Marne davon.
Das Buch lag noch auf der Straße. Elsbeth hob es auf und barg es an ihrer Brust. Es hatte keinen Schaden genommen. Sie streichelte liebevoll über

den Einband. Sie war enttäuscht darüber, wie unzuverlässig sich Flosse in diesem für sie so entscheidenden Augenblick gebärdete. Es würde sie noch viel Kraft kosten, den Vater ihres Kindes in die Pflicht zu nehmen.
Der Blick in den liebevoll gestalteten Garten des Arzthauses tröstete sie ein wenig. Das Abendlicht gewann der Blütenpracht die schönsten Farben ab. Elsbeth zwang sich, die quälenden Zweifel fürs Erste beiseitezuschieben und die Aufgaben des kommenden Tages zu überdenken. Sie strich ihr Kleid glatt und machte sich auf den Weg zur Süderschule. Sie hatte dem Schulmeister Mehlmann zum Abendessen ein reich belegtes Krabbenbrot versprochen.

Der Bestmann, Barpianist im Männerpuff

Dienstag, 30 Mai 1911

Erwin Voigt genoss die Minuten im Trockenen in der Kieler Straßenbahn bis zur nächsten Haltestelle. Bei der Nicolaikirche müsste er dann aussteigen und von dort nur ein paar Schritte durch den Regen laufen, um das Tabakwarengeschäft in der Schuhmacherstraße zu erreichen.

Kiel, Alter Rathausmarkt mit Schuhmacherstraße

Im Zigarrenladen musste er anstehen, aber er war ohnehin gar nicht recht bei der Sache. Der Stapellauf in Wewelsfleth beschäftigte ihn noch immer. War doch ein netter Kerl, sein künftiger Arbeitgeber – oder nicht?

Wie hatte der sich gefreut, als er, Erwin Voigt, obwohl gar nicht eingeladen, ganz zum Schluss der verkorksten Stapellauffeier doch noch vorbeigeschaut hatte! Und dann erst die Begegnung mit Flosses künftigem Schwiegervater, dem Fabrikanten Hugo Nonnenwort! Zweihundert wunderschöne Goldmark hatte der ihm geboten. Nur für einen Streich, den er Flosse spielen sollte? Wie auch immer – das Geld kam ihm sehr zupass.
Die Registrierkasse rasselte. Zigarrenqualm schwängerte die Luft.
„Der Nächste bitte! Die Kiste Havanna? Ich verkauf sie Ihnen gern, mein Herr, aber die kommt leider ein bisschen teurer …"
Im Tabakladen waren viele Kunden. Geld wurde über den Tisch geschoben und wieder begann die Kasse zu rasseln. Erwin Voigt strebte zum Tresen. Man ließ ihn vor – allein schon, um seiner Bierfahne auszuweichen. Er hatte eine großformatige Mappe aus Segeltuch, wie Architekten sie zum Mitführen ihrer Planunterlagen benutzen, unter die linke Achsel geklemmt. In der Rechten trug er einen Aktenkoffer.
Endlich kam die Reihe an ihn. Erwin verlangte eine Schachtel Orientzigaretten. Als diese dann vor ihm lag, zahlte er jedoch nicht gleich. Er blieb vielmehr vor dem Tresen stehen und sah den Ladeninhaber streng an, als wollte er sagen: Nun tu doch nicht so, Alter, als ob du nicht genau wüsstest, weswegen ich hier stehe.
„Kannst du heute nicht bezahlen, Erwin? Oder darf es sonst noch etwas sein?", fragte der Ladeninhaber. „Hinter dir stehen noch andere Kunden, die wollen auch nicht ewig warten."
Erwin zögerte: „Ich hätte da …" Der Ladeninhaber fiel ihm ins Wort: „Ach Verzeihung! Die Dusend-Dank-Cigarren, richtig? Hab sie gleich", entschuldigte er sich und nahm den längst erloschenen Stumpen aus dem Mundwinkel, um ihn auf dem Rand eines bereits überquellenden Aschenbechers abzulegen.
Er griff in das Regal hinter sich und beförderte, nicht ohne Mühe, eine große Holzschachtel auf den Ladentisch und klappte diese auf. Vier Zigarren waren noch übrig.

„Natürlich – tausend Dank für Dusend Dank!“, amüsierte sich Erwin Voigt. Er warf dabei den Kopf in den Nacken. Mit der Hand half er nach, sich die ölignassen Ringellocken aus der Stirn zu streichen, ehe er die Finger spreizte und der Kiste mit geübtem Rollgriff zwei Zigarren entnahm.
„Für die Pfingsttage! Da bin ich auf See“, sagte er so laut, dass jeder es hören konnte.
„Denn mach diä man blouß nich’ inne Housen, dschunger Mann!“, bemerkte einer der wartenden Kunden hinter ihm. Als Erwin die Zigarren gerade einstecken wollte, packte ihn der Ladeninhaber bei der Hand.
„Lass das, Erwin! Vorsicht doch mit dem Deckblatt! Und schon gar nicht mit deinen klebrigen Fingern!“, wies er ihn zurecht. „So geht man doch nicht mit guten Zigarren um“, knurrte er. Er nahm Erwin die beiden Zigarren aus der Hand und fingerte sie umständlich in ein bräunliches Tütchen mit der Aufschrift „Die gute Bruno-Preisler-Cigarre aus Bredstedt“, das er aus einer Schublade unter dem Ladentisch gezogen hatte.
„War’s das jetzt, Erwin? Macht … “, er notierte die Zahlen mit einem Bleistift, den er hinter dem Ohr hervorgezogen hatte, auf einem Zettel, der neben der Kasse lag: „… macht achtzig Pfennig.“
Erwin legte die Börse unschlüssig von einer Hand in die andere und zog die Stirn in Falten, als fehle da immer noch etwas. Dann zahlte er, dachte aber gar nicht daran, den Platz vor dem Tresen zu räumen. Der Inhaber hatte den Stumpen wieder in den braun versabberten Mundwinkel gestopft und sah ihn ungeduldig an. „Nu?“
Erwin beugte sich über den Ladentisch bis dicht an des Inhabers Ohr und flüsterte so laut, dass es wohl jeder mitbekam: „Wo bleiben die Hefte? Sie haben sie mir doch für heute versprochen.“
Der Ladeninhaber hob abwehrend die Hände und flüsterte zurück: „Doch nicht jetzt! Warte einen Moment!“
Hinter Erwin wurde es unruhig. „Wird das da vorn heute noch was?“
Mit einer leichten Kopfbewegung wies der Ladenbesitzer Erwin einen Stuhl neben der Eingangstür zu. Dort wartete Erwin, während die Registrierkasse

wieder und wieder rasselte und auch die Ladenglocke kaum zur Ruhe kam. – Ihm wurde die Zeit lang. Endlich, endlich schloss sich die Ladentür hinter dem letzten Kunden.

„Nun zu dir!“, sagte der Inhaber, packte die noch regennasse Lieferung auf den Tisch, schnürte sie auf und befreite einen Stoß druckfrischer Hefte mit grellbunten Umschlägen aus ihrer Verpackung. Er schob Erwin den kleinen Stapel zu.

„Da sind sie, die neuesten Hefte. ‚Alles, was das Herz nur begehrt, über die Südsee‘“, proklamierte er dabei mit abschätzig-ironischem Unterton, und mit einem Blick auf die geschmacklosen Aufmacher der Titelseiten fügte er dann noch kopfschüttelnd hinzu: „Ich versteh ja ehrlich nicht, warum du so darauf versessen bist, diesen Mist zu lesen. Wie abfällig die Leute darüber reden! ‚Schmutz‘ und ‚Schund‘ nennen sie das Zeug. – Aber nun nimm dir schon raus, was du brauchst!“

Nervös begann Erwin mit der Sichtung des Stapels. „Ich brauch sie ja nicht für mich“, murmelte er dabei entschuldigend, „die sind für einen Freund bestimmt, der schon sehnsüchtig darauf wartet.“

„Such dir aus, was du haben willst, und dann haust du wieder ab! Ich will Feierabend machen.“

„Ich bin schon durch. Dann nehme ich doch die Hefte mit den Schiffen und den Palmen auf dem Umschlag.“ Als ob sie ihn schon nicht mehr interessierten, schob er sie in seine Aktentasche. Er hatte plötzlich nur noch Augen für das durchnässte Verpackungsmaterial, in das man die Hefte eingewickelt hatte: eine alte Zeitung.

„Darf ich die auch haben?“, fragte er und faltete die nassen Blätter vorsichtig auseinander.

„Na klar, nimm sie mit, dann brauch ich sie nicht wegzuwerfen“, meinte der Inhaber. „Also, wie viele Hefte hast du eingepackt?“

Erwin schob die nasse Zeitung vorsichtig in die Aktentasche und zählte mit den Fingern die Hefte. „Vierzehn.“

„Macht eins vierzig. Hast du kein Kleingeld? Ach, ist jetzt egal, ich schreib‘ es an, zahlen kannst du später“, sagte der Alte. Erwin hatte aber noch ein anderes Anliegen: „Übrigens – könnte ich diese große Mappe hierlassen? Sie enthält Seekarten. Ich hab‘ sie gerade im Gasthof zum Düppel nebenan geschenkt bekommen, von einem der Maaten, die dort verkehren. Wenn ich sie noch länger im Regen spazieren trage, könnten die wertvollen Karten leiden.“ „Geschenkt bekommen?“ Der Zigarrenverkäufer warf einen skeptischen Blick auf das gewaltige Monstrum. „Hör mal! Hättest du gar nicht annehmen dürfen, ist doch viel zu kostbar! Oder hast du sie etwa …?“
Erwin wurde rot. „Nein, nein! Keinesfalls! Ich hab‘ dem Anton Strabo – so heißt der Maat – dafür `ne hübsche Miniatur gegeben.“
„So ’n klitzekleines Bildchen? Ach, was geht’s mich an, du kannst die Mappe gern bei mir deponieren – aber falls du sie nicht im Laufe der nächsten vierzehn Tage wieder abholst, landet sie auf dem Müll. Ich hab‘ keinen Platz für so was. Nun scher‘ dich aber auch! Ich muss Schluss machen“, drängte der Ladeninhaber, nahm die Mappe an sich und schob Erwin zur Tür hinaus.
Bis zum Treffen mit Hans war noch reichlich Zeit. Erst einmal musste die Drogerie schließen, in der Hans beschäftigt war. Bei diesem Wetter lange im Freien herumzulaufen, war nicht gerade verlockend. Es wurde langsam dunkel und es nieselte ohne Ende. Erwin stand gerade vor dem Eingang zum Grogkeller, der unmittelbar neben dem Tabakwarengeschäft lag. Es reizte ihn, dort einzukehren und sich endlich einmal wieder für ein Stündchen von einem der netten jungen Herren bei Mutter Götsch verwöhnen zu lassen. Er überlegte nicht lange – entschlossen betrat er das Etablissement, und schon kurz darauf fand er dort die ersehnte Befriedigung bis an den Rand der Erschöpfung. Die Zeit verging ihm wie im Fluge – und er musste wieder hinaus in eine Welt, in der es regnete.
Eben wieder vor der Tür und noch gar nicht recht bei Besinnung, begegnete er einem Menschen, den er nie im Leben an diesem Ort hätte treffen mö-

gen: Karl Theodor Behr – diesmal in der klitschnassen Ausgehuniform eines Maaten.

„Jetzt schlägt's aber dreizehn! Was hat mein Bestmann Erwin in diesem Männerpuff zu suchen? Du bist doch nicht etwa … ", fuhr Flosse ihn an.

„Mann, halt auf! Ich doch nicht! Es ist ganz anders, als du denkst", wehrte sich Erwin.

„Ja, wie ist es denn dann?", bohrte Flosse nach.

„Von irgendetwas muss der Mensch ja schließlich leben", gab sich Erwin beleidigt. „Du ahnst nicht, wie unangenehm es mir ist, mein Geld als Barpianist verdienen zu müssen. Ich hab hier gerade mal eine Stunde lang Musik gemacht."

„Mein Gott, entschuldige bitte! Hätt' ich auch von allein drauf kommen können! Wie konnt' ich nur so was von dir denken! – Vergiss es! Im Moment ist mir viel wichtiger, dir herzlich für deine Mithilfe bei der Überführung des Kutters zu danken. Hast du wirklich gut gemacht – bist schon ein toller Rudergänger. Kommst du mit ins Düppel? Die Maaten, die uns Pfingsten besuchen werden, sind auch da. Die würden sich bestimmt freuen."

„Für mich wird es ein bisschen knapp werden, Flosse. Aber lass uns erst mal die Straßenbahn nehmen. Bis zur Kreuzung Feldstraße/Ecke Düppelstraße können wir zusammen bleiben. Und dann sehen wir weiter."

Flosse nutzte die Bahnfahrt, um von den Vorbereitungen für die Pfingsttour mit seinen Kameraden von der Marine zu erzählen. „Hast du jemals eine Seehundjagd miterlebt, Erwin? Nein? – Dann wird es höchste Zeit. Komm einfach mit! Für dich ist immer ein Platz an Bord frei."

„Weiß ich doch, Flosse. Ich dank dir, aber es geht wirklich nicht. Ich hab über die Pfingsttage eine Ostseetour mit einem alten Freund verabredet. Da kann ich nicht mehr aussteigen. Tut mir leid."

Sie waren angekommen. Von der Haltestelle bis zum Düppel waren es nur ein paar Schritte. Aber Erwin sah, wie in den Geschäftsräumen der Drogerie dem Düppel gegenüber gerade die Lampen erloschen. Flosse drängte seinen

Bestmann: „Nu gib dir mal ’nen Ruck! Für ein Bier wirst du wohl noch Zeit haben!“

„Ich habe Nein gesagt und dabei bleibt es“, erwiderte er freundlich, aber bestimmt. „Ich kann meinen Freund nicht warten lassen. Aber grüß den Anton Strabo von mir!“ Flosse gab ihm die Hand und erinnerte ihn: „Dann sehen wir uns spätestens am Pfingstsonnabend Vormittag in Eckstedt. Vergiss nicht, dass du versprochen hast, mir bei der Ausrüstung des Kutters für die Seehundjagd zu helfen!“

„Wie könnte ich – ich bin doch dein Bestmann! Aber vergiss du bitte nicht, dass ich danach sofort nach Kiel zurückmuss! Ich hätte ja liebend gern deine Einladung zur Seehundjagd angenommen. Doch die Ostseetour über Pfingsten, von der ich dir erzählt hab, ist fest gebucht. Die kann ich nicht mehr absagen.“

Der Regen ließ nach. Erwin lief nur ein paar Ecken weiter und befand sich nach wenigen Minuten vor der Oberrealschule. Er sah sich um. Die Straße war menschenleer. Er drückte den Türgriff der Schulhofpforte herunter. Sie sprang auf und Erwin betrat den mit einem hohen Eisengitter eingefriedeten Hof. Er ging auf das Schulgebäude zu, hielt sich links und fand trotz der Dunkelheit die Treppe zu den Kellerräumen. Die Kellertür stand einen Spaltbreit offen. So drang ein wenig flackerndes Licht nach außen und beleuchtete die untersten Treppenstufen.

Erwin tappte hinunter und schloss die Kellertür hinter sich.

Wohlige Wärme empfing ihn.

„Du Flasche! Hast mal wieder ordentlich eingeheizt!“, rief er zur Begrüßung in den Raum hinein und hangelte sich Schritt für Schritt an einem Stapel Schulbänke entlang, an dessen Ende es heller wurde.

Hinter ausrangierten Schulmöbeln blieb ein Freiraum, dessen Ausgestaltung die Vorstellung einer Südseeidylle heraufbeschwor, ausgespart. Ein alter, moosgrüner Teppich lag auf dem Boden. Darauf standen zwei bereits in Auflösung begriffene Korbsessel und ein runder, ehemals furnierter Tisch. Nicht weit davon stand eine Staffelei mit einer halb fertigen Insellandschaft

unter Palmen. Die gekalkten Wände im Hintergrund waren mit Südseeszenen bemalt, die das glückliche und friedfertige Dasein nackter Eingeborener darstellten. In scheinbar weiter Ferne schimmerte der Wasserspiegel einer Lagune in tiefstem Blau.
Hier hatte sich der künstlerisch begabte Hans Thieme ein für ihn erträgliches Refugium geschaffen. Hans war wegen zu schwacher Leistungen des Gymnasiums verwiesen worden und hatte damit die Chance verspielt, Nachfolger in der väterlichen Apotheke zu werden. Die Laufbahn eines Malers zu ergreifen, verwehrte ihm das Elternhaus – nicht zuletzt, um ihm zu demonstrieren, dass man von ihm gar nichts mehr erwartete. Statt dessen wurde er als Lehrling in eine Drogerie gegeben und dort, dem Wunsch seiner Eltern entsprechend, sehr geringschätzig behandelt. Er war gerade siebzehn geworden und damit genauso alt wie sein einziger Freund Erwin.
Nun kauerte Hans – klein und kraftlos – in seinem Sessel. Leise, falsch und todtraurig sang er das monotone Kinderlied, das die Kieler stündlich vom Glockenspiel des Rathauses zu hören bekamen:

„Kiel hat kein Geld.
Das weiß die Welt.
Ob's noch was kriegt,
Das weiß man nicht ...“

Als er Erwin in den Lichtkreis eintreten sah, unterbrach er seinen Singsang und beklagte sich: „Wo bleibst du denn? Ich hab mir schon Sorgen gemacht, jemand könnte dich aufgehalten haben. Ich brauch dich doch!“
„Was ist denn mit deinem Auge passiert?“
„Was meinst du, wie mein Rücken erst aussieht!“, heulte Hans los. „Heute hat mich der Chef mit seiner Reitpeitsche verprügelt, weil ich einen Mörser aus Steingut hab fallen lassen. Das blöde Ding ist in tausend Stücke zerbrochen. Und dann hat er mir den Lohn gekürzt und Überstunden aufgebrummt. Meine Eltern unterstützen das auch noch. Wenn ich ihnen von meiner Geldknappheit erzähle, lachen sie mich nur aus und sagen: Du

musst lernen, auf eigenen Füßen zu stehen! – Wenn ich das nur dürfte, ‚auf eigenen Füßen stehen' – dann sähe mein Leben ganz anders aus.“ Hans kauerte immer noch in seinem Korbsessel neben dem Kanonenofen. Er hockte da und starrte in den Raum. Erwin setzte sich zu ihm und versuchte, ihn zu trösten: „Ich hab‘ dir die neuesten Hefte über die Südsee mitgebracht. Die wolltest du doch lesen. – Vergiss den ganzen Drogistenplunder.“
„Du hast leicht reden. Wenn ich das nur könnte! Weißt du, wie einem Maler zumute ist, dem man Handschellen anlegt?“
„Nun hör mal auf damit, Hans! Lass dich nicht so hängen! So weinerlich kenn ich dich ja gar nicht.“
Während Erwin dies sagte, stellte er seine Aktentasche auf den Tisch und holte ein Buch daraus hervor.
„Schau mal: Hier ist das Buch, von dem ich dir erzählt habe – über den Franzosen Paul Gaugin, der die Südsee gemalt hat. Der hat sich auch nicht unterkriegen lassen und stets sein Ziel verfolgt. – Aber nun etwas ganz anderes: Deine Freundin, die kleine Ingeborg – ist sie nicht die Tochter des Gartenbaudirektors Tyxen?“
„Obergartenbaudirektor ist er! Warum fragst du?“
„Weil mir heute im Düppel sein kleiner Hund ...“ „... der Spitz Bonzo ...?“
„... beinahe die Hosen zerrissen hätte. Ich war so vermessen, mich einfach am Honoratiorenstammtisch niederzulassen – ausgerechnet auf dem Stammplatz vom Obergartenbaudirektor! Sein Spitz, der Bonzo, soll es bisher fast noch immer geschafft haben, sich kurz vor seinem Herrchen im Düppel einzufinden und ihm seinen Platz frei zu halten. Mit mir hatte der Spitz nicht gerechnet und mir die Hölle heiß gemacht. Ich musste ihm weichen. Aber die Hose war kaputt. Sein Herrchen war dann netter und hat mir zum Trost ein Bier ausgegeben. – Da kommt mir aber ein Gedanke, Hans: Warst du nicht mal bei denen zuhause?“
„Aber ja doch! Feldstraße Nr. 121, das viergeschossige Eckhaus mit dem hübschen Zwiebeltürmchen. Unsere Eltern kennen einander sehr gut.“ Hämisch fügte er hinzu: „Und pflegen ‚gesellschaftlichen Konnex‘, wie sie das

nennen. Deswegen haben sie uns auch gemeinsam in die Tanzstunde geschickt. Mit Ingeborg tanzen, das ging schon noch an, aber seit ich von der Schule relegiert wurde, knistert es im Konnex, und die Kleine ist zur Zeit ganz kurz angebunden.“ „Nun schmeiß nicht gleich die Flinte ins Korn, bring ihr einen Strauß Blumen mit und erzähl‘ ihr von deiner Malerei. Sie muss ja nicht wissen, was wirklich in dir steckt. Du wirst sehen, dann schmilzt sie hin wie Eis in der Sonne.

„Will ich das überhaupt? Ich arbeite gerade an einem Porträt von ihr im Ballkleid. Gefühlsmäßig bin ich mit meiner Arbeit, weiß Gott, nicht zufrieden.“

Erwin zuckte nur mit den Schultern. Unschlüssig grub er eine halb zerknautschte, feuchte Zeitung aus der Tasche und überreichte sie Hans. „Hier, sieh dir das einmal an!“

Hans nahm das Käseblatt mit spitzen Fingern und fing an zu lesen. „Mann, das fasse ich nicht“, rief er nach einer Weile aus und vertiefte sich erneut in die Lektüre. Hin und wieder schüttelte er vor Staunen den Kopf: „Da ist von einer Kokos-Diät die Rede, die unsterblich machen soll.“ Erwin darauf: „Lies weiter, Hans! Das Beste kommt noch.“

Jetzt las Hans laut: „Der deutsche Apothekergehilfe August Engelhardt hat die zur deutschen Kolonie gehörige Insel Kabakon gekauft. Dort wachsen Kokospalmen, Ananas, Orangen, Bananen, Papayas, Mangos und Zitronen ...“

Erwin unterbrach ihn und schob ihm ein weiteres Blatt zu. „Und schau dir dazu entsprechende Bemerkungen in der ‚Vegetarischen Woche’ an.“ Hans las vor, der Engelhardt habe einen sogenannten ‚Sonnenorden‘ gegründet, dessen Mitglieder sich in erster Linie von Kokosfrüchten ernähren würden. Mittellose Interessenten, die am Aufbau seiner Aequatorialen Siedlungsgemeinschaft des Namens ‚*Kokovorismus*‘ mitwirken wollten, dürften mit finanzieller Unterstützung rechnen. Kleidung sei verpönt. Hans kommentierte begeistert: „Die laufen da alle nackt rum. Nur Männer! Da lässt sich‘s frei leben wie im Paradies, ohne dass man eine Sittenpolizei befürchten muss!

Begreifst du, Erwin? – Der Engelhardt! Mit seiner Einladung denkt er bestimmt an Leute wie uns!“, rief Hans enthusiastisch aus. „Da müssen wir andocken, Erwin! Raus aus Kiel! Raus aus Deutschland! Mit einer absurden Deutschtümelei, die mit einer illiberalen, antideutschen Rattensprache und Rattenkultur bei unterirdischen Gesinnungen erfolgreich punktet, werden dem Staat die letzten liberalen Errungenschaften der Kultur ausgetrieben. – Was meinst du?“ Hans war aufgesprungen. Er zitterte vor Aufregung und wartete Erwins Antwort gar nicht erst ab. Er brüllte: „Raus aus diesem Wilhelm-Zwo-Reich, diesem Schweineladen!“

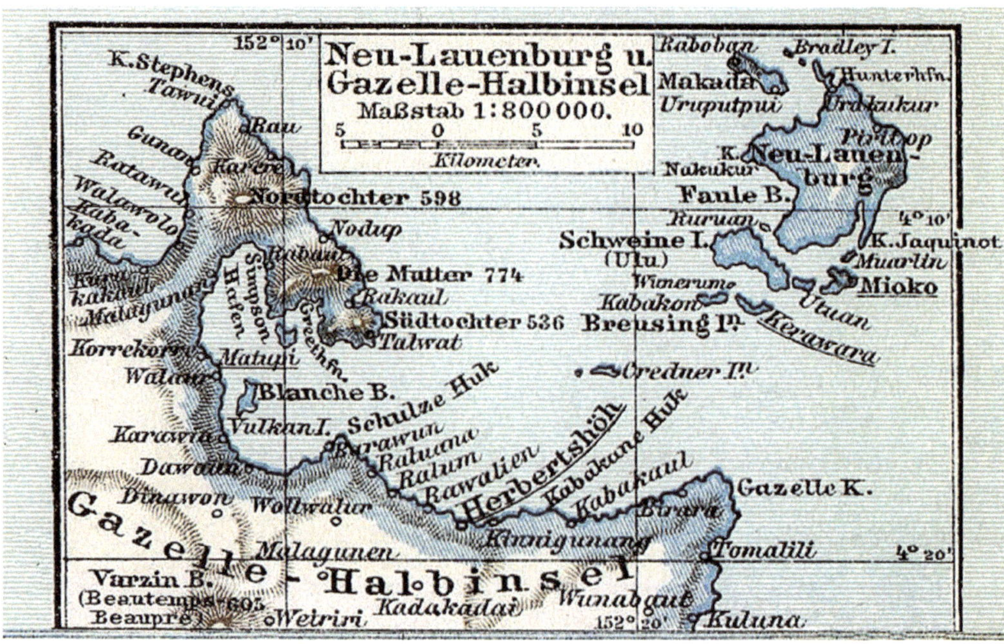

Insel KABAKON gegenüber Herbertshöh auf der Gazellen-Halbinsel

Erwin versuchte, die verfrühte Befreiungs-Euphorie seines Freundes zu dämpfen. „Auswandern kostet Geld. Dieser Engelhardt schickt uns das Reisegeld nie im Leben. Vielleicht ist die Aequatoriale Siedlungsgemeinschaft längst am Ende – pleite zum Beispiel!“.

„Versteh doch, Erwin! Ich muss hier weg. Ich darf hier nicht zur Schule gehen, um mich akademisch zum Maler ausbilden zu lassen, kein Geld verdienen, werde verachtet, und kann mich nicht mehr in meinem Elternhaus zeigen. Die Homosexuellen hier fliehen wie Aussätzige, obwohl die Wissenschaft diese Orientierung längst als zum Menschen gehörende, menschlich natürliche Anlage erkannt hat.
In unserer ewig gestrigen, Vorurteilen fröhnenden Gesellschaft gibt es kein Leben für mich. Ich möchte am liebsten das ganze Drogistenpack und meine Rabeneltern vergessen." Erwin bremste: „Ich habe endlich 'ne Arbeit gefunden, die mich ganz und gar begeistert. Demnächst fahr' ich als Bestmann auf einem brandneuen Fischkutter zur See. Mit dem Eigner verstehe ich mich bestens. Etwas Schöneres gibt es nicht, sag ich dir!"
„Und wo bleib ich? Wollen wir uns deinem Flosse nun als Pärchen vorstellen? Willst du vielleicht demnächst Romane über deine Karriere schreiben: *‚Vom Bestmann zum Obermaat bei der Schimmernden Wehr'*? Oder eine Jubelschrift über Wilhelm II. und sein Herz für die Fischerei unter dem Titel *‚Seefahrt tut not'*? Der Kaiser wird dich umarmen, aber sei vorsichtig und erzähl ihm nichts über unser Liebesleben. Er könnte es als Anspielung auf seine Amouren verstehen, an die nur zu denken schon bei Strafe verboten ist: *‚Quod licet Jovi, non licet bovi'* – Was dem Gott Jupiter erlaubt ist, darf sich der Ochse noch lange nicht herausnehmen. Hab ich noch auf dem Gymnasium lernen dürfen. – Nein, nein, nicht mit mir!" Hans Thieme ließ sich von Kabakon nicht mehr abbringen: „Diesen Weg darfst du alleine gehen. Ich bewerbe mich in unser beider Namen vorsorglich schon mal bei dem Engelhardt auf Kabakon und bitte ihn um Reisemittel. Wenn ich ihm erkläre, was wir hier durchmachen, kann er doch gar nicht Nein sagen … oder?" Erwin hob die Hände. „Tu das bloß nicht, Hans! Der Brief könnte von den Behörden abgefangen werden."
„Du wirst mich nicht davon abbringen. Ich werde nach Kabakon schreiben. Die Behörden sollen den Brief ruhig abfangen und genau studieren."

„Aber Hans! Wir sind bestimmt nicht die Einzigen, die Engelhardts Werbesprüche gelesen haben“, schränkte Erwin noch einmal ein. Plötzlich änderte er den Ton: „Nun ja, da fällt mir ein, dass sich uns vielleicht doch noch ein dritter Weg öffnen könnte! – Darüber kann und darf ich heute nur noch nichts sagen. – Nur eines darfst du jetzt unter keinen Umständen vergessen: die Fahrkarten für unsere Seereise über die Pfingsttage nach Kappeln mit dem BLAUEN HEINRICH – die musst du dringend kaufen.“

Häuslicher Streit um Geld und Braut

Sonnabend vor Pfingsten, 3. Juni 1911

Im Schatten des kleinen Stationsgebäudes hielt der Behr'sche Kastenwagen. Auf dem Kutschbock saß Karl Theodor Behr, der Jungfischer. Wie alle Seeleute trug er an diesem Tag ein blau-weiß gestreiftes Fischerhemd. Für eine Weile blieb er da oben hocken und sah sich bisweilen unschlüssig um. Ein unruhiger Blick auf seine Taschenuhr änderte nichts an der restlichen Wartezeit – immer noch fünf Minuten bis zur Ankunft des Zuges. Schließlich nahm er die Zügel und schlang sie in einem lockeren Knoten um die Armlehne, rutschte vom Bock hinunter und kontrollierte die Handbremse, den Sitz der Deichsel, das Geschirr und besonders das Zaumzeug des Braunen. Die Schienen lagen gleißend in der Mittagssonne. Ein kaum spürbarer Windhauch trieb den starken Geruch der Linde herüber, die gegenüber auf dem festlich geharkten Vorplatz des Gasthauses blühte.
Pfingstsonnabend am Vormittag.
Der Braune schnaubte. Flosse tätschelte ihm den Hals. Nach allem, was in den letzten Tagen geschehen war, sah er dem Besuch der Kieler Kameraden am ersten gemeinsamen Abend mit Freuden entgegen. Er dachte an die unbeschwerten Stunden im Düppel zurück! Das Friedrichsköger Hafenfest würde Gelegenheit bieten, unterstützt von den Jungs, den Ärger der letzten Tage hinunterzuspülen. Bier und Korn und Korn und Bier – lagenweise ‚Lütt un Lütt': Das war die richtige Medizin! Die Zungen würden sich lösen und von Kieler Zeiten erzählen – von Streichen und riskanten Erfahrungen mit leichten Mädchen. Er sah schon die Gäste an den benachbarten Tischen ihre Ohren spitzen und miteinander alles durchhecheln, was sie an Aufschneidereien zu hören bekämen.
Der Stationsvorsteher war aus seiner Wachstation heraus getreten und hinter einer Hecke am Bahndamm verschwunden. Kurz darauf zeigte das trockene Klicken der Schrankenglocke die Sperrung des Fahrweges über die

Gleise an. Gleich würden sie da sein – es sei denn, sie hätten die Marschenbahn in St. Michaelisdonn verpasst. Der Stationsvorsteher kam zurück und bezog knickebeinig und vornübergebeugt auf dem Bahnsteig Stellung. Die Arme verschränkte er hinter dem Rücken, die Kelle ließ er hinterrücks zur Erde baumeln. Die Schirmmütze tief ins Gesicht gezogen, hielt er Ausschau nach dem Zug. Mit Läuten und Pfeifen kündigte sich der „Marschenexpress" schon von Weitem an. Näher und näher rückte das heftige Paffen der Dampflokomotive. Kurz vor der Station verlangsamte sich das stoßende Geräusch und ging in ein rhythmisches Keuchen über. Das Dach des gegenüberliegenden Baumittelspeichers schien hinter dem heiß ausgeblasenen Atem der langsamer werdenden Lokomotive in der Luft zu erzittern. Ein Personenwagen sowie zahlreiche offene Fracht- und Viehwaggons folgten. Die Bremsbacken legten sich auf die Räder und brachten den Zug quietschend zum Stehen.
„Marne! Hier ist Marne!", krächzte der Stationsvorsteher, jede Silbe norddeutsch verbreiternd, den Zug entlang. Am Ende des Personenwagens öffnete sich eine Tür und fünf junge Männer in Ausgehuniform drängten lauthals palavernd ins Freie.
„Und hier also, in diesem Kaff, will er uns abholen!", röhrte der lange Pitter und blickte dabei den Stationsvorsteher herausfordernd an.
Flosse ging den fünf Freunden entgegen und erduldete ihre schon von Bierdunst aromatisierten Umarmungen. Der Stationsvorsteher schüttelte nur den Kopf und murrte vor sich hin: „Und das soll unsere Kaiserliche Marine sein! Einfach schamlos, der ganze Haufen!"
Inzwischen hatte sich der Perron mit weiteren Reisenden gefüllt. Einige stiegen noch aus, andere wollten mit demselben Zug fort und hatten sich von Angehörigen zum Bahnhof begleiten lassen. Flosse traute seinen Augen nicht: Zwei elegant gekleidete Personen – eine jüngere Dame und ein älterer Herr mit Handstöckchen – auf deren Erscheinen er in diesem Augenblick gern verzichtet hätte, betraten gerade den Bahnsteig. Es waren Marga und ihr Vater. Marga steuerte sofort auf Flosse und seine Gäste zu.

„Darf ich euch – Moin, Marga! – also hier, was soll ich sagen, meine Verlobte, Marga Nonnenwort, und – schön, euch beiden hier zu treffen! – und ihren Vater, den Herrn Konservenfabrikanten ... nein, Herrn Nonnenwort, den Fischkonservenfabrikanten, vorstellen?"

Marga tat so, als sähe sie Flosse hier seit der Verlobungsfeier zum ersten Mal wieder und als habe es nie eine Verstimmung zwischen ihnen gegeben. Sie sprang Flosse bei der Vorstellung sogar noch bei und meinte, indem sie ihm zublinzelte: „Aber, Schatz, warum so aufgeregt! Papa und ich, wir sind nach Heide unterwegs. Und die anderen Herren hier?

„Das sind meine Kameraden von der Marine", erklärte Flosse und schwieg wieder.

Marga nahm den Faden erneut auf: „Willst du uns einander nicht vorzustellen?"

„Diese fünf Maaten der Kaiserlichen Marine sind meine ehemaligen Kieler Stammtisch-Freunde." Zu den Maaten gewandt erklärte Flosse: „Dies ist meine Verlobte mit ihrem Vater."

„Wo trifft man sich denn in Kiel?", fragte Marga.

„Im Düppel, schönes Fräulein, schauen Sie gern mal vorbei!", warf Hansi, der Sani, ein.

„Das mach ich gern. Am besten, Schatz, du nimmst mich mal mit, wenn du wieder nach Kiel fährst! Also dann bis irgendwann einmal im Düppel. Aber wir müssen jetzt ...! Papa, nun komm! Der Zug fährt sonst ohne uns ab."

Marga befürchtete, ihr Vater könnte noch ein zweites Mal Unheil anrichten – und wirklich: Es ließ es sich nicht ganz verhindern. Fabrikant Nonnenwort fand noch die Zeit, Flosse einen Schritt beiseite zu ziehen, ihm die Silberkrücke seines Spazierstocks unter die Nase zu halten und nur für ihn hörbar zu zischeln: „Wenn du nicht spurst, bist du fällig – das überlebst du nicht!"

Dann kehrte Nonnenwort dem Jungfischer brüsk den Rücken zu, hakte seine Tochter unter und ließ dabei das zierliche Handstöckchen Eindruck heischend um die Silberkrücke kreisen.

Flosse brauchte einige Sekunden, um sich von dieser massiven Drohung zu erholen, während die Maaten der schmucken Fischersbraut und dem elegant herausgeputzten Schwiegervater in spe fröhlich nachwinkten. Anton Strabo brummte: „Dann streng dich man an, Flosse, dass du die auch wirklich kriegst! Damit du dann später auch mal die Silberkrücke schwingen kannst.“

Flosse überhörte diese ironische Aufforderung und drängte zum Aufbruch. Marga machte ganz offensichtlich Eindruck auf die Freunde. Sie war ja auch wirklich keine schlechte Partie!

Er führte seine Freunde zum bereitstehenden Wagen. „Mein Kastenwagen ist so schmal wie ein Ruderboot. Ein Ruderboot auf Rädern, wenn ihr so wollt. Zu eurer Bequemlichkeit hab ich achtern noch zwei Bänke eingezogen. Zu zweit sitzt man darauf ganz gut. Der Fünfte kann neben mir auf dem Kutschbock Platz nehmen.“

Sie enterten auf und machten es sich so bequem wie möglich. Flosse ließ den Braunen antraben. Sie verließen die Stadt über die Marner Straße in westlicher Richtung. Das Mahlen der stahlbereiften Räder auf dem Ziegelsteinbelag wirkte einschläfernd; schon bald ließen die angeschlagenen Maaten ihre Köpfe baumeln.

Sie querten alte Deichlinien und gelangten zunächst in den Kronprinzenkoog. Der Koog glich einer riesigen flachen Schüssel, deren Rand die Deiche bildeten. Darinnen duckten sich die breiten, schon in die Jahre gekommenen Höfe, von dichtem Gebüsch und stämmigen Bäumen eingefasst. Mitten im Koog reckte die neugotische Backsteinkirche ihren Turm gleich einem Zeigefinger höher als nötig in den Himmel. Sie wirkte in dieser Landschaft wie ein hochnäsiger Kurgast aus Berlin – blieb ein Fremdling, der auch gar nicht darauf bedacht war, sich einzugewöhnen.

Schnarchend ließen die Maaten diese Welt an sich vorüberziehen. Noch einmal ermunterte Flosse den Braunen und gab ihm die Zügel. Der trabte an und quälte sich mit seiner Fuhre den Deich zum Kaiser-Wilhelm-Koog hinauf, der erst vor wenigen Jahren der See abgerungen worden war und noch ziemlich kahl wirkte.

Der Einspänner zuckelte weiter geradeaus und auch noch die letzte Wegstrecke an der Innenseite des Deiches entlang bis zur Nordwestecke des Kaiser-Wilhelm-Kooges. Flosse nahm die Zügel fester auf – mit einem Ruck kam der Wagen vor einer Reihe kleiner Siedlungshäuser, die sich hier rechts der Straße in die Kurve schmiegten, zum Stehen. Dieser Ruck ging auch durch die Maaten – sie nickten im Gleichtakt vornüber und brauchten noch ein wenig, um die Besinnung zurückzuerlangen.

Aus einem der Vorgärten trat eine alte Frau an den Wagen. „Na Flosse, schon zurück?“, fragte sie freundlich lächelnd. „Geht ihr nur gleich zu den Schiffen! Und wenn ihr mit der Besichtigung fertig seid, kriegt ihr bei mir was zu essen.“ „Schon gut, Mutter, denen kannst du viel erzählen. Die sind noch nicht wieder bei sich.“ Er sprang ab, schirrte den Braunen aus und führte ihn in den Stall neben dem Haus.

Als er zurückkam, schliefen die Maaten immer noch fest. Er trat dicht an den Wagen heran. „Eckstedt! Hier ist Eckstedt, bitte alle aussteigen!“, brüllte Flosse, den Marner Stationsvorsteher nachäffend, den Maaten in die Ohren. „Runter vom Wagen, ihr faulen Säcke! Wir sind längst da!“, rief er ihnen dann zu und war mit wenigen Schritten auf dem schmalen Fahrweg, der gegenüber der kleinen Siedlung vom Hauptweg abzweigte und als Rampe schräg den Deich hinaufführte.

„Das kleine Stück werdet ihr ja wohl noch zu Fuß bewältigen können!“, forderte er die Freunde auf. Sie erhoben sich von ihren Bänken, reckten und streckten sich und stiegen einer nach dem anderen vom Wagen herab, um ihrem Gastgeber auf den Deich zu folgen.

Von dem Anblick, der sich ihnen bot, wurden sie nicht enttäuscht. Oben auf dem Deich breitete sich vor ihnen das gewaltige Panorama der Wattlandschaft zur Ebbezeit aus. Die Nordsee hatte sich von der Küste zurückgezogen – von ihr war kaum mehr als ein Silberstrich am Horizont zu sehen. Im Vorland standen Schafe. Und dann folgte das trockene Watt, dem das

Meer seine Decke weggezogen hatte. Ein breiter Priel, der noch Wasser führte, schlängelte sich kurvenreich durch die graue Schlicklandschaft bis zum Horizont. Ein Fischer stieg den Deich herauf. Er trug schwer an einem Joch auf seinen Schultern, von dem zwei große Körbe herabhingen, bis zum Rand mit frischen Krabben gefüllt.

„Schau einer an, die Schiffe da unten, das ist doch was, gell? Beinahe zu unseren Füßen!“, begeisterte sich Hansi, der pummelige pausbäckige Sani. Die kurzen Ärmchen mit den wurstfingerigen Händchen hielt er zu einem ‚V‘ in die Höhe gestreckt, legte den Kopf in den Nacken und strahlte selig den Himmel an.

„Das ist unser Hafen – ein bisschen kleiner als der Kieler Hafen!“, erklärte Flosse scherzend. „Er liegt genau vor der Nordwestspitze des Kaiser-Wilhelm-Kooges. Von dieser Spitze aus verläuft – jetzt bei Ebbe gewahrt ihr's am besten – eine gelbe Sandbank in die See hinein und schützt unseren Hafenpriel gegen Westen. Kapiert? Die Sandbank endet erst da vorn linker Hand in einer Düne, die auch bei Hochwasser sichtbar bleibt. Die Leute hier sagen ‚De Schosterbarg‘ dazu. Im September versammeln sich da oben oft 'ne ganze Menge Robben. Bis zur Düne also gewährt die Natur unserem Hafen gegen Westen etwas mehr Schutz.“ „Immerhin“, murmelte Strabo, „beinahe acht Meter hoch, der Hügel.“ Er blickte auf seine Taschenuhr. Anton Strabo, der Navigationsmaat, klein und zierlich von Gestalt, von seinen Stammtischfreunden mit dem Necknamen Astrolabo beehrt, lebte mit und nach seinen Instrumenten. Wo immer er sich aufhielt, wusste er sogleich den Ort mit Hilfe von Koordinaten zu bestimmen.

„So, jetzt lass uns mal deinen Krabbenkutter in Augenschein nehmen“, brummte der lange Pitter Leif mit seiner tiefen Grabesstimme, die ihm den Spitznamen „Leichenbitter“ eingetragen hatte.

Flosse war es nur recht. „Na klar! Dann kommt aber auch“, drängte er. Er lief an der Außenseite des Deichs den Trampelpfad hinunter zum Priel und die Maaten folgten ihm. Das Vorland war hier ziemlich hoch angewachsen und die feste Grasnarbe führte bis an die Prielkante heran. Der Trampelpfad ging vom Deichfuß aus in einen langen, aus Pfählen, Bohlen und Planken zusammengezimmerten Steg über, an dem die Schiffe lagen. Kaum hatten sie die Planken des Steges betreten, wurden sie von einer Horde kleiner, nur mit schlabberigen Unterhosen bekleideter Dreckspatzen aufgehalten. Drei von ihnen patschten im seichteren Wasser unter dem Steg zwischen den Anlegepfählen herum – sie waren hier auf Beute aus. Zwei weitere saßen auf der Stegkante und ließen die nackten Beine ins Wasser baumeln. Sie hüteten die aus der Tiefe herauf gereichten Fänge in einem rostigen Marmeladeneimer.

„Gib mal den Eimer runter“, tönte es von unten herauf. „Ich hab ’nen ganz Großen.“

Der Eimer wanderte unter die Brücke.

„Och nee – jetzt zwei … drei ganz Große! Moment mal, ich muss mit den Armen tief runterlangen. Jetzt hab ich sie … autsch! Das Miststück hat mich in ’n Finger gekniffen, aber ich hab es festgehalten.“

Ein weißblonder Schopf über einem mit Schlick besprenkelten Gesicht tauchte auf und reichte den Eimer auf den Steg zurück. Als die Maaten an ihnen vorbeiwollten, sprangen die Eimerverwalter auf und bestaunten die weißen Ausgehuniformen. Der Größere von beiden – dessen von Schlick und Schlamm beschwerte Unterhose rechtslastig runterzurutschen drohte, überließ dem Kleineren den Eimer und redete munter drauf los: „Kommt ihr vom Veteranentag?“

Die Maaten amüsierten sich vor Vergnügen. „Sehen wir schon so alt aus?“

„Wie kommt der Junge nur auf so ‘ne Idee!“ knarrte Pitter Leif. Ein wenig irritiert erklärte der Junge mit ernstem Gesicht: „Gab doch vor ’n paar Tagen so ’n Veteranen- und Blumentag in Büsum. Die Straßen waren mit Blumen geschmückt. Da waren auch welche von der Marine dabei. Hab ich selbst gesehen. Mit Musik und so. So ’n alter Knacker von so ’nem Verband hat auf ’m Podest gestanden und da rumgeschrien von Kämpfen mit Kriegsschiffen gegen die Engelländer. Gesungen haben sie auch.“

Da schob sich der Kleinere, ein schmächtiges Kerlchen, nach vorn. Das Mächtigste an ihm war der Kopf und das Interessanteste sein Gesicht, dessen Ausdruck an Frechheit kaum zu überbieten war: „Wollt ihr frische Kurgäste kaufen? Ich hab noch zwanzig Stück."
Anton Strabo beugte sich über den Eimer und sagte: „Ich sehe nur Taschenkrebse."
„Ist doch dasselbe. Wenn du die Taschenkrebse in heißes Wasser schmeißt, sehen die nach wenigen Minuten genauso rot aus wie die Kurgäste nach 'm Sonnenbad."
Strabo amüsierte sich. „Den kannte ich noch nicht!" Flosse baute sich neben Strabo auf und schob die Kleinen beiseite: „So, Jungens, nun macht mal Platz! Bringt die Krebse meinetwegen zu meiner Mutter. Und bestellt ihr, dass wir die zum Abendbrot verzehren wollen."
Kaum hatte er das gesagt, sah man die Kinderbeine über den Deich davonflitzen. Der Weg über den Steg war frei. Die Fischer hatten für jedes ihrer Schiffe am Steg entlang je zwei lange Pfähle eingeschlagen, um ihre Kutter, einer schöner als der andere, dort sicher anzubinden. Von den vorderen kaum verdeckt, nahm die MARGA, das größte Schiff, den hintersten Platz ein. Schon standen sie vor dem schmucken Kutter.
„Doiner? Do host ähn noch doiner Verlobten genonnt – doaröber hat sä säch bestämmt gefroit. Där öst jo möchtög groß!", staunte Ottokar Stumpf, Hilfszahlmeister im Maatenrang, dem seiner kleinen Mundöffnung wegen die Vokale leicht zu einem „O", „Ä" oder „Ö" gerieten. Flosse beantwortete nur die Frage nach der Größe. „Drei fünfzig breit, neun Meter lang und nur achtzig Zentimeter tief, wie die meisten Kutter an unserer Küste", erklärte er. „Schiffe bis zu dieser Größe darf man bekanntlich ohne Kapitänspatent führen."
Die Maaten wechselten auf den Kutter über und ließen sich an Deck oder auf der Schanz nieder. Strabo hatte schon wieder etwas Bemerkenswertes gesichtet. „Geht doch nichts über den Besuch eines brandneuen Schiffes – alles riecht nach frischer Eiche. Das Deck durchgehend aus Fichtenholz von

vorn bis achtern gebaut. Dann seh ich zwei Luken, eine hinter dem Mast und vorn auf dem Vorschiff den Niedergang. Der Mast steht in einem Koker, damit man ihn beim Unterqueren von Brücken schnell legen kann. Hier oben alles aus feinstem Nadelholz, ohne Knäste, ohne Splint – das duftet ja noch nach Harz, frisch lackiert.! Der Rumpf außen, die Spanten aus Eiche und alles frisch gestrichen mit schwarzer Farbe, am Wasserpass sauber abgesetzt gegen das rot bemalte Unterwasserschiff. Mein lieber Scholli!"
Flosse lächelte stolz. „Seht euch den Rumpf nur ganz genau an! Die Linien – da ist Musik drin. Merkt man doch gleich, oder? Der Besitzer der Kutterwerft hat selbst mit Hand angelegt. Die Malings sind nicht von mir, sondern von jemandem, den ihr sehr gut kennt und der hier auch sonst sehr fleißig den Pinsel geschwungen hat."
Strabo war dabei, sich weiter unter Deck umzusehen. Plötzlich rief er: „Ach nee! Wenn man vom Teufel spricht …! Ich glaube, hier unten hockt der Mann, der dir bei den Malings geholfen hat, und packt gerade die Schwimmwesten in die Backskisten. Na, dämmert es euch da oben?" Hansi, der Sani, trat an die Luke heran und linste nach unten. „Das gibt es ja wohl nicht", staunte er. „Unser Erwin – altes Haus! Wie kommst du auf Flosses Schiff?"
„Uns' Erwin aus 'm Düppel! Darf doch nicht wahr sein!", kommentierte sogar Gerolf Schöne, der Decksmaat, der im Kreise seiner Freunde nur der ‚schöne Schweiger' hieß, Hansis unerwartete Entdeckung.
Erwins Kopf tauchte aus der Luke auf. Noch ganz unter Dampf warf er ein paar leere Körbe an Deck und erstattete von dort aus Rapport: „Der Kaufmann hat den bestellten Proviant und die übrigen Sachen gestern Abend noch angeliefert. Und ich hab alles, wie du es haben wolltest, unter Deck verstaut. Zufrieden, Schipper?" „Und ob, Erwin! Auf dich ist eben Verlass."
Nun stieg er ganz aus der Luke und trat an die Schanz. Es klang ein bisschen wehmütig, als er sich jetzt verabschiedete: „Dann sag ich jetzt Tschüss und wünsche euch allen für Übermorgen 'ne schöne Reise. Ich muss den Abendzug nach Kiel kriegen."

Flosse lächelte verständnisvoll. „Natürlich, deine Verabredung! Ich möchte nicht schuld sein, wenn du sie verpasst. Um die leeren Körbe werden wir uns kümmern." Flosse strahlte und versetzte ihm zum Abschied noch einen anerkennenden Klaps auf die Schulter.

„Da zieht er hin, der Gute", erklärte er und fuhr fort: „Ihr ahnt nicht, wie oft Erwin des Abends von Wilster aus nach Wewelsfleth geradelt ist, um mir bei meinem Schiff zu helfen. Ohne ihn wäre ich gar nicht rechtzeitig zum Stapellauf fertig geworden."

„Alle Achtung! Das hätt' ich ihm gar nicht zugetraut", gestand Strabo. „Mit Schiffen hatte der doch bisher nichts im Sinn, oder? War er nicht Barpianist?"

„Da liegst du nicht ganz richtig, Strabo", bestätigte Flosse. „Er wollte Volksschullehrer werden, aber irgendeiner in Kiel hat ihm einen Stock zwischen die Beine geworfen. Darum hat er sich bisher als Pianist über Wasser gehalten – frag bloß nicht, wo der überall gespielt hat! Aber er ist längst auf dem Absprung, will das Leben in Kiel hinter sich lassen. Hat sich mächtig gemacht. Er war zuletzt auf einem Ewer in Wilster. Ein Ewer, das ist so 'n flachgehender Transportsegler, mit dem hier an der Küste so gut wie alles verfrachtet wird – Torf, Holz, Kali, Kalk und sogar Möbel und Klaviere. In Wilster hat Erwin ein verdammt gutes Zeugnis von seinem Schipper bekommen – hab's gesehen."

Nach einer Pause ergänzte Flosse: „Ab Anfang Juli brauch ich nämlich einen zweiten Mann an Bord, 'nen Hölper op Platt, einen Helfer auf Hochdeutsch. Da lässt man sich einen derart befähigten Kerl doch nicht durch die Binsen gehen."

„Darf ich mich auch mal unter Deck umsehen?", fragte Hansi. „Aber klar, ihr anderen auch. Deswegen sind wir ja hier!" „Großer Gott!", hörte man Strabo aus dem Schiffsbauch bewundernd stöhnen, „hier unten hast du ja massenweise Lebensmittel gestapelt!"

„Ihr sollt übermorgen während der Ausfahrt doch nicht verhungern."

Kiel, der Kriegshafen. Die „Schimmernde Wehr“ aus der Vogelperspektive

„Und die Gewehre, die Patronen? Willst du etwa hier im Watt eine Invasion gegen England vorbereiten?“ Die Frage kam in grabestiefer Stimme von Pitter, dem Leichenbitter. Flosse sah ihn verständnislos an.
„Wie kommst du in diesem Zusammenhang auf England?“
„Aber Flosse, tu nicht so! Du weißt doch ganz genau, was gerade läuft“, antwortete Pitter Leif. „Oder kriegst du das hier auf dem Lande vielleicht nicht mehr so mit? Du glaubst ja nicht, was zurzeit in Kiel bei der Marine und an allen Stammtischen gefaselt wird. Als ob morgen den Engländern der Krieg erklärt werden sollte! Unser Kaiser spielt mit dem Feuer! – So seh‘ ich das. Es wird darüber nachgedacht, Spionage mit kleinen Booten in allen Küstengewässern zu betreiben. In England befürchtet man bereits eine Invasion“, erklärte Strabo. „Du müsstest einmal das Buch ‚Riddle of the Sands‘ von Erskine Childers lesen – da gehen einem die Augen über.“

„Nun redest du schon so gebildet wie unser Doktor daher: ‚*Ihr müsst Childers lesen!*'„Ich weiß, Strabo, du meinst es nur gut mit mir, aber ich kann gar kein Englisch," hielt Flosse dagegen. „Aber einmal ganz abgesehen davon werden sie uns da hoffentlich nicht mit hineinziehen: Ein Seekrieg mit unseren Fischkuttern – einfach lachhaft!", empörte sich Flosse. „Die Engländer zu besiegen – das schafft der Kaiser doch bestimmt ganz ohne uns, wenn er das will. Und zwar im Handumdrehen mit unserer ‚*Schimmernden Wehr*', unserer neuen Kriegsflotte! Dafür braucht er doch, weiß Gott!, unsere Krabbenkutter nicht."Flosse beruhigte sich wieder. „Aber nun zu Pitters Frage nach den Gewehren – es sollte eigentlich bis übermorgen eine Überraschung bleiben: Wir werden mit der MARGA nicht nur so durch die Gegend schippern, sondern wir gehen auf Seehundjagd. Und dafür brauchen wir die großkalibrigen Gewehre. Wie findet ihr das?"

Seehundsjäger, professionell sich „robbend" den Seehunden nähernd

„Ich find' das aufregend", gestand Pitter und Anton Strabo meinte: „So etwas habe ich mir schon immer gewünscht – so'n richtiges Abenteuer!" Flosses Überraschung war gelungen. Wie die Kinder krochen die Maaten durch das ganze Schiff, nichts entging ihrer Neugier. Flosse freute sich. Es tat ihm gut, mit den Kameraden zusammen zu sein, die schon auf die Mitwirkung an einem Jagdabenteuer brannten. „Seehunde erschießen?", fragte Hansi. „Willst du das wirklich?"
„Na klar, mein Lieber! Macht doch Spaß. Die erwarten uns schon ganz brav bei Niedrigwasser auf den Sänden. Wir fahren auf den Sand, steigen aus und robben uns mit den Gewehren an sie heran. Sie halten uns für Artgenossen und kommen schon auf uns zu. Dann knallen wir sie ab. Ist das nicht toll?" Wer wollte da widersprechen!
Die Essensvorräte machten sie hungrig. Hansi fragte, ob er sich ein Stück von der Mettwurst abschneiden dürfe. „Von wegen – Finger weg!", lachte Flosse. „Hier leg' ich eins von den Broten und einen Klotz Butter in den Korb – das nehmen wir fürs Abendbrot mit an Land! Du darfst auch den Korb tragen. Aber nicht naschen! Hörst du? Wir machen es uns dann im Garten mit ein paar Flaschen Bier gemütlich."
Lachend verließen sie das Schiff und stiefelten über den Deich. Auf dem Trockenplatz hinter der Behr'schen Waschküche hatte Flosse schon am Vortag einen Tisch aus zwei Sägeböcken und entsprechend langen, blank gehobelten Dielen zusammengebaut. An den Längsseiten des Tisches waren zwei Bänke aufgeschlagen worden, auf denen Flosse mit seinen Gästen nun Platz nahm. Die Maaten futterten um die Wette – frisches Brot mit Butter und dazu die frischen Taschenkrebse! Das bildete die passende Grundlage für die Mengen an Bier, die hinterher geschüttet wurden. Sowohl Seemanns- als auch Heimatlieder ließen sich bald mehr schlecht als recht hören, wurden dafür aber mit viel Gefühl dargebracht. Keiner schloss sich aus – jeder sang in seiner Stimmlage nach Leibeskräften. Mit Sicherheit lag es nicht an ihrer Sangeskunst, dass sich die Sonne anscheinend schneller als erwartet hinter den Horizont zurückzog.

Die Reise von Kiel mit dem Zug, die Kutschfahrt durch die Köge und nicht zuletzt die frische Nordseeluft trugen dazu bei, dass sich die feuchtfröhliche Wiedersehensfeier im Behr'schen Garten dann aber doch nicht mehr übermäßig in die Länge zog. Einer nach dem anderen verzog sich in den Pferdestall, wo ein gut aufgeschüttetes Strohlager für sie bereitet war.

Die stumme Hamenfischerin

Am Morgen des Pfingstsonntags, 4. Juni 1911

Die am nächsten Morgen aus wolkenlosem Himmel herabstrahlende Pfingstsonne schaffte es kaum, die Türritzen und das durch Spinnweben verdüsterte Stallfenster zu durchdringen und die Maaten aus dem Stroh zu scheuchen. Nach der Katzenwäsche an der Gartenpumpe und dem reichichen Genuss von Malzkaffee, Kuhmilch und Schwarzbrot mit Butter ließ Flosse seine Freunde die Hosenbeine hochkrempeln und nahm sie mit ins Watt, um ihnen Queller, Wattwürmer, Krabben, Muscheln und weiteres Getier zu zeigen. Hansi Sani begann als Erster zu meckern, weil das Überqueren der Sandrippeln, die das Sandwatt wie ein Waschbrett strukturieren, ihm Schmerzen an den Fußsohlen bereitete. Hilfszahlmeister Ottokar Stumpf, von den Freunden eigentlich nur ‚Zahlemann' genannt, beklagte dagegen, dass es im Schlickwatt so anstrengend sei, weil dort die Füße immer bis zu den Knöcheln einsänken und seine Beine schon ganz lahm geworden seien. Pitter Leif hatte sich am rechten großen Zeh verletzt, als er in eine Miesmuschel getreten war. Wirklich begeistert war nur der Navigationsmaat Strabo. Nach zwei Stunden hatten jedoch alle genug – mit bleiernen Gliedern kehrten sie auf den Deich zurück und warfen sich der Länge nach ins Gras.

Nur Flosse blieb auf den Beinen. Er hatte die Hand über die Augen gelegt und schien etwas am Horizont zu beobachten.

Anton Strabo setzte sich auf. „Was ist, Flosse? Wonach hältst du Ausschau?"

Auf Höhe des Schosterbargs war eine noch kaum identifizierbare Gestalt aufgetaucht, die jetzt langsam und leicht vornübergebeugt über den Sand zu ihnen herüber zu schweben schien. Flosse sah ihr gespannt entgegen. In seinem Blick lag freudige Erwartung.

„So habe ich sie auch das erste Mal auf mich zukommen sehen … meine Betty …"

„… deine Betty‘? So, so! – Und der Name an deinem Schiff? Wir dachten, du wärst seit der Schiffstaufe mit Marga Nonnenwort verlobt? – Ich hab zwar auch schon mal was von einer sogenannten ‚Nebelbraut‘ gehört, mit der du angeblich ein Verhältnis haben sollst – aber von einer ‚Betty‘ war bisher noch nie die Rede. – Drei Bräute auf einmal! Ist das nicht ein bisschen viel für einen?“, brummte der lange Pitter.
Flosse schaute weiter in Richtung der sich vom Schosterbarg nähernden Erscheinung und antwortete: „Betty ist die Nebelbraut – oder besser gesagt: Sie wird hier von einigen so genannt. Aber sie will den Namen ‚Nebelbraut‘ nicht mehr hören, sondern möchte, dass man nur noch ‚Betty‘ zu ihr sagt. – BETTY sollte auch mein Schiff heißen. Dass da jetzt ein anderer Name am Heck meines Kutters steht, habe ich dem Falschspiel des Fischkonservenfabrikanten Nonnenwort zu verdanken.
Als ich Betty kennenlernte, war sie noch mit einem anderen befreundet, der immer nur um sie herum war und niemanden an sie heranlassen wollte. Er versuchte, sie dazu zu bringen, die seltsamen Geschichten nachzuspielen, die uns Schulmeister Mehlmann früher aus einem alten Sagenbuch vorgelesen hatte. Es ist ihm auch fast gelungen, sie für seine verschrobenen Ideen zu gewinnen, denn sie fühlte sich in seiner Nähe zunächst noch ganz wohl und vertraute ihm. Bis sie dann endlich merkte: Der Kerl liebt mich ja gar nicht richtig – jedenfalls nicht so, wie eine Frau sich das nun mal wünscht. Oh nee, oh nee! Der himmelte sie nur an, wie man so ’ne Heilige anbetet, und nannte sie – wie in Mehlmanns Sagenbuch – seine ‚Nebelbraut‘. Aber das reichte ihm anscheinend noch nicht: Er wollte auch alle anderen dazu bringen, sie nur noch ‚Nebelbraut‘ zu nennen. Betty fühlte sich durch sein Verhalten zunehmend bedroht und versuchte, sich von diesem Kerl zu befreien.
Als ich ihr dann das erste Mal begegnete, kam sie – gerade so, wie ihr das in diesem Moment miterlebt – vom Schosterbarg herüber. Ich war wie erstarrt und legte all meine Erwartung in meinen Blick, um ihr zu zeigen, wie sehr sie mich beeindruckte. Und dann geschah das große Wunder: Sie kam ein-

fach auf mich zu und umarmte mich, ohne ein Wort zu sagen. Ich spürte, dass sie sich Hilfe von mir erhoffte.
Ihr verflossener Verehrer kämpfte nicht einmal um sie, als er merkte, dass er sie verloren hatte, sondern zog sich zurück. Wenn ihn jemand nach der ‚Nebelbraut' fragte, antwortete er nur, seine Zeit werde noch kommen.
So, meine Freunde, habt ihr das alles verstanden? Ich möchte euch nämlich bitten, dass auch ihr sie nur ‚Betty' oder ‚Elsbeth' nennt."
Das Zusammentreffen mit Betty wurde für die fünf Maaten zu einem überraschenden Erlebnis, das ihre einfältigen Fantasien bei Weitem überflügelte. Sie trug eine alte, weiße, noch feuchte Bluse aus grobem Leinen, die den schönen Busen in allen Einzelheiten derart betonte, dass den ewig liebeshungrigen Jungs aus Kiel der Atem stockte. Irgendein Gerät mit langem Stiel lag auf der rechten Schulter – ein Rechen? Oder doch ein Käscher? Füße und Beine waren nackt. Den unteren Rand des knöchellangen, ebenfalls triefend nassen Rocks hatte sie an den Seiten hochgenommen und unter den Gürtel gesteckt, wodurch die aufgestauten Stoffbahnen zur Rechten und zur Linken aus der Ferne wie Flügel wirkten. Das schwarze, wellige Haar umrahmte ihr sonnengebräuntes Gesicht, umschlang ihren Nacken und tauchte mit einigen Strähnen in den weit geöffneten Ausschnitt.
In ihrer Linken trug sie einen breiten Handkorb, der bis oben hin mit grauen Krabben gefüllt war. Sie setzte den schweren Korb ab und ließ das merkwürdige Gerät auf ihrer Schulter zur Erde gleiten. Sie stand jetzt unmittelbar vor ihnen, ging direkt auf Flosse zu, stellte sich auf die Zehenspitzen, umschlang seinen Hals und drückte ihm einen Kuss auf die Lippen.
Dann bückte sie sich, schulterte das Gerät links, ergriff den Korb mit der Rechten und schritt langsam, ohne sich noch einmal umzuschauen, den Weg an der Innenseite des Deiches hinab. Die Blicke der Maaten folgten ihr.
„Tja – eine stolze Frau und wunderschön! Woher kommt sie?", fragte Strabo.

Die Betty sei eines Tages mit einer Gruppe ostpreußischer Saisonfischer aus Alt-Passarge nach Büsum gekommen und schon als Kind bei einem Bauern, einem schlimmen Finger, mit bloßen Knieen über die Felder gerobbt, um Zuckerrüben zu verziehen, erläuterte Flosse. Die Mädchen haben abends geweint, wenn sie mit geschundenen Beinen von der Feldarbeit zurückkamen."

Flosses Blick verfinsterte sich, als er noch leise anmerkte: „Sie ist stumm."

Die Maaten sahen sich ratlos an. Flosse schien immer noch ein wenig durcheinander zu sein. Was er sonst noch sagte, klang ziemlich hölzern und auswendig gelernt:

„Wie auch andere Frauen an unserer Küste lebt sie, nunmehr allein und auf sich gestellt, ausschließlich von ihrer Hände Arbeit, indem sie, ob's kachelt oder die Sonne brennt, auf Krabbenfang geht. Zur Zeit der halben Ebbe laufen die Frauen weit hinaus in die Watten und halten erst an, wenn sie bis zum Bauch im Wasser stehen. Dann nehmen sie ihren Schiebehamen – so einen Rechen mit Netz – von der Schulter und schieben den über den Grund gegen das restliche ablaufende Wasser zurück in Richtung Land. So werden ihnen die auf dem Wattengrund lebenden Tierchen in die am Rechen befestigten Netze gespült. Betty, die Erfolgreichste, hat immer Glück: Ihr Netz ist stets voll. Noch nie ist sie mit einem leeren Korb nachhause gekommen. Ihre Konkurrentinnen behaupten – ohne selbst wirklich zu glauben, was sie daherschwatzen – dass sie ein Bündnis mit dem Teufel habe."

„Vor uns brauchst du dich nicht für sie zu entschuldigen", warf Anton Strabo ein. „Sie ist eine wunderbare Frau – aber wie geht das mit euch weiter?"

„Ich bin doch mit Marga Nonnenwort verlobt. Und als Ehefrau ist die vielleicht auch gar nicht so verkehrt."

Hansi Sani legte seine Wurstfingerhände hinter die Ohren: „Mein lieber Mann! Flosse hat die Wahl, eine ist hübscher als die andere; so ein Problem hätt' ich auch mal gern.

„Die Frau eines Fischers hat eben ihre Aufgaben. Sie muss ihm die Bücher führen, muss die Krabben mit dem Wagen zu den Händlern in die Stadt

bringen, und, und, und! Wie soll das hinhauen! Ich frage euch – wer würde sich dafür besser eignen: Betty oder Marga? – Die Marga ist 'ne tolle Frau und ein guter Kamerad. Soviel ist sicher", stellte er abschließend fest.
„Ich verstehe", erwiderte Ottokar, der Hilfszahlmeister, trocken: „... und diese Betty ist noch mal eine ganz tolle Frau ..."
Von Betty war inzwischen nichts mehr zu sehen. Dafür aber sahen sie den alten Behr, wie er hinter dem Fenster seines Hauses stand und zu ihnen herüberschaute.
„Ehe wir uns hier auf dem Deich die Beine in den Leib stehen, sollten wir Mutter Behr die Ehre geben und uns über das Mittagessen hermachen."
„Find ich auch", schloss Flosse sich an. „Es gibt Hammelfleisch mit Bohnen und Pellkartoffeln. Nehmt die Schuhe und die Strümpfe in die Hand. Die Füße waschen wir uns im Garten an der Pumpe." Das ließen sich die Maaten nicht zweimal sagen und folgten Flosse zum Haus seiner Eltern.
Sechs Teller und ein großer, dampfender Topf standen auf dem Tisch, aus dem Mutter Behr das Essen auffüllte. „Willst du nicht mit uns essen, Mutter?", fragte Flosse, aber sie wehrte ab: „Lass man, mein Junge, ich hab keinen Appetit."
„Und Vater?"
„Frag nicht, lass den bloß in Ruhe! Er hat dich da oben mit der Frau gesehen."
Aber Flosses Vater stand schon in der Waschküchentür und trat mit einem Schritt an seinen Sohn heran.
„Geht das schon wieder los mit der Polackin?", herrschte er ihn an.
„Betty ist Betty und Marga ist Marga! Halt dich aus Sachen raus, die dich nichts angehen – und nenn sie nie wieder Polackin!"
„Ich lass mir doch von dir nicht den Mund verbieten! Für mich ist sie 'ne Polackin, deine ostische Betty. Ich seh sie noch vor mir, wie sie dich geküsst hat! Ich krieg den Brechreiz, wenn ich nur daran denke."
„Hast du so wenig Selbstachtung, dass du dich ins Fenster hängst, um uns zu beobachten?"

„Das muss ich ja wohl, weil du immer wieder Ärger machst! Was wäre, wenn ich dich nicht ständig im Auge behielte? Ich habe sogar den Brief öffnen müssen, den ich für dich beim alten Nonnenwort abgeben sollte."
„Was hast du?", schrie Karl Theodor.
„... jawohl, den Briefumschlag geöffnet und den Taufnamen gelesen, den du für das Schiff ausgesucht hattest. Herr Gott im Himmel! Ich habe die Briefkarte gerade noch rechtzeitig zerreißen und durch eine mit dem Namen MARGA ersetzen können."
„Du warst das? Dir verdanke ich das peinliche Theater mit der Verlobung? Das ist doch reine Kuppelei und hat niemals Bestand – glaub ja nicht, dass ich da mitspiele!"
Vater Behr schrie, so laut er konnte: „Du bist jetzt verlobt, Mann! Sieh das ein! Manch einer behauptet sogar, dass ein Fischer, der seine Frau betrügt, eines Tages auf See bleiben wird."
Meta Behr ließ die Suppenkelle in den Topf fallen und hielt sich die Hände vors Gesicht. „Oh Gott, oh Gott!", rief sie dazwischen und fing an zu weinen. „So was sagt man doch nicht – das bringt Unglück ...!"
„Sei ruhig! Nun bin ich mal dran! Unser Sohn ist verlobt. Mit dem Geturtel muss ein für alle Mal Schluss sein. Das habe ich dem alten Nonnenwort in die Hand versprochen."
„Was ihr da, ohne nach meiner Meinung zu fragen, miteinander abgemacht habt, gilt für mich nicht!", fuhr ihm Flosse in die Parade.
„Ach ja? Du ahnst gar nicht, was der Nonnenwort uns noch antun wird, wenn du ausgerechnet eine Polackin seiner Tochter vorziehst, du Blödmann!"
Flosse versuchte, ruhig zu bleiben: „Soll das auf 'ne Erpressung hinauslaufen? – Muss es doch wirklich nicht! Das mit mir und Betty wirst du zwar nicht ändern, aber das braucht Nonnenwort, dieser Falschspieler, ja nicht zu wissen. Wer verlobt ist, muss ja nicht gleich heiraten. Wir haben alle Zeit der Welt und lassen erst einmal alles, wie es ist – oder wie es wenigstens zu sein scheint. Ich dulde sogar den falschen Taufnamen am Kutter.

Das wird den Nonnenwort freuen und ihn glauben machen, dass ich einlenke. Dann wird er bald Ruhe geben und die Rache vergessen. Wozu sind wir eine Familie! Wir müssen jetzt gegen ihn zusammenhalten. Er hat mir bereits mit Mord gedroht – gestern Morgen, als wir ihn und Marga zufällig auf dem Bahnhof trafen."

„Nonnenwort hat auch noch ein Ass mehr im Ärmel, das er jederzeit ausspielen kann. Er hat dich in der Hand."

„Wieso das? Ich habe nur einen Vertrag wegen der Begleichung der Raten mit ihm – und den werde ich erfüllen. Oder geht es um mehr? Gibt es da etwas, was ich noch nicht weiß? – Nun sag schon, um wie viel geht es? Was hat er dir geboten?"

Der Vater gab sich beleidigt und brüllte: „Hör auf, in diesem Ton mit mir zu reden!"

Nun ging die Mutter dazwischen: „Vater, sag deinem Sohn endlich die Wahrheit, ehe er sie von anderer Seite erfährt! Oder ich sag es ihm: Dein Vater hat dein Geld, das du für die Anzahlung angespart hattest, schon verbraucht. Es war nichts mehr da – wir konnten den von der Werft verlangten Grundbetrag für den Kutter nicht bezahlen. Es ging nur mit Nonnenwort."

Den Maaten, die alles mit angehört hatten, war der Appetit vergangen. Einer nach dem anderen erhob sich, ließ den Teller stehen und ging vors Haus. Das Wortgefecht zwischen Vater und Sohn drang jedoch durch das Küchenfenster bis nach draußen.

„Du hattest versprochen", hörten sie Flosse schreien, „das von mir erarbeitete Geld, das auf deinem Konto stand, als Grundrate zu anzuzahlen. Ich dachte, das hättest du längst bei der Werft beglichen und ich müsste, wie vereinbart, nur noch die Raten an Nonnenwort zurückzahlen. Nun erfahre ich von dir, dass mein Geld futsch ist und der Herr Fischkonservenfabrikant so gütig war, auf seine Kosten diesen geforderten Grundbetrag im Voraus zu übernehmen. Eine wunderbare Mitgift! Du betrügst mich um mein Geld

und willst mich dann noch in eine Ehe zwingen, um deinen Kopf zu retten?"
„Ich werde Hugo Nonnenwort informieren, damit er dir den Kutter wieder entzieht!", krakeelte der Alte.
„Was wirst du tun? – Anstatt mir zu helfen?", schrie Flosse zurück.
„Hugo Nonnenwort wird dich umbringen, wenn du jetzt seine Tochter im Stich lässt."
Im Hause kam es zu einem heftigen Handgemenge und die Maaten hörten Flosse brüllen: „Schlag mich nicht noch einmal!"
Dann war ein heftiger Aufprall zu hören, so als ob jemand gegen eine Tür geflogen wäre – danach wurde es still und man hörte nur noch das leise Wimmern des Vaters. Flosse kam aus dem Haus gelaufen. Die Freunde empfingen ihn schweigend. Seine Züge wirkten wie versteinert. Er hatte Tränen in den Augen. Er holte den Braunen aus dem Stall und schirrte ihn wieder ein. Mechanisch führte er die nötigen Handgriffe aus und sprang schließlich auf den Bock. Mit harter Stimme rief er: „Ab zum Hafenfest! Auf nach dem Friedrichskoog! Hier haben wir nichts mehr verloren."
Er sah es nicht – oder er wollte es nicht sehen – wie seine Mutter aus dem Haus getreten war, ihnen nachblickte und dann das Gesicht in ihrer Schürze verbarg.

Müde Maaten, schwere Träume

Pfingstsonntag, 4. Juni 1911, am frühen Nachmittag

Die Stimmung der Passagiere auf Flosses Wagen war nicht die beste. „Wir fahren hier von einem Koog in den nächsten“, beschwerte sich Ottokar, der Hilfszahlmeister, „und immer, wenn man denkt, jetzt kommt endlich das Meer, erscheint am Horizont nur der nächste Deich.“

„Ich empfinde es auch nicht gerade als einen Hochgenuss, den lieben langen Tag durch die Gegend geschaukelt zu werden!“, schloss sich Hansi Sani an.

„… und dann noch in dieser Mittagshitze! Mir langt es eigentlich auch“, nörgelte selbst Pitter Leif.

„Nun macht mal halblang, ihr undankbares Pack!“, hielt Flosse seinen jammernden Freunden entgegen. „Das Ende dieser Kutschfahrt ist doch abzusehen. Rechts voraus haben wir den letzten Deich vor uns. Dahinter kommt das Meer.“ Sie durchquerten noch die kleine Fischersiedlung Rugenort, danach stieg die Hafenstraße langsam an. Der Braune legte sich ins Geschirr und schleppte den Kastenwagen ein letztes Mal den Deich hinauf – die Maaten genossen den Blick nach Süden über den Friedrichsköger Hafen und das Vorland, über die Außenelbe und schließlich die Nordsee bis zum Horizont.

Mit dem Wagen ging es nun jedoch nicht mehr so richtig weiter. Sie staken unversehens in der zunehmenden Menge der Sommerfrischler fest, die durch den Sonnentag und die Anpreisungen des Fremdenverkehrsvereins hierhergelockt worden waren. An dem heutigen Tag brach die Zahl der auswärtigen Gäste jeden Rekord. Alle suchten an diesem glühend heißen Sommertag die Erfrischung an der See.

Flosse wollte etwas sagen, aber man sah nur, dass seine Lippen sich bewegten, ohne ein Wort verstehen zu können – so laut war das sie umgebende Stimmengewirr, das zwischendurch außerdem von Kindergeschrei und Hundegebell übertönt wurde. Und dann hub auch noch das aus Büsum an-

gerückte Blasorchester der Feuerwehr an, ein Lied zu schmettern, dass es nur so in den Ohren schmerzte, das aber dennoch so recht nach den Herzen der Schleswig-Holsteiner war:
„Klein sind Deine Berge, Du mein Heimatland ..."
Die Maaten waren begeistert. Sie konnten sich an einem solchen Tag kaum ein schöneres Ausflugsziel denken. Auf beiden Ufern des Hafens flanierten Einheimische und Kurgäste – die hiesigen Honoratioren im dunklen Sonntagsstaat mit Bowler, manche der auswärtigen Herren – ein wenig als Gecken belächelt – nach der jüngsten städtischen Mode in weißen Anzügen und mit Hüten, flach wie Teller. Dazwischen tummelten sich die Schipper und ihre Bestleute in blauweiß gestreiften Fischerhemden. Schüler stolzierten im neuesten Produkt der Kieler Knabenmode, dem Matrosenanzug, dazu mit langen Strümpfen, einher – die frisch Konfirmierten zum ersten Mal in langer Hose – und die Mädchen trugen zu ihren weißen Kleidchen rosa Schärpen oder weiße Matrosenmützchen mit Flatterbändern. Eine Kleine fiel besonders auf, weil sie zu ihrem Pepitakleid einen schwarzen Ledergürtel und einen Südwester aus Leder trug. Ohne Scheu lachte sie die Maaten an und erklärte voller Stolz: „Ich bin eine Kieler Sprotte, seht ihr das nicht?"
Am Horizont glitzerte die Außenelbe. Die Flut war wieder über die grauen Schlickflächen gestiegen und schmiegte sich an die Abbruchkanten des weit hinausreichenden Vorlandes. Samtbraun bis dunkelgrün schimmerte das dichtwollige Halliggras im Gegenlicht. Mitten hindurch führte von der Sielschleuse in Richtung See der schnurgerade kanalisierte Hafenpriel. Rechter Hand lagen drei zweimastige Frachtewer und diesen gegenüber fünf kleinere, offene Fischerboote und ein paar ältere Segelkutter – allesamt zur Feier des Tages über die Toppen geflaggt.
Die Maaten blieben auf ihrem Wagen nicht unbehelligt. Drei kräftige Fischer tauchten neben ihnen auf und versuchten, Flosse mit sanfter Gewalt vom Kutschbock herunter zu ziehen. „Jetzt bist du dran, du sollst einen ausgeben auf dein neues Schiff!"

Flosse wehrte ab: „Ich muss erst das Pferd versorgen!“ Er ließ die Kameraden absteigen und empfahl ihnen, sich bis zu ihrem Treffen am Abend in der Kneipe „Bi Tante Emma“ auf eigene Faust zu amüsieren. Im Nu waren sie verschwunden. Der Jungfischer war sich sicher, dass sie bei den Töchtern des Landes auf Entgegenkommen rechnen durften. – Dann drehte er mit dem Wagen um und stellte ihn hinter dem Deich – weit entfernt von dem Festtagsrummel – an einem ruhigen Plätzchen unter Büschen und Bäumen ab. Das Pferd schirrte er aus und ließ es unter einem Baum an langer Leine grasen.

Die Luft flirrte vor Hitze. Es war inzwischen noch wärmer und stickiger geworden, eine Wetteränderung kündigte sich an. Flosse war nicht nach Feiern zumute. Er ging zum Wagen zurück und wollte sich darunter ins Gras zum Schlafen legen. Aber da krabbelten ihm Ameisen in die Hosenbeine. Also kletterte er über den Kutschbock ins Innere des hochbordigen Wagens, stellte die Bänke beiseite und legte sich auf die Pferdedecke. Doch Flosse fand nur schwer zur Ruhe – die Ereignisse des Tages stürmten auf ihn ein. Die tätliche Auseinandersetzung mit seinem Vater machte ihm mehr zu schaffen, als er es wahrhaben wollte.

Plötzlich bewegte sich der Wagen ein wenig zur Seite. Über dem Wagenrand erschien das liebe Gesicht der stummen Fischerin. Behutsam, ohne ein Geräusch zu verursachen, erklomm sie das Gefährt und legte sich zu ihm auf die Pferdedecke. Sie schmiegte sich an ihn, liebkoste ihn und ließ ihre Hände über seinen Rücken bis zu den Oberschenkeln hinabgleiten. Flosse ließ es geschehen. Er legte die Arme um sie und genoss ihre zarten Berührungen, ihr Haar fiel über sein Gesicht und seine Schultern. Sie umgab ihn, sie war überall und trieb mit ihm die Wogen hinauf, um sich beim nächsten Wellenbrecher zusammen mit ihm in rhythmischem Gleichklang ins nächste Tal zu stürzen – wieder und wieder. Sie zog ihn noch einmal an sich, dass ihm fast die Sinne schwanden.

Sie wartete, bis er eingeschlafen war. Dann verließ sie ihn. Beim Abstieg über die Räder fand sie unter dem Wagen ein großes, mit blauem Geschenkpapier eingeschlagenes Paket, umschlungen von einem breiten, roten Band, das ein zweimal gelochtes Pappschild durchlief, dieses fest auf die Oberseite des Pakets presste und darüber in einer wunderschönen Schleife endete. Sie drückte die Schleife, ohne sie zu lösen, vorsichtig beiseite und las: „Für Elsbeth Mandrukeit".

Das Herz schlug ihr bis zum Halse. Noch nie hatte ihr jemand ein so liebevoll und wunderschön verpacktes Geschenk gemacht! Sie mochte die Schleife nicht zerstören, sondern zog mit ihren Fingernägeln das rote Band so vorsichtig um die Kanten des Pakets herum, dass sie es unversehrt beiseite legen konnte, bevor sie das Paket öffnete. Dann schlug sie das blaue Papier auseinander, nahm von dem Karton den Deckel ab und … konnte sich kaum fassen vor Freude. Es enthielt ein herrliches Kleid und hochhackige goldfarbene Sandalen mit feinem Riemenwerk!

Sie nahm das Kleid heraus und hielt es sich an den Körper. Es war kein gewöhnliches Kleid, sondern es war ein zauberhaftes Ballkleid, das ihr da zum Geschenk gemacht wurde. Vorsichtig steckte sie ihre Füße in die Sandalen. Sie passten wie angegossen! Ihr Glücksgefühl kannte keine Grenzen – sie war sich ganz sicher, dass Flosse sie mit diesem Geschenk zum Fest am Abend willkommen heißen wollte, um sie dann aller Welt als seine wahre Braut vorzustellen!

Sie wollte sich gleich bei ihm bedanken und kletterte noch einmal in den Wagen. Flosse schlief jedoch tief und fest. So hauchte sie ihm nur einen zarten Kuss auf die Stirn und legte ihm das rote Band mit der Schleife und der Karte quer über die Brust. Dann stieg sie vom Wagen, packte ihre Gaben wieder ein und tanzte wie ein beschenktes Kind mit dem Paket unter dem Arm zum Hafen hinunter. Sie sprang in ihr Dingi, mit dem sie gekommen war, und ruderte hinaus bis zu ihrem geheimen Landeplatz im Vorland, um sich dort ungestört auszuruhen und für ihren Auftritt am Abend neue Kräfte zu sammeln.

Flosse erwachte. Betty war fort. War es wirklich geschehen oder hatte er dies alles nur geträumt? Er atmete den süßen Duft ihres Zusammenseins.

Für eine Weile blieb er noch still liegen. Dann hob er den Kopf ein wenig und sah als Erstes die große rote Schleife. Er setzte sich auf, entdeckte das Schild und las: Für Elsbeth Mandrukeit. Was war das? Der Rest von der Verpackung eines Geschenks für Betty?

Am Ende glaubte sie gar, es sei von ihm? Er war beunruhigt und lugte vorsichtig über den Rand des Wagenkastens. Ein kräftiges Knistern hinter den Büschen am Sielgraben erschreckte ihn. War da nicht eben noch ein blonder Wuschelkopf zu sehen gewesen? Oder bildete er sich das nur ein?

Flosse sprang vom Wagen und suchte, immer noch die Schleife in der Hand, im Gras nach Fußspuren oder anderen Hinweisen. „Wonach suchen Sie, Herr Behr?“, wurde er plötzlich von der Seite her angesprochen. Es war Doktor Wittenborg, der ihn das fragte und der auch gleich wissen wollte, was er da in der Hand hielte. Da der Arzt ohnehin alles über ihn und Betty wusste, hatte Flosse keine Scheu, ihm zu erzählen, was geschehen war und ihn jetzt beunruhigte.

„Geben Sie mir doch bitte einmal die Schleife. Ich meine, da etwas entdeckt zu haben.“ Flosse reichte sie ihm. Den Doktor interessierte nur das an der Schleife befestigte Pappschild – eine eingebundene Briefkarte. Er fuhr mit dem Daumen über die Kanten der Karte und sagte: „Schauen Sie nur, was jetzt passiert!“ Er öffnete die Schleife und zog das rote Band heraus. Da öffnete sich die Karte und fiel als Doppelkarte auseinander. Auf einer der beiden Innenseiten stand in Schönschrift folgender Vers:

„Tanze, schöne Nebelbraut –
Tanze, bis der Morgen graut!“

Der Jungfischer wurde ernst. „Wie gut, dass sie diesen Text nicht gelesen hat“, flüsterte er.

„Warum sagen Sie das, Herr Behr?“

„Weil sie Angst vor dem Mann haben könnte, der sie als ‚Nebelbraut‘ anspricht.“

„Und was hat es mit diesem Vers auf sich?“, wollte Wittenborg wissen.

„Der Vers erinnert mich an die alte Sage, die Schulmeister Mehlmann uns vorgelesen hat. Darin ging es um die ‚Nebelbraut vom Schosterbarg'. – Für die Nebelbraut nahm die Geschichte ein böses Ende."

„Könnte es dann sein, dass das Geschenk für Elsbeth eine Gefahr darstellt?", fragte Wittenborg.

„Ich weiß es nicht – aber es beunruhigt mich schon." „Dann suchen Sie nach Elsbeth, Herr Behr! Sie müssen sie darüber aufklären, dass dieses Geschenk nicht von Ihnen ist."

„Wahrscheinlich haben Sie Recht, Herr Doktor. – Gut! Ich versprech's Ihnen. Ich werde Betty suchen und ihr alles erzählen."

„Sagen Sie mir dann bitte auch umgehend Bescheid, sobald Sie etwas von Fräulein Mandrukeit hören."

„Auf jeden Fall, Herr Doktor! – Ach, da wäre noch etwas. Hoffentlich halten Sie mich nicht für aufdringlich, aber ich würde Sie heute Abend sehr, sehr gern zu einem Umtrunk in die Wirtschaft ‚Bi Tante Emma' einladen. Ich gebe ein Bier auf mein Schiff aus, wie sich das nach einem Stapellauf gehört."

„Vielen Dank, Herr Behr! Das tut mir nun leid, aber ich habe schon einen Termin. Dabei wäre ich sogar sehr gern gekommen – nicht zuletzt auch, um von Ihnen zu hören, wie Fräulein Mandrukeit auf Ihre Warnung reagiert."

Wittenborg verabschiedete sich und ging zu seiner Chaise hinüber. Flosse legte das Band zusammen, warf noch einen Blick auf das Kärtchen mit dem Vers und steckte beides in die Hosentasche. Dann machte er sich auf, um Betty zu suchen. Er war sich sicher, dass sie mit ihrem Dingi gekommen war, um jederzeit unabhängig von ihm und seinen Kieler Freunden zu sein. Er lief an der Reihe der Krabbenkutter entlang. Irgendwo zwischen diesen Fahrzeugen vermutete er ihr kleines Boot – aber er fand es nicht. Wohin er auch blickte, Betty und ihr Dingi waren nirgends auszumachen.

Die Schwüle wurde nahezu unerträglich. Flosse konnte die Suche nicht weiter ausdehnen, weil seine Freunde ihn erwarteten. Er eilte in Richtung der Sielschleuse am Kopf des Hafens, weil er sich dort mit den Maaten verabredet hatte.

Es war der Lieblingsplatz der Fischer am Feierabend. Einige seiner Kollegen, die er ohnehin noch einladen wollte, sah er dort bereits versammelt und hielt auf sie zu. Er schwitzte – das Wasser lief ihm aus allen Poren übers Gesicht. Immer wieder griff er nach dem Taschentuch und merkte nicht, dass ihm dabei das Kärtchen mit dem Vers aus der Hosentasche fiel. Er begrüßte die Kollegen kurz und lehnte sich dann neben den anderen über das Brückengeländer – gemeinsam starrten sie in den düsteren Abendhimmel. Am Horizont zog eine Wolkenbank auf.

„Es wird regnen. Wie gut, dass wir morgen zuhause bleiben können“, meinte Jens Ohm und stopfte mit dem Daumennagel seine Shagpfeife nach.

„Nee, nee, glaub ich nicht, sieht nicht danach aus“, hielt Okko, derBakenstecher, dagegen und schob sich den Hut in die Stirn. „Nebel kriegen wir! Jede Menge Nebel.“

Jens Ohm legte Flosse die Hand auf die Schulter. „Aber du willst unbedingt in aller Frühe los?“, fragte er. „Ich hab’s meinen Kameraden versprochen.“

„Okko hat sich noch nie verschätzt“, gab nun auch Hark Banning zu bedenken und blickte Flosse zweifelnd an. „Fährst du auch dann noch raus, wenn du die Hand nicht mehr vor Augen siehst? Irgendwann geht das mal schief, mein Lieber. Ich bin zwar kein Angsthase, wie ihr wisst. Aber in pottdichtem Nebel …? Ums Verrecken nicht! Du weißt, Flosse, wovon ich rede.“

Als Flosse schwieg, versuchte es Okko mit einer spöttischen Bemerkung: „Na ja, du hast ja nichts zu befürchten. Wer so ’ne tolle Crew zur seemännischen Unterstützung an Bord hat, kann sich vielleicht jedes Risiko erlauben.“

„Seemännische Unterstützung …? Ich weiß nicht recht …“, murmelte Flosse etwas skeptisch.

Plausch auf der Sielbrücke am Kopf des Hafens

„Wo stecken die Burschen eigentlich?“, wollte Okko wissen. „Eigentlich wollten wir uns hier sammeln. Aber einige sind wohl immer noch scharf auf eure Bienen“, grinste Flosse. Okko griente. „Dann ist's ja gut. Unsere Bienen wissen sich ihrer Haut zu wehren …“

„… wenn sie sich denn wehren wollen!“, lachte Flosse. „Aber ich muss jetzt los. Ich geh schon mal vor. Meine Jungs finden die Kneipe ‚Bi Tante Emma‘ auch alleine. Wie ist es mit euch? Ihr seid selbstverständlich herzlich eingeladen. Der neue Kutter schwimmt erst, wenn das Bier in Strömen geflossen ist!“

„Schon wieder? Du warst doch schon beim Stapellauf so spendabel“, meinte Ohm.

„Das gildet nicht. Die Getränke kamen nicht von mir. Die hatte Nonnenwort spendiert."
Und Hark Banning amüsierte sich: „Na wenn schon! Wenn 't Nötigen denn kein Ende nehmen tut, sagen wir auch nicht Nein."
Damit machten sich die Fischer auf den Weg zur verabredeten Kneipe.

Anschlag auf Betty, „diese „Polackin!“

Am Abend des Pfingstsonntags, dem 4. Juni 1911

Das lange Giebelhaus mit der Kneipe ‚Bi Tante Emma‘ lag im Schatten des Deiches etwas abseits der Straße. Flosse, die Fischer und die Maaten durchquerten in zeitlich unregelmäßigen Abständen zunächst den verwilderten Vorgarten und liefen dann auf dem von Brennnesseln gesäumten Trampelpfad am Haus entlang bis zur letzten Tür. Wildes Gelächter und Musik empfingen sie. Im Schankraum hing ein unglaublicher Mief aus Tabaksqualm und Biergeruch. Die Verfärbungen an der Decke und an den mit Eichenholz getäfelten Wänden bezeugten den Niederschlag entsprechender Ausdünstungen seit Jahrzehnten. Die über der Theke und ringsherum auf Wandarmen angebrachten Petroleumfunzeln hatten vermutlich noch das Ihre dazu beigetragen. Sie erzeugten kaum genug Licht, um die Rauchschwaden zu durchdringen.

Neben dem Musikautomaten, in dem sich die großen Messingplatten mit den vielen Stiften darauf drehten, lehnte leicht angesäuselt Pitter Leif. Er dirigierte ganz offensichtlich ohne das geringste Taktgefühl die mechanisch aufeinander folgenden Militärmärsche. Am Ende des Radetzky-Marsches trat er einen Schritt vor und verbeugte sich in für ihn schon gefährlichen Pirouetten formvollendet nach allen Seiten. – Brausender Beifall folgte, Hurrarufe drohten den Raum zu sprengen. Die Stimmung war grandios. Für Flosses Ankunft hatte sich Pitter, der *‚Magenbitter‘*, etwas Besonderes ausgedacht. Als dieser an ihm vorbeikam, rief Pitter laut: „Und jetzt, Herr Kapellmeister, einen Tusch auf den neuen Kutter MARGA und seinen Besitzer, den Jungfischer Karl Theodor Behr!“

Dann trat er mit Macht gegen den Musikautomaten, so dass die gerade erklingende Polka unterbrochen wurde, und die großen Messingplatten wie unterschiedliche Gongs gegeneinander schepperten und dabei ein unerhörtes Klangwirrwarr mit Echowirkung von sich gaben. Als dieses verklungen war, setzte die Polka genau an der Stelle wieder ein, wo man sie gewaltsam unterbrochen hatte.

An der Theke führte später Hark Banning das große Wort und warf, nicht ohne seine Rede inzwischen mit einigen alkoholisch duftenden Verschleifungen der Konsonanten zu würzen, nur so mit schlagkräftigen Parolen um sich: „Man gut, dass wir jetzt mit unserem kleinen Haufen den Alldeutschen beigetreten sind. Die helfen uns wenigstens bei unseren Bemühungen, die Nord-Schleswig-Frage offen zu halten."

„Was soll das nun wieder heißen, du Klogschieter", versuchte Okko diese politischen Ergüsse abzuwehren. „Halt bloß auf damit! *Sup di vull unn freet di dick, unn hol din Mul vun Politik!*"

Doch Hark Banning begehrte noch einmal auf und wandte sich mit letzter Kraft an die Maaten: „Ihr seid uns-re-re Rettung. Ihr werdet uns den gebührenden Platz an der Sonne erobern. Der Dank des Varerlanses ist euch gewiss." Dann wankte er hinaus und ließ jedermann wissen, dass er mal ‚nach den Pferden sehen' müsse.

Den Getränken wurde an diesem Abend reichlich zugesprochen: kleines Bier und kleiner Korn lagenweise. Gerade so, wie Flosse es vorhergesehen hatte. Die Fischer wollten von ihm wissen, wie der Zeitplan für die am nächsten Morgen bevorstehende Seehundjagd gedacht sei und wann man aufbrechen wolle.

„Um halb acht, anderthalb Stunden nach Hochwasser. Na ja, und den Rest bestimmt die Tide. Was soll ich noch mehr dazu sagen."

„Dass ich das noch beleben tu, so 'nen wunderwunderschönen Abend!", begeisterte sich Strabo – auch er seiner Zunge nur noch grob mächtig.

„Dat iss ja beinah so schietig unn schoin, so ass wie dat in'n Düppel iss!", stimmte Hansi, der dicke Lazarettgehilfe, mit ein.

Ottokar, ein Bild von einem Zahlmeistergehilfen in Maatenuniform, mit kleinem Mund, Poposcheitel, Nickelbrille und herrlich abstehenden Ohrmuscheln, attackierte nervös die Tischplatte mit der Tintenstiftspitze. „Wisst ihr noch, wie Flosse mit dem Holtperd ...?"

Okko wollte es genauer wissen: „Wie – Flosse mit 'nem Schaukelpferd?" Ottokar korrigierte: „Ich sprach vom ‚Holtperd', also von einem Holzpferd – nicht von einem Schaukel …"
Pitter ging gleich dazwischen: „Ottokar, lass mich das mal erzählen! Dein Stimmchen ist zu piepsig. – Also wisst ihr noch, wie unser Flosse dem Holtperd schön getan und mit ihr getanzt hat?"
Flosse versuchte, dazwischen zu gehen: „Fangt hier gar nicht erst damit an, olle Kamellen aufzuwärmen."
„Aber Flosse! Lass ihn doch mal!", protestierte Okko, der Friedrichsköger Bakenstecher. „Gerade wenn's spannend wird, ziehst du die Notbremse. Mein Gott! Geschichten aus der Großstadt Kiel! So etwas kriegt man hier an der Küste doch nicht alle Tage zu hören."
„Halt du dich ganz raus, du dusseliger Bakenstecher!", zischte Flosse.
„Warum denn? Mir gefällt das Thema."
Pitter setzte mit Grabesstimme noch eins drauf: „Ob die beiden nachher noch in die Kiste …?"
Weiter kam er nicht. Flosse war auf ihn zugesprungen und hielt ihm den Mund zu. Pitter aber quasselte hinter vorgehaltener Hand weiter: „Wir hätten zu gern gewusst, von welcher Seite man aufsteigen muss, wenn man ein Holtperd …" „Das kann ich dir ganz genau erklär'n …", kam ihm der schwer angesäuselte Nautiker zur Hilfe.
„Jetzt reicht's!", erklärte Flosse. Er war die ganze Zeit über ruhig und gelassen geblieben. Freundlich lächelnd packte er jetzt den kleinen, wild zappelnden Nautiker, faltete ihn zusammen und nahm ihn wie ein Kleinkind auf den Arm. „Uns' Kleiner muss jetzt zu Bett. Ist ja schon Mitternacht." Dann trug er ihn, von fröhlichem Gejohle begleitet, vor die Tür und warf ihn mit Schwung in die Brennnesseln. „Nun kannst du mit den Brennnesseln um die Wette ätzen", rief er ihm noch zu, schloss die Tür und wandte sich wieder seinen Gästen zu: „Noch jemand ohne Fahrkarte?"

Er hatte die Lacher auf seiner Seite und die ‚Kieler Affären' damit zum Abschluss gebracht. In bester Stimmung wendeten sich alle wieder dem Bier und dem Schnaps zu.

An ‚Lütt unn Lütt' hätten sich die Gäste wahrscheinlich noch bis zum Morgengrauen festhalten können, doch gab eine außergewöhnliche Störung dem Verlauf des Festes eine von niemandem erwartete Wende.

Zu aller Überraschung öffnete sich kurze Zeit darauf die Tür und herein trat Elsbeth Mandrukeit – zart, braun gebrannt und verführerisch, unwirklich schön – in einem knöchellangen Ballkleid aus weißem Chiffon, an den Füßen Sandalen mit vergoldetem Riemenwerk. Als die Anwesenden erkannten, wer da den Raum betreten hatte, ließen viele ihrem Staunen, ihrem Unmut oder auch ihrer Entrüstung freien Lauf: „Frauen raus!"

„Verzieh dich in die Watten, du Monster!"

„Hau ab nach Ostpreußen oder gleich nach Polen. Und lass die Männer hier in Frieden!"

Betty ließ sich jedoch nicht irritieren. Sie sah nur Flosse und ging direkt auf ihn zu. Flankiert von den Maaten, die ununterbrochen auf ihn einredeten, lehnte dieser sich gegen den Tresen und hatte noch gar nicht mitbekommen, was sich hinter ihm im Gastraum abspielte. Betty blieb dicht hinter ihm stehen und legte ihm die Hand auf die Schulter – abrupt wendete er sich zu ihr um. Als er sie sah, wurde er mit einem Schlage nüchtern: Das neue Ballkleid und die goldenen Schuhe mussten dem Geschenkpaket entstammen, zu dem die rote Seidenschleife und die Karte mit dem Vers auf die Nebelbraut gehörten. Jetzt war es zu spät, um sie zu warnen. Und warum auch? Alles schien in Ordnung zu sein. Also brachte er nur hervor: „Hast du dich aber fein gemacht!" Dafür erntete er von Betty nur einen kurzen, irritierten Blick, der Verständnislosigkeit ausdrückte. Dann zog sie ihren Geliebten auf die winzige, frei gebliebene Fläche vor dem Tresen.

Pitter begriff sofort, was sie wollte; er ging zum Musikautomaten und legte die große Platte mit dem Kaiserwalzer auf. Flosse ließ sich von Betty in den Walzer hineinlocken. Erst ungelenk und bierselig, dann wurde er flotter

und schließlich drehten sich beide im gleichen Takt und tanzten gemeinsam einen wunderschönen Walzer. Alle Zweifel wichen jetzt von ihm – er liebte nur Betty!
Pitter, der sich trotz seines alkoholisierten Zustandes mit dem Musikautomaten so richtig angefreundet hatte, legte die Platte derart geschwind noch einmal auf, so dass man keine Unterbrechung bemerkte und alle sich nur wunderten, dass der Kaiserwalzer kein Ende nehmen wollte.
Nachdem der letzte Ton verklungen, erhoben sich die Maaten und auch einige der anderen Gäste, um dem schönen Paar Beifall zu zollen. Betty war glücklich und drehte wie eine Ballerina unter Flosses ausgestrecktem Arm auf den Zehenspitzen noch eine elegante Pirouette. Dann dankte sie mit einem tiefen Knicks für den Beifall und strich mit beiden Händen ihr Kleid glatt.
Doch mit einem Schlage verstummten alle, die eben noch begeistert Beifall geklatscht hatten – entsetzt zeigten sie auf Bettys Füße. Diese hatten unter dem Riemenwerk zu bluten begonnen. Der untere Saum des Kleides war bereits rundherum mit Blut besudelt. Einige nahe der Tanzfläche Sitzende wichen angeekelt zurück, aber Betty lachte nur und freute sich! Nun schaute auch Flosse auf Bettys Füße. Ein eisiges Gefühl kroch ihm den Rücken hinauf.

Tanze, schöne Nebelbraut –
Tanze, bis der Morgen graut!

Er stand leicht schwankend mit verdrehten Augen da und sackte schließlich auf einem der herumstehenden Stühle zusammen. Sein Kopf fiel nach vorn auf die Brust. Betty verstand nicht, was um sie herum geschah. Was hatte Flosse nur? Sie suchte vergebens seinen Blick. Und warum starrten alle Leute auf ihre Füße? – Sie schaute an sich hinunter, hob den besudelten Saum des Kleides an und sah ihre blutenden Füße und die verschmierten Schuhe.

Ekel überkam sie. Sie konnte nicht an sich halten und erbrach sich vor den wie angewurzelt dastehenden Menschen. Niemand kam ihr zur Hilfe. Sie nahm ein Tuch und wischte sich den Mund ab. Ihr Körper wurde von einem Weinkrampf geschüttelt.

Mit einem lautlosen Schrei auf den Lippen floh sie aus dem Gastraum, knallte vor der Tür hin, schlug dabei hart mit dem Kopf auf die Gehwegplatten, rappelte sich wieder auf und taumelte schwer benommen zum Hafen hinunter. Sie fühlte sich beschmutzt, wollte sich nur noch reinigen, das Blut abwaschen. Mit zittrigen Beinen kletterte sie in ihr Dingi, löste die Leine und – verlor das Gleichgewicht.

Flosse hockte starr, bewegungsunfähig, wie vom Schock getroffen auf seinem Stuhl in der Kneipe. Mühsam kämpfte er sich in die Gegenwart zurück, lupfte den Hintern, blickte um sich, suchte nach seiner Betty. Er hatte ihre Füße doch bluten sehen, die blutverschmierten Schuhe, den besudelten Saum des Kleides, oder war's nur ein Traum gewesen? Rundherum verstörte Mienen, stumme Gesichter! Er stolperte in Richtung des Ausganges. Nur ein trüber Schein der Tranfunzeln fiel aus der halb offen stehenden Kneipentür nach draußen. Flosse sah die Blutspuren auf den Steinen und wankte weiter.

„Betty! – Wo bist du?", rief er. Er fand weitere Blutspuren – Tropfen, die auf die Straße führten. Seine Geliebte entdeckte er nicht. Flosse eilte zum Hafen hinüber und rief dabei immer wieder ihren Namen. Aber Betty blieb verschwunden. Bedrückt versuchte er, den Ausgang des Hafens an der Stöpe zu erreichen, als ein merkwürdiger Laut an sein Ohr drang.

„Flosse!", hörte er es leise und dennoch deutlich vernehmbar ihre Stimme übers Wasser rufen. „Hilf mir!"

Konnte das … ? Ja, es konnte nur Bettys Stimme gewesen sein. Es schien aus der Mitte des Hafenbeckens gekommen sein. „Halte durch!", schrie er und wollte von der Kaimauer springen – da strauchelte er schwer besoffen über ein Kantholz, blieb mit dem Fuß daran hängen … um ihn herum wurde es dunkel. Reglos blieb er da liegen.

Als er wieder zu sich kam, war es ein Uhr nachts. Er bekam nicht mehr zusammen, was um ihn herum geschehen war, oder warum er, ein Trümmerhaufen seiner selbst, hier lag! Langsam, sehr langsam sah er wieder klar. Ach richtig – er war ja auf der Suche nach Betty an den Hafenrand geraten. Ich muss unbedingt wieder auf die Beine kommen Wo war Betty? Auf der Wasseroberfläche war nichts zu entdecken. Er verspürte stechende Schmerzen in Kopf und Schulter. Flosse stolperte in Richtung Kneipe. Sein Orientierungssinn hatte durch den Suff und den Sturz nicht wenig gelitten. An der Pumpe wusch er sich das Gesicht, Haare und Hände.

Auf dem Flur bemerkte er ein paar Blutflecken an seinen Hemdsärmeln. Er krempelte sie höher und schlug auch den Staub von der Hose. Dann ging er wieder hinein und versuchte, sich am Tresen festzuhalten. Da stand nur noch einer, der bis jetzt durchgehalten hatte. Okko, der Bakenstecher. Der hatte nur eine Frage: „Wo bleibt denn nun deine Betty? Wo ist sie?" Flosse schwankte bedenklich. „Helft mir", stöhnte er. „Ich kann nicht mehr."

Erst jetzt bemerkten seine Freunde die Wunde am Kopf und erkannten, dass er sich nicht mehr lange auf den Beinen würde halten können. „Ich hab sie leise rufen hören.", stammelte Flosse.

„Ach was, du spinnst! Die ist doch stumm. Das kommt davon, wenn man zu viel säuft", wetterte Hark Banning. Okko war sich da nicht so sicher und gab zu bedenken, dass Flosse doch etwas gehört haben könnte.

„Ich geh mal nachsehen", sagte er kurz entschlossen und verließ eilenden Schrittes das Lokal. Er war schnell – zu schnell? – wieder da und erklärte „Ich hab‘ alles abgesucht, aber Betty ist nirgends zu finden. Auch ihr Dingi fehlt. Einfach weg! Verschwunden!"

Das Wetter war schlechter geworden. Der Himmel hatte sich zugezogen und es nieselte leicht. Die Maaten gingen zum Pferdewagen. Anton Strabo, der Nautiker, lag zwar nicht mehr in den Brennesseln, war aber immer noch nicht wieder aufgetaucht. „Der ist längst schon vorausgegangen – er kennt ja den Weg", versuchte Flosse seine Kameraden zu beschwichtigen.

„Hoffentlich sieht der Gaul genug", sorgte sich Hansi Sani. Flosse holte das an einem Baum angebundene Pferd, schirrte es ein und bestieg den Kutschbock.

„Soll ich die Zügel nehmen?", fragte Hansi fürsorglich. Aber Flosse meinte: „Lass man! Geht schon wieder." Er schnalzte nur leise mit der Zunge und der Braune zog an. Auf sein Pferd war eben Verlass: Ohne auch nur einmal vom Weg abzukommen, brachte es die Gesellschaft sicher nach Eckstedt zurück.

Schon halb schlafend fanden die Maaten hier schließlich ihr Lager im Stroh und Flosse sein Bett.

Mein Boot ist weg! Den Dieb kauf ich mir!

Am Morgen des Pfingstmontags, des 5. Juni 1911

Gegen zehn Uhr trat Flosse vor das Haus. Das unsichtige Wetter verhieß nichts Gutes. Dichte schwarze Nebelwolken rollten über den Deich heran und gaben nur gelegentlich die Sicht auf die Deichkrone frei. Flosse versuchte, einen klaren Kopf zu bekommen. Es flimmerte ihm vor den Augen. Vater hat recht – ich sauf mich noch um den Verstand, dachte er. Dann ging er zum Pferdestall hinüber und weckte die Kameraden. Sie hatten sich in der Nähe des Braunen ins Stroh gewühlt. „Wo habt ihr unseren Astrolabo gelassen?“ „Anton? Keine Ahnung – bei uns ist er nicht aufgetaucht“, gähnte Hansi, noch völlig verkatert.

„Hab ich den Kleinen vielleicht doch zu hart mit der sanften Bettung in den Brennnesseln gequält?“, fragte Flosse besorgt. Der lange Pitter schüttelte den Kopf und wiederholte nur: „Gequält? Nö, darüber lacht der nur.“ Zur Beruhigung fügte er noch hinzu, indem er sich von seinem Lager hochschraubte: „Ach, der weiß doch auch Bescheid. Spätestens um elf wird er am Schiff sein.“

An der Pumpe im Vorgarten wuschen sich die Freunde Hälse und Ohren und ließen das Wasser über ihre Brummschädel laufen.

„Gefrühstückt wird an Bord!“ Noch immer ein wenig schläfrig, stiefelten sie zu fünft über den Deich. Nebelbänke schoben sich von der See her über die Watten. Die Sicht veränderte sich beständig.

„Darf man bei diesem Wetter überhaupt raus fahren?“, wollte Hansi Sani wissen. „Lass uns man erstmal in Ruhe das Weißbrot verspachteln“, beschwichtigte Flosse die Kameraden. „Die Sicht kann nur noch besser werden.“

Die nächste Nebelbank wallte auf sie zu. Der Verlauf des Weges war kaum noch zu erkennen. Erst als sie am Deichfuß den Bootssteg erreichten, tauchte urplötzlich – wie aus dem Nichts – der erste Kutter in der Reihe vor

ihnen auf: die LISA von Jens Ohm. Das dahinterliegende zweite Schiff war im dichten Nebel nur schemenhaft auszumachen.
„Langsam, langsam! Hinter dem achten Kutter müsst ihr aufstoppen, sonst plumpst ihr in den Bach. Dort ist der Steg zu Ende“, witzelte Flosse von hinten.
Hansi Sani zählte laut mit: „… vier … fünf … sechs … sieben …“ Er brach ab. – „Flosse!“ „Was ist?“
Flosse schob sich nach vorn. Ungläubig, ratlos und wie versteinert stand er da: Der Platz, an dem sein Schiff zwischen zwei Sturmpfählen vertäut gelegen hatte, war leer. Die dicke Festmacherleine baumelte – fachmännisch in langen Buchten aufgeschossen – von einem Haken des letzten Pfahls herab.
Ottokar Zahlemann war der Erste, der etwas zu sagen wagte: „Ich glaub, ich hab da vorn auf dem ersten Kutter, auf der LISA, jemanden gesehen. Soll ich mal …?“
Flosse schien niemanden und nichts wahrzunehmen – nicht die Freunde und nicht die Umgebung. Starr blickte er in den Nebel in Richtung der Hafenausfahrt. Dann brach es unvermittelt aus ihm heraus: „Ich krieg dich, du Schwein!“ Er brüllte es so laut, dass man meinte, es müsse ein Echo erfolgen – aber der dichte Nebel schien jeden Laut zu verschlucken.
Kurz darauf ließ sich das Schlurfen von Schritten auf dem Bootssteg vernehmen – Flosses Schrei war wohl doch nicht ganz ungehört verhallt. Aus dem Nebel tauchte die gekrümmte, hagere Gestalt Jens Ohms, des Eigners der LISA, auf.
Flosse brauchte ihm nichts zu erklären – der Schrauber sah sofort, was geschehen war.
„Schiffsdiebstahl!“, murmelte er. „So ’ne Sauerei hab ich noch nie erlebt. Wer tut so was? Wir müssen sofort die Polizei in Marne informieren, damit sie die Burschen noch kriegen.“
„Ob das was bringt?“, merkte Pitter Leif zweifelnd an.

„Egal! Wir müssen alles versuchen. Einer von euch läuft mal eben über den Deich und verständigt meine Frau – das dritte Haus, vom Dorfeingang aus gezählt." Hansi Sani war sofort unterwegs.
Dann wandte sich Ohm an Flosse: „Und was gedenkst du zu unternehmen?" Flosse sah ihn an. „Was ich unternehmen will?", fragte er heiser. „Was wohl! Mir mein Schiff wiederholen. – Jens, ich brauch dein Motorboot."
Der Schrauber reagierte mit Bedenken. „Du bist doch total durch den Wind und dazu noch halb besoffen." „Gibst du mir nun dein Boot oder nicht?", knurrte Flosse.
Mürrisch gab Jens schließlich nach. „Muss ich ja wohl. Nur halten tu ich davon gar nichts. Der Nebel und dein Zustand sprechen dagegen. Aber bilde dir ja nicht ein, dass ich mit dir zusammen jetzt da hinausfahre! Bin doch nicht lebensmüde."
„Hab' ich dich darum gebeten? Das ist meine Sache, ganz allein meine Sache. Ich schaff' das schon." Der Schrauber ging über den Steg zurück und verholte das kleine Motorboot auf den leeren Liegeplatz der MARGA. Flosse reichte ihm die Hand und half ihm beim Aussteigen. „Ist eigentlich ein Ein-Mann-Sportboot. Ich wollte damit ursprünglich mal Rennen fahren und hab deswegen eine stärkere Maschine eingebaut. Geht ab wie die Post und hat kaum Tiefgang – nur dreißig Zentimeter! Damit kommst du über jede Untiefe weg. Ich lass dir einen Riemen an Bord, damit du das Boot wriggen kannst, falls die Maschine mal versagt."
„Dann kann ich ja los." „Warte noch! Ich will dir für alle Fälle meine Kanone mitgeben. Kann ja sein, dass du dich wehren musst." Sie gingen wieder über den Steg zurück, bis sie neben der LISA standen. Jens Ohm kletterte an Bord. Flosse wollte ihm folgen. „Hab ich dich zu mir an Bord gebeten? Bleib du gefälligst auf dem Steg und warte, bis ich dir die Sachen rübergebe!" Er verschwand in der Kajüte der LISA und brachte, als er wieder auftauchte, den Revolver und noch einen Handkompass mit.
Flosse murmelte etwas von „Dankeschön", rückte seine Mütze zurecht und war in Gedanken schon unterwegs. Mehr als ein „Na denn!" hatte er für die

Zurückbleibenden nicht übrig. Es war inzwischen windstill, der Nebel stand. Sie sahen ihn über den Steg gehen und in der Nebelwand verschwinden. Kurz darauf hörten sie den Benzinmotor aufheulen.

Motorboot 1911

Der Schrauber blieb auf seinem Kutter, die Maaten gingen über den Deich zurück. „Schöner Pfingstausflug. So ein Mist!“, fluchte Pitter, und Ottokar Zahlemann ergänzte, wieder alle Vokale in Richtung eines „O“ verfärbend: „Von wögen ‚Fröhstöck on Bord'!“
Pitter Leif zuckte mit den Achseln. „Wir sind hier überflüssig“, resümierte er, „lasst uns abhauen und zum Bahnhof gehen. Den Weg finden wir auch im Nebel. Vielleicht ist die Gaststätte gegenüber vom Bahnhof schon geöffnet. – Nun kommt schon! Wir müssen heute Abend pünktlich in der Kaserne sein, sonst gibt es Ärger.“
Der Weg zu Fuß von Eckstedt nach Marne stellte für die Maaten an diesem Morgen eine echte Herausforderung dar, die gemeistert sein wollte. Wie erhofft, hatte die Gaststätte geöffnet und den Hungrigen wurde dort ein kräf-

tiges Krabbenbrot serviert. Den Nautiker Strabo fanden sie jedoch auch hier nicht. Sie trösteten sich mit der Hoffnung, er besitze ja eine eigene Rückfahrkarte und sei vielleicht schon seit Stunden unterwegs nach Kiel. Niedergeschlagen stiegen die vier Maaten gegen zwei Uhr in ihren Zug – nicht ahnend, welche Folgen dieser völlig misslungene Pfingstausflug noch haben würde.

Polizei Info für Nonnenwort in Marne: Kutter geklaut! Was sagt der Fabrikant?

Pfingstmontag, 5. Juni 1911, des Nachmittags

Es ging auf den hohen Nachmittag zu. Die sonst üblichen Verwandtenbesuche unterblieben an diesem Pfingstmontag. Das feuchtkalte Nebelwetter lockte niemanden ins Freie. Das Städtchen Marne lag wie tot. Ein einzelner Radfahrer war auf dem Kopfsteinpflaster der Mittelstraße unterwegs, und weil sonst ringsherum Stille herrschte, wirkte das Klappern der Schutzbleche umso aufdringlicher.

Der Radfahrer hielt vor Nonnenworts Haus, stieg ab und lief auf den Hauseingang zu. Die Türglocke schellte und ein junger Mann, ein rotblonder Wuschelkopf, stürmte die Treppe hinauf.

„Ich hab‘ eine Nachricht von der Polizei für den Herrn Fabrikanten Nonnenwort!“, rief er schon im Treppenhaus. Man hörte es sogar noch in der guten Stube im ersten Stock. Nonnenwort ging, um nachzusehen und ließ die Stubentür dabei offen. Er stand schon oben an der Treppe, als der Jüngling atemlos dort ankam.

„Was gibt es denn, junger Mann?“, fragte Nonnenwort. „Der Herr Wachtmeister Brandner lässt Ihnen mitteilen, dass im Hafen zu Eckstedt der Kutter des Jungfisches Behr in den frühen Morgenstunden gestohlen wurde. Herr Behr hat zunächst die Polizeiwache in Marne informiert und darum gebeten, die Nachricht an Sie weiterzuleiten. Herr Brandner und sein Gehilfe, Herr Spinat, sind bereits nach Eckstedt unterwegs, um den Fall zu untersuchen.“

„Und Behr? Was ist mit dem?“

„Karl Theodor Behr hat sich im Hafen ein Motorboot ausgeliehen und verfolgt den Schiffsdieb.“ Erstaunlicherweise vermochte Nonnenwort einen Anflug von Genugtuung kaum zu verbergen. „Na ja, es ist ja auch seine verdammte Pflicht, meine Investition zu schützen." „Davon weiß ich nichts und verstehe auch nichts, Herr Nonnenwort", antwortete der Wuschelkopf. Inzwischen war ein Starkwind aufgekommen, der den Nebel vertrieb und den Regen gegen die Fenster klatschen ließ. Marga hatte zusammen mit ihren Eltern in der guten Stube gesessen. Nun war sie unruhig und gereizt; sie sprang auf, lief ein paar Schritte auf und ab und setzte sich wieder. „Nun bleib doch mal endlich auf deinem Stuhl sitzen! Wir möchten in Ruhe unseren Tee trinken", schimpfte ihr Vater. „Ich verstehe nicht, wie ihr weiter so gemütlich auf dem Sofa hocken könnt, während euer künftiger Schwiegersohn vielleicht in Gefahr ist", schimpfte sie. Nach einer Pause fügte sie hinzu: „Wie verrückt aber auch, bei diesem Wetter aus dem Hafen zu fahren, um einen Verbrecher zu jagen! Wenn ihm nur nichts passiert, dem dummen Kerl! Ich gäbe alles dafür, ihn heil zurück zu bekommen."

„Ich bestimmt nicht – wir haben schon viel zu viel gegeben", räsonierte Margas Mutter.

Marga glaubte, nicht richtig gehört zu haben. „Was willst du damit sagen?" Zu spät bemerkte die Mutter, dass sie sich beinahe verplappert hätte, und druckste nun herum: „Also Marga, ich weiß wirklich nicht, ob ich dir jetzt … Aber nein, meine Kleine, das würde dich nur noch mehr beunruhigen."

„Was hältst du da vor mir zurück? Du sagst: ‚Wir haben schon viel zu viel gegeben'. Wofür habt ihr was gegeben? – Erklärt es mir! Ich habe inzwischen mit Flosse geredet, und er hat mir erzählt, er habe mit der Konservenfabrik einen Ratenvertrag wegen der Schiffsfinanzierung und einen Liefervertrag über die Abgabe seiner Krabbenfänge abgeschlossen. Das macht die Fabrik ja häufiger, ohne dass jedes Mal eine Verlobung für mich dabei herausspringt. Wollte Flosse vielleicht darüber hinaus noch mehr von dir, Vater, und hast du ihm nicht genug geboten? Was musstest du noch tun, damit er sich wohlwollend seiner Zusage entsinnt?"

„Erklär du mir nicht, wie ich meine Geschäfte zu führen habe!", näselte Margas Vater dazwischen. „Du hast ihn dir ja selbst gewünscht, diesen Flosse."

„Gewünscht? Wie eine Geburtstagstorte oder ein Weihnachtsgeschenk? Oh nein, ihr beiden! Ich war richtig in ihn verliebt und ich liebe ihn noch immer, obwohl er eine andere hat. Das ist etwas ganz anderes, als sich eine Torte zu wünschen." „Na also – dann weißt du's ja!", knurrte der Vater böse. „Hätte er sich mit dir um deinetwillen verlobt? In Wahrheit will er nur das Schiff, aber dafür braucht er mein Geld – heiraten würde er gern, wenn überhaupt, eine andere – eine *Polackin.* Da muss man dann schon mal tiefer in die Tasche langen. Ich werde dafür sorgen, dass am Ende nicht wir die Betrogenen sein werden."

„Jetzt wird es interessant, Vater! Was willst du unternehmen? Wie willst du die Zwangsverlobung noch retten? Ich habe miterleben müssen, wie du seinen Abscheu gegen dein intrigantes Vorgehen herausgefordert hast. Ich hatte vor, mir wenigstens Flosses Freundschaft zu erhalten, um ihn zurückzugewinnen – aber du! Du fährst mir mit deinen Drohungen dazwischen. Karl Theodor Behr ist ein Mann, um den zu kämpfen es sich lohnt – allerdings mit anderen Mitteln."

„Dein Vater wird nicht zulassen, dass du dich vor diesem Kerl erniedrigst", dozierte Hugo Nonnenwort in schneidendem Ton. „Wenn der nicht spurt, wird er weder dich noch eine andere heiraten. Dazu würde er keine Gelegenheit mehr haben. Du wirst schon noch an meine Worte denken!"

Marga wurde hellhörig. Ihr fiel plötzlich wieder bei, dass sie am vergangenen Sonnabend den Vater vom Flur aus in seinem Büro gesehen hatte. Die Tür stand einen Spaltbreit offen. Sie wollte schon hineingehen, um ihn zu begrüßen. Im letzten Augenblick hatte sie es dann aber sein lassen, da sie noch rechtzeitig bemerkte, dass er sich mit einem Besucher unterhielt. Diesen hatte sie genau erkannt. Es war der Mensch, der ihr so unangenehm aufgefallen war, weil Flosse unmittelbar nach der Schiffstaufe das Gespräch mit ihm gesucht hatte und dabei achtlos an ihr vorbeigegangen war. Nun sah sie vom Flur aus, wie ihr Vater diesem Kerl im Büro ein umfängliches Kuvert aushändigte. – Ob der junge Mann eine Rolle in Plänen spielen sollte, die sich gegen Flosse richteten? Geradeheraus, wie es ihrem Charakter entsprach, fragte sie: „Sag einmal, Vater – ich kam am Sonnabend zufällig an deinem Kontor vorbei. Wer war der junge Besucher, mit dem du gerade verhandeltest? War das nicht der Mann, der für Flosse als Bestmann arbeiten soll?“

„Aber Marga, welch ein Unsinn! Ich habe am Sonnabend keinen fremden Besucher empfangen. Du hast ihn wahrscheinlich mit einem meiner Vorarbeiter verwechselt – eine rein dienstliche Angelegenheit.“

Marga antwortete mit einem skeptischen Blick. Sie ahnte, dass mehr dahintersteckte, und bekam es mit der Angst. Sie flüsterte – und ihre Stimme klang sehr besorgt: „Was hast du vor, Vater? Mach dich und uns nicht noch unglücklicher!“

Er schwieg.

„Ich halt es hier nicht länger aus!“, rief sie. „Ich muss an die frische Luft. Ich fahre nach Eckstedt. Ich möchte doch dabei sein, wenn Flosse sein Schiff wohlbehalten zurückbringt.“ So widerborstig hatten die Nonnenworts ihre Tochter noch nie erlebt. Sie saßen da, starr vor Erstaunen und begriffen erst nach und nach, dass sie bei ihrer Tochter verspielt hatten.

Marga ging ruhig hinaus, griff an der Garderobe nach ihrem Regencape und verließ das Haus. Sie nahm das Fahrrad, das an der Hauswand lehnte, schwang sich darauf und strampelte von Marne gegen Regen und Wind in Richtung der Köge. Sie wollte hinüber nach dem Kaiser-Wilhelm-Koog, aber schon im Kronprinzenkoog wurde sie auf Höhe der Kirche von einer starken Windböe erfasst und vom Rad gerissen. Das Fahrrad prallte unglücklich gegen einen Stein und rutschte in den Straßengraben. Marga trug an den Händen und im Gesicht einige Schrammen davon; ihr Regencape war tief eingerissen. Sie achtete jedoch nicht darauf, sondern versuchte, das Rad aus dem Graben zu ziehen. Da hielt – Glück im Unglück – neben ihr eine Chaise. Es war Dr. Wittenborg.

„Kann ich helfen, Fräulein?“, rief er und erkannte sogleich, dass es sich bei der arg lädierten Frau um Marga, die Tochter des Marner Konservenfabrikanten, handelte. Er fasste mit an und gemeinsam zogen sie das Fahrrad aus

dem Graben heraus. Wittenborg war erstaunt, wie entschlossen Marga zupackte.
„Bei dem Regen können Sie auf keinen Fall weiterfahren. Außerdem ist Ihr Regencape zerrissen! Ich nehme Sie mit. Wohin möchten Sie?“
Sie lächelte und strich sich die nassen Strähnen aus dem Gesicht: „Ich habe in Eckstedt eine Verabredung.“
„Das trifft sich gut, ich habe dort auch zu tun und könnte Sie dann auf dem Rückweg auch wieder mitnehmen.“ Wittenborg nahm das Fahrrad und hängte es an der Rückseite der Chaise auf. Gemeinsam setzten sie die Fahrt fort. Marga war sehr erleichtert, ihren Ausflug nach Eckstedt auf so angenehme Weise fortsetzen zu können. Der Doktor saß neben ihr und spürte ihre Wärme. Welch ein Jammer ist es, dachte er, wenn eine so zauberhafte Frau sich im Kampf um einen Mann aufreibt, der sich gar nicht für sie interessiert! – Dieser Gedanke ging ihm nicht mehr aus dem Kopf … „Sie müssen wohl bei jedem Wetter raus, wenn Sie um Hilfe gebeten werden.“
„Ganz richtig, Fräulein Nonnenwort! Und zwar Tag und Nacht. Und da ich immer noch keinen Vertreter habe, kann ich leider auch nie richtig ausspannen. Ich möchte auch gerne einmal wegfahren und Urlaub machen – oder auch nur in Hamburg in die Oper gehen oder Freunde in Kiel besuchen. Der Direktor des Berliner Hofes in Kiel – ein guter alter Freund – drängt mich, ihn wenigstens mal für eine Woche zu besuchen. Aber daraus wird wohl so bald nichts werden.“
„Und was liegt heute an? Ist jemand krank da draußen in der Fischersiedlung?“, fragte Marga munter drauf los. „Oh nein, Fräulein Nonnenwort, ich muss in den Hafen.“ „Was gibt es dort?“
„Ich wurde zu einem Unglücksfall gerufen.“
In höchstem Maße alarmiert, griff sie nach Wittenborgs Arm und fiel ihm dabei unabsichtlich in die Zügel. Der Arzt reagierte schnell – beinahe zu heftig. „Vorsicht doch, meine Liebe!“, herrschte er sie an. „Sonst landen wir noch gemeinsam im Straßengraben.“ „Was war das mit dem Unglücksfall, Herr Doktor, ich muss es sofort wissen!“

Frank Wittenborg verwünschte sich insgeheim, überhaupt etwas gesagt zu haben. Wahrheitsgemäß gab er nun zur Antwort: „Ich habe leider noch keine Ahnung. Ich war gerade im Pferdestall, da hat meine Haushälterin mir die Nachricht nur kurz zugerufen – jedoch ohne weitere Angaben zur Person. Aber wir werden es gleich erfahren, denn wir ja sind schon da."
Der Arzt stellte die Chaise vor der Behr'schen Kate ab und hängte die Zügel über einen der Gartenpfosten.
„Hier stehen schon zwei Fahrräder am Gartenzaun!", wunderte sich Marga.
„Sie dürften den Gendarmen aus Marne gehören, die mich haben rufen lassen", erklärte Wittenborg. „Polizisten?", fragte sie.
Er hakte sie unter und führte sie zur Deichkrone hinauf. „Mein Gott! Sie zittern ja – ist Ihnen kalt?", fragte er sie besorgt.

Ein Toter im Boot! Wittenborg obduziert. Wo ist der Kutter abgeblieben?

Marga atmete schwer und beschleunigte ihren Schritt. Als sie den Deich erklommen hatten, sahen sie unter sich auf dem Gras am Deichfuß – unmittelbar neben dem Aufgang zum Anleger – das Ehepaar Behr und drei Männer stehen, die ihnen den Rücken zukehrten. Zwei der Herren waren an ihren Pickelhauben und schwarzen Regenumhängen leicht als die Ordnungshüter aus Marne zu identifizieren.

„Den älteren der beiden Gendarmen kenne ich", sagte Wittenborg. „Das ist Wachtmeister Brandner. Den jüngeren habe ich noch nie gesehen."

Marga blieb stehen. Sie hatte bemerkt, dass Mutter Behr sich gegen die Schulter ihres Mannes gelehnt hatte und weinte. „Die Gendarmen stehen ja … vor einem Motorboot!", flüsterte sie und ließ Wittenborgs Arm fahren.

Jens Ohm – der dritte Mann – hatte sich umgedreht und sah sie herankommen.

„Um Gottes willen, Herr Doktor! Sie darf das hier nicht sehen!"

Der Arzt begriff und versuchte, Marga zurückzuhalten, aber sie entwand sich ihm und bahnte sich ihren Weg zum Motorboot. Sie sah zwei Boote: ein kleines Dingi und ein schmales, langes Motorboot. In dem Motorboot sah sie Flosse – sein blutüberströmter Kopf lag auf der Bordkante. Sie erkannte ihn sofort, obwohl das Gesicht durch eine schwere Verletzung nahezu entstellt war. Über der rechten Gesichtshälfte hatte sich der Haaransatz vom Schädel gelöst und war zusammen mit einem Stück der Stirnhaut und der Braue über das rechte Auge herabgerutscht.

Die beiden Polizisten, der Schrauber und der Arzt traten beiseite, um Marga gewähren zu lassen. Sie verlangsamte ihren Schritt, trat dicht an das Motorboot heran, berührte Flosses Hand und spürte die Kälte des Todes. Sie wich ein paar Schritte zurück, stieß einen gellenden Schrei aus, fiel auf die Knie, krallte sich mit ihren Fingern ins das Gras und noch tiefer in den nassen Boden, schmierte sich den Dreck ins Gesicht. – Dann legte sie den Kopf auf die

Knie, schlang ihre Arme um die Beine und zog sie ganz dicht an den Körper. Langsam kippte sie zur Seite. Sie gab keinen Laut von sich, verfiel aber in schreckliche Zuckungen. Man durfte ihr nicht helfen, nicht in diesem Augenblick, nicht jetzt – das spürten alle. Sie streckte sich rückwärts auf das Gras, starrte mit weit aufgerissenen Augen in den Regenhimmel und – schrecklich mit anzusehen – schrie sich lautlos ihren Schmerz aus dem Leib. Wittenborg trat jetzt zu ihr und winkte Jens Ohm heran. Behutsam richteten sie Marga wieder auf und halfen ihr auf die Beine. Es vergingen nur wenige Minuten, da schob sie die beiden Herren beiseite und trat noch einmal an das Boot mit dem Toten heran. Sie bewegte sich wie eine Marionette, hielt die Hände ineinander verkrampft und hob sie mehrfach ruckartig an.

Eine Weile blieb sie so stehen. Der Krampf löste sich, sie wandte sich zur Seite und ging bedächtig zum Bootssteg hinüber. Als träumte sie, schritt sie an den Booten vorbei bis ans Ende des Steges. Dort verharrte sie regungslos und schaute über das nebelverhangene Meer. Der Regen schlug ihr ins Gesicht und der Wind zerzauste ihr Haar.

„Ihr Regencape ist eingerissen und lässt die Nässe durch, sie wird sich erkälten", flüsterte Wittenborg. Mutter Behr ging ihr nach und stand jetzt hinter ihr. Sie sah, wie Marga sich niederbeugte und in die Tiefe schaute – wie sich ihr Spiegelbild versponnen auf der von einem leichten Windhauch geriefelten Oberfläche der grauen Wattbrühe unkenntlich verzerrte. Frau Behr legte ihr ihren eigenen Mantel über, nahm Marga bei der Hand und führte sie zur Gruppe der anderen zurück. Sie legte Marga ihren Arm noch fester um die Schulter und sprach Brandner direkt an:

„Ich muss eine Aussage machen, Herr Wachtmeister, denn mein Mann wird es ja doch nicht tun."

Vater Behr ahnte, was sie vorhatte, und versuchte, sie daran zu hindern: „Hör auf, Mutter, du weißt nicht, was du damit in Gang setzt – bitte, halt den Mund!" Sie wehrte ihn ab und formulierte langsam Wort für Wort:

„Lass mich nur in Zukunft tun und lassen, was ich für richtig halte! Du hast schon viel zu lange vor dem alten Nonnenwort gekuscht. Wir haben unseren Sohn verloren. Jetzt haben wir gar nichts mehr zu verlieren. Begreifst du? Nichts. Überhaupt nichts! Jetzt noch auf Nonnenwort Rücksicht nehmen? Nee, mein Lieber! Schluss damit! – Herr Brandner, mein Sohn hat mir kurz vor seinem Tod noch in unserem Hause gesagt, der alte Nonnenwort habe gedroht, ihn, Flosse umzubringen, wenn er nicht nach seiner Pfeife tanze. Ob er ihn wirklich umgebracht hat, kann ich nicht sagen. Karl Theodor hat die Drohung aber ernst genommen – das weiß ich ganz genau."
Dann wandte sie sich Marga zu. „Nu komm man, mien Deern! Wir beiden müssen jetzt stark sein. Wir haben noch 'ne Menge zu bereden."
Die beiden Frauen gingen langsam den Deich hinauf und verschwanden auf der anderen Seite.
Selbst Wachtmeister Brandner schien konsterniert zu sein. Noch nie zuvor hatte er in den Kögen einen solchen Fall erlebt. Er ging auf den Doktor zu. „Ich bin Ihnen sehr verbunden, dass Sie sich umgehend hierher bemüht haben! Sie sehen ja selbst, was sich hier gerade … Spinat, kommen Sie doch bitte einmal zu uns!", rief Brandner dann den Jungpolizisten heran. „Ich möchte Sie mit unserem Landarzt, Herrn Dr. Frank Wittenborg, bekannt machen. Nehmen Sie bitte seinen Namen und die Anschrift fürs Protokoll auf. Der Herr Doktor wird den Totenschein ausstellen und die Autopsie vornehmen. Das hat der Herr Oberwachtmeister Tanner in Heide angeordnet. Nehmen Sie das bitte zu Protokoll."
Spinat nickte dienstbeflissen.
„Ebenso nehmen Sie bitte den Namen von Herrn Jens Ohm auf! Er wird uns mit seinem Sachverstand für Schifffahrtsfragen und auch als Zeuge unentbehrlich sein", sagte Brandner. „Und dann nehmen Sie Ihr Fahrrad und fahren zu dem Bestatter Jochimsen. Er soll mit einem Wagen, den man auf diesen schmalen Wegen einsetzen kann, die Leiche abholen und zum Doktor ins Labor schaffen, damit sie dort obduziert werden kann. Und fahren Sie auch beim Schmied vorbei und fragen Sie ihn, wann ich ihm mein Pferd

zum Beschlagen bringen kann. Das Fahrrad ist auf Dauer kein Ersatz für mich."

Anschließend wandte er sich Jens Ohm zu. „Wer hat eigentlich das Motorboot gefunden, Herr Ohm?"

„Das war ich. Das Motorboot gehört mir ja. Ich hatte es Flosse nur geliehen, damit er den Dieb seines Kutters sofort verfolgen konnte. Naja, läuft ja verdammt schnell, so'n Moderboot, aber stinkt und knattert – ich bin lieber auf meinem Segelkutter. Da gibt es auch genug zu schrauben." Grinsend fuhr er fort: „Deswegen nennen mich die Leute ja auch den ‚Schrauber'. Haben Sie bestimmt schon mal gehört."

„Wie war das denn mit der Auffindung und welche zusätzlichen Beobachtungen haben Sie dabei gemacht?"

„Ich hatte mich schon in unserm Hafen bei Niedrigwasser und Beginn des wiederauflaufenden Wassers auf meinem großen Segelkutter aufgehalten. Da war es noch recht neblig. Mit auflaufender Flut wurde die Sicht dann besser. Man sah noch die Sände, die den Verlauf des Hafenpriels einengen. Das Wasser schäumte kräftig vom Meer her durch den Priel auf den Hafen zu und brachte den ganzen Müll mit, den die Leute von den Schiffen aus ins Wasser schmeißen. Mitten im Priel trieb das Motorboot und wurde im Hafen bis an den Deichfuß geschwemmt. Kurz darauf wurde dann auch das Dingi der Elsbeth Mandrukeit angetrieben. Beide Boote habe ich hier auf den Sand gezogen."

„Spinat ist für mich nach Marne unterwegs, Herr Ohm. Ich müsste jetzt aber sofort mit der Beweissicherung beginnen. Wenigstens die Oberflächenspuren, die sonst der Regen wegspült, sollten registriert und beschrieben werden. Ob Sie so freundlich wären, mir dabei behilflich zu sein?" Lächelnd ergänzte er: „Ich weiß ja jetzt von Ihnen, dass Sie für eine solche Arbeit über besonders gut geeignete ‚Schrauberhände' verfügen."

„Na klar, Herr Wachtmeister! Ich werde Sie doch nicht hier allein im Regen stehen lassen."

„Dann ziehen Sie bitte diese Gummihandschuhe an, damit wir den Fingerabdrücken der Verbrecher nicht noch unser eigenen hinzufügen." Ohm streifte die Handschuhe ohne Widerrede über und erwartete weitere Anweisungen.

Sie untersuchten das Motorboot. Brandner notierte jeden Kratzer. Ohm beugte sich tief ins Boot hinunter. „Hier haben wir einen Einschuss im Kielbalken, Herr Wachtmeister, ganz nahe beim Heck. Die Kugel steckt noch im Holz."

„Versuchen Sie's mal mit dem Taschenmesser, aber vorsichtig! Vielleicht gelingt es Ihnen, sie herauszuholen. Projektile und Schusswaffen schicken wir grundsätzlich nach Altona ein, damit diese Dinge dort im Labor untersucht werden."

Der Schrauber legte den Schusskanal im Holz frei und förderte recht geschickt die Kugel ans Tageslicht. „Ein ziemlich großes Kaliber. Wie man es für die Seehundjagd verwendet. Behr könnte von seinem eigenen Kutter aus mit Waffen beschossen worden sein, die er selbst hatte an Bord bringen lassen."

„Schon recht, Herr Ohm! Aber es muss nicht so gewesen sein. Großkalibrige Waffen werden von Mördern mit Vorliebe verwendet, weil sie in der Regel todsichere Resultate liefern", erwiderte Brandner leicht sarkastisch.

Die Kugel wanderte in eine Tüte aus Lackpapier.

Dann hockten sich Ohm und der Wachtmeister zu beiden Seiten des Bootes nieder und versuchten, einen Blick unter den rückwärts ins Boot gesunkenen Körper zu werfen. Jetzt war es Brandner, der etwas entdeckte. Ein am Rand kunstvoll besticktes Taschentuch aus feinem Leinen hing dem Toten aus der Hosentasche. Ohm zog es vorsichtig heraus und roch daran. Er sagte nur: „Ein zwar preiswertes, aber dennoch gutes Parfum. Ein klein bisschen verstehe ich davon." Brandner lobte ihn schmunzelnd. „Wie gut, dass wir für die Aufklärung von Beziehungsdelikten nun auch noch über Ihre feine Spürnase verfügen!"

„Müssen wir das aufheben?"

Brandner griente. „Aber sicher müssen wir das! Wir werden sogar den Geruch so gut wie möglich konservieren. – Herr Ohm, haben Sie eine Dose?"
„Gewiss doch, sogar mehrere! Ich hol' mal eine." Er ging zu seinem Schiff und kam mit einer alten Tabaksdose zurück, die sich Wachtmeister Brandner jedoch erst einmal unter die Nase hielt.
„Geruchsfrei, sie ist geeignet", sagte er dann und legte das *corpus delicti* hinein. Brandner protokollierte alle Funde und notierte zuletzt noch, das in einer Ecke des Taschentuchs das Monogramm ‚E. M.' eingestickt sei, welches vermutlich für den Namen ‚Elsbeth Mandrukeit' stehe. Wittenborg hatte inzwischen eine erste Untersuchung an der tödlichen Verwundung vorgenommen, die sich an Flosses Kopf befand. Zuletzt bat er um ein Laken, um den Leichnam damit einzuschlagen. Der Schrauber half mit neuem Segeltuch aus; es reichte hin, um damit noch das ganze Motorboot abzudecken. Und so ließen sie den grauenvollen Anblick unter dem Tuch verschwinden.
Wachtmeister Brandner wurde amtlich. „Wir brauchen dann noch Ihren Obduktionsbefund." „Selbstverständlich, deswegen bin ich ja hier", erwiderte Wittenborg.
„Wenn es recht ist, komme ich heute Abend mal bei Ihnen vorbei, Herr Doktor."
„Meinetwegen, Herr Brandner. Ich bezweifle nur, dass ich Ihnen dann schon etwas Endgültiges mitteilen kann. – Aber wie wollen wir die Leiche von hier nach Schadendorf im Kronprinzenkoog transportieren? Die Straße am Deich ist für den Leichenwagen viel zu schmal."
Wachtmeister Brandner nickte. „Schon organisiert! Deswegen habe ich ja Herrn Spinat nach Marne geschickt, um Jochimsen zu benachrichtigen. Der passende Wagen wird schon auf dem Weg hierher sein."
Ohm spähte den Deich hinauf und rief überrascht: „Nun sehen Sie mal, Herr Wachtmeister, wer uns hier trotz des Wetters gleich noch beehren wird!"

Brandner folgte seinem Blick: „Der Lehrer Mehlmann!“ Dann ging er dem alten Herrn entgegen, um ihn auf dem abschüssigen Weg, der vom Deich herunterführte, zu stützen.
Jobst Mehlmann trug einen dunklen ärmellosen Umhang, aus dem nur die Hände herausschauten, dazu ein schwarzes Barett. Das breite Gesicht wurde von einem gut geschnittenen Wangen- und Kinnbart eingefasst. Die Brille war regennass beschlagen, so dass er den Abstieg ohne Geleit auch gar nicht hätte wagen dürfen.
Der betagte Schulmeister brauchte einen Moment, um sich von der Anstrengung zu erholen. Er schien beunruhigt – noch einmal atmete er tief durch, dann kam er damit heraus: „Eigentlich bin ich auf der Suche nach unserer Betty. Ich hatte die Fahrräder und die Chaise vor Behrs Haus gesehen und gehofft, hier im Hafen auf Leute zu treffen, die wissen, was sich am Deich so herumspricht. Also, hat einer von euch die Betty gesehen oder gehört, wo sie sich befindet? Sie ist heute Nacht nicht nach Hause gekommen. Gestern hatte sie mir nur einen Zettel mit der Nachricht hinterlassen, dass sie am Abend das Fest in der Gaststätte ‚Bi Tante Emma‘ in Friedrichskoog besuchen wolle. Aber seitdem …“
„Wir wissen leider auch nicht, wo sie sich aufhält, aber sagen Ihnen natürlich sofort Bescheid, wenn wir etwas erfahren sollten“, beruhigte Brandner den Schulmeister.
„Was treibt ihr hier für ein Allotria?“, fragte der alte Lehrer weiter und erfuhr nun von Brandner die traurige Geschichte. „Und das Motorboot? Da liegt er drin?“
„Soll ich es noch einmal aufdecken?“, fragte Ohm. „Ist aber kein schöner Anblick.“
„Bitte nicht!“, wehrte Mehlmann ab und stöhnte: „Ich fass‘ es nicht, was hier von allen Seiten mit einem Mal auf uns einstürmt! Karl Theodor ermordet, die Betty verschwunden – was mag denn nun noch kommen?“
Schneller als erwartet war der Beerdigungsunternehmer Jochimsen zur Stelle. Unter sachkundiger Anleitung des Arztes schafften sie es, zu viert die

Leiche des Jungfischers in den Transportsarg zu legen und diesen dann auf den Wagen zu heben.
Wachtmeister Brandner erklärte, der Tote sei zunächst in die Arztpraxis im Kronprinzenkoog zu bringen und nach der Obduktion in die Leichenhalle beim dortigen Friedhof zu überführen.
Dr. Wittenborg reichte dem alten Schulmeister die Hand, um ihm wieder über den Deich zu helfen und auf die Straße zurück zu gelangen. Vor dem Behr'schen Haus stand seine Chaise abfahrbereit. Wittenborg ließ Jobst Mehlmann einsteigen und ging noch einmal ins Haus, um Marga abzuholen. Der Doktor hatte den Lehrer neben sich auf die Rückbank gesetzt und Fräulein Marga ihnen gegenüber Platz nehmen lassen. Die Zügel wurden durch eine besondere Vorrichtung so an ihr vorbeigeführt, dass ihre Bequemlichkeit hierdurch nicht beeinträchtigt wurde. Sie fuhren langsam an und setzten sich vor den Leichenwagen, der soeben über die Rampe vom Deich herunterkam.
Unterwegs blieben die Menschen mit entblößten Häuptern am Wegesrand stehen und ließen die traurige Fuhre schweigend vorüberziehen – wie immer, wenn sie im Koog dem Leichenwagen begegneten.
Ottilie hatte im Hause des Arztes alles Notwendige vorbereitet. Als die beiden Gefährte ankamen, wurde der Leichnam mit Jochimsens Unterstützung auf eine Bahre gelegt und in einen als Labor dienenden Raum gebracht.
Marga bat den Doktor: „Ich würde gern von Flosse Abschied nehmen und einige Minuten mit ihm allein sein. Ich werde dann auch bald von hier aufbrechen und, da es zu regnen aufgehört hat, nach Hause radeln. Das wird mir sicher guttun."
Sie bedankte sich noch einmal bei Wittenborg und folgte Ottilie ins Haus. Wittenborg nahm Margas Fahrrad von der Chaise und stellte es an den Zaun. Dann stieg er wieder ein, um den Schulmeister mit dem Wagen nach Hause zu bringen.

Sie hielten an der Abzweigung des schmalen Steiges, der über die Wiese mit den Apfelbäumen bis zur Schule führte. Wittenborg half dem alten Herrn aus dem Wagen und begleitete ihn das letzte Wegstück bis zum Haus.
Als sie zwischen den Bäumen heraustraten und den Vorplatz des Hauses erreichten, bot sich ihnen ein wüster Anblick: Sämtliche Scheiben der Lehrerwohnung waren eingeschlagen worden. Die Tür stand weit offen. Auch im Haus waren die Möbel zerstört und die Regale umgestürzt worden.
Mehlmann stand fassungslos zwischen den Trümmern – Wittenborg musste ihn stützen. „Was hab ich Böses getan, dass Menschen mir so etwas antun?", fragte er zutiefst betroffen. „Hier liegt ein Zettel auf der Fensterbank. Ich lese ihn vor, wenn Sie erlauben", sagte Wittenborg und las: „Pack deine Sachen, Mehlmann. Wir brauchen hier niemanden, der eine polnische Mörderin versteckt."
Mehlmann stotterte: „Das ist … das ist doch … das ist doch der helle Wahnsinn, Doktor! Den Mord an Behr jetzt dem armen Mädchen anzuhängen – das ist doch infam! Was hätten die wohl mit Elsbeth gemacht, wenn sie die Gute hier angetroffen hätten – gar nicht auszudenken!"
Mehlmann tappte ziellos durch die Scherben. Er ging an den Tresor. Den komplizierten Verschluss der Haupttür hatten die Einbrecher nicht öffnen können. Aber oberhalb dieses so gesicherten Faches besaß der Tresor noch ein weiteres, relativ flaches Fach zur Ablage von Akten oder Heften. Dieses war nur mit einer einfachen Tür versehen, die nicht durch ein besonderes Schloss gesichert war. Diese Tür stand offen und das Fach war leer! Mehlmann zuckte zusammen, als er das bemerkte. Gebeugt, das Gesicht prüfend vorgeschoben, blickte er in das leere Fach. Er zitterte am ganzen Körper und ließ sich dann erschöpft in einen alten Ohrensessel fallen.
„Wie furchtbar!", stieß er hervor. „Was darin lag, hatte nur ideellen Wert. Es waren Hefte mit den besten Aufsätzen meiner Schüler – und außerdem eine Kladde mit einer alten Sage, aus der ich meinen Schülern in jedem Jahr am Tag vor den großen Ferien vorgelesen habe. Ich bin mir sicher, einer von ihnen hat diese Sachen gestohlen – und dies ist das kaum Begreifliche:

dass wenigstens einer meiner Schüler, denen ich so etwas nie zugetraut hätte, an dem Einbruch und an diesen bösen Schmierereien beteiligt gewesen sein muss. – Wie auch immer: Dieser dummdreiste Überfall muss untersucht und geahndet werden – und zwar durch die Polizei. Ich werde auf jeden Fall Anzeige gegen Unbekannt erstatten."

„Da bin ich ganz auf Ihrer Seite, Herr Mehlmann", bestärkte ihn Wittenborg und fuhr fort: „Der Anschlag war ganz offensichtlich nicht die Tat eines Einzelnen. Außerdem ist kaum zu übersehen, dass Fremdenfeindlichkeit als Motiv im Spiel war. – In Marne gibt es da so einen kleinen Zirkel radikal orientierter Personen, einen Ableger der berüchtigten Landespartei. Diese Leute tagen jeden Donnerstagabend im Dithmarscher Hof. – In ihrem Umfeld sollte man sich einmal umschauen."

„Ich habe von der Existenz dieser Gruppe gehört", erwiderte Mehlmann, „Margas Vater, der Fischkonservenfabrikant Hugo Nonnenwort, soll der Vorsitzende dieses Zirkels sein. Und Karl Theodors Vater, der alte Behr, gehört angeblich auch dazu."

Als der alte Lehrer dann damit beginnen wollte, aufzuräumen, hielt Wittenborg ihn davon ab. „Das sollten Sie besser lassen!", mahnte er ihn. „Rufen Sie erst einmal die Marner Polizei, damit sie die wichtigsten Spuren sichern kann." Kurz darauf verabschiedete sich der Arzt. „Entschuldigen Sie, dass ich nicht warte, aber ich muss heute Abend noch die Obduktion vornehmen." Damit begab sich wieder auf den Rückweg.

Zuhause eingetroffen, machte sich Wittenborg unverzüglich an die Arbeit im Labor. Er zog das Leinentuch beiseite, reinigte zunächst den Hinterkopf des Toten, dann den Hals und die Reste des Unterkiefers. Nach Erledigung dieser Vorarbeiten untersuchte er die Schusswunde am Kopf des Jungfischers. Ottilie hatte bereits die Instrumente zurechtgelegt. Über der rechten Braue war das Blut zu dicken Krusten geronnen, die Wittenborg nun vorsichtig abtrug. Das Einschussloch war nicht klar umgrenzt, Hautfetzen und Knochensplitter mussten entfernt werden – eine mühselige und zeitraubende Arbeit. Der Arzt benutzte dabei eine Speziallupe und es gelang ihm, die

Richtung der Schussbahn exakt zu bestimmen und den Schusskanal auszumessen.
Aber wo steckte die Kugel? Der Schuss war nahe der Stirn von oben in den Schädel eingetreten und hinter dem Auge bis in die Mundhöhle gelangt. Die Kugel stak noch im Gaumen, war aber kaum zu greifen. Nach anstrengenden Bemühungen schaffte er es dennoch, sie zu sichern. Es war für Wittenborg ein Leichtes, die Befunde mit dem Zeichenstift äußerst exakt festzuhalten. – Weitere Gewaltanwendungen konnte er an dem Leichnam nicht feststellen. Schließlich beendete der Landarzt das blutige Geschäft. Ottilie deckte die Leiche mit frischen Leinentüchern ab, reinigte und desinfizierte die Instrumente und wischte den Fußboden mit Lysol. Der Doktor zog sich auf seinen Schaukelstuhl in der Veranda zurück und nickte dort sofort ein.
Er wurde erst wieder wach, als Ottilie den Teewagen mit dem Abendbrot auf ihn zurollte und dabei das Geschirr und die Bestecke leise klirrten.
„Wie spät ist es, Ottilie?“ „Es ist gleich neun Uhr, Herr Doktor. Ich wollte Sie nicht stören.“
„Sie können den Teewagen stehen lassen, Ottilie. Setzen Sie mir bitte die Teekanne aufs Stövchen! Ich gehe wieder an den Schreibtisch. Das Gutachten muss fertig werden, solange ich die Einzelheiten noch frisch im Gedächtnis habe.“
Schließlich, eine gute Stunde später, war auch das erledigt. Er nahm den Löscher, trocknete die Tinte und legte das Gutachten in einen Pappendeckel. Nur die Zeichnungen behielt er auf dem Schreibtisch.
Er hatte gerade alles zur Abholung bereitgelegt, da ging die Glocke. Wittenborg hörte Ottilie und die Stimme des Wachtmeisters. Ottilie führte ihn herein. Wittenborg trat ihm entgegen.
„Hier haben Sie mein Gutachten. Ich habe die zweite Kugel im Körper des Jungfischers Behr gefunden. Bei meinen Ausführungen habe ich mich strikt an die Tatsachen gehalten und nichts vorweggenommen, was zu beurteilen nur dem Gericht zusteht.“

„Ich hatte auch nichts anderes erwartet, Herr Doktor.“ „Dann veranlassen Sie doch bitte Herrn Jochimsen, die Leiche gleich morgen früh abzuholen und in die Leichenhalle zu überführen. Die Angehörigen sollten verständigt werden, sobald die sterblichen Überreste zur Bestattung freigegeben sind. Ich gebe zu bedenken, dass der sommerlichen Temperaturen wegen die Beerdigung den Vorschriften entsprechend umgehend erfolgen sollte.“

Der Wachtmeister, Kriminalpolizei und Staatsanwaltschaft würden zufrieden sein. Der Arzt ging noch einmal an seinen Blüthner-Stutzflügel und hieb „Die Wut über den verlornen Groschen“ von Beethoven in die Tasten. Er verspielte sich, begann neu und pfuschte wieder.

Er fand erst spät ins Bett. Wieder und wieder zogen die Bilder dieses Tages an ihm vorüber.

Vorgespräche in Altona

Mittwoch, 7. Juni 1911

Der Kutter MARGA blieb verschollen. Sämtliche Häfen an der Nordseeküste waren umgehend telegrafisch von dem Schiffsdiebstahl verständigt worden. Rückmeldungen waren bisher nicht eingegangen. Um dennoch die Ermittlungen im Fall des an Karl Theodor Behr verübten Tötungsdeliktes unverzüglich voranzutreiben, hatte der .zuständige Staatsanwalt Dr. Brodersen die bisher mit dem Fall befassten Herren zu einer Eilsitzung am Nachmittag des folgenden Tages in sein Dienstzimmer im Landesgerichtsgebäude nach Altona geladen.

Amtsgericht Altona

Auch Dr. Frank Wittenborg war per Telegramm hinzugebeten worden. Er möge den Altfischer Jens Ohm, der die Polizei nach dem Entdecken der Leiche unterstützt hatte, ebenfalls mitbringen.

Von Ohm erhoffe man sich spezielle Erläuterungen zu Aspekten der Fischerei und der Schifffahrt, soweit sie bei der Aufklärung der Untat zu berücksichtigen seien. Staatsanwalt Brodersen hatte für die Besprechung mit den Herren ein zurzeit nicht genutztes Besprechungszimmer reservieren lassen. Schon der Weg in das Landesgerichtsgebäude hinein, vorbei an mächtigen Säulen, verursachte dem hierher geladenen Publikum Albträume. Die stets im Halbdunkel liegenden langen Gänge und Treppen bewirkten, dass sich ein armer Sünder noch kleiner fühlte. Den Doktor ließ das Imponiergehabe imperialer Architektur durchaus kalt, aber Jens Ohm schnürte es die Kehle zu. An diesem Tage waren viele Menschen in dem Gebäude der Staatsmacht unterwegs – die meisten von ihnen in leicht gebückter Haltung und mit eingezogenem Kopf. Wittenborg stellte sich vor, mit welchen Augen Jens Ohm die Herren sah, die – ganz in Schwarz gehüllt – mit langen Schritten die Flure durchmaßen, treppauf und treppab schwebten oder im Gespräch mit Kollegen durch ‚heftiges Flügelschlagen' ihre wunderbaren Roben zur Schau stellten. Nur sie allein schienen dieser lähmenden Atmosphäre zu trotzen.
Wittenborg und Ohm nahmen unter den Fenstern zum Innenhof auf einer der Bänke nahe der Tür zum Besprechungsraum Platz.
Sie mussten nicht lange ausharren. Die Tür wurde von innen geöffnet; Dr. Brodersen und zwei weitere Herren erwarteten sie bereits. „Ich freue mich, dass Sie gekommen sind, lieber Doktor Wittenborg, lieber Herr Ohm, um uns durch Ihren sachverständigen Rat zu unterstützen! Ich erlaube mir, Ihnen Herrn Kommissar Jebens vom Ersten Kriminalkommissariat in Kiel vorzustellen, dort unter anderem zuständig für Strafsachen in Dithmarschen. Ich möchte Sie ferner mit Herrn Oberwachtmeister Tanner aus Heide bekannt machen, dem Vorgesetzten des Wachtmeisters Brandner aus Marne. Die beiden Herren des Marner Polizeipostens, Wachtmeister Brandner und seinen Hilfspolizisten Egon Spinat kennen Sie ja bereits."
Das durch die hohen Fenster einfallende Licht erlaubte es Wittenborg, Staatsanwalt Brodersen genauer zu betrachten. Das angenehme, junge Ge-

sicht und die klugen Augen erweckten sofort einen sehr sympathischen Eindruck, der durch die heitere und zugleich gelassene Art des Juristen nur noch bestätigt wurde. Die bis auf wenige blonde Kräusellocken reduzierte Haarpracht Brodersens reichte nicht aus, um die kahl gewordene Grundfläche des Schädels auch nur noch einigermaßen zu bedecken.
Oberwachtmeister Tanner aus Kiel war ein schwerer Mann, dessen eine Gesichtshälfte durch eine Schussverletzung verunstaltet war. Ein Schnurrbart verdeckte das Schlimmste. Auffällig war der gute Sitz seiner Uniform. Er trug eine schwarzblaue Hose mit roten Biesen, dazu einen grünen Waffenrock, dessen kornblumenblauer Kragen mit einem roten Vorstoß verziert war, und goldene Unteroffiziers-Tressen. Besondere Aufmerksamkeit erregte der kostbare silberne Schleppsäbel.
Der Staatsanwalt riss Wittenborg aus seinen Betrachtungen. „Sie sind Landarzt, Herr Doktor Wittenborg, wie ich gelesen habe“, sprach Brodersen ihn an. „Da wird es Ihnen nicht leicht gefallen sein, sich einen ganzen Tag freizumachen. Für die heutige Sitzung sind Sie alle uns jedoch absolut unentbehrlich. Ihren Autopsiebericht, Herr Doktor Wittenborg, habe ich heute in der Frühe eingehend studiert – akkurat und sehr hilfreich, kann ich nur sagen! Nach Ihren Feststellungen dürfen wir uns darauf gefasst machen, es mit einem Mord zu tun zu haben.
Gestatten Sie, meine Herren, dass wir gleich zur Sache kommen. In Anbetracht der Arbeitsbelastung der Kriminalpolizei und in Absprache mit dem Polizeibrigadestab in Kiel ist unsere Staatsanwaltschaft mit der Federführung zur Untersuchung des Tötungsdeliktes, begangen an dem Fischer Karl Theodor Behr, betraut worden. Ich habe Sie zusammengerufen, damit wir die Untersuchung des anhängigen Tötungsdeliktes möglichst zügig in Gang bringen.“
Brodersen hielt einen Atemzug lang inne und warf Brandner einen fragenden Blick zu, ehe er fortfuhr: „Die MARGA, der Kutter des Getöteten, wurde nicht zurückgebracht. Zurzeit weiß niemand, wo sich das Fahrzeug be-

findet – und auch von einem Schiffsdieb fehlt noch jede Spur. Es fragt sich, warum? Hat einer von Ihnen dafür eine Erklärung?“

Brandner schwieg verlegen und sein Kollege Egon Spinat, der Hilfspolizist zur Anstellung, wusste schon gar nichts darauf zu sagen. Wittenborg, der von Fischerei und Schifffahrt so gut wie nichts verstand, hielt sich ebenfalls zurück. Aber Jens Ohm, der Altfischer, meldete sich zur Erleichterung der anderen und wurde umgehend gebeten, sich zu äußern.

„Wenn einer sich auskennt, braucht er weniger als eine Stunde für die Fahrt von Eckstedt aus in die Nordsee. Der Überwattweg ist gut ausgeprickt. Karl Theodor Behr hätte nur dann noch auf den Schiffsdieb treffen können, wenn dieser aus Unachtsamkeit vom Überwattweg abgewichen wäre und sich festgefahren hätte. Das kommt häufiger vor, als man denkt, und darauf hatte Behr wohl auch spekuliert – doch ging seine Rechnung dann anscheinend nicht auf. Ich vermute, dass der Schiffsdieb Glück gehabt hat und trotz des Nebels vor dem nächsten Tidenwechsel in die Nordsee entkommen ist – ja mit einigem Geschick sogar unerkannt die Deutsche Bucht in Richtung der Straße von Calais durchqueren konnte, noch bevor sich der Nebel wieder auflöste. Wohl deswegen hat man bisher auch weder das Schiff noch den Schiffsdieb gefunden. – Wenn sich die Geschichte so abgespielt haben sollte, hätte Behr den Dieb auf seiner Verfolgungsjagd also gar nicht mehr erreichen können.“ „Das hieße dann aber doch, der Entführer des Schiffes hätte mit dem Mord an Behr nichts zu tun“, resümierte Kommissar Jebens aus Kiel. „Verstehe ich Sie da richtig, Herr Ohm?“ „Genau so habe ich das gemeint, Herr Kommissar.“ „Nun, das wäre nur eine Möglichkeit von vielen“, fuhr Brodersen fort. „Ist eigentlich der von dem Jungfischer Behr angeheuerte Bestmann, Herr Erwin Voigt, schon von der Polizei vernommen worden?“

„Das musste ja zuallererst geschehen, Herr Staatsanwalt“, konnte der Kommissar ihn beruhigen. „Um Erkundigungen über ihn einzuziehen, bin ich gleich gestern mit Wachtmeister Brandner zusammen in Wilster bei seinem vorigen Arbeitgeber, dem Eigner des Frachtewers MOEWE aus Wilster, Kapitän Klaus Martin Gerstenkorn, gewesen. Herr Gerstenkorn fand nur lobende Worte und nannte Voigt einen umsichtig handelnden, hilfsbereiten Menschen. Umso mehr hätte er sich dann darüber geärgert, dass Voigt ihn schon nach so kurzer Zeit im Stich gelassen habe, um auf dem neuen Kutter MARGA des Fischers Karl Theodor Behr anzuheuern. Während wir noch mit Gerstenkorn sprachen, erschien Erwin Voigt in der Tür. Er grüßte höflich und bat darum, seine letzten Sachen abholen zu dürfen. Da haben wir ihn gleich festgehalten und eingehend befragt. Er zeigte sich äußerst kooperativ und erzählte auch noch, wie er in Behrs Auftrag am Pfingstsonnabend den Kutter für eine Seehundjagd mit Waffen und Lebensmitteln für sechs Personen ausgerüstet und sich dann per Bahn nach Kiel zurückbegeben habe."

„Ist er denn auch in den Zug gestiegen oder hat er diesbezüglich gelogen? Denn er käme wirklich vor allen anderen als Täter infrage", hakte Brodersen nach.

„Das meinen wir auch", bestätigte Jebens, „aber wir müssen unseren Ermittlungen zufolge davon ausgehen, dass er tatsächlich mit dem Zug nach Kiel gefahren ist. Er kann also die Tat nicht begangen haben, da er über ein unstrittiges Alibi verfügt und dieses auch anhand von Unterlagen untermauern konnte. Letztere habe ich sofort an mich genommen und heute mitgebracht. Möchten Sie sie sehen, Herr Staatsanwalt?"

„Ich bitte Sie, Herr Kommissar! Ich glaub Ihnen auch so. Tja, dann auf ein Neues, meine Herren! Erwin Voigt kommt demnach weder als Schiffsdieb noch als Mörder in Betracht. Die bisherigen Untersuchungsergebnisse der Polizei weisen demzufolge in die gleiche Richtung wie die von Herrn Ohm hier entwickelte These. Wenn es dabei bleibt und wir den Schiffsdiebstahl einerseits und das Tötungsdelikt andererseits unabhängig voneinander zu betrachten hätten, müsste für die Tötung ein völlig andersgeartetes Motiv gefunden werden. – Was meinen Sie, Herr Doktor Wittenborg?" „Wenn Sie mich fragen, Herr Staatsanwalt, läge auch eine Beziehungstat durchaus im Bereich des Möglichen. Die Liebesbeziehungen des Getöteten könnten Anlass genug gewesen sein, jemanden eifersüchtig zu machen. Aber auch Fleiß und Erfolg des jungen Fischers und das neue Schiff hätten jederzeit Neid und Missgunst hervorrufen können."

„Darüber gibt es in diesem Kreis sicherlich keine zwei Meinungen, Herr Doktor. Wenden wir uns nun der Frage zu, ob wir Personen kennen, die man einer Beziehungstat verdächtigen könnte. Dazu müssen wir unseren Sachverständigen für Schifffahrtsfragen wohl nicht mehr hören.

Herr Ohm, wir sind Ihnen für Ihre Unterstützung sowie für das Opfer an Zeit sehr verbunden und dürfen Sie nunmehr entlassen."

Wittenborg meldete sich zu Wort: „Herr Staatsanwalt, ich möchte dringend darum bitten, Herrn Ohm noch nicht nach Hause zu schicken. Wir werden ohne ihn nicht recht weiterkommen."

„Warum das, Herr Doktor?"

„Sie werden schon sehen."

„Wären Sie denn bereit, noch zu bleiben, Herr Ohm? Wie steht es mit Ihrer Zeit?"

„Ich bleibe!"

„Dann wollen wir fortfahren: Herr Doktor Wittenborg, Sie haben das Wort."

„Herr Staatsanwalt, ich fühle mich verpflichtet, Ihnen von einem Verdacht zu erzählen, den Frau Behr noch am Deich unbedingt übermitteln wollte, nachdem sie gerade von dem Tod ihres Sohnes erfahren und ihn sogar persönlich identifiziert hatte. Herr Brandner und Herr Spinat können es bezeugen. Ich hab mir die Aussage notiert." „Bitte lesen Sie!"

„Hier also der Wortlaut ihrer Aussage: ‚Mein Sohn hat mir kürzlich noch in unserem Hause gesagt: Der alte Nonnenwort hat gedroht, mich umzubringen, wenn ich nicht nach seiner Pfeife tanze.'"

„Mein Gott – der Herr Fabrikdirektor? Eine Morddrohung? Nicht zu fassen! Ein derart angesehener Mann sollte sich so vergessen haben! Erschien Ihnen das glaubhaft, Herr Doktor?"

„Sonst hätte ich Sie gewiss nicht damit behelligt. Karl Theodor Behr hat beim Stapellauf seines Schiffes den alten Nonnenwort bis auf die Knochen blamiert. Als in Aussicht genommener Bräutigam erklärte er, von Nonnenwort zuvor nicht einmal nach seiner Meinung gefragt worden zu sein, bevor der Herr Fabrikdirektor in der ihm eigenen selbstherrlichen Art die Verlobung mit seiner Tochter Marga verkündet hätte. – Herr Nonnenwort hätte also ein Motiv, sich an dem ‚Spielverderber' Behr, dem er seinen Gesichtsverlust zu verdanken hatte, zu rächen."
„In der Tat ein ernsthaftes Motiv, das berücksichtigt sein will, Herr Doktor. Vielen Dank sage ich dafür, dass Sie in weiser Voraussicht dafür Sorge trugen, den Herrn Ohm hier zu behalten. Ich möchte nämlich nun von Ihnen, Herr Ohm, wissen: Wäre Hugo Nonnenwort überhaupt imstande gewesen, seinem abtrünnigen Schwiegersohn im Watt aufzulauern?"
„Persönlich nicht, Herr Staatsanwalt. Hugo Nonnenwort versteht von der Seefahrt nicht mehr als eine Kuh von der Bibel."
„Bleiben Sie bitte sachlich, Herr Ohm!
„Nonnenwort ist zwar Fischkonservenfabrikant – das Meer aber kennt er nicht. Vielleicht hätte er jemanden beauftragen können, dem Behr da draußen etwas anzutun. Ich kenne Nonnenwort zu wenig, um sagen zu können, ob ihm eine solche Tat zuzutrauen wäre. – Ein wesentlicher Punkt spricht allerdings dagegen, dass er versucht haben könnte, jemanden mit seinem Geld zu einer solchen verbrecherischen Tat anzustiften: Ich kenne keinen verantwortungsbewussten Schipper, den man dazu hätte überreden können, bei diesem pottendichten Nebel in See zu stechen."
Dr. Brodersen war ernst geworden. „Vielen Dank, Herr Ohm. Ihre Stellungnahme ist sehr aufschlussreich für uns – auch wenn dadurch wieder neue Fragen aufgeworfen werden."
„Wie auch immer, Herr Staatsanwalt", ergriff nun Jebens das Wort, „nach allem, was wir soeben über die Einstellung des Fabrikanten zu seinem in Aussicht genommenen Schwiegersohn erfahren haben, gerät dieser Herr

mehr und mehr unter Verdacht. Wir dürfen ihn nicht aus den Augen verlieren, weil er sogar zum Hauptverdächtigen avancieren könnte."
„Ganz meine Meinung, Herr Kommissar! Wenn wir aber dennoch für einen Augenblick von seiner Person absehen – auf wen sonst könnte der Verdacht fallen, Behr ermordet zu haben?" Die strafenden Blicke seines Vorgesetzten Brandner in Kauf nehmend, wagte sich Egon Spinat, der Hilfspolizist z. A., mit seiner Meinung hervor: „Auf ein Frauenzimmer, das am Sonntagabend im Lokal ‚Bi Tante Emma' mit dabei war und sich gut im Watt auskennt, so dass ihr der Nebel nichts ausmacht."
„Und können Sie mir auch einen Namen nennen?", fragte der Staatsanwalt.
„Die Betty, Flosses heimliche Geliebte."
„Betty? Sie meinen gewiss ein Fräulein Betty, Herr Spinat! Wir wollen doch die Form wahren."
Wachtmeister Brandner klärte ihn auf: „Mein Assistent, Hilfspolizist Spinat, meint eine polnischstämmige, ostpreußische Fischerin mit deutschem Pass – sie heißt Elsbeth Mandrukeit. Sie wird mehrfach in unseren Protokollen erwähnt."
„Und ‚Flosse'?", hakte Brodersen nach.
„... ist der Spitzname von Karl Theodor Behr, den ihm seine übergroßen Hände eingetragen haben", erklärte Brandner. „Ein Fräulein wäre also die Täterin, wenn man Ihrem Herrn Spinat glauben würde, Wachtmeister Brandner. Haben Sie irgendwelche Anhaltspunkte für einen solchen Verdacht?", fragte Jebens nach.
„Nicht die Geringsten, Herr Kommissar. Ich bin selbst von der wenig hilfreichen Aussage unseres jungen Kollegen äußerst überrascht", entgegnete Brandner und warf Spinat einen Seitenblick zu, der zu besagen schien: Wir sprechen uns noch!
Jebens fuhr fort: „Erlauben Sie, Herr Staatsanwalt, ich würde von Herrn Spinat gern erfahren, auf welche Beobachtungen oder Erkenntnisse er seine Vermutung stützt." „Was sagen Sie dazu, Herr Spinat?"

„Das Dingi von Fräulein Mandrukeit war, wie in unserem ersten Protokoll zu lesen steht, zusammen mit dem Motorboot, in dem wir Behrs Leiche entdecken mussten, Stunden nach der Tat durch die auflaufende Flut in den Hafen zurückgetrieben worden."
„Stimmt das, Wachtmeister Brandner?", vergewisserte sich Jebens. Brandner nickte.
„Das Entscheidende aber ist, Herr Kommissar", betonte Egon Spinat, „dass die Vorleine des Dingis an dem Heckpoller des Motorbootes befestigt war, als die Boote zusammen in Eckstedt angetrieben wurden." Das steht allerdings nicht im Protokoll ...", unterbrach ihn Brandner, aber Spinat fuhr unbeirrt fort: „ ... weil ich es nicht sofort aufnehmen konnte. Ich habe es erst einen Tag später bemerkt, als ich noch einmal im Hafen war." „Welche Schlüsse ziehen Sie daraus, Spinat?", drängte der Kommissar.
„Nur Voreilige!", brummte Brandner.
„Verzeihen Sie, Herr Wachtmeister, ich habe nicht Sie gefragt, sondern erwarte eine Antwort von Ihrem Herrn Spinat", fuhr ihm der Kommissar über den Mund und Brodersen ermunterte den Hilfspolizisten: „Nun, Herr Spinat! Fahren Sie fort."
„Ich denke es mir so: Der Herr Behr hatte vor, das Dingi abzuschleppen. Fräulein Elsbeth hatte ihn wohl durch Zuruf darum gebeten, als sie ihm im Watt begegnete. Das war natürlich ein Vorwand, um in Behrs Nähe zu bleiben. Und Flosse durfte aus seiner Sicht nur froh sein, dass sie trotz allem, was am Abend zuvor vorgefallen war, ihn überhaupt wieder ansprach. Dann wurde die kurze Vorleine des Dingis übergeben und am Heck des Motorbootes befestigt. Behr fuhr an und schleppte das Dingi hinterher. Aus kurzer Distanz, soweit die Schleppleine gerade reichte, erschoss sie den vorausfahrenden, nichts ahnenden Flosse von hinten."
Wittenborg kommentierte Spinats Vorstellungen mit einer wegwerfenden Geste. Der Staatsanwalt schien konsterniert. „Fantasie haben Sie ja, Herr Spinat. Das muss Ihnen der Neid lassen! Was denken Sie, Herr Brandner?"

„Mich überzeugt das nicht. Übrigens kann ich mich nicht daran erinnern, dass zur Zeit der amtlichen Besichtigung eine Leinenverbindung vom Dingi zum Motorboot bestand. Vielleicht hat sich da später jemand einen Spaß erlaubt oder mit Vorbedacht die Leine einfach über den Heckpoller des Motorbootes gehängt."

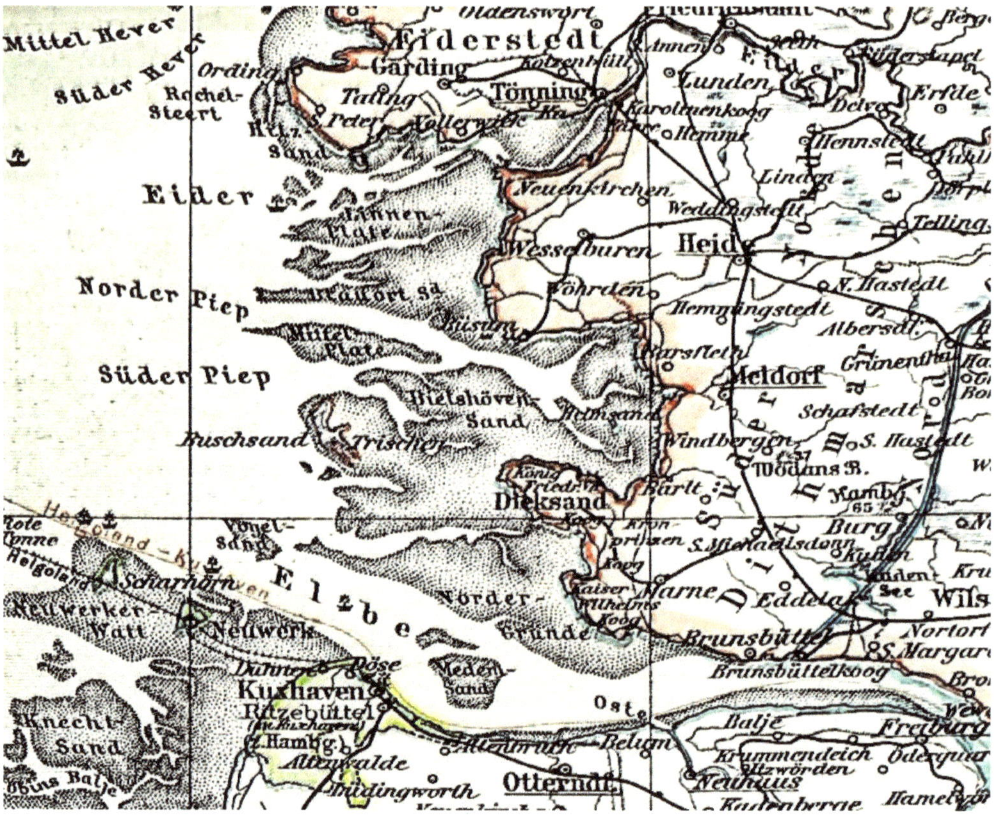

Die Karte zeigt die Dithmarscher Wattgebiete, die komplizierte Verästelung der befahrbaren Tiefs und Flachs, und auch das dichte Netz der Eisenbahnverbindungen

„Und was sagen Sie, Herr Doktor Wittenborg?"

Der Arzt erklärte: „Das, was Herr Spinat uns glauben machen will, ist absurd. Karl Theodor Behr ist ganz bestimmt nicht von hinten erschossen worden. Das zeigen die Obduktionsergebnisse! Der tödliche Schuss traf ihn in die Stirn. Elsbeth Mandrukeit hätte Flügel besitzen müssen, um auf diese Weise ihr Boot zu verlassen und dann von vorn auf Behr zuzuschweben, um schließlich aus dieser Position den Schuss auf ihn abzugeben. – Fräulein Mandrukeit kann meines Erachtens auch noch aus einem weiteren Grund als Verdächtige ausgeschlossen werden: Vor der Kneipe ‚Bi Tante Emma' wurde eine recht große Blutlache entdeckt – weitere Blutstropfen fand man auf dem Weg zum Hafen. Wenn beides, wovon auszugehen ist, von einer Verletzung Elsbeths herrühren sollte, ist es erstaunlich, dass sie es überhaupt noch bis zum Hafen geschafft hat. Möglicherweise ist sie dann ins Wasser gestürzt und ertrunken – was ich hier aber lieber ausschließen möchte. Zumindest wird Fräulein Mandrukeit jedoch kaum noch in der Lage gewesen sein, den Ort des Geschehens ohne fremde Hilfe zu verlassen. Noch unwahrscheinlicher ist es daher, dass sie dann am folgenden Morgen die hier verhandelte Tat begangen haben könnte." „Wie mag es Fräulein Mandrukeit denn dann in diesem Augenblick gehen?", fragte Brodersen. Er sah Spinat von der Seite an und meinte: „Zur Fahndung wird sie übrigens nicht ausgeschrieben, mein bester Spinat. Dazu bedürfte es eines Anfangsverdachts, der mit stichhaltigen Argumenten und Beweisen untermauert sein müsste."

Ohne abzuwarten, ob seine Gäste noch einmal Stellung zu nehmen wünschten, fasste Brodersen zusammen: „Jetzt kommt es ganz auf Sie an, Wachtmeister Brandner. Sie und Herr Spinat sind gehalten, alles daran zu setzen, Fräulein Mandrukeit zu finden, ehe noch ein weiteres Unglück geschieht. Mir liegt nämlich die Anzeige eines pensionierten Lehrers vor, die wir sehr ernst nehmen müssen. Darin wird von fremdenfeindlich motivierten Anschlägen auf ihn beziehungsweise sein Haus berichtet. Ihn wollten sie bestrafen – man höre! – weil er einer ‚Polackin', gemeint ist die Ostpreußin Elsbeth Mandrukeit, Wohnung und Schutz gewähre."

Als Brodersen dies sagte, fixierte er den Hilfspolizisten Spinat. „Nehmen wir einmal an, junger Mann", fuhr er fort, „dass die Stimmungsmache gegen die

Polin nur der Ablenkung von einer anderen Straftat dienen sollte, dann müssten wir den wahren Täter oder Auftraggeber hinter dem Initiator dieses Anschlags auf das Schulhaus suchen. Also – suchen Sie ihn!"

Nicht ohne Sarkasmus erlaubte sich Ohm zu bemerken: „Ich weiß nicht, ob es wirklich das Richtige ist, Herrn Spinat nach Fräulein Mandrukeit suchen zu lassen."

Der Arzt und der Wachtmeister schauten sich fragend an; Spinat reagierte mit blasierter Miene. Der Staatsanwalt beobachtete ihn besorgt und gab Jebens vielsagend zu verstehen: „Es ist wohl an der Zeit, Herr Kommissar, dass Sie und ich uns selbst vor Ort ein Bild von der Lage der Dinge machen. Es sind heute zu viele Fragen offengeblieben, meine Herren." Die Herren erhoben sich. Brodersen ergriff die Gelegenheit, Brandner einen Schritt weit beiseite zu ziehen und ihm zuzuflüstern: „Geben Sie Acht auf unseren Spinat – das mein' ich ernst!" Und zu Wittenborg sagte er: „Halten Sie die Augen offen! Ein Arzt durchschaut die Menschen besser als jeder Polizist." Dann winkte er noch Ohm und Jebens hinzu: „Unser Herr Kommissar möchte Ihnen noch etwas mit auf den Weg geben." „Richtig, Herr Staatsanwalt. Ich habe mit Staunen erlebt, wie weit Sie, Herr Doktor, und Sie, Herr Ohm, bereits jetzt in die Materie dieses sehr speziellen Falles eingedrungen sind. Sie kennen Dithmarschen, das Land, die weitläufigen Wattgebiete und alle, die als Täter in Frage kämen. Und Sie wissen alles über Fischerei und Schifffahrt..Die ohnehin überforderten Mitarbeiter meines Kommissariats würden viel Zeit benötigen, um sich in gleicher Weise einzuarbeiten. Wenn Sie einverstanden sind, würde ich gern – das ist eine absolute Ausnahme vom üblichen Verfahren – unserem Polizeibrigadier, dem Oberst Schlechtenthal, vorschlagen, Ihnen den Status ehrenamtlich tätiger, freier Ermittler zuzuerkennen." Wittenborg sah Ohm an und der wiederum Wittenborg. Der Arzt sagte: „Dann machen wir das auch."

„Und ich danke Ihnen schon jetzt", erwiderte Jebens. „Die Vereidigung wird auf Grund seiner Zuständigkeit Ihr Dithmarscher Landrat in Heide vornehmen." Staatsanwalt Dr. Brodersen verabschiedete die Teilnehmer per

Handschlag. Die Marner Polizisten, Jens Ohm und der Arzt begaben sich schweigend zum Altonaer Bahnhof. Der Zug stand abfahrbereit da. Sie stiegen zusammen ein und nahmen in einem Zugabteil Platz, das sie ganz für sich allein hatten. Es war windstill. Die schwüle Luft schien unerträglich. Die Fenster waren verklemmt, nur ein einziges ließ sich wenigstens einen Spaltbreit öffnen. Der Hitze war nicht zu entkommen.

Sie fühlten sich in ihrem Abteil wie Gefangene und hakten die Bahnhöfe ab, wie man Tage abstreicht, die nicht vergehen wollen. Elmshorn, Glückstadt, Krempe und Itzehoe – die Fahrt schien kein Ende zu nehmen.Dann ging es durch die Wilstermarsch – vorbei an den kleinen Windmühlen, deren Flügelbespannungen schlaff durchhingen, als wären sie heute zu faul, um das Wasser aus den Gräben zu ziehen und in die Wilsterau zu pumpen.

St. Margarethen: Drei Wassermühlen auf der Deichhöhe hinter dem Graben, der das aus der Wilstermarsch abgepumpte Wasser zur Stör hin ableiten wird. Die Wilstermarsch würde ohne Pumpenhilfe absaufen, da ihr Niveau erheblich unter dem des mittleren Hochwassers der Elbe liegt.

Die Herren sprachen kein Wort miteinander, Wittenborg und Ohm nicht, weil sie dem Hilfspolizisten Spinat misstrauten; Brandner nicht, weil er sich

für Spinat schämte; und Spinat nicht, weil er sich seine fein gesponnenen Thesen von niemandem mehr kaputtmachen lassen wollte.
Endlich lief der Zug in Marne ein. Nach knapper Verabschiedung von den Polizisten strebten Frank Wittenborg und Jens Ohm in die Bahnhofsgaststätte, um sich mit einem Krug Bier zu erfrischen und anschließend Pferd und Wagen abzuholen, die sie in der Obhut des Gastwirtes wussten. Nun erst konnten sie offen miteinander reden.
Ohm begann: „Was war eigentlich mit dem Herrn in dieser prachtvollen Uniform mit Silberdegen los? Der sagte die ganze Zeit über kein Wort." „Sie meinen den Herrn Oberwachtmeister Tanner aus Heide." „Genau! Der saß nur da und machte nicht ein einziges Mal den Mund auf", wunderte sich der Schrauber.
Wittenborg erklärte: „Der Tanner steht kurz vor dem Ruhestand. Er ist im Krieg 1870/71 schwer verwundet und wie so viele andere tapfere Soldaten zur Absicherung seiner Existenz in die Stelle eines Oberwachtmeisters eingewiesen worden. Den Silberdegen hat er als Auszeichnung nach 25 Dienstjahren bei der Polizei erhalten. Er verdient Respekt – er war ein mutiger Polizist, aber nun kann er nicht mehr. Er wird uns von seinem Amtssitz in Heide aus kaum mehr helfen können."
„Da ist noch etwas, was mir Sorge bereitet, lieber Doktor. Dass jemand überhaupt auf den Gedanken kommt, Elsbeth Mandrukeit des Mordes zu verdächtigen, will mir nicht in den Kopf. Wir wissen doch beide, dass sie's nicht war", klagte er. „Wir müssen etwas unternehmen, damit diese unschuldige Frau gar nicht erst behelligt und vor den Richter gezerrt wird!"
„Beruhigen Sie sich doch, lieber Ohm! Ich versichere Ihnen, der Staatsanwalt und der Kommissar denken genauso wie wir. Sehen Sie, wir haben es nicht nur mit dieser Falschbeschuldigung zu tun, sondern mit einem ganzen Knäuel von Delikten und Verbrechen: der Ermordung eines Fischers, mit Nonnenworts Einschüchterungsversuchen, mit Elsbeths Verschwinden, der Bedrohung eines Schulmeisters und dem Fehlverhalten eines Jungpolizisten. Dies alles zu entwirren, wird dem Staatsanwalt allein nicht gelingen.

Wir sollten helfen herauszufinden, wer hier welches Spiel betreibt. Mich interessiert am meisten, wer Karl Theodor Behr auf dem Gewissen hat – und natürlich, wo meine Patientin Elsbeth Mandrukeit steckt."

„Das zu klären, wird uns heute nicht mehr gelingen, lieber Herr Doktor. Ich bringe Sie jetzt nach Haus und nehme anschließend Ihre Chaise mit nach Eckstedt."

Abgekämpft und mit sich selbst nicht ganz zufrieden, trennten sich die beiden vor Wittenborgs Haus.

Wittenborg stand schon eine Weile auf seiner Terrasse. Draußen dunkelte es vor der Zeit. Die Wolken waren dichter geworden und es begann leicht zu nieseln. Kein Windhauch bewegte die Zweige der hohen Bäume im Garten, es blieb stickig. Die Aufklärung der Mordsache Behr bereitete Wittenborg Kopfzerbrechen. Nichts wollte zusammenpassen. Auch mit der eigenen Arbeit, der Autopsie, war er nicht zufrieden – obgleich er sicher war, sorgfältig vorgegangen zu sein. Dennoch – irgendetwas war ihm bei der zeichnerischen Dokumentation unstimmig vorgekommen, aber er fand den Fehler nicht. Er musste es jetzt!, jetzt! herausfinden, solange es noch nicht zu spät war. Es trieb ihn nochmals an den Schreibtisch zurück. Er kauerte in seinem Stuhl über den Papieren – drehte und wendete die Originalskizzen mit den Befunden wieder und wieder.

Eines war sicher: Der tödliche Schuss hatte Karl Theodor Behr von vorn in die Stirn getroffen. Aber eine zweite Tatsache war bisher unberücksichtigt geblieben: die Ausrichtung des Schusskanals im Kopf!

Der Jungfischer war mit einem Meter und achtundneunzig Zentimetern ein ausnehmend hochgewachsener Mann gewesen. Noch nicht einmal ein Mörder von ungefähr gleicher Körpergröße hätte es vermocht, ihm diesen Schuss von oben in den Kopf hinein zu applizieren – eine Frau schon gar nicht. Auch ein Selbstmord war damit ausgeschlossen. Der Täter musste einen deutlich höheren Standpunkt eingenommen haben – einen Standpunkt, wie er ringsum in der Natur der Wattgebiete nirgends zu finden war.

Aber ein Kutter, der hoch und trocken auf dem Sand lag und es vom Kiel bis zum Deck hinauf auf eine Höhe von etwa drei Metern brachte – der mochte es dem Dieb, der seine Beute verteidigen wollte, erlaubt haben, von dieser hohen Warte aus auf Behr zu schießen. Das könnte …? Nein! Das müsste des Rätsels Lösung sein: Schiffsdieb und Mörder waren ein und dieselbe Person! Die Müdigkeit war wie weggeblasen. Es galt, die Staatsanwaltschaft so schnell wie möglich von seinen neuesten Erkenntnissen zu unterrichten. Das konnte geschehen, indem er einen Kommentar zu dem bereits abgelieferten Gutachten nachreichte, der zum ersten Mal den Hergang der Tat folgerichtig beschrieb. Er verfasste den neuen Text und fertigte noch Kopien seiner Zeichnungen an. Dann legte er alles in ein Kuvert und packte die Aktentasche für den nächsten Tag.

Der Arzt beschloss, gleich in der Früh zur Polizei nach Marne zu fahren. Er atmete tief durch. Er hatte den Anhaltspunkt gefunden. Jetzt erst war er mit sich und der Welt im Einvernehmen und legte sich – endlich – schlafen.

Spinat trumpft auf!

Donnerstag, 8. Juni 1911

Dr. Frank Wittenborg war zu früh, er musste sich einige Minuten vor verschlossener Tür gedulden. Endlich traf auch einer der Polizisten ein und öffnete die Diensträume. Egon Spinat, Gendarm auf Probe, geleitete den Arzt in die Amtsstube.

„Guten Morgen, Herr Doktor Wittenborg! Welch eine Überraschung, Sie schon so bald wiederzusehen. Herr Brandner führt heute auf Anregung des Staatsanwaltes wichtige Recherchen vor Ort durch, so müssen Sie mit mir fürliebnehmen. Ich habe für heute das ‚Ganze'", bekannte er eilfertig und verbeugte sich etwas übertrieben.

Die Zweifel an Spinats Loyalität steigerten Wittenborgs Interesse für das merkwürdige Gehabe des sonst eher unscheinbaren Langeweilers. Erst jetzt fiel dem Arzt so recht der lauernde Blick auf. Die untere Gesichtshälfte schien den schmalen, glatt rasierten Kopf optisch dadurch zu verlängern, dass der Unterkiefer ein wenig vorgeschoben war und nach unten durchhing.

Demzufolge blieb der Mund immer leicht geöffnet. Die Lippen sah man fast nicht, denn sie wölbten sich in den Mund hinein und verdeckten dabei die Zähne. Und da die Zunge die Zähne nicht erreichte, lispelte Spinat. Bei der übertriebenen Verbeugung war sein Oberkörper mit den schmalen Schultern aus dem zu groß ausgefallenen Waffenrock überraschend weit nach vorn herausgerutscht, weil Spinat es versäumt hatte, diesen zuzuknöpfen. Indem Spinat den Rock an den Rockschössen nach hinten zog und dieser sich wieder fest über seine Schultern legte, wurde er amtlich: „Was darf ich denn für Sie tun?"

„Ich habe hier zwei Kuverts für Sie, die Sie bitte per Eilpost an das Erste Kriminalkommissariat, Blumenstraße Nummer 2 bis 4 in Kiel und an die

Staatsanwaltschaft in Altona weiterleiten wollen“, sagte Wittenborg betont schroff und übergab ihm die Umschläge.

Egon Spinat zuckte zusammen. Den unverbindlichen Ton war man vom Doktor nicht gewohnt und daher spurte er jetzt umso eilfertiger: „Ich werde die Kuverts noch heute Vormittag mit besonders eiligen Sendungen nach Altona und Kiel expedieren.“

„Aus Ihnen wird bestimmt noch einmal ein tüchtiger Wachtmeister“, lobte ihn Wittenborg und trug dabei betont dick auf. „Können Sie mir denn verraten, wo sich Wachtmeister Brandner zurzeit aufhält? Sie sagten, er führe gerade wichtige Recherchen durch.“ „Ihnen darf ich es ja sagen“, gab sich Spinat verschwörerisch. „Er sieht sich in der Süderschule um. Er möchte unbedingt herausfinden, wer hinter dem Anschlag steckt.“

„Und was sagen Sie dazu?“

Spinat überlegte erst, dann riss es ihn hin: „Damit macht er sich keine Freunde. Er sollte die Finger davon lassen, wenn er gesund bleiben will!“

Ottilie hatte der frühsommerlichen Hitze wegen den Mittagstisch an diesem Tage im Garten unter dem hohen, weit ausladenden Kastanienbaum angerichtet. Die Marner Zeitung lag griffbereit neben dem Teller, als der Doktor nach der Ausfahrt am Vormittag den Garten betrat. Mit Unmut nahm er die Schlagzeilen wahr. Immer noch der gleiche Mist! Jeden Tag druckten sie neue widerliche Verunglimpfungen des Staatssekretärs im Außenministerium durch den Alldeutschen Verband ab, der sich dessen Amt gern für einen seiner Parteigänger unter den Nagel gerissen hätte. Dann wäre es schnell mit der Versöhnungspolitik des Reiches gegenüber Frankreich vorbei und die Kriegstreiber würden die Außenpolitik bestimmen, sinnierte er. Na – und der Kaiser erst! Der Arme schien es nicht einmal zu bemerken.

Ottilie kam hinzu mit dem Rapunzelsalat. „Ich habe Ihnen die Zeitung hingelegt, weil Sie es so wünschen, Herr Doktor. Heute hätte ich es lieber nicht tun sollen. Das Geschreibsel wird Ihnen noch den Appetit verderben.“

„Keine Sorge, Ottilie. Den Gefallen, mir ihretwegen den Magen zu verrenken, werde ich den Politikern nicht tun. Ich muss mich aber dennoch informieren."
Wittenborg nahm sich nun erst einmal den erfrischenden Rapunzelsalat in gesüßt-saurer Sahne vor. Er hatte ihn sich gerade als Vorspeise einverleibt, als die Glocke an der Haustür bimmelte.
„Nein, nein", hörte er Ottilie energisch sagen, „Sie dürfen den Doktor jetzt nicht stören, zumal nach einem so arbeitsreichen Vormittag." „Aber Ihr Doktor hat mir einen Brief geschrieben, mein Besuch werde vordringlich sein und ich dürfe ihn jederzeit stören."
„Ach, was meinen Sie, wie viele Besucher mit ähnlichen Ausflüchten an mir vorbei wollen! Noch keiner hat es ..." Als Wittenborg das Wort „Brief" hörte, begab er sich sofort zum Hauseingang. Er schob Ottilie sanft beiseite. „Dieser Herr, liebe Ottilie, wird den Durchbruch schaffen", sagte er und begrüßte den Ankömmling, der sich im Verhältnis zu Ottilie geradezu kleinwüchsig ausnahm.
„Es handelt sich um meinen Kollegen Herrn Doktor Volck aus Altona. Erinnern Sie sich nicht, Ottilie? Ich hatte Ihnen von meiner Begegnung mit ihm erzählt."
„Entschuldigen Sie vielmals, Herr Doktor Volck!"
„Da gibt es nichts zu entschuldigen, Verehrteste!", winkte Eberhard Volck ab und neigte nur knapp den mit schwarzen Muschellocken bedeckten Kopf, um seine Verehrung in heiterer Förmlichkeit zu unterstreichen. Dann trat er einen Schritt zurück und strahlte an Ottilie hinauf und ihr gerade ins Gesicht. „Heute geht es nur um das Kleingedruckte, damit wir das nicht lange vor uns herschieben", erklärte er. Das dunkle Feuer aus der Tiefe seiner braunen Augen eroberte ihr Herz im Sturm.
„Seien Sie uns herzlich willkommen, Herr Doktor!", erwiderte sie und reichte ihm die Hand. „Ich fühle mich geehrt, gnädige Frau ..."
„Um Himmels willen, bitte nicht! Ich bin hier nicht die gnädige Frau, wissen Sie – nur eben die Aufwartung, Haushälterin und Arzthelferin."

„Mit einem Wort: absolut unentbehrlich!"
Ottilie wusste gar nicht mehr, wo sie noch hinschauen sollte. „Kommen Sie, Herr Kollege!", bat ihn Wittenborg herein. „Ottilie, seien Sie so gut, noch ein Gedeck mehr aufzulegen. Nach der langen Reise haben Sie gewiss Hunger."
„... und vor allem Durst nach dem Spaziergang von Marne hierher. Ich hatte die Entfernung unterschätzt. Ich würde mir gern mein Gesicht und die Hände waschen ..." „Ottilie, bitte zeigen Sie unserem Gast das Bad!" Und an Dr. Volck gerichtet fügte er hinzu: „Ich erwarte Sie dann im Garten."
Nach wenigen Minuten kehrte Volck zurück. Temperamentvoll wie ein Italiener, immer munter und selbstbewusst – so erschien er dem Gastgeber heute. Sein dunkler Teint unterstrich diese Wirkung noch. Er trug beigefarbene Knickerbocker und ein dazu passendes Jackett. Der kühle Trunk, den Ottilie ihm aus Rhabarber und Erdbeersaft zusammengemischt hatte, erfrischte ihn sichtlich. Dann widmete er sich dem Rapunzelsalat. Rein zufällig warf auch er einen Blick auf die Marner Zeitung. Wittenborg bemerkte es und sprach Volck auf die Schlagzeilen an: „Ist es nicht ein Skandal, wie rücksichtslos sich gewisse Leute von Einfluss gegenüber unserem Kaiser benehmen und ohne sein Wissen schreckliche Dinge geschehen, die ein Mann von so edlem Charakter wie Wilhelm II. niemals gebilligt hätte?" „Meine Rede!", erwiderte Volck. „Die Herren vom Alldeutschen Verband versprechen sich von einem neuen Krieg einen hohen Gewinn – besser noch: hohe Gewinne. Mit ihrer Kriegspropaganda erwecken sie im Volk eine Kampfbereitschaft ohnegleichen."
„Leider finden diese Leute gerade hier in Dithmarschen mehr Gehör, als ich es wahr haben möchte. Immer wieder wird hier von der in Jahrhunderten bewährten Kampfeskraft geschwärmt, die eure Dithmarscher angeblich der Reinheit ihres edlen Blutes verdanken. – Wir können nur froh sein, dass nicht alle so sind."
Von so deprimierenden Betrachtungen ziemlich unangenehm berührt, schloss Volck: „Wenn das zum Krieg führen sollte, wandere ich wieder aus,

lieber Herr Wittenborg. – Mit Ihrer freundlichen Zustimmung würde ich jetzt aber gern zu einem erfreulicheren Thema übergehen. Lassen Sie mich bitte wissen, warum Sie mich zu sich gebeten haben."

Wittenborg begann: „Es freut mich aufrichtig, dass Sie die mühsame Reise für ein Informationsgespräch auf sich genommen haben, denn auch die vorzüglichste Korrespondenz kann eine vertrauliche Unterhaltung nicht ersetzen. Um es kurz zu machen: Ich brauche Ihre Hilfe. Sie sind vielseitig und erfahren genug, um mich in meiner Praxis vertreten zu können. Allerdings brauche ich in nächster Zeit einen Kollegen an meiner Seite, von dessen Verschwiegenheit ich absolut überzeugt bin."

Volck legte das Besteck beiseite, nahm die Serviette und wischte sich den Mund ab. „Es ehrt mich, wenn Sie dabei an mich denken. Wenn ich Ihr Schreiben richtig verstanden habe, geht es Ihnen um ein Maß an Verschwiegenheit, das der ärztlichen Schweigepflicht nahekommt. Sie schrieben, der wahre Grund für Ihre Vertretung vor Ort sei nicht etwa Arbeitsüberlastung, sondern eine zeitraubende moralische Verpflichtung, der Sie nachkommen müssten. Verstehen Sie mich bitte nicht falsch: Ich möchte gern hierherkommen und mit Ihnen zusammenarbeiten, weil mir die Arbeit in einer Landarztpraxis mit Sicherheit gefiele – doch würde es unserem Zusammenwirken gewiss nicht schaden, wenn Sie mich über den Sinn dieser Heimlichtuerei aufklären würden."

„Ihre Verlässlichkeit ist mir noch aus der Zeit, bevor Sie in den Bismarck-Archipel ausgewandert sind, in bester Erinnerung; ich vertraue Ihnen und seien Sie versichert: Ich führe nichts Unehrenhaftes im Schilde. Ursprünglich brauchte ich eine Ferienvertretung, weil ich eine Reise nach New York beabsichtigte."

„Ursprünglich? Und jetzt? Findet die Reise nicht statt? Bin ich umsonst zu Ihnen gekommen?"

„Eben nicht, Herr Kollege Volck! Ich brauche Sie jetzt mehr denn je."

Darauf erzählte Wittenborg ihm von dem Mordfall, von seinem Gutachten für die Staatsanwaltschaft, den Korrekturen und den bürokratischen

Hemmnissen, die das Vorgehen der Beamten bei ihren Ermittlungen oftmals behindert hätten.

„Ich bin nun einmal in die Ermittlungen hineingezogen worden, weil ich den Ermordeten obduziert habe und durch die Befunde der Obduktion vielleicht zur Aufklärung des Verbrechens beitragen kann. Weil aber zu befürchten steht“, fuhr er fort, „dass die Aufklärung des Mordfalles weiter verschleppt werden wird, fühle ich mich als ohnehin bereits involvierter Bürger, der jedoch nicht in die strenge Beamtenhierarchie eingebunden ist, dazu aufgerufen, durch ein unkonventionelleres Vorgehen den Behörden manchen Umweg zu ersparen. Allerdings muss ich wie jeder andere, der in dieser Sache ermittelt, immer wieder mit massiven Behinderungen von interessierter Seite rechnen.“

„... von ‚interessierter Seite', sagen Sie. Das hört sich so an, als meinten Sie: von ‚politischer Seite'?“

„Das kann man wohl so sehen. Gegenwärtig bin ich einem in Marne etablierten ‚Freundeskreis der Landespartei‘ auf der Spur, der den völkischen Anschauungen der Alldeutschen sehr nahe steht und für seine fremdenfeindlichen Parolen Unterstützung bei den Unzufriedenen in unserer Gegend findet. Ich möchte nachweisen, dass dieser Club mit aller Macht versucht, eine polnischstämmige Ostpreußin als Täterin in diesem Mordfall zu denunzieren. Es wird dort nicht gern gesehen, dass ich dagegenhalte und diese Frau in Schutz nehme.“

„Dürfte ich mich denn an den Recherchen beteiligen?“

„Sie wissen, welches Risiko Sie eingehen?“

„Durchaus. Risiken dieser Art sind mir nicht ganz fremd. Ich bin seinerzeit nicht grundlos ausgewandert – Gründe, die mich heute darin bestärken, Ihnen meine Unterstützung anzubieten.“

„Darüber würde ich später gern mehr hören, Herr Kollege – doch bevor wir dazu kommen, schulde ich Ihnen noch eine Antwort auf Ihre Frage, wie ich mir die Arbeitsaufteilung gedacht habe: Nun, ich möchte, dass wir uns in erster Linie bei der ärztlichen Betreuung meiner Patienten abwechseln und wenn dann noch Zeit bleibt, vielleicht auch bei den Recherchen. Niemand darf auf die Idee verfallen, ich sei nicht mehr in der Praxis tätig und stattdessen ganz von anderen Dingen in Anspruch genommen. Denn sonst könnte ich mich bald gar nicht mehr bewegen, ohne beobachtet zu werden."

„Ich verstehe, Herr Kollege!"

„Man muss an alles denken. Was meinen Sie, wie schnell sich interessante Nachrichten hier am Deich herumsprechen!" Augenzwinkernd fügte er hinzu: „Aber das können wir uns auch zunutze machen. Vielleicht werde ich zunächst ein wenig kränkeln und mir einige kleinere Erholungsausflüge gestatten, die in Wahrheit zu Recherchen genutzt werden."

Ottilie kam an den Tisch und fragte: „Darf ich mit dem Hauptgericht kommen? Herr Wittenborg hatte sich Pellkartoffeln mit Quark gewünscht. Mögen Sie sich anschließen, Herr Doktor Volck, oder darf ich für Sie etwas anderes ...?"

„Nur keine Umstände, Verehrteste! Ich bin ebenfalls ein Freund der Hausmannskost und könnte für Pellkartoffeln mit Quark mein Leben lassen."

„Mir scheint, Sie leben gern gefährlich", warf der Hausherr amüsiert ein. Ottilie trug die Salatteller und die Reste der Vorspeise ab. Trällernd verschwand sie in Richtung Küche.

„Geh aus, mein Herz, und suche Freud in dieser daa – daa – dadadada – da ..."

Nach wenigen Minuten kehrte sie mit dampfenden Pellkartoffeln, dem mit Zwiebeln, Kümmel und Apfelstücken angemachten Quark und dem Buttertopf zurück.

„Was haben Sie da eben gesungen?", fragte Wittenborg lachend.

„So? Hab ich gesungen?" Ottilie wurde rot und entschuldigte sich halbwegs: „Ach so, Sie meinen das schöne Sommerlied. Das steht unter Nr. 348 in meiner ‚Breklumer Missionsharfe'. Soll ich Ihnen die mal leihen?"

„Schon gut, Ottilie! Ich komme später gerne auf Ihr Angebot zurück." Dann wandte sich Wittenborg wieder seinem Gast zu. „Wollen wir fortfahren?"

Volck nickte. „Unbedingt! Ich wüsste gern, wie Sie sich Ihr weiteres Vorgehen vorstellen. Sie haben bisher vermutlich nicht viel in der Hand."

„Leider, leider! Daran müssen wir arbeiten! Ich möchte, ohne dass die Beteiligten es bemerken, herausbringen, was sie über das Mordopfer wissen. Dabei wäre es in der Tat wünschenswert, dass wir uns gelegentlich abwechseln, denn man wird hinter den getrennt eingeholten Erkundigungen kaum die Durchführung eines von uns beiden gemeinsam entwickelten Plans vermuten."

„Wo wollen wir ansetzen?"

„Zunächst in Kiel. Es gibt in Kiel eine ganze Reihe von Zeugen, die uns namentlich bekannt sind. Die Staatsanwaltschaft und die Gendarmerie in Marne sind zwar informiert, aber ihrerseits auf offiziellem Wege keinen Schritt vorangekommen. Nun, die hoffen, dass ich da meine Verbindungen zu Freunden und guten Bekannten in Kiel nutzen könnte, und setzen darauf – verstehen Sie?"

„‚Verbindungen nutzen' – wozu? Geht es um Leute von Einfluss?"

„Nicht einmal, aber sie könnten mir behilflich sein, um an bestimmte Angehörige der Kaiserlichen Marine heranzukommen – genauer gesagt: an die Freunde des Ermordeten vom Kieler Maaten-Stammtisch."

„Es war einmal mein Berufsziel, Marinearzt zu werden. Ich sehe schon, die Tätigkeit bei Ihnen wird reich an Überraschungen sein. Also eindeutig: Ja – ich bin mit Ihrem Angebot einverstanden. Wann soll ich mich einfinden?"

„So schnell wie möglich, Herr Kollege!"

„Zum 1. Juli?"

„Können Sie zaubern, Herr Volck?"

„Ich werde sehen, was sich machen lässt. Ich geb Ihnen morgen endgültig Bescheid", bekräftigte Volck.

Man sah dem Hausherrn die Erleichterung über die geglückte Vereinbarung an, als er heiter sein Glas erhob. „Darauf wollen wir mit Rhabarbersaft anstoßen! Auf gute Zusammenarbeit!"

„Das hoff ich doch, Herr Kollege Wittenborg."

„Wie wär's mit einer guten Preissler-Zigarre zum Abschluss?" „Bitte nicht, Herr Kollege! Ich kann gar nicht rauchen. Ich stelle mich zu dumm dabei an", entschuldigte sich Volck. „Außerdem muss ich mich gleich wieder auf den Weg machen, um rechtzeitig am Zug zu sein."

„Der Rückweg wird etwas bequemer werden. Ottilie hat einen Nachbarn gebeten, Sie in meiner Chaise zum Bahnhof zu fahren. Sie haben den Herrn Ohm bestimmt schon gesehen, weil er gerade dabei war, die eiserne Gartenpforte vor dem Haus zu reparieren, als Sie kamen. Da machen Sie dann auch gleich mit unserem dritten Vertrauten Bekanntschaft: Wir nennen ihn den ‚Schrauber'. Er weiß alles, kennt jeden und ist verschwiegen. Er wird uns bei den Recherchen mit seinem vielseitigen technischen Wissen unentbehrlich sein." Wittenborg stand in der Tür, als sich die Chaise in Bewegung setzte. Hoffnungsfroh blickte er dem Gefährt nach, das in einer Staubwolke verschwand.

Wieder allein, ging Wittenborg seinen Kalender durch und stellte zu seiner Genugtuung fest, dass Ottilie bisher nur wenige Termine für die kommende Woche angenommen hatte.

Nach dem kurzen Ausflug am Morgen widmete Wittenborg den Rest des Tages seinen Patienten. Ob Spinat es wirklich über sich gebracht hat, den Nachtrag zum ärztlichen Gutachten und die Bitte um einen Termin mit Brodersen weiterzuleiten? Ganz sicher war er sich da nicht.

Der Postbote brachte am Nachmittag einen dicken, prall gefüllten Briefumschlag, den die HAPAG ihm hatte zustellen lassen. Der Doktor fing den jungen Eeckena an der Tür ab. „Nun Asmus, du kannst die Post gleich mir geben." Wittenborg griff nach dem großen Briefumschlag, den ihm ein Hamburger Freund, ein Angestellter im ‚Literarischen Bureau' der HAPAG und zuständig für Nordatlantikpassagen, hatte zustellen lassen. Der Doktor widerstand der Versuchung, das Kuvert sofort zu öffnen und sich anhand der Prospekte schon ein wenig Reisevergnügen im Voraus zu gönnen. Schweren Herzens sparte er sich diesen Genuss für später auf und legte die HAPAG-Sendung erst einmal beiseite. Ihn quälten andere Gedanken.

Beobachtungen am Rande des Grabes

Freitag, 9. Juni 1911

Die Trauergäste trafen ab zwei Uhr nachmittags im Kronprinzenkoog ein. Sie kamen mit Pferd und Wagen – sowohl in Ackerwagen als auch in Kutschen – oder zu Fuß. Die Fischer aus Marne und den Kögen ließen es sich nicht nehmen, Karl Theodor Behr auf seinem letzten Weg zu begleiten. Eine Abordnung des Büsumer Fischereivereins und Freunde der Familie aus Tönning waren mit der Bahn gekommen. Alle waren, wie es sich gehörte, in schwarzer Trauerkleidung erschienen – eine Form der Ehrerbietung, die den Trauergästen an diesem heißen Frühsommertag schweißtreibende Qualen verursachte. Wer einen schwarzen Klappzylinder sein eigen nennen konnte, zeigte diesen heute und ließ ihn erst kurz vor der Kirchentür zusammengeklappt unter der Achsel verschwinden.

Die Kirche im Kaiser-Wilhelm-Koog

Die Zahl der Trauergäste war immens. Die Bänke in der Kirche reichten kaum aus. Wittenborg hatte sich noch rechtzeitig einen Platz in der zehnten Reihe sichern können – stehend hielt er kurz inne, um des Verstorbenen zu gedenken, dann setzte er sich. Von diesem Platz aus ließ sich der Fortgang des Trauergottesdienstes gut verfolgen.

Zu Beginn der Trauerfeier kam das Harmonium zum Einsatz. Auf ihm begleitete der Organist das gut gemeinte Violinsolo „Ave Maria" von Bach-Gounod. Beide, die Violine und das Harmonium, reagierten auf die Hitze mit Intonationstrübungen, die das feine Gehör des Landarztes kränkten. Als die Musik endlich verstummte, verneigten sich die Trauergäste in Richtung des Mittelganges – die Familienangehörigen, angeführt von Pastor Johannes Todsen, betraten die Kirche. Elsbeth Mandrukeit, die stumme Fischerin, fehlte nur denen, die um sie wussten. Hier schritt Marga Nonnenwort voran, aufrecht und stolz. In ihrer Trauer um den Verlobten blieb sie allein. Niemand stand ihr bei. Es fehlte nicht viel, und der Doktor wäre auf sie zugegangen und hätte ihren Arm genommen. Hinter ihr gingen Vater und Mutter des Ermordeten. Marga trug ein schlichtes schwarzes Kleid, dazu passend einen flachen, breitrandigen Hut, von dem ein dichter schwarzer Schleier bis auf die Schultern hinabfiel. Nacheinander traten sie an den in der Mitte des Altarraumes aufgestellten Sarg heran, falteten die Hände zu einem kurzen Gebet und nahmen die in der ersten Reihe reservierten Plätze ein.

Wittenborg warf einen Blick auf die Kranzschleifen der von Familienangehörigen, Freunden, Berufskollegen, Vereinen und der Gemeinde gestifteten Kränze. Es wunderte ihn, dass darunter auch der Name einer politischen Vereinigung auftauchte: „Marner Freundeskreis der Landespartei" stand gut lesbar auf einer der Schleifen. Das Harmonium präludierte wenig später zu einem schleppend folgenden Gesang der Trauergemeinde.

„Befiehl du deine Wege
Und was dein Herze kränkt,
Der allertreusten Pflege
Des, der den Himmel lenkt."

In seiner Predigt schilderte Pastor Johannes Todsen den kurzen Lebensweg des Jungfischers, der von Mörderhand in jenen Tagen den Tod erleiden musste, da er sich gerade anschickte, seinen Beruf aufzunehmen und auszuüben. Todsen versagte es sich, ins Detail zu gehen, doch beklagte er, dass man nicht wisse, wie Karl Theodor Behr seine letzte Stunde hier auf Erden erlebt habe. Nur, dass er da draußen im Nebel schrecklich einsam gewesen sein muss, als ihn die Kugel traf, und er ohne jeden Trost hat sterben müssen – das sei gewiss.

Bei diesen Worten gelang es vielen Trauergästen nicht mehr, ihre Tränen zurückzuhalten. Pastor Todsen hatte die Kanzel verlassen. Er stand mit dem Rücken zum Altar, breitete die Arme aus und segnete den Toten aus zur ewigen Ruhe. Anschließend versah er auch die Gemeinde mit dem Segen des Herrn.

Als das letzte Lied erklang, das unverzichtbare „So nimm denn meine Hände ... Und führe mich ...", traten in ihren Ausgehuniformen vier Kieler Maaten als Sargträger nach vorn und stellten sich beidseits des Sarges auf. Pastor Todsen gab ihnen einen Wink, sie hoben den Sarg an und trugen ihn langsam und gemessenen Schrittes hinaus in Richtung der Grabstätte. Marga, das Ehepaar Behr, weitere Mitglieder der Familie und alle übrigen Trauergäste folgten ihm. Die Reihe war so lang, dass die letzten Trauergäste die Kirche noch nicht verlassen hatten, als die Maaten den Sarg bereits in die Grube hinabließen.

Wittenborg, der sich noch recht weit hinten befand, versuchte nach vorn aufzuschließen. Er war nicht so ganz bei der Sache und hatte demzufolge auch nicht bemerkt, wer ihm dicht auf den Fersen folgte. Als er sich nun auf ein leichtes Zupfen am Ärmel hin umdrehte, blickte er direkt dem

Staatsanwalt Dr. Brodersen ins Gesicht. Mit ihm hatte er hier nicht gerechnet.

„Kommen Sie!“, sagte Brodersen und zog ihn beiseite. „Ich hatte Sie nicht vergessen. Ich möchte Ihnen für die überzeugende Ergänzung Ihres Obduktionsberichts und die dazu gefertigten Zeichnungen danken. Dadurch erscheint der Fall Behr in neuem Licht. Wenn wir nur herausfinden könnten, wo das Schiff abgeblieben ist! Sprechen Sie doch bitte noch einmal mit dem Herrn Ohm, ob ihm vielleicht noch etwas einfällt, was uns weiterbringen könnte. Der Mann hat mir einen guten Eindruck gemacht.“

„Wir sollten uns wieder einreihen, um dem Geschehen am Grabe etwas näher zu kommen“, mahnte Wittenborg. So machten sie wieder ein paar Meter gut und konnten endlich die ein wenig rechts vom Hauptweg entfernt liegende Grabstätte sehen. Sie bogen in einen kleinen Seitenweg ein, um so unmittelbar an die Rückseite des Grabes zu gelangen. „Hier können wir uns aufhalten und den Austausch der Trauerbezeigungen in Ruhe beobachten. Ja, schauen Sie nur! Da stehen die Kieler Maaten, die ihrem Kameraden als Sargträger gedient haben“, flüsterte Wittenborg Brodersen zu und dieser entgegnete genauso leise: „Die müssen wir ja auch noch befragen – wäre das nicht eine Aufgabe für Sie, Herr Doktor? Die Herren des Kieler Kriminalkommissariats bekommen aus denen doch nichts heraus.“

„Das hatte ich mir ohnehin schon vorgenommen – vielleicht sind sie bei mir etwas gesprächiger als bei Ihren Leuten.“

„Was sind das für Männer da vorn? Ein Bannerträger – umringt von einigen Herren im Cutaway, mit schwarzen Bowlern auf dem Kopf und Glacéhandschuhen in der Rechten. Einzeln würden sie nie auffallen – aber so nebeneinander: Als wären sie alle beim selben Schneider gewesen! Jetzt treten sie an das Grab, nehmen die Bowler ab und legen alle gleichzeitig die Hand zum Gruß an die Schläfe.“

„Auf dem Banner steht“, unterbrach ihn der Arzt, „‚*Freunde der Landespartei*‘ …“

„Allmählich bereiten mir Gruppen wie diese Bauchschmerzen“, brummte Brodersen. „Die Begegnungen mit solchen Leuten häufen sich und gestalten sich zunehmend unerfreulich.“
„Offensichtlich gehören auch Margas Vater, der Herr Nonnenwort, der alte Behr und – sieh einer an! – mein Apotheker aus Marne zu ihnen“, flüsterte Wittenborg. „Hinter ihnen erkenne ich auch noch Egon Spinat, Gendarm auf Probe. Jetzt begrüßen sie einander mit der Hand an der Schläfe.“ „Wirklich! Das ist ja gediegen! Sehr interessant, die mal alle beieinander gesehen zu haben. Dazu muss ich Ihnen nachher noch etwas erzählen, was ich heute Morgen bei der Untersuchung des Anschlages auf den Schulmeister Mehlmann erfahren habe.“
Die Zahl derer, die den trauernden Hinterbliebenen die Hand zu drücken wünschten, war endlos. Manche Trauergäste scherten aus und widmeten ihre Zeit lieber den Gräbern ihrer eigenen Angehörigen. So fiel es nicht weiter auf, dass Brodersen und Wittenborg sich von den frischen Gräbern entfernten und dem ältesten Teil des Friedhofes zustrebten, wo es wesentlich ruhiger war, so dass sie sich ungestört unterhalten konnten.
Der Staatsanwalt bemerkte: „Kriminalkommissar Jebens aus Kiel, Wachtmeister Brandner und ich hatten uns bei Lehrer Mehlmann angemeldet und wurden von ihm schon erwartet. Im Inneren des Hauses hatte Mehlmann die Verwüstung der Wohnräume und der kleinen Bibliothek unverändert belassen.“
„Das hatte ich ihm angeraten“, meinte Wittenborg. „Gab es denn auch Hinweise auf die Freunde der Landespartei?“ „Eben, eben! Darum geht es. Lehrer Mehlmann hat den ganzen Schund aufgehoben – auf Zetteln hingeschmierte Texte, deren Lektüre Übelkeit hervorruft: Pack deine Sachen, Mehlmann. Wir brauchen hier niemanden, der eine Polackin deckt und eine Mörderin versteckt oder: Mehlmann, wir raten dir gut, gib die Polackenhexe heraus! Sie ist die Mörderin! Die Zettel waren alle von einem Schreibblock abgerissen worden. Ein letzter Zettel klebte unbenutzt auf der Rückpappe des Blocks. Offenkundig hatten die Täter übersehen, dass die

Unterseite der Rückpappe irgendwann einmal als Unterlage beim Stempeln von Briefen mit einer Firmenanschrift benutzt worden war. Und nun kommt es! Als Jebens die Rückpappe des Zettelblocks näher untersuchen wollte, fiel zufällig das Licht von der Seite darauf und machte in feinem Relief sichtbar, was dem Auge des Betrachters sonst entgangen wäre. Der Kommissar las darauf: ‚Fischkonservenfabrik Marne'. – Er hat alle bei Mehlmann gefundenen Zettel für die Asservatenkammer mit nach Kiel genommen und ich werde es jetzt auf mich nehmen müssen, den Herrn Fabrikdirektor Hugo Nonnenwort mit einigen Fragen zu konfrontieren."

„Nonnenwort? Nicht zu fassen", staunte Wittenborg. „Dem Herrn scheinen wohl alle Mittel geeignet zu sein, um den Ruf der Elsbeth Mandrukeit zu ruinieren. Ich werde die Augen offen halten. Nur für heute muss ich mich jetzt leider verabschieden. Es warten noch Patienten auf mich. – Aber Moment, ehe ich's vergess: Ich habe auch noch eine brisante Information für Sie, Herr Staatsanwalt. Herr Ohm, der sowohl das Motorboot, in dem Behrs Leiche angetrieben wurde, als auch auch das Dingi der Hamenfischerin Elsbeth Mandrukeit gefunden und am Deichfuß abgelegt hatte, will erfahren haben, dass Egon Spinat noch am Abend des Pfingstmontags die Schleppleine des Dingis über den Heckpoller des Motorbootes gelegt haben soll. In wessen Auftrag macht dieser Hilfspolizist wohl solchen Unsinn, Herr Staatsanwalt? Doch nicht aus eigenem Antrieb?" Brodersen schüttelte den Kopf und sagte leise: „Oh, oh – der Wachtmeister Brandner tut mir leid. Wir müssen ihn sofort vor Spinat warnen. Ich muss noch in Heide Station machen und dem Herrn Landrat berichten, damit er Spinat seines Amtes enthebt und die Probezeit mit sofortiger Wirkung beendet." Zwischen den Gräbern war es ruhig geworden. Brodersen und Wittenborg verließen gemeinsam den Friedhof und verabschiedeten sich voneinander. Dann bestiegen sie ihre Kutschen und fuhren davon.

Caruso und die Met müssen warten

Freitag, 14. Juli 1911

Prospekte, englischsprachige Veranstaltungskalender und Reiseführer lagen auf dem Boden herum und auf dem Teetisch ausgebreitet ein Stadtplan von New York. In der Veranda sah es wüst aus, aber Ottilie lächelte dazu. Der Doktor hatte es sich im Schaukelstuhl bequem gemacht. Er genoss diese freien Stunden, die er sich nunmehr leisten konnte, nachdem Dr. Eberhard Volck vor vierzehn Tagen seinen Dienst bei ihm aufgenommen hatte.

Wittenborg blickte auf und blinzelte Ottilie fröhlich über den Brillenrand hinweg zu. „Hören Sie, Ottilie, was mein Freund Nick von der HAPAG mir vorschlägt: ‚… Was macht Dein Klavierspiel – übst Du noch eifrig? Wenn Deine Reise nach New York doch noch zustande kommen sollte, könntest du am 13. November eine Premiere der „Aida" in der Metropolitan Opera besuchen. Etwas Größeres wird es hienieden für Musikliebhaber so schnell nicht wieder geben: Enrico Caruso singt den Radames und im Rahmen derselben Aufführung feiert eine blutjunge ungarische Mezzosopranistin, die vor Kurzem in Bayreuth Furore gemacht hat, ihr Debüt an der Met. Sie wird die Rolle der Amneris übernehmen und der große Arturo Toscanini wird dirigieren …' Begreifen Sie, Ottilie? Die ungarische Sängerin, von der er spricht, wird ohne Zweifel die Matzenauer sein, um deretwegen ich schon nach Bayreuth wollte. Damals ging es nicht, weil ich keine Vertretung finden konnte.

Nick schreibt weiter, dass er aus dem Kontingent der Premierenkarten, über das die HAPAG verfügt, bis zum Ende nächster Woche eine Karte für mich reservieren kann. Bis dahin benötige er ebenfalls meine endgültige Zusage für die Überfahrt. Ich bin jetzt entschlossen, alles dafür Notwendige noch rechtzeitig zu veranlassen.

So langsam packt mich das Reisefieber. Schauen Sie her: Hier der Dampfer, mit dem ich reisen soll – die KAISERIN AUGUSTA VICTORIA! Wie gut, dass wir Doktor Volck gewonnen haben!“

Postkarte mit dem Schnelldampfer KAISERIN AUGUSTE VIKTORIA

„Oh ja, da sagen Sie was! Ich mag ihn sehr gern, den kleinen Doktor. Er schaut mich immer so drollig an. Ist mir eigentlich peinlich, ich sag es nun aber doch: Ich würde ihm am liebsten mal so mit der Hand durch die wilde schwarze Lockenpracht fahren“, schwärmte Ottilie, erschrak dann aber sogleich über sich selbst und widerrief: „Mach ich natürlich nicht!“
„Ottilie, Ottilie, ich glaub es nicht! So schnell schenken Sie Ihre Gunst einem anderen! Doktor Volck ist mal gerade zwei Wochen hier“, erwiderte Wittenborg lachend. „Darf ich Sie denn überhaupt solange mit ihm allein lassen?“ „Aber Herr Doktor! Was Sie nur wieder denken!“ Mit geröteten Wangen und einem Lächeln auf den Lippen tänzelte sie – ja, sie tänzelte wirklich! – in Richtung Küche. Wittenborg sammelte die Prospekte wieder ein und legte sie in das Kuvert zurück. Die unwiderstehliche Lust, sofort alles stehen und liegen zu lassen und nach New York zu reisen, unterlag im

Kampf gegen das ständig appellierende Bewusstsein, zur Aufklärung eines Mordfalles einen entscheidenden Beitrag leisten zu können beziehungsweise zu müssen. – Man durfte sich einfach nicht mit der Vorstellung zufriedengeben, ein ganzes Schiff habe sich in Luft auflösen können! Irgendwo musste es doch sein, ob über oder unter … dem Wasser! Wittenborg stutzte bei diesem Gedanken. … unter dem Wasser? War das möglich? Jens Ohm anzusprechen, war ihm schon von Brodersen nahegelegt worden. Und genau das werde ich jetzt tun, und zwar noch heute Nachmittag – am besten sofort! beschloss er. Er stand auf, begab sich in den Stall und befragte sein schlaues Pferde-Orakel: „Na, Hans, was hältst du von einem Besuch beim Schrauber?“ Der Hengst scharrte mit den Vorderhufen – Wittenborg wertete es als Zustimmung, spannte ihn vor die Chaise und machte sich auf den Weg nach Eckstedt.

Auf dem Weg durch die Fischersiedlung sah er die Frauen in ihren Gärten hinter den Häusern, wie sie die Beete hackten und bewässerten. Zum ersten Mal fiel ihm die überall vorherrschende Ökonomie im Gemüseanbau auf, die sich wahrscheinlich nach dem jeweiligen Eigenbedarf richtete. Die Gärten vor den Häusern hingegen schienen ein einziges zusammenhängendes Blumenmeer zu bilden.

Vor dem Gartenzaun der Behrs – gegenüber dem Aufgang zum Deich – stellte er den Wagen ab und ging zum Hafen hinüber.

Ohm fummelte auf seinem Kutter an der Kurre herum – einer Art breiter Schlitten, der dazu diente, das sackartige Krabbennetz offen zu halten und hinter dem Kutter her über den Meeresgrund zu schleifen.

„Guten Morgen, Herr Ohm – ich dachte, Sie fischen nicht mehr?“, rief ihm der Doktor vom Bootssteg aus zu. „Mitunter schon, wenn's mir gerade Spaß macht. Deswegen soll die Kurre auch immer funktionsfähig bleiben.“

„Darf ich zu 'ner Tasse Tee an Bord kommen? Ich möchte etwas mit Ihnen besprechen. Es geht um den Diebstahl des Kutters MARGA. Ich hab da eine Frage.“

Der Schrauber schob die Mütze ins Genick und blickte sich unschlüssig auf seinem Schiff um, ehe er Wittenborg antwortete: „Hier an Bord? Nee – besser nicht.“

Wittenborg verstand nicht, warum der Alte ihn nicht an Bord haben wollte, und insistierte: „Wir bräuchten aber die Seekarten vom ganzen Bereich der Deutschen Bucht, die Sie doch bestimmt an Bord aufbewahren. Vielleicht wäre es also doch besser ...“

„Die paar Rollen hole ich eben aus der Kajüte und dann gehen wir über den Deich. Meine Irma freut sich, wenn ich Sie mitbringe, und macht uns ’n guten Teepunsch.“ Wittenborg beließ es dabei, obwohl er das Verhalten des Schraubers nicht so ganz nachvollziehen konnte.

Kurz darauf stand im Hause Ohm der Tee auf dem Tisch. Wittenborg staunte über die geschmackvolle Möblierung der kleinen Stube. An einem ovalen Tisch inmitten der Döns standen vier Stühle aus Eichenholz, deren Rückenlehnen von je zwei Türmchen in neugotischem Stil verziert waren. An einer Wand hing ein schön gerahmtes Bildnis des alten Kaisers Wilhelm I. und ihm gegenüber eine Spieluhr in Form eines flachen Dioramas, das den jungen Kaiser Friedrich III. in Paradeuniform darstellte. Das ganze Reich hatte damals mit dem qualvoll dahinsiechenden Monarchen mitgelitten. Unter dem Diorama stand in Fraktur geschrieben: *„Lerne leiden, ohne zu klagen!“*

Jens Ohm war den Blicken Wittenborgs gefolgt. Jetzt setzte er die Spieluhr in Gang. Sie spielte das altbekannte Lied vom braven Mann:

„Üb‘ immer Treu und Redlichkeit bis an dein kühles Grab.“

„Den hätten wir jetzt brauchen können!“, sagte Ohm dazu. „Das wär unser Mann gewesen, hatte ’nen blitzsauberen Verstand im Kopp. Das Tschingderassa-Bumbum und all das Säbelrasseln der neuen Herren in Berlin – das gibt mir nichts. Wir haben Bismarck und dem alten Kaiser ’ne Menge zu verdanken: einen funktionierenden Staat, eine anständige Verwaltung, ein vernünftiges Schulwesen und soziale Einrichtungen für die Arbeiter ...

Wenn wir nicht aufpassen, geht das allens in sonnen saublöden Krieg zum Deubel." Der Doktor nickte und meinte dann: „Das lassen Sie mal nicht die Nationalen hören!"
„Doch! Gerade die! Die mit ihrer Polackenhetze! Die sollte man alle zur Strecke bringen!"
„Aber nicht nur die, mein lieber Ohm, sondern auch die anderen Verbrecher. – Was die Aufklärung des Verbrechens an Behr betrifft, ist mir ein ganz neuer Gedanke gekommen."
„Na, da bin ich gespannt, Doktor!"
„Ich habe bei der Obduktion der Leiche des Jungfischers festgestellt, dass er von einem höher gelegenen Punkt aus erschossen worden sein muss. – Aber wo im Watt befindet sich ein solch höhergelegener Standort auf dem Weg von Eckstedt in die Nordsee?"
„Ich weiß nicht, worauf Sie hinauswollen, Doktor."
„Wäre nicht eine Möglichkeit für eine derartige Position: vom Deck eines Schiffes aus? Die MARGA hätte sich dann also doch – wie von Flosse erhofft – auf dem Weg in die Nordsee im Watt festgefahren."
„Sonst hätte Flosse die MARGA ja auch nie einholen können! – Alles klar, Doktor."
„Aber genau das wird eingetreten sein: Flosse kam mit dem Motorboot näher und näher. Möglicherweise fuchtelte er mit der Waffe herum, die Sie ihm mitgegeben hatten. Der Dieb geriet in Panik, wollte sich verteidigen und erschoss den Jungfischer. – Das muss geschehen sein, als die Tide bei Niedrigwasser kippte und der Flutstrom langsam wieder einsetzte. Das Motorboot mit Behrs Leiche wurde vom Flutstrom erfasst und im Fahrwasser bis in den Hafen zurückgetragen. Die ursprüngliche Absicht des Diebes, unter Ausnutzung des nebligen Wetters in die Nordsee zu entkommen, war gescheitert. Die Folgen konnte er sich ausmalen. Er musste sich sofort etwas einfallen lassen, denn die Zeit lief ihm davon.
Versuchen wir einmal, uns in die Lage des Schiffsdiebs zu diesem Zeitpunkt hineinzuversetzen und genauso zu denken wie er: Die MARGA saß immer

noch hoch und trocken und der Nebel würde sich mit Aufkommen des Windes verflüchtigen. Binnen kurzem dürfte die ganze Küste bis nach Holland alarmiert worden sein und die Nordsee abgesucht werden, um die MARGA zu finden. Nach Westen gäbe es dann kein Entrinnen mehr. Nur ein Fluchtweg blieb ihm offen ...“ „... er müsste umgehend von Bord verschwinden, aber vorher dafür sorgen, dass man die MARGA niemals finden würde“, ergänzte Ohm. „Aber wie, lieber Doktor, hätte er das hingekriegt?“
„... indem er den Verfolgern, die damit nicht rechnen würden, ein Schnippchen schlug, sobald das Schiff vom Grund freikam. Er durfte eben nicht geradewegs in die Deutsche Bucht hinausfahren, denn dort würde die Wasserpolizei ihn sofort abfangen. Er musste im Wattgebiet bleiben und sich auf kürzestem Wege zur Südküste Eiderstedts durchschleichen. Die auflaufende Flut würde die MARGA auch über die seichten Stellen hinwegtragen. Einen so oder ähnlich gefassten Plan hat er wahrscheinlich verwirklichen können ...“ „.... und anschließend das Schiff in Küstennähe versenkt“, vollendete Ohm den Satz, „denn anders hätte man es längst gefunden.“
Wittenborg fuhr fort: „Nach der Schiffsversenkung ließ der Dieb sich im Beiboot der MARGA mit dem letzten auflaufenden Wasser auf das Land zutreiben. Irgendwo in der Nähe von Tönning muss er an Land gegangen sein und seine Flucht zu Fuß bis zum nächsten Bahnhof fortgesetzt haben.“
„Doktor, ich muss schon sagen: An Ihnen ist ’n Meisterdetektiv verloren gegangen“, sagte der Schrauber lächelnd. „Jetzt müssen wir nur noch mal einen Blick auf die Seekarte werfen! Vielleicht finden wir Ihre Annahme bestätigt und entdecken die Stelle, wo er das Schiff Ihrer Meinung nach versenkt haben könnte“, fügte er hinzu und griff nach der Kartenrolle, die er mitgebracht hatte. Er öffnete sie und legte die Messtischblätter nacheinander auf einen Stapel, bis schließlich das Gesuchte vor ihnen lag: die Karte der Außeneider.
„Um einen Kutter so zu versenken, dass nichts mehr von ihm zu sehen ist, kämen nur wenige Bereiche infrage“, erklärte Ohm, „und zwar einige Tiefs,

die immer wieder von den in die Eider rein- und rausrauschenden Tidenströmen durchspült und wirklich tief gehalten werden. Was Sie für Ihre These brauchen, Doktor, ist ein Tief, in dem auch bei Niedrigwasser wenigstens vier Meter Wasser über Grund stehen. Die MARGA hat keinen Kiel, dafür aber ein ausfahrbares Mittelschwert. Wenn man es aufholt, taucht das Schiff nur achtzig Zentimeter ein. Rechnet man die Höhe des Schiffs oberhalb des Wasserspiegels dazu, kämen wir auf eine Gesamthöhe von drei Meter fünfzig. In einem Becken von vier Metern Wassertiefe würde man es bei klarem Wasser gerade noch gewahren, doch nicht bei den trüben Wasserverhältnissen im Mündungsbereich der Eider."

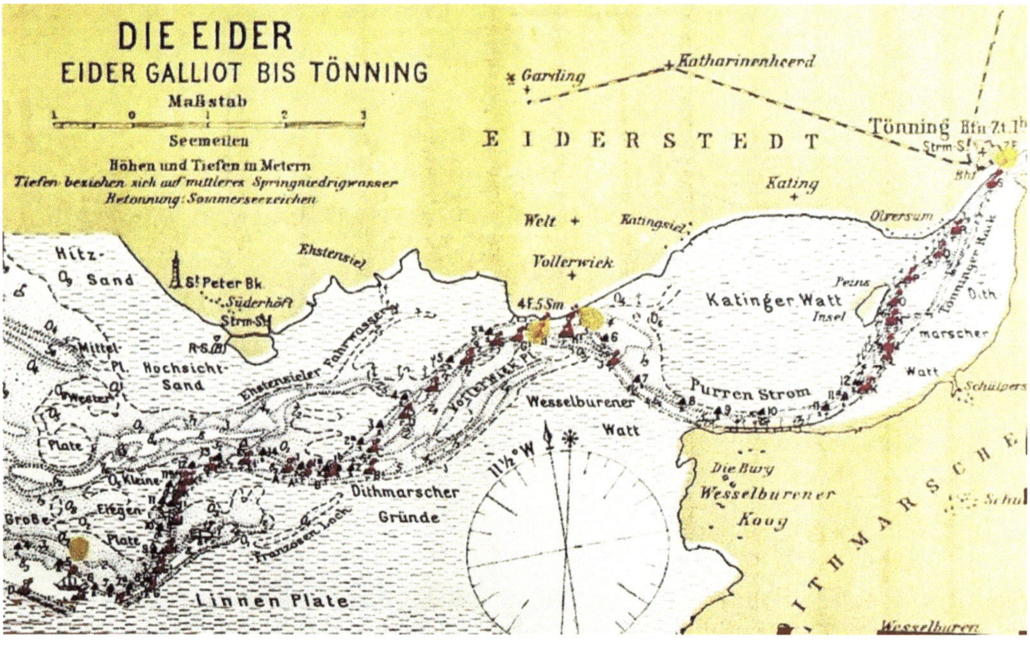

Das „Ehstensieler Fahrwasser" dicht unterhalb der Eiderstedter Südküste könnte nach Ausweis dieser Karte des Seefischerei-Almanachs zur Versenkung der MARGA die günstigsten Voraussetzungen geboten haben.

„Aber der Mast hat doch eine Höhe von elf Metern, Herr Ohm, würde man den dann nicht immer noch sehen?", wandte Wittenborg ein. Ohm klärte ihn auf: „Der Mast der MARGA kann nach achtern geklappt und flachgelegt werden. Zwei Mann schaffen das spielend. Wenn der Mast einmal liegt, sieht man nichts mehr von dem Schiff.“„Könnte das auch einer allein schaffen?“, fragte Wittenborg nachdenklich.

„Das natürlich nicht. Dazu gehören zwei.“ „Das heißt, wir müssten uns auf die Verfolgung zweier Verbrecher einrichten.“„Daran führt kein Weg vorbei, Doktor“, sagte Ohm und schaute Wittenborg erwartungsvoll an. Dann überlegte er laut: „Man müsste alle Tiefs durchsuchen – am besten gleich mit einem Spezialschiff und einem Schwimmkran, um den Kutter nach dem Auffinden sofort heben zu können.“ „Wie das? Wer sollte das übernehmen?“, wollte Wittenborg wissen. „Die Staatsanwaltschaft wird für die Verfolgung meiner derart gewagten These niemals die notwendigen Mittel bewilligen.“

Der Schrauber lächelte verschmitzt. „Schon – wenn wir dem Wasserbauamt Tönning erklären, dass in einem dieser Tiefs nahe beim Hauptfahrwasser ein Wrack liegen könnte, müssen sie für die Sicherheit des Schiffsverkehrs sorgen. Dazu gehört auch, nach einem in der bezeichneten Gefahrenzone vorhandenen Wrack Ausschau zu halten.“

„Und wenn sie es nicht tun? Dann finden wir es nicht!“ Mit spitzbübischem Grinsen wiegelte der Schrauber ab. „Dann müssen wir warten, bis es kracht. Irgendwann läuft einer auf das Wrack auf. Aber keine Sorge – dazu wird es wahrscheinlich gar nicht erst kommen. Ich werde mit dem Königlichen Wasserbauamt in Tönning Verbindung aufnehmen. Dort wird man – so wie ich den Laden kenne – unsere Überlegungen gewissenhaft aufgreifen und umgehend mit der Suche nach dem Wrack beginnen. Die Mitarbeiter des Amtes kenne ich; die werden nicht ruhen, ehe sie das Wrack gefunden und mit einer Wracktonne gekennzeichnet haben. Außerdem sollte ich mit der Werft in Tönning sprechen. Die werden uns dann sofort informieren, falls sie etwas von einer Kollision mit einem Kutterwrack im Bereich der Außeneider erfahren sollten.“

„Nicht schlecht, Ohm! Genau so könnte es funktionieren.“ Ohm fuhr sich mit der Hand übers Gesicht. „Im Grunde erscheint einem Ihre Geschichte viel zu einfach, um sie für möglich zu halten!“

„Ich halte sie für wahrscheinlich“, entgegnete Wittenborg.

„Wollen Sie gar nicht wissen, wie ich darüber denke, Doktor?“

„Nun sagen Sie schon!“

„Ich finde die Idee ganz prima und glaube fest daran.“

Noch während Ohm sprach, betrat seine Frau den Raum. Sie brachte eine angewärmte Buddel „geelen Köm“ mit. Nachdem die Teetassen wieder gefüllt waren, goss Mutter Ohm, die es gut mit dem Doktor meinte, einen kräftigen Schluck dazu. Die Männer ließen sich den Teepunsch schmecken und plauderten noch eine ganze Weile miteinander. Wittenborg fragte unter anderem, inwieweit die Fischerfamilien ihren Bedarf an Gemüse durch den Anbau im eigenen Garten decken könnten.

Schließlich zog der Arzt seine Taschenuhr hervor. „Ach, Ohm – bevor ich mich wieder aufmache, muss ich Ihnen noch etwas beichten.“

„Sie mir was beichten? Dascha gedieg‘n. Denn rücken Sie man raus damit!“

„Tja, Ohm! Ich müsste – oder ich sag besser – ich wollte eigentlich Ende Oktober oder Anfang November in die Staaten reisen. Ich hab‘ Ihnen schon einmal von meiner Musikliebhaberei erzählt. Es gibt im Oktober an der Metropolitan Opera in New York fantastische Aufführungen mit den berühmtesten Sängern der Welt. Der Agent der HAPAG hat mich erst kürzlich angeschrieben und mir mitgeteilt, dass er vorsorglich Opernkarten und die Schiffspassage für mich reserviert hält. Das sollte ich eigentlich nicht ausschlagen.“

Jens Ohm erwiderte nichts – er verharrte schweigend. Aber sein Gesicht verfärbte sich zunehmend rot vor Wut und schließlich brach es aus ihm hervor: „Und wer soll hier die Ermittlungen weiterführen?! Etwa das Erste Kriminalkommissariat in Kiel? Für die sind wir doch ganz weit weg. Wir wissen doch auch gar nicht, wie lange sich die Untersuchungen noch hinziehen werden. Das Ende unserer Arbeit ist nicht einmal in Sicht!“

„Lieber Ohm! Der eigentliche Grund für die Einstellung eines Vertreters in meiner Praxis war der, nach seiner Einarbeitung eine Reise nach New York zu verwirklichen. Nun habe ich Doktor Volck aber auch über jeden Schritt unserer Ermittlungsarbeit informiert. Also könnte er mich auch auf diesem Gebiet sofort vertreten."

„Das glauben aber auch nur Sie! Wenn Sie Ihre Aufgabe nicht ernst nehmen und persönlich zu Ende führen wollen, höre ich sofort auf. Wir können uns gleich hier voneinander verabschieden. Schluss! Aus!" „Aber Ohm!"

„Nichts mit ‚aber Ohm'! Sie haben mich gebeten, mitzumachen. Ich habe Ihnen vertraut und mich nur darauf eingelassen, weil Sie ein findiger Kopf sind und die Zusammenarbeit mit Ihnen interessant zu werden versprach. Und jetzt wollen Sie mich im Stich lassen!"

Wittenborg schwieg für eine Weile. Schließlich sagte er: „Lieber Ohm, es tut mir leid. Ich hab' mir da wohl selbst etwas vorgemacht und glaubte, auf mehreren Hochzeiten gleichzeitig tanzen zu können. Sie haben recht, das haut nicht hin. Also: Wir machen weiter wie bisher. Ich werde meinen Freund bei der HAPAG bitten, für mich zum Herbst nächsten Jahres eine Reise nach New York zu organisieren. – Ich bin nun doch sehr froh, dass wir darüber gesprochen haben und zwischen uns nichts, was uns später einmal leidtun könnte, stehen bleibt."

Der Schrauber reichte ihm lächelnd die Hand und meinte nur: „Dann auf ein Neues, Doktor!"

Wittenborg musste sich nun beeilen, denn an diesem Abend hatte er noch den Besuch einer Veranstaltung von recht zweifelhaftem Charakter geplant. Volck stand schon neben der Pforte zum Vorgarten, als Wittenborg mit seiner Chaise dort eintraf.

„Wo bleiben Sie nur, Herr Kollege! Ich hatte schon befürchtet, der Termin sei Ihnen entfallen."

„Entschuldigen Sie, Herr Volck, ich hatte mich mit Jens Ohm getroffen. Es ging wieder einmal um das plötzliche Verschwinden der MARGA. Die Arbeit hat sich gelohnt: Wir sind der Lösung wahrscheinlich wirklich ein

Stück nähergekommen. Davon werde ich Ihnen später berichten ...", entgegnete Wittenborg, „aber nun fühle ich mich ein bisschen schlapp." Während er abstieg, versuchte er hinter der vorgehaltenen Hand ein Gähnen zu verbergen.
„Wollen Sie lieber hierbleiben und sich erholen? Ich kann auch gut allein nach Marne fahren und werde Ihnen später alles erzählen."
„Was steht eigentlich genau in dem Programm?"
„Die Veranstalter haben im Dithmarscher Hof den großen Saal gebucht, weil Professor Adolf Bartels persönlich anwesend sein wird. Da sollte das Haus wohl voll werden. Der Heimatdichter wird aus seinem Roman ‚Die Dithmarscher' lesen." „Dann wird man sich auf eine lebhafte Diskussion gefasst machen können", meinte Wittenborg dazu mit sarkastischem Unterton. „Wenn der Bartels erst mal mit seinen Lieblingsthemen Heimat, Stammestum, Volkstum und Rasse in Fahrt kommt, gibt es kein Halten mehr!"
„Eine Diskussion über solche Themen wird in der Tat stattfinden", bestätigte Volck.
„Dann sollten Sie wirklich besser ohne mich fahren, lieber Volck, weil man Sie dort ja noch nicht kennt. So werden einige Leute vielleicht ungehemmter über ihren Umgang mit zugezogenen Fremden plaudern oder sich auch offener über das Verhältnis der Einheimischen zu den Fremdarbeitern auslassen. Die ‚Verpolung' – wie die Zeitungen es begeifern – die Mischehen zwischen Polen und den als leichtfertig gescholtenen Dithmarscher Mädchen könnten ebenfalls zur Sprache kommen. Es würde mich schon sehr wundern, wenn nicht auch die Beziehung des ermordeten Behr zu Elsbeth Mandrukeit thematisiert werden würde. Anspielungen auf diese Affäre blieben wahrscheinlich ungesagt, sobald man meiner ansichtig würde. – Also fahren Sie am besten ohne mich. Nehmen Sie gleich die Chaise, damit Sie schneller an Ihr Ziel gelangen!"
„Mit der Chaise dort vorfahren? Ganz bestimmt nicht! Dann weiß doch gleich jeder, woher ich komme. Ich nehme lieber das Fahrrad." „Ich bin sehr gespannt, Herr Kollege!", verabschiedete ihn Wittenborg. „Bei

Ihrer Rückkehr werde ich aber bestimmt schon schlafen. – Ach so, ehe ich es vergesse: Am nächsten Dienstag werde ich Sie mit der Praxis allein lassen. Dann nehme ich mir die Marinekameraden von Karl Theodor Behr in Kiel vor.“ „In Ordnung, ich weiß Bescheid. Fräulein Ottilie wird den Laden schon schmeißen.“

Volck holte sein Rad, schwang sich darauf und radelte davon. Wittenborg kümmerte sich um Pferd und Wagen. Dr. Eberhard Volck langte etwas zu spät im Dithmarscher Hof an. Er stellte sein Fahrrad ab und begab sich sogleich zum Eingang des großen Festsaales.

„Der Eintritt ist frei, die Lesung hat bereits begonnen“, empfing ihn ein Saalordner und fügte noch hinzu: „Professor Bartels ist leider verhindert. Gehen Sie ruhig bis zur ersten Reihe durch, dort sind noch ein paar Plätze frei geblieben!“ Volck huschte, in gebotener Weise Rücksicht nehmend, seitlich an der Menge der Zuhörer vorbei nach vorn.

„Ja, sie waren stolz, diese Dithmarscher Bauern, auf die Reinheit ihres Blutes; noch hundert Jahre später schreibt ihr Chronist: ‚*Man hat auch nicht die, so Dithmarscher Geblüts gewesen, mit andern, Ausländern oder Fremden, vermengt, oder doch selten, sondern es hoch und herrlich geachtet, dass man des Landes Art rein und unbefleckt von allerhand fremdem und knechtischem Geblüte behalten und bewahren möchte ...*“ –

Solche und weitere Sätze aus Adolf Bartels’ Werk schienen zu Volcks Befremden ganz offensichtlich die ungeteilte Zustimmung der meisten Zuhörer zu finden.

Rauschender Beifall am Ende der Lesung bestätigte diese Beobachtung. Der junge Herr aus Weimar eröffnete die Diskussion mit einem dick aufgetragenen Lob für das Volk der Dithmarscher – für das Volk, das Deutschland diesen Mann geschenkt habe. Nicht allein wegen seiner Fähigkeiten als Romanschriftsteller, sondern auch aufgrund seiner kritischen Beiträge zur Literaturgeschichte sei er zu preisen. Niemand vor ihm sei je in der Lage gewesen, so fein dem nachzuspüren, was echt und deutsch geschrieben sei oder was sich dagegen nur unserer Sprache bedient habe, um unserem Volk das Gift fremden Denkens und fremder Rassen – seien es Polen oder Juden – einzuflößen und den deutschen Charakter damit zu verunreinigen. Hier im Roman gehe Bartels sogar noch einen Schritt weiter, indem er uns klar vor Augen führe, wie ein Volk, das Überfremdung und Verunreinigung des eigenen Blutes durch Mischehen zulasse, sich selbst abschaffe.

Spontan erhob sich ein jüngerer Mann und rief: „Da seht ihr's! Die Bauern holen die Polacken als Fremdarbeiter ins Land und die nehmen uns die Mädchen weg!"

„Na, so wie du aussiehst, kann man die Mädchen gut verstehen!", ließ sich eine höhnische Stimme vernehmen.

„Die Sache ist viel zu ernst, als dass man darüber witzeln sollte", mahnte der junge Diskussionsleiter aus Weimar.

„Sehr richtig!", meldete sich ein vornehm gekleideter Herr mittleren Alters zu Wort, aufgeregt seine Goldrandbrille schwenkend. „Ist denn niemandem von Ihnen aufgefallen, wie viele Polackinnen inzwischen mit dicken Bäuchen in unserem Dithmarschen herumlaufen? Wenn die ihre Kinder austragen, kommt auf uns ein Heer von dummen Polackenkindern zu, die am Ende in unserem Lande bleiben wollen. Die Gefahr ist groß, dass unser gutes Dithmarscher Blut vergiftet, jawohl, vergiftet wird! Es ist sozusagen fünf Minuten vor zwölf!"

Die Erregung des unbekannten Herrn griff auf die Versammlung über und das allgemeine Geraune nahm zu. „Man muss etwas tun!", forderte der Unbekannte. „Soll Adolf Bartels' Kampf umsonst gewesen sein? Sein Buch umsonst geschrieben worden sein? Wofür steht denn das Denkmal ‚Dusenddüwelswarf' bei Hemmingstedt? Unser verehrter Meldorfer Museumsleiter Johannes Goos hat es doch bei der feierlichen Einweihung im Februar des Jahres 1900 eindeutig beschrieben:

‚So steht es da, schlicht und einfach und doch wirkungsvoll, ein einfacher Stein und doch ein gewichtiges Sinnbild der alles erdrückenden, alles zermalmenden Dithmarscher Volkskraft.'"

De „Dusenddüwelswarf" – die Tausend-Teufelswarft bei Hemmingstedt. Ein Denkmal der „alles zermalmenden Dithmarscher Volkskraft"

Beifall brandete auf. Ein junger Mann meldete sich zu Wort, der mit deutlich ironischem Unterton fragte: „Wie könnten oder müssten wir denn handeln, um heute *‚dem Sinnbild der alles erdrückenden, alles zermalmenden Dithmarscher Volkskraft'* gerecht zu werden?"
Ihm zu entgegnen erhob sich jemand, in dem alle sofort den Apotheker erkannten.
„Obwohl Ihre hämische Frage eigentlich keine Antwort verdient, will ich sie dennoch geben. Und ich weiß, wovon ich rede: In solchen Fällen wäre nach jüngsten rassetheoretischen Grundsätzen an rechtzeitig einzuleitende medizinische Zwangsindikationen zu denken."
Aus dem Hintergrund des Saales hörte man die Frage: „Treffen solche Überlegungen nicht auch auf Polackenliebchen zu, die von unseren Einheimischen geschwängert wurden? Was sind das nur für Kerle, die solche Flurschäden anrichten. Das sind doch keine Dithmarscher mehr! Die Polackinnen tragen die dumme Brut aus, die demnächst in unsere Volksschulen

drängt und schon dort aufgrund des miesen Erbgutes versagen wird." Eine Frauenstimme rief: „Man sieht ja, wohin das führt. Ich sage nur: die Mandrukeit!"
Jetzt mischte sich ein junger Mann ein, der Volck bereits vorher wegen seiner eigentümlichen Körperhaltung aufgefallen war. Er beugte sich nach vorn und stützte sich mit beiden Händen auf einen leeren Stuhl, der vor ihm stand, sodass seine hängenden Schultern noch weiter nach vorn fielen. Sein Mund war schon leicht geöffnet, bevor er mit dem Sprechen begann. Die Lippen sah man nicht, sie wölbten sich nach innen und verdeckten die Zähne. Laut lispelnd rief er in den Raum: „Die Mandrukeit war zu Pfingsten schon schwanger – konnte man doch sehen! Wo steckt sie eigentlich, die Schlampe?"
Dr. Volck vermochte nicht mehr an sich zu halten: „Worum geht es hier eigentlich? Wollen Sie zu einer Hetzjagd aufrufen, junger Mann? Ungeborenes Leben töten? Wer an so etwas auch nur denkt, macht sich schon strafbar vor unserem Gesetz …"
„Gesetz! Gesetz! Wir sind hier in Dithmarschen!", wehrte sich der lispelnde junge Mann. „Wer sind Sie überhaupt? Wohl fremd hier – wie?"
„Ich bin Arzt, mein Herr!", parierte Volck. „Kein Arzt, der den Hippokratischen Eid geschworen hat, wird sich zu solchen ‚medizinischen Indikationen', wie Sie sie beschönigend zu nennen belieben, bereitfinden. Wollen Sie gleich bei Frau Mandrukeit anfangen und sich an ihrer Mutterschaft vergehen? Hier ist jeder fehl am Platz, der sich auch nur einen Funken ethischen Verständnisses bewahrt hat, meine Herren. Es versteht sich von selbst, dass ich dieser Versammlung nicht länger beizuwohnen vermag!" Eberhard Volck brach sofort auf und nicht wenige folgten seinem Beispiel. Im Saal herrschte helle Aufregung.
Nur einige Minuten später saß er wieder auf seinem Drahtesel. Er bedauerte sehr, dass er dem Kollegen Wittenborg nicht gleich nach seiner Rückkehr von der neuen Bedrohung für Leib und Leben der verschwundenen Elsbeth Mandrukeit und ihres ungeborenen Kindes berichten konnte und zog sich

in seine Giebelkammer zurück. Er schlug die Türflügel zum Balkon weit auf, holte tief Luft und warf noch einen Blick auf den von Ottilie so wunderbar gepflegten Garten. Darüber traten die unangenehmen Begebenheiten im Dithmarscher Hof langsam wieder in den Hintergrund.

Kieler Sprotten und Recherchen

Dienstag, 18. Juli 1911

Für den Besuch in der Stadt Kiel hatte der Doktor sich besonders fein gemacht. In heller Sommerkleidung schritt er an den drei Rundbogenfenstern des Cafés vorbei und hielt auf den von einer Markise geschützten Eingang des Hotels Berliner Hof zu. Auf den Stufen zur Empfangshalle nahm ihm ein Hotelpage seinen kleinen Koffer ab und begleitete ihn zur Rezeption.

„Herr Doktor Wittenborg, wie ich annehme?“, begrüßte ihn der Empfangschef, noch ehe er etwas gesagt hatte.

„Sehr freundlich! Ganz recht: Wittenborg, Doktor Frank Wittenborg aus Kronprinzenkoog. Ihr Chef hat mir ein ruhiges, helles Einzelzimmer mit Schreibtisch versprochen ...“, antwortete der Arzt und zog sein Taschentuch heraus, um sich die Stirn abzutupfen.

„... und was Herr Hauser seinen Gästen verspricht, das bekommen sie auch. Ein schönes Zimmer, die Nummer 107, mit Ausblick auf den Sankt-Jürgens-Friedhof. Sie werden begeistert sein.“

„Das bin ich schon jetzt“, erwiderte Wittenborg und schaute sich um. „Die Halle, die Dekorationen und die Möblierung – alles im neuesten Stil. Und wohltuend frisch ist es in Ihren Räumen bei dieser Sommerhitze. Sagen Sie, wann war die Einweihung?“

„Vor knapp drei Monaten, am 5. Mai. Wir haben den Berliner Hof gerade noch rechtzeitig vor der Kieler Woche für das Publikum neu eröffnen können.“

„Der Bahnhof neu, die Erweiterung Ihres Hotels – man erkennt das alte Kiel kaum wieder.“

„Ehe ich’s vergesse: Herr Direktor Hauser lässt Ihnen ausrichten, er würde sich sehr freuen, Sie gegen fünf Uhr heute Nachmittag bei einer Tasse Tee in unserem Kaffeeraum zu treffen. Er habe Neuigkeiten für Sie.“

Gastlichkeit im Berliner Hof zu Kiel

„Ausgezeichnet! Ich werde da sein.“ Der Page nahm den Koffer und begleitete Wittenborg auf sein Zimmer. Der große, durch zwei Fenster taghell erleuchtete Raum machte einen freundlichen Eindruck. Der mit bunten Fenstern versehene Kleiderschrank, die Stühle und der Schreibtisch am Ende des Bettes – alles neu eingerichtet. Auf dem Schreibtisch fanden sich Schreibzeug und Briefpapier, bedruckt mit der Anschrift des Hotels, und ein wunderschöner, moderner Aschenbecher aus Murano. Wittenborg packte den kleinen Koffer aus, schob das Schreibzeug beiseite und legte Kalender und Notizblock bereit. Auf einem besonderen Blatt größeren Formats, das er mit dem Aschenbecher beschwerte, hatte er einige Namen notiert:

„Zu befragen sind:

STAMMTISCHFREUNDE DES ERMORDETEN IN KIEL:

1. Anton Strabo, Navigationsgehilfe, Rang: Maat – Neckname: Astrolabo;
2. Hans Jauch, Sanitäter, Rang: Maat – Neckname: Hansi Sani;
3. Peter Leif, Decksmann, Rang: Maat – Neckname: Pitter Leichenbitter;
4. Ottokar Stumpf, Zahlmeistergehilfe, Rang: Maat – Neckname: Zahlemann;
5. Gerolf Schöne, Kanoniergehilfe, Rang: Maat – Neckname: Der schöne Schweiger.

ANGEHÖRIGE DER FAMILIE NONNENWORT IN MARNE:

Hugo Nonnenwort, Fischkonservenfabrikant
Marga Nonnenwort, Tochter des Vorigen

EINE HAMENFISCHERIN IM KRONPRINZENKOOG:

Elsbeth Mandrukeit aus Altpassarge/Ostpreußen, jetzt Kronprinzenkoog – auch als ‚Nebelbraut' bezeichnet“

Die Uhr zeigte halb vier. Er trat an das Fenster und hatte mit den derart präzise beschnittenen Buchsbaumhecken, den Fichten und Zypressen in Reih und Glied die Choreographie des immergrünen Todes vor Augen. Irgendwann würde er dort einmal spazieren gehen und der Grabeskapelle St. Jürgen sowie den dort auf dem Friedhof begrabenen Berühmtheiten aus der Kieler Stadtgeschichte einen Besuch abstatten. Der Anblick brachte ihm das Bild vom zerschmetterten Schädel des Jungfischers Behr in Erinnerung und gemahnte ihn an die Aufgabe, deretwegen er sich hier aufhielt. Er legte sich aufs Bett und versank in Grübeleien. Er sah alle Personen dieses Kriminalstücks, in das er so überraschend einbezogen worden war, vor seinem geistigen Auge vorüberziehen.

Als er erwachte, war eine Stunde vergangen. Er stand auf, erfrischte und kämmte sich sorgfältig, ehe er ins Erdgeschoss hinunterging und den Kaffeeraum aufsuchte. Er erkannte Jobst Hauser schon von Weitem an seinem kahlen Schädel und dem fröhlichen Gesicht, das ein Zwirbelbart mit lang ausgezogenen ‚Antennen' zierte. Genauso hatte Wittenborg ihn in Erinnerung, wie er im letzten Jahr – freilich legerer gekleidet – als Kurgast mit einer kleinen Verletzung zu ihm in die Praxis gekommen war. Hauser gegenüber saß ein temperamentvoller Herr mit lebendigen Augen hinter einem randlosem Kneifer. Das kräftige, dunkle Haar war kurz geschnitten und lag nach rechts gescheitelt. Der sorgfältig geschnittene Schnurrbart unterstrich die noble Erscheinung.

Die beiden Herren erhoben sich, um Wittenborg zu begrüßen.

„Darf ich Ihnen Herrn Tyxen, unseren Obergartenbaudirektor, vorstellen?", sagte Hauser. Tyxen, von kleiner gedrungener Statur, verbeugte sich knapp. Er trug einen ausgewählten grauen Anzug mit Weste, dessen Zuschnitt den Kugelbauch jedoch nicht ganz zu verbergen vermochte. „Mein guter Freund Hauser hat mir schon viel von Ihnen erzählt, Herr Doktor", plauderte der Obergartenbaudirektor in einem ihm eigenen, kräftig rheinisch eingefärbten Tonfall munter darauf los.

„Ich bin meinem Schicksal dankbar, dem Mann zu begegnen, der mit gärtnerischem Geschick dem gegenwärtig ausufernden Wachstum dieser Stadt ein menschliches Antlitz bewahrt", entgegnete Wittenborg.

„Aber nicht doch, nicht doch, Herr Doktor! Sie machen mich verlegen", erwiderte Tyxen, nicht ohne hinzuzufügen: „Nur recht haben Sie schon, Herr Doktor. Wir wollen Kiel doch nicht zu einer reinen Industriestadt verkommen lassen."

Die anregende Umgebung des mit Palmen und anderen schönen Pflanzen ausgestatteten Raumes trug das Ihre dazu bei, die Atmosphäre und damit auch die anschließende Unterhaltung angenehm aufzulockern.

Hoteldirektor Hauser lenkte das Gespräch auf Wittenborgs Anliegen.

„Ich weiß, worum es geht, Herr Doktor Wittenborg", warf Tyxen ein. „Und vielleicht kann ich sogar ein wenig für Sie tun, so überraschend das klingen mag. Denn durch einen Zufall habe ich einiges über den rätselhaften Todesfall im Dithmarscher Watt erfahren. In meinem Stammlokal gibt sich allwöchentlich eine Gruppe junger Männer aus der Marine ein Stelldichein. Seit Pfingsten nun wird an ihrem Tisch immer mal wieder etwas von dem Verbrechen angedeutet, das sich Pfingstmontag im Wattenmeer zugetragen hat."

Wittenborg vermochte sein Interesse kaum zu verbergen. Sichtlich gespannt rückte er näher an Tyxen heran. „Haben Sie sich irgendetwas davon merken können?"

„Gewiss doch – es war die Rede vom ‚Tod im Nebel', vom ‚Verschwinden eines Schiffes im Mahlsand' und der ‚Nebelbraut vom Schosterbarg'. Ich habe mir auf all das keinen Reim machen können, bis ich kürzlich hier im Hause von meinen Freund Hauser erfuhr, dass diese Bemerkungen sehr wahrscheinlich gut zu dem von Ihnen untersuchten Fall passen."

„Was Sie da andeuten, stimmt zumindest mit den Geschehnissen in Eckstedt überein", bemerkte Wittenborg, „denn am Pfingstsonntag kamen fünf Maaten mit der Bahn aus Kiel, um ihren aus der Marine ausgeschiedenen Kameraden Karl Theodor Behr, den später ermordeten Fischer, zu besuchen."

Wittenborg gab den Herren auch einen Überblick über alles, was sich danach im Eckstedter Hafen abgespielt hatte. Die fünf Maaten seien, wie er gehört habe, wohl sehr enttäuscht gewesen, dass die Ausfahrt zur Seehundjagd hatte ausfallen müssen, nachdem die MARGA verschwunden war. Sie seien dann kurz entschlossen zum Bahnhof gelaufen, um nach Kiel zurückzukehren. Von dem Mord an Behr konnten sie zu diesem Zeitpunkt noch nichts wissen.

„Nach Kiel sind aber nicht alle fünf gemeinsam zurückgekehrt!", wandte Tyxen ein.

„Sieh einer an, wieso das? Erzählen Sie!"

„Bis zu Beginn des Jahres gehörten ihrem Stammtisch im Düppel noch sechs Personen an. Dann wurde das Ausscheiden des Eckstedter Fischers groß gefeiert, wie ich mich erinnere. Fünf Maaten seien dann – wie Sie sagen – Pfingsten nach Eckstedt gefahren, um ihren ehemaligen Marine-Kameraden zu besuchen. Aber seit Pfingsten tagte die Gruppe im Düppel stets nur noch zu viert – einer fehlte. Es hieß, auch er habe seinen Abschied genommen und nur aus Freundschaft gegenüber den anderen zu guter Letzt noch an dem gemeinsamen Pfingstausflug teilgenommen."

Wittenborg setzte sich kerzengerade auf. „Nanu! Und seitdem ist er nicht mehr aufgetaucht? Wir haben uns schon gewundert, dass nicht fünf Maaten ihrem Kameraden die letzte Ehre erwiesen haben, sondern nur vier, und es darauf geschoben, dass nur vier vonnöten waren, um seinen Sarg zu tragen."

„Dann hätte der fehlende Fünfte sich zumindest hinreichend verdächtig gemacht", resümierte Hoteldirektor Hauser trocken.

„Um welchen der Maaten handelte es sich denn, Herr Tyxen?", wollte Wittenborg wissen.

„Anton Strabo heißt der Mann. Er war bei der Marine Navigationsgehilfe. Dass er nicht an den Stammtisch zurückkehrte, steht aber nicht mit dem Fall Behr in Zusammenhang", suchte Tyxen den Arzt zu beschwichtigen. „Ich kenne den Mann aus beruflichen Gründen, bin aber gebeten worden, jetzt noch nicht darüber zu sprechen. Ich werde den Mann darum ersuchen, Sie informieren zu dürfen."

„‚… ersuchen, mich informieren zu dürfen'? Der Mann ist in hohem Maße verdächtig, Herr Tyxen! Er muss mit einer Festnahme rechnen und treibt ein gefährliches Spiel – hoffentlich nicht mit Ihnen! Kennen Sie ihn gut? Wenn Sie ihm helfen wollen – aus welchem Grunde immer – sagen Sie ihm, er möge sich den Behörden stellen. Tut er es nicht, gefährdet er auch Sie, Herr Tyxen."

Tyxen nickte nachdenklich. „Sie haben recht, Herr Doktor, ich werde das klären." Dann deutete er seinen Gesprächspartnern an, dass er aufbrechen müsse. „Ich werde erwartet."

Die Herren erhoben sich zu Tyxens Verabschiedung und Wittenborg dankte ihm. „Dass Sie dennoch Zeit für mich gefunden haben, finde ich besonders entgegenkommend, verehrter Herr Obergartenbaudirektor. Und natürlich auch Ihnen, Herr Hauser, fühle ich mich für die Vermittlung äußerst verbunden. Diese Informationen haben mich ein ganzes Stück weitergebracht. Die Reise nach Kiel hat sich schon jetzt gelohnt."
„Ich wünsche Ihnen weiterhin viel Erfolg bei Ihren weiteren Nachforschungen", erwiderte Tyxen. „Ich werde meinerseits in alle Richtungen weiter ermitteln und Sie über meinen Freund Hauser auf dem Laufenden halten, sollte ich weitere Hinweise erhalten."
Tyxen zog seine Taschenuhr hervor und warf einen besorgten Blick darauf. „Nun ja, jetzt muss ich mich wirklich beeilen. Ich werde an meinem Stammtisch erwartet, wie ich schon sagte."
„Wie wäre es, wenn ich gleich mitkäme?", fragte Wittenborg. „... ins Düppel? Tut mir leid, lieber Wittenborg. Ich kann jetzt nicht auf Sie warten. Nehmen Sie einfach die nächste Bahn bis zur Haltestelle *Düppeler Straße*. Aber seien Sie dann bitte so freundlich, die Maaten nicht mit Einzelheiten unseres Gesprächs zu beunruhigen!"
„Mit keinem Wort, Herr Tyxen. Sie können sich auf mich verlassen."
Nach Tyxens Aufbruch ergriff auch Wittenborg die Gelegenheit, sich zurückzuziehen. „Ich möchte mir noch ein paar Notizen machen, ehe ich Tyxen folge und mich in die Höhle des Löwen begebe. Eines aber würde ich gern noch wissen, Herr Hauser: Die ganze Zeit über wirkte der Herr Obergartenbaudirektor sehr konzentriert – aber als ich dringlichst empfahl, der ihm bekannte Maat Strabo möge sich sofort stellen, brach er beinahe abrupt auf."
Hauser lachte. „Das missverstehen Sie! Er wird am Stammtisch pünktlich erwartet. Und zwar von Bonzo, der rebellisch wird, wenn Richard Tyxen zu spät erscheint." Wittenborg sah ihn an, ohne ein Wort zu verstehen.
„Muss man da an einen cholerischen Stammtisch-Vorsitzenden denken?"

„Das kann man wohl sagen, sehr cholerisch, dieser Stammtischvorsitzende!“, amüsierte sich Hauser. „Bonzo heißt sein Spitz, der pünktlich um sieben im Düppel auf Tyxens Stammtischplatz hüpft und den Platz für ihn lautstark verteidigt, bis sein Herrchen eintrifft.“
Wittenborg kicherte amüsiert und strich in Gedanken Tyxen wieder von seiner Liste der Mitverdächtigen. War er wenigstens einen Schritt weitergekommen? So recht konnte er die neuen Informationen nicht einordnen. Er hatte eher den Eindruck, dass hinter jeder Tür, die er öffnete, ein neues Geheimnis auf ihn wartete. Aber gerade das begann ihn an der Sache zu reizen.
Er machte sich auf den Weg zu seinem Zimmer. Er schloss auf – aber dann verharrte er auf der Schwelle. Der Blick auf den Schreibtisch irritierte ihn, die Ordnung war verändert: Das große Blatt mit der Auflistung der zu befragenden Personen war beiseite gerückt. Stattdessen lag in der Mitte die mit grüner Löschpappe kaschierte Schreibunterlage mit einigen Blättern Schreibpapiers darauf und dahinter stand das Schreibzeug. Der Murano-Aschenbecher lag zertrümmert auf dem Boden. Was war geschehen? Hatte jemand am Schreibtisch gesessen? Vielleicht seine Liste kopiert? Merkwürdig! Dann ließ er den Deckel seiner Taschenuhr aufspringen. Es wurde Zeit – das Treffen der Maaten in Tyxens Stammkneipe wollte er nicht versäumen. Draußen fuhr klingelnd die Straßenbahn vorüber.
Er nahm eine unauffällige Kombination – eine Cordhose und ein Tweedjackett – aus dem Koffer und zog sich um. Dann verließ er mit dem Mantel über dem Arm das Zimmer und suchte die Rezeption auf. Bevor er selbst noch ein Wort gesagt hatte, erklärte ihm schon der Portier, er habe Grüße auszurichten. Die Frau Doktor sei inzwischen da gewesen und habe ihm ein paar Unterlagen gebracht, die er zuhause habe liegen lassen. Sie habe das Gespräch der Herren auf keinen Fall stören wollen und sich daher nur den Zimmerschlüssel ausgebeten.
„Sagten Sie ‚Frau Doktor'? Ich bin Witwer. Das steht doch auch in meiner Anmeldung“, entgegnete Wittenborg ganz ruhig.

„Verwitwet?" Der Portier hinter dem Tresen wurde blass und stammelte: „Ich bin ein Esel! So etwas ist mir bisher noch nie passiert. Auf so eine Täuschung bin ich noch nie hereingefallen. Verzeihen Sie bitte vielmals! Die junge Dame trat derart überzeugend auf, dass ich keinen Grund sah …"
„Wie alt war denn diese Dame ungefähr und wie sah sie aus?"
„Wie alt, kann ich nicht genau sagen – aber bestimmt noch keine dreißig. Aufgefallen ist mir eigentlich nichts weiter als der Hut mit dem dazu passenden Schleier. Ein flacher, dunkelroter Filzhut war es und das Hutbändchen war allerliebst mit Gänseblümchen verziert."
Dann fragte der Portier besorgt nach: „Fehlt denn etwas, Herr Doktor, sind Sie bestohlen worden?"
Wittenborg zögerte. „Nein, ich glaube nicht. Es fehlt nichts – jedenfalls nichts von Bedeutung. Den gläsernen Aschenbecher hat allerdings diese Dame auf dem Gewissen. Die Scherben liegen auf dem Boden und müssten aufgefegt werden. Schwer zu sagen, was die Dame eigentlich gewollt hat."
„Wir sollten auf jeden Fall die Polizei einschalten, damit sie der Sache …"
Wittenborg wehrte ab: „Ich habe im Moment nicht die Zeit, mich stundenlang mit Polizisten zu unterhalten. Ich schlage vor, wir warten erst einmal mit der Anzeige. Jetzt muss ich jedenfalls noch einmal weg. Den Schlüssel nehme ich mit." Er wandte sich zum Gehen. „Es könnte spät werden." Vor dem Hotel stieg Wittenborg in die vom Rondell her über die Straße Sophienblatt heranbrausende Elektrische. Nach etwa halbstündiger Fahrt verließ er sie an der Haltestelle Feldstraße/Düppelstraße. Aufs Geratewohl steuerte er die Gaststätte ‚Zum Düppel an', ohne bereits einen Plan gefasst zu haben, wie er sich den Maaten nähern wollte. Den schlanken Schatten, der ihm beim Betreten des Lokals entgegenkam, beachtete er kaum. Wittenborg öffnete erst einmal seinen Mantel und schaute sich um. Die in lebhafte Gespräche verwickelten Honoratioren am Stammtisch waren nicht zu übersehen. Und da Tyxen mit dem Rücken zum Eingang Platz genommen hatte, erübrigte sich jede Begrüßung.

Wittenborg nickte höflich nach allen Seiten – so wie man sich zu verhalten pflegt, wenn man ein fremdes Lokal betritt. Er hielt dabei sogleich Ausschau nach den Männern in preußischblauem Tuch. Und richtig – da saßen sie, die Maaten. Einer von ihnen sprang auf und stürmte in Richtung des Eingangs an Wittenborg vorbei.
„Ich schaff das schon", rief er von der Tür zurück.
„Nu lauf schon, Ottokar!"
„Ich hol sie bestimmt noch ein."
Und draußen war er. Da kam schon der Oberkellner auf Wittenborg zu und erblickte unter dem Mantel das extravagante Jackett.
„Oh, Sie sind der englische Schriftsteller, den wir heute am Stammtisch erwarten", begrüßte er den Arzt und nahm ihm den Mantel ab.
„Keineswegs!", wehrte Wittenborg ab und nutzte die Gelegenheit, indem er mit erhobener Stimme entgegnete: „Ich bin kein Engländer, ich komme aus dem Kronprinzenkoog an der Westküste und bin nur ein gewöhnlicher Landarzt. Mein Name ist Doktor Wittenborg."
Die Maaten blickten zu ihm herüber, und er hörte sie miteinander tuscheln: „Habt ihr das mitgekriegt? Der ist Arzt und betreibt eine Praxis im Kronprinzenkoog!"
„Also jemand von der Dithmarscher Nordseeküste – das ist unser Mann!"
Kaum war eine Minute vergangen, da kam der Maat, der zuvor an Wittenborg vorbeigestürmt war, wieder zur Tür herein.
„Ich hobe die Lady gerode noch erwöscht und ihr dön Zettel gegöben", rief er schon von der Tür aus den Freunden zu. Es hörte sich etwas merkwürdig an; alle Vokale klangen ein wenig nach „O" und Ö– wahrscheinlich, weil der Mund des jungen Mannes so klein war, dass er auch beim Sprechen immer leicht geöffnet blieb.
„Sehr gut, Zahlemann! Hat sie sich wenigstens bedankt?", fragten ihn die Freunde.
Wittenborg trug bereits Sorge, das Interesse der Maaten an ihm könnte womöglich durch diese Unterbrechung verdrängt worden sein, als einer von

ihnen – ein langer, dünner Mensch – auf ihn zukam und ihn mit grabestiefer Stimme etwas umständlich ansprach: „Herr Doktor Wittenborg – richtig?“

„Ja schon, aber wie kommen Sie ...“, gab sich Wittenborg etwas überrascht.

„Entschuldigen Sie! Aber wir haben gerade mitbekommen, wie Sie dem Oberkellner erklärten, woher Sie kommen. Wir haben einen guten Freund verloren, einen Jungfischer aus Eckstedt. Da Sie aus der Gegend sind und vielleicht etwas mehr als wir über die Entwicklung der Sache wissen, würden wir uns gern mit Ihnen darüber unterhalten und Sie auch um Ihren Rat bitten. Würden Sie uns erlauben, Sie an unseren Tisch zu bitten, Herr Doktor?“

„Ich bin nicht wirklich sicher, ob ich Ihnen da helfen kann“, reagierte Wittenborg mit Bedacht. „Aber Ihre Einladung nehme ich dankend an, zumal ich nur sehr ungern mit meinem Bier allein dasitze.“

Nachdem der Doktor Platz genommen hatte, begann der Lange: „Damit Sie auch wissen, mit wem Sie es zu tun haben, stelle ich Ihnen unsere Gruppe kurz vor: Ich heiße Peter Leif, meine Freunde nennen mich Pitter – oder wenn sie mich meiner tiefen Stimme wegen aufziehen wollen: ‚Leichenbitter’. Ich bin Decksmann. Dann ist da Hansi Sani, unser Sanitäter, mit vollem Namen Hans Jauch. Hinter dem Necknamen ‚Zahlemann‘ verbirgt sich ein Zahlmeistergehilfe, er heißt Ottokar Stumpf. Und dann haben wir noch den Schwarm aller Kielerinnen, den Kanoniergehilfen, der sich mit Torpedos auskennt, und Gerolf Schöne heißt. Weil er nie etwas sagt, nennen wir ihn den ‚schönen Schweiger‘.“ „Vielen Dank, Pitter, für diese Vorstellung! Ich will nun auch nicht hinterm Berge halten. Da ich als Landarzt nebenbei für solche Fälle zuständig bin, hatte man mir die Obduktion des ermordeten Karl Theodor Behr übertragen. Seitdem unterstütze ich das Erste Kriminalkommissariat hier in Kiel und die zuständige Staatsanwaltschaft bei der Aufklärung des Verbrechens an Behr. Reden wir offen miteinander! Vielleicht kann ich euch hier und da weiterhelfen und vielleicht ihr auch mir ein wenig. Wer von euch fängt an – Sie, Pitter?“

Peter Leif war einverstanden: „Alles begann mit einem Pfingstausflug nach Eckstedt und Friedrichskoog, zu dem uns Karl Theodor Behr nach seinem Ausscheiden aus dem aktiven Dienst eingeladen hatte."
Der Leichenbitter breitete alles aus, was die Maaten aus ihrer Sicht beitragen konnten. „Was sollen wir nur sagen", schloss er, „wenn die Polizei uns zu Behrs Tod befragt!" Wittenborg musste angesichts der eigenen Absichten, von denen er den Maaten ja nichts verraten hatte, ein wenig schlucken, bevor er antwortete: „Aber nicht doch, meine Herren! Sie haben absolut nichts zu befürchten! – Sie waren zum Zeitpunkt der Tat ja gar nicht im Watt. Sie haben sich während dieser Zeit auf dem Weg von Eckstedt nach Marne befunden, von wo aus Sie dann den Zug nach Kiel genommen haben, wenn ich richtig informiert bin. Man wird Sie wahrscheinlich als Zeugen vorladen, um über den Verlauf des Pfingstsonntags aufzuklären. Viel mehr können Sie aber auch gar nicht beitragen – oder doch?"
Keiner der Maaten sah sich veranlasst, etwas zu ergänzen. Wittenborg setzte nach: „Ist Ihnen eigentlich einer aus Ihrer Gruppe abhandengekommen? Waren Sie nicht zu fünft?" Pitter erklärte: „Leider ja. Wir waren auf dem Rückweg nur zu viert. Einer fehlt seit dem Bierabend in der Gaststätte ‚Bi Tante Emma'."
„Ja, wer denn?"
„Unser Nautiker Anton Strabo, den wir manchmal mit dem Necknamen ‚Astrolabo' aufgezogen haben. Während der Sauferei ‚Bi Tante Emma' am besagten Pfingstsonntagabend bekam er Streit mit Karl Theodor Behr. Behr hat den kleinen Kerl einfach auf den Arm genommen, ihn vor die Tür getragen und mit Schwung in die Brennnesseln befördert. Das hatte weiter nichts zu bedeuten. So etwas kommt bei uns häufiger mal vor und ist noch niemals übel genommen worden. Was soll ich sagen – Anton Strabo ist von seinem Ausflug in die Brennnesseln nicht zurückgekehrt. Weil er jetzt unauffindbar ist, denken manche, er habe etwas mit dem Diebstahl des Schiffes zu tun, zumal er sich mit der Aufgabe eines Schiffes bestens auskennt."
„Hätte er denn ein Motiv?"

„Überhaupt nicht!“, protestierte Hansi Sani, „und wir würden ihm so etwas auch nie zutrauen – weder einen Schiffsdiebstahl noch einen Kameradenmord.“

Wittenborg schwieg eine Weile und machte ein bedenkliches Gesicht, ehe er nachfragte: „Und was sagt die Marine dazu?“

„Die darf man nicht mehr fragen“, erklärte Zahlemann. „Der Strabo hatte wie vorher ja schon Karl Theodor seinen Abschied eingereicht und nur noch unseretwegen an dem Pfingstausflug teilgenommen.“

„Ich wünschte euch nur, dass seine Unschuld sich wirklich herausstellen wird und ihr ihn demnächst wieder in eurer Runde mit einem kräftigen Kaiser-Hurra begrüßen dürft“, meinte Wittenborg, doch es klang nicht sehr überzeugend. Pitter nickte heftig. „Das fehlte noch! Ein Kaiser-Hurra, das könnte ihm so passen! Unmöglich, der Mann! Bleibt einfach weg. Aber dennoch, uns würde schon ein dicker Stein vom Herzen plumpsen, wenn er endlich wieder auftauchte.“ So sahen es auch die anderen. Wittenborg beschwichtigte ihren Grimm. „Es muss einen anderen Grund geben, warum er untergetaucht ist. Das wird sich schon noch klären lassen. Die Polizei ermittelt weiterhin nach allen Seiten.“

„Bitte informieren Sie uns doch, sobald Sie mehr wissen!“, bat Hansi Sani.

Wittenborg fühlte sich gar nicht wohl in seiner Haut. Er brachte es nicht über sich, die Maaten an seinen Befürchtungen, was Strabo betraf, teilhaben zu lassen. Um die Stimmung aufzuhellen, versuchte er es mit einem Scherz und wandte sich an Pitter: „Laden Sie eigentlich auch Damen in Ihre Runde ein?“

Drei der Maaten waren zunächst noch bemüht, an sich zu halten, dann prusteten sie jedoch los. Der Vierte, Zahlemann, der gegen jedwede Lachsalven gefeit zu sein schien, klopfte ungeduldig und Ruhe erheischend mit dem Tintenstift auf den Tisch und fragte zurück: „Wie kommen Sie auf diese tolle Idee?“

„Ganz einfach. Als ich vorhin hier zur Tür hereinkam, begegnete mir jemand. Wenn ich recht nachdenke, könnte es eine Frau gewesen sein.“

„Zweifellos", flötete Ottokar Stumpf, der Hilfszahlmeister. „Ich bin ihr ja noch nachgerannt, um ihr den Zettel, den sie an unserem Tisch vergessen hatte, zu bringen."
„Einen Zettel vergessen? Und schon rennen Sie ihr nach?", wunderte sich Wittenborg.
„Warum denn nicht? Die Frau fragte nämlich, ob wir Erwin Voigt kennten, einen Kieler Freund vom Jungfischer Behr. Das konnten wir ihr bestätigen und erzählten ihr auch, dass wir Erwin Voigt noch am Pfingstsonntag auf Flosses Schiff getroffen hatten. Er war gerade dabei gewesen, die MARGA für eine Seehundjagd auszurüsten."
„Was genau wollte sie denn?"
Pitter kratzte sich am Hinterkopf und erklärte: „Sie wollte ein paar Sachen abholen, die Flosse dem Erwin geliehen hätte. Das kam uns schon merkwürdig vor, war aber doch nicht unsere Sache. Immerhin war ich drauf und dran, sie nach ihrem Namen zu fragen, denn ich wollte dem Erwin doch nicht irgendeine Lady auf den Hals schicken. Sie trat aber so selbstsicher auf, dass ich davor zurückschreckte. Nu weiß ich ja auch nicht so genau, wo der Erwin abgeblieben ist. Keiner von uns hat eine Ahnung, ob er überhaupt noch in Kiel wohnt. Aber eines hab ich behalten – dass er am ersten Abend, als wir ihn hier am Tisch kennengelernt haben, anschließend bei einem Freund in einem ausgebauten Keller in der Realschule, gleich hier um die Ecke, vorbeigucken wollte. Das sei immer nur am späteren Abend möglich, weil sein Freund so lange arbeiten müsse, hatte Erwin uns anvertraut. Also konnten wir der Dame nur den Tipp geben, es mal im Keller der Realschule zu versuchen. Dann hat Hansi ihr die Adresse aufgeschrieben, die sie prompt auf dem Tisch hat liegen lassen." „Und dann bin ich in Aktion getreten, Herr Doktor, wie sie ja soeben mitgekriegt haben", unterstrich Ottokar Stumpf nicht ohne Stolz.
Der ‚Damenbesuch' wurde immer interessanter für Wittenborg. Der könnte in unmittelbarem Zusammenhang mit dem Einbruch in seinem Hotelzimmer stehen. Wer aber war die Unbekannte?

„Wie sah sie denn aus, die Lady?", fragte er.
Zu aller Überraschung ließ sich der schöne Schweiger vernehmen: „Ich bin nicht so gut im Beschreiben, aber vielleicht krieg ich es ja hin: Sie trug 'n roten Hut mit lila Schleier, der von der breiten Hutkrempe herabhing. Der war so dicht, der Schleier, dass sich 'n Imker damit hätte in die Bienen trauen können. Vom Gesicht sah man gar nichts, aber sonst schien sie recht gut gebaut zu sein, wirklich! Und weiter? … Nee, mehr fällt mir nicht zu ihr ein."
„Ja, damit ist nun wirklich nicht viel anzufangen," kommentierte Wittenborg trocken. Er zeigte sich unverkennbar enttäuscht und wollte schon gehen.
Hansi, der Sani, hielt ihn jedoch auf. „Warten Sie einen Augenblick! Wir müssen Ihnen noch etwas sehr Wichtiges sagen. Wir sind uns der Sache nicht völlig sicher, doch wir alle glauben wenigstens, dieser Frau schon einmal begegnet zu sein, obwohl sie ja so tat, als ob sie uns nicht kennen würde. Die Stimme kam uns so bekannt vor, irgendwie unverwechselbar. Wir waren jedenfalls, nachdem wir sie gehört hatten, ausnahmslos der Meinung, schon einmal mit ihr gesprochen zu haben – und zwar auf dem Bahnhof in Marne am Pfingstsonnabend. Sie wurde uns, wenn unsere Vermutung zutrifft, von Flosse als seine Verlobte Marga Nonnenwort vorgestellt. Aber bitte, es war eben nur die Stimme – nageln Sie uns nicht fest!"
Marne? Marga Nonnenwort? Wittenborg schwirrte der Kopf, aber er ließ sich nichts anmerken und erhob sich. „Ich muss jetzt in mein Hotel zurück. War ein angenehmer Abend mit Ihnen. Ich sag noch einmal herzlichen Dank für die Gastfreundschaft an Ihrem Tisch."
Hansi Sani sprang auf, holte Wittenborgs Mantel von der Garderobe, war dem Herrn Doktor beim Anziehen behilflich.
Wittenborg winkte den freundlichen Maaten zu und verließ den Düppel gegen zehn Uhr abends.
Während der Rückfahrt mit der Elektrischen zum Hotel beschäftigte Wittenborg vor allem die Behauptung der Maaten, die verschleierte Frau sei

möglicherweise Marga Nonnenwort gewesen. Wenn ja – was hatte sie mit Erwin Voigt zu schaffen? Warum reiste sie seinetwegen nach Kiel? Und war es dann nicht auch Marga gewesen, die sich unter Angabe eines falschen Namens in sein Hotelzimmer eingeschlichen hatte? Es half ihm nichts, er musste sich Zugang zu dem Schulkeller der Oberrealschule verschaffen, in dem offenkundig verwahrt wurde, wonach Marga Nonnenwort suchte.

Auf nach Tönning! Die Außeneider, eine „Fundgrube"

Mittwoch, 19. Juli 1911

Die gleißende Hitze am Vortag in der Stadt, dazu die Pflastertreterei und zwei halbe Liter Bier am Abend im Düppel hatten dafür gesorgt, dass der Landarzt aus dem Kronprinzenkoog in der Fördestadt ganz gegen seine Gewohnheit noch fest wie ein Murmeltier schlief, als die Sonne bereits hell zum Fenster hereinschien.

Wiederholtes Klopfen ließ den Doktor hochfahren. Er kroch aus dem Bett, warf den Morgenmantel über und öffnete die Zimmertür.

„Telegramm für Doktor Wittenborg, Zimmer 107", war in Schönschrift auf einem Umschlag zu lesen, den der Hotelpage ihm entgegenhielt. Ein wenig außer Atem erklärte der Page dazu: „Verzeihen Sie die Störung, Herr Doktor– soeben eingetroffen." Und während Wittenborg nach dem Umschlag griff und ihn öffnete, fügte der Page zu seiner Entschuldigung noch hinzu: „Wir sind gehalten, Telegramme sofort nach Eintreffen zu übergeben." Dann zog er sich lautlos wieder zurück. Wittenborg ging ans Fenster und warf einen Blick auf den Inhalt des Telegramms:

„Von Kiel noch heute nach Tönning weiterreisen. Polizei erwartet Sie auf Kutterwerft Bruhn im Tönninger Hafen. Eberhard Volck, Kronprinzenkoog."

Wittenborg versuchte, einen klaren Gedanken zu fassen: ‚Der Kollege Volck wird von der Polizei gedrängt, mich telegrafisch zu einem Termin nach Tönning zu beordern. Im Grunde kann das nur bedeuten, dass es irgendetwas Neues im Hinblick auf den verschwundenen Kutter MARGA zu berichten gäbe. Das wäre einmal eine äußerst spannende und erfreuliche Nachricht!'

Eine Katzenwäsche musste genügen. Keine halbe Stunde später stand der Doktor an der Rezeption, bezahlte, ließ sich die günstigste Bahnverbindung

erklären und eilte danach, ohne das Frühstück eingenommen zu haben, zum Bahnhof.
Er freute sich auf die Reise nach Tönning. Nun würde er erfahren, ob die gemeinsam mit Jens Ohm in mühseliger Kleinarbeit entwickelte These zum Verschwinden der MARGA etwas wert war. Nicht auszudenken, wenn man sogar etwas von der Ausstattung des Kutters gefunden hätte – vielleicht einen Rettungsring oder gar das Beiboot, in welchem die Schiffsdiebe nach Versenken der MARGA entkommen wären!
Um sich nicht ganz von der vagen Hoffnung auf Erfolg überwältigen zu lassen, versuchte Wittenborg, mit den Augen auf Wanderschaft, ein wenig Ablenkung zu finden. Noch nie war er bisher mit dem Zug über Neumünster und Hohenwestedt nach Heide und von dort dann weiter nach Eiderstedt gereist, noch nie hatte er die Querung des Nord-Ostsee-Kanals bei Grünenthal, noch nie die Einschiffung mit der Fähre bei Karolinenkoog miterlebt, um nach Tönning überzusetzen! Die Fantasie überwand mit überraschenden Ingenieurleistungen jedes Hindernis, um immer wieder auf neuen Reisewegen die Landschaft zu durchqueren. Mit dem Zug konnte man neuerdings fast jeden Ort in Schleswig-Holstein erreichen.
Am frühen Nachmittag traf er in Tönning ein und betrat kurz darauf die Bruhn'sche Werft. Was ihn hier erwartete, übertraf seine Erwartungen bei Weitem. Auf der Gleitbahn für Stapelläufe, ganz oben vor der Einfahrt in den Reparaturschuppen, stand die MARGA. Muscheln und Algen bildeten einen undurchdringlichen Panzer, der das ganze Unterwasserschiff bedeckte. Der Mast und das Rigg, die Wanten und die Stagen – alles lag in einem wüsten Durcheinander an Deck. Auf den ersten Blick schien der Kutter jedoch sonst vollkommen unbeschädigt zu sein.
Aus dem Reparaturschuppen näherten sich Wittenborg mehrere Herren, unter ihnen Wachtmeister Brandner und Kommissar Jebens – aber auch Ohm, der mit der Bahn direkt aus Marne gekommen war. Brandner übernahm es, Wittenborg mit dem Eigner der Werft, Herrn Bruhn, und dem

Leiter des Königlichen Wasserbauamtes, Herrn Baurat Pohl, bekannt zu machen.

Brandner eröffnete den Lokaltermin. „Vielen Dank, dass auch Sie gekommen sind, Herr Doktor! Sie haben sich gewiss sehr beeilt und wahrscheinlich den ersten Zug genommen.“ „Das nicht gerade, aber der zweite Zug war es gewiss“, reagierte der Arzt heiter.

„Mit einer solchen Überraschung hatten Sie bestimmt nicht gerechnet, Herr Doktor Wittenborg?“, unterstrich Brandner stolz den wichtigsten aller denkbaren Fortschritte.

‚Wenn du nur wüsstet, du oberschlauer Ordnungshüter!‘, dachte der Arzt amüsiert.

„Bei routinemäßigen Untersuchungen im Bereich der Außeneider sind die Beamten vom Königlichen Wasserbauamt auf das Wrack gestoßen.“

Mit einem spöttischen Lächeln auf den Lippen fragte Wittenborg: „Und wozu brauchen Sie mich?“

„Staatsanwalt Brodersen hat mich gebeten, Sie zu informieren und herzubitten. Warum im Einzelnen, kann ich Ihnen auch nicht sagen.“

Dann wies er mit schwungvoller Geste auf den Kutter.

„Aber nun zum Wrack der MARGA!“

„Was haben Sie denn außer dem Schiff Neues gefunden?“

„In der Außenhaut des Schiffes haben wir knapp unterhalb der Reling Einschusslöcher entdeckt, in denen noch mehrere Pistolenkugeln staken. Wir wissen, dass Behr mit einer Pistole bewaffnet war, als er sein Schiff im Watt suchte. Es ist also zum Kampf gekommen.“

„Wo ist denn das Schiff gefunden worden?“

„Das kann Ihnen Herr Baurat Pohl vom Königlichen Wasserbauamt besser erklären. Bitte, Herr Baurat!“

„Das Schiff ist mutwillig versenkt worden, und zwar an der tiefsten Stelle der Außeneider. Wir haben den Fundort kartiert.“

„Vorsätzlich versenkt?“, fragte Wittenborg erregt nach. „Wenn Sie das beweisen könnten, brächte uns das einen Riesenschritt voran!“

„Der Mast wurde, wie schon erwähnt, fachmännisch gelegt, bevor das Schiff versenkt worden ist, damit es ganz und gar unter der Wasseroberfläche verschwand."

„So hatte ich es mir beinahe gedacht", hüstelte Ohm und grinste dabei.

Der Baurat bat alle an einen aus zwei Böcken und einer Planke improvisierten Tisch neben der Gleitbahn, auf dem das Messtischblatt „Von Eider Galliot bis Tönning" mit Stiften festgelegt war.

„Nordöstlich des Feuerschiffs EIDER GALLIOT im Ehstensieler Fahrwasser haben sie das Schiff versenkt", erklärte Pohl. „An dieser Stelle bleibt auch bei Eintreten des Niedrigwassers noch eine Wassertiefe von acht Metern erhalten. Da kann man die MARGA zweimal übereinander packen und mit einem dritten Kutter gleicher Größe über ein solches Hindernis hinwegfahren, ohne aufzulaufen oder es gar zu bemerken. Das Ehstensieler Fahrwasser, das bis an den Eiderstedter Hafen Ehstensiel heranführt, wird aber in aller Regel nur von Schiffen mit wenig Tiefgang benutzt. Man hätte das Wrack der MARGA nie entdeckt, wenn Sie, Herr Ohm, unserem Amt nicht so detaillierte Vorgaben für eine planmäßige Nachsuche geliefert hätten."

„Dieses Kompliment möchte ich an Doktor Wittenborg weitergeben", präzisierte Ohm den Adressaten. „Er hatte vorgeschlagen, nach der tiefsten Stelle im Bereich der Außeneider zu suchen. Ich habe nur die Möglichkeiten für eine Versenkung anhand der Seekarten eingegrenzt."

„Wie darf ich das verstehen?" Brandner blickte verständnislos von einem zum anderen. „Sie beiden haben ..." „Richtig, Herr Wachtmeister", beendete Wittenborg Brandners Gedanken. „Wir beiden haben uns mal den Kopf eines Schiffsdiebes zerbrochen, der den Plan hatte, ein Schiff zu weisen. Mein Altgeselle, Carsten Feersmann, wird es uns erläutern." Er winkte diesen kurz heran. „Wer von Ihnen wäre mal bereit, mit mir unter das Schiff zu kriechen?", fragte der Altgeselle.

„Ich mach's!", reagierte Wittenborg sofort.

„Kommen Sie, Herr Doktor! Sie müssen sich tief bücken! Bleiben Sie auf der Plane, damit sie sich nicht schmutzig machen. Jetzt zeige ich ihnen das Loch unmittelbar neben dem Kielbalken.

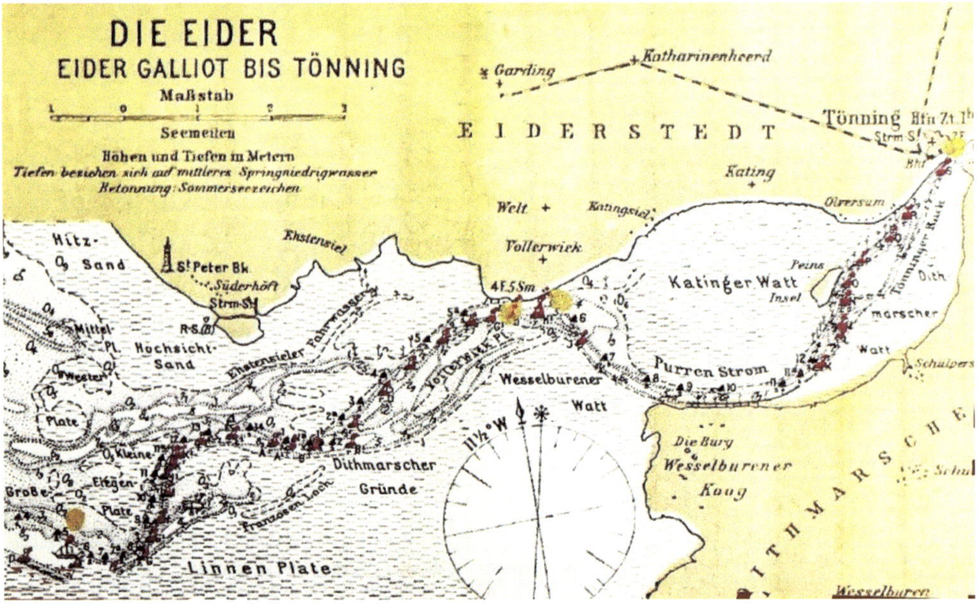

Das Ehstensieler Fahrwasser führt genau bis an den Hafen Ehstensiel heran. Die zeitgenös-sische Karte des Seefischerei-Almanachs gibt auch präzise Tiefenangaben an.

„Das ist nicht zu übersehen.“

„Das ist eine Bohrung, die lotrecht nach oben ins Schiffsinnere führt. Sie hat etwa den Innendurchmesser von einer Korbflasche.“

Witenborg steckte den Zeigefinger hinein.“ Da läuft ja noch Wasser heraus.“

„Ein solches Loch findet sich in jedem Schiff. Es wird an der tiefsten Stelle in den Schiffsboden gebohrt. Dort läuft das Bilgenwasser zusammen, eine ziemlich schmutzige Brühe. Ein wenig Wasser macht jedes Holzschiff, das dann bei Bewegung des Fahrzeugs hin- und herschwappt und den Staub mitnimmt. Wenn man im Frühjahr das Schiff an Land setzt, um den Farbanstrich zu erneuern, zieht man den Stopfen aus dem Loch heraus, damit das Schmutzwasser ablaufen kann.

Nachdem wir das Schiff gehoben hatten, stellten wir fest, dass das Bilgenloch offen war und der Stopfen fehlte. Von allein kann sich der Stopfen aber nicht lösen, weil er mit dem Hammer fest eingeschlagen wird und nach Einwirken der Feuchtigkeit noch aufquillt."

„Der ist also mutwillig herausgeschlagen worden, damit das Seewasser eintreten und das Schiff zum Sinken bringen konnte", resümierte Kommissar Jebens. „Genauso war es", bestätigte der Werftbesitzer.

Die beiden Männer krochen wieder unter dem Schiffsboden hervor und schüttelten den Staub von den Schuhen. Nun wandte sich Wittenborg an Kommissar Jebens und fragte ihn: „Welche Schlüsse dürfen wir aus der Auffindung der MARGA ziehen?"

„Erst einmal ist festzustellen, dass sich Ihre These durch diesen Fund voll und ganz bestätigt hat", unterstrich Jebens. „Die Schiffsdiebe sind auch die Mörder des Jungfischers Karl Theodor Behr. Den Täterkreis können wir noch einmal mehr einengen. An Bord der MARGA wurde Kartenmaterial zu den Wasserstraßen in der Südsee gefunden, das vormals von einem der Nautiker des Kanonenbootes ILTIS benutzt worden war. Nach dem Untergang der ILTIS hat das Staatssekretariat die Unterlagen einem Sohn des Nautikers übergeben, der selbst Angehöriger der Marine ist. Wir haben die Marine postwendend um Genehmigung ersucht, ihn vorzuladen. Die sind aber nicht mehr zuständig, weil der Mann inzwischen seinen Dienst quittiert hat und unbekannt verzogen ist." Wittenborg nickte. „Dieser junge Mann gehörte zu einer Gruppe von sechs Maaten, die regelmäßig im Gasthof Zum Düppel in Kiel tagt. Der ermordete Karl Theodor Behr gehörte ebenfalls dazu."

Jebens folgerte: „Dann werden wir diesen Mann sofort zur Fahndung ausschreiben."

„Das würde ich an Ihrer Stelle auch tun und ihn so schnell als möglich verhaften lassen. Nach meiner Einschätzung ist dies sogar dringlich geboten, weil Verdunklungsgefahr im Spiel ist“, versicherte Wittenborg und dachte dabei an Tyxen. „Die Entdeckung seiner Südseekarten an Bord der MARGA macht Anton Strabo zu einem unserer Hauptverdächtigen.“

Er warf einen Blick auf seine Taschenuhr und drängte zum Aufbruch. „Meine Herren – ach, da fällt mir noch etwas Wichtiges ein, Herr Jebens. Sorgen Sie bitte durch Ihre Pressestelle dafür, dass die Entdeckung und Hebung der MARGA überall auf die erste Seite der Zeitungen im Lande kommen, aber sagen Sie um des Himmels willen nichts über die Beifunde – bitte vorerst kein Sterbenswort über die Südseekarten!“ „Schon klar! Das machen wir so“, sagte Jebens und gab Wittenborg die Hand.

„Es war mir ein Vergnügen“, lachte der Doktor und rief: „Kommen Sie. Herr Ohm, wir müssen uns beeilen! Die Eiderfähre geht in 30 Minuten.“

Da sind sie ja, die Schiffspapiere!

Dienstag, 25. Juli 1911

Nicht ganz eine Woche ließ er verstreichen, dann war Wittenborg wieder auf dem Wege nach Kiel. Er hatte den Frühzug geentert und wollte die lange Fahrt nutzen, um sich für die Kieler Aktion gut zu präparieren. Diesmal hatte er sich nur ein einziges Projekt vorgenommen. Dieses eine Mal kam ihn schwer genug an. Die Besichtigung des Kellers in der Oberrealschule an der Waitzstraße musste gelingen! Aber was würde er bei diesem Unternehmen gewinnen – was unter Umständen auch verlieren? Wieso verlieren? War ihm die Objektivität verloren gegangen, seit er hatte zur Kenntnis nehmen müssen, dass es Marga Nonnenwort gewesen sein musste, die sich in sein Hotelzimmer eingeschlichen hatte? Sollte er lieber abwarten, ja, dürfte er es zulassen, es ertragen, dass man sie bei dem Versuch ertappte, Kontakt mit Voigt, dem Bestmann auf Behrs Kutter, aufzunehmen? Hatte sie bei Flosses Beerdigung die trauernde Braut nur gespielt und in Wahrheit …? Wittenborg mochte diese Eventualität nicht bis zur letzten Konsequenz durchdenken und scheuchte solche Gedanken lieber ganz beiseite. Wenn es denn Marga Nonnenwort nicht um eine persönliche Beziehung zu Voigt ging, könnte sie den Maaten auch die Wahrheit gesagt und nichts anderes im Schilde geführt haben, als einen entliehenen Gegenstand zurückzufordern. Warum aber wollte sie dabei nicht erkannt werden? War es ihr nur peinlich oder fürchtete sie, bei der Übernahme eines verräterischen Objekts ertappt und entlarvt zu werden? Oder scheute sie sich davor, mit Voigt zusammen gesehen zu werden? Warum nur? Voigt hatte sich doch durch sein Alibi von jedem Verdacht, an der Ermordung Behrs beteiligt gewesen zu sein, reinigen können. Wittenborg wusste durch Brandner von den Fahrscheinen, die Voigt als Beleg einer Reise über die Pfingsttage von Kiel nach Kappeln und zurück vorweisen konnte! Warum

dann also das Versteckspiel? Dass sie dafür vermutlich schwerwiegende Gründe haben würde, wurde ihm zur traurigen Gewissheit.
Der Zug lief im Kieler Hauptbahnhof ein. Wittenborg stieg aus und machte sich auf den Weg zur Straßenbahn. Der Straßenlärm brachte ihn auf andere Gedanken. Grell quietschend ging die Elektrische in die Kurve. Auch wenn er auf dieser Strecke schon so manche Fahrt hinter sich gebracht hatte, kontrollierte er dennoch immer wieder die Abfolge der Haltestellen, um rechtzeitig auszusteigen und sein Ziel nicht zu verpassen. Sie waren schon an der Feldstraße – an der nächsten Station musste er aussteigen.

Er lief die Waitzstraße hinauf und stand kurz darauf vor dem düsteren Anstaltsgebäude der Kieler Oberrealschule. Unverkennbar herrschte gerade die große Pause. Vor dem mächtigen Backsteingebäude tobten die Scholaren wie die Wilden. Schon die hohe Fassade mit den vorspringendenTreppen-haustürmen schlug ihm aufs Gemüt – als sollte nun er persönlich gerade hier heute eingeschult werden. Unschlüssig lief er an der Schule vorbei und steuerte einen kleinen Pavillon mit einem Verkaufsstand für Kaffee und Brötchen an. Ein paar Gartentische und Stühle davor luden zum Verweilen ein. Witteborg kaufte eine Zeitung, nahm eine Tasse Kaffee und ließ sich, weitere Inspirationen erhoffend, an dem einzigen freien Tisch nieder. Er blätterte in den ‚Kieler Nachrichten', ohne wirklich gewillt zu sein, sich in einen Artikel zu vertiefen.

„'tschuldigung", sprach ihn da plötzlich jemand von der Seite an. „Ist der Stuhl Ihnen gegenüber noch frei?" Wittenborg schaute kaum auf und meinte nur: „Bitte, setzen Sie sich doch!" Während der Tischnachbar es sich bequem machte, breitete sich um ihn herum eine zarte Wolke alten Tabaksqualms und geistiger Getränke aus. „Ah, wie das schmeckt, das erste Bier am Morgen!", seufzte er und nahm einen kräftigen Zug. „Ich hab nämlich jetzt Pause, genau wie die Schüler", ließ ihn der mitteilsame Tischnachbar wissen.

Wittenborg stutzte und wandte sich ihm zu: „Haben Sie mit der Schule zu tun?"

„Jede Menge Arbeit – ja! Zum Wohlsein, der Herr!", wünschte ihm sein Gegenüber und setzte den Krug erneut an die Lippen.

Wittenborg betrachtete den Mann jetzt genauer. Er mochte an die sechzig Jahre alt sein und er trug einen grauen Kittel mit aufgenähten Taschen. Aus der Brusttasche ragte ein Zollstock hervor.

„Lassen Sie mich raten!", sprach er ihn dann an. „Sie sind der Hausmeister.

„Stimmt! War wohl nicht so schwer festzustellen."

Von einem Augenblick zum anderen war Wittenborg hellwach. Es würde gar nicht so einfach sein, sich mit dem Hausmeister zu verständigen. Man merkte gleich, dass der ständige Genuss von Alkohol das schlichte Gemüt bereits etwas getrübt hatte.

„Sie arbeiten da drüben in der Realschule? – Dann haben Sie ja einen Posten, der viel von Ihnen verlangt. Sie müssen praktisch alles wissen und kennen, um den Schulbetrieb am Laufen zu halten."
Der Hausmeister nahm erst einmal wieder einen kräftigen Zug aus dem Krug. Dann setzte er ein bedeutendes Gesicht auf, ehe er antwortete: Alle erdenklichen Aufgaben fielen ihm ein – die Einteilung des Reinigungspersonals oder die Verteilung angeforderter Schulbücher, der Klassenbücher, der Gerätschaften und Lehrmittel – vom Kartenständer bis zur Landkarte – sowie die Reparatur alter Schulbänke.
„Ich bin nämlich von Hause aus Tischler, müssen Sie wissen. Ich habe im Schulkeller eine Werkstatt. Allein würde ich die Arbeit ja gar nicht schaffen, aber ich werde jetzt von Hans unterstützt, der lieber nach Feierabend bei mir arbeitet, als sich in der Abstellkammer der Drogerie, seinem neuen Zuhause, verprügeln zu lassen." Nun drehte der Hausmeister seinen Krug auf den Kopf und sagte bekümmert nur ein Wort: „Leer!"
„Darf ich Ihnen noch ein Bier spendieren?", ergriff Wittenborg die Gelegenheit. Der Mann war schon halb gewonnen, warf aber flugs noch einen Blick auf seine Taschenuhr und meinte bedauernd: „Schade, die große Pause ist gleich zu Ende, aber für einen kleinen Aufgesetzten dürfte die Zeit noch reichen." Wittenborg bestellte und der Schnaps kam sofort. Der Hausmeister kippte ihn sogleich hinunter und stand dann auf. „Die Arbeit wartet auf mich", entschuldigte er sich, „aber wenn Sie mögen, besuchen Sie mich doch mal in meiner Werkstatt, nur eben bitte nicht während der Pausen."
„Das Angebot nehme ich gern an. Darf ich gleich mal vorbeikommen?", rief Wittenborg ihm nach. „Ich interessiere mich nämlich für Ihre alten Schulbänke!"
Den Hausmeister hat mir der Himmel geschickt, dachte Wittenborg. Er ließ noch knapp zwanzig Minuten Anstandszeit verstreichen, dann zahlte er, erwarb eine Flasche vom Aufgesetzten und machte sich auf zur Schule. Er überquerte den Schulhof und fand schnell den ihm beschriebenen Kellerzugang. Die Tür stand offen. Er stieg die Kellertreppe hinunter und rief nach

dem Hausmeister. Zuversichtlich setzte er einen Fuß vor den anderen und stand schon bald im Werkstattbereich mit einer Werkbank und allerlei Werkzeugen.
Den Hausmeister sah er jedoch nicht. Sorgfältig aufgestapelte Stuhlbänke, jeweils mit dem fest anmontierten Pult ausgestattet, nahmen den größten Teil des Kellers ein. Ganz im Hintergrund schien es noch einen weiteren, von Schulmöbeln frei gehaltenen Bereich zu geben.
Ihm war etwas ungemütlich zumute. Er wanderte an dem Möbellager vorbei weiter in den Keller hinein, der durch die Fenster hinlänglich vom Tageslicht erhellt wurde. Die Stapel hörten auf und Wittenborg befand sich in einem aufgeräumten, mit halbwegs brauchbaren Möbeln ausgestatteten Teil. Zu seiner Überraschung sah er sich von ansprechenden Südseemalereien umgeben.
Sein Blick fiel auf einen Tisch und er entdeckte etwas, das er an diesem Ort niemals vermutet hätte: Es waren Papiere – Schiffspapiere! Obenauf das Schiffszertifikat für

SS.MARGA VON ECKSTEDT
KAISER-WILHELM-KOOG

Die Papiere waren wellig und fühlten sich klamm an, so als wären sie vorher klitschnass gewesen. Man hatte sich nicht die Mühe gemacht, sie auseinanderzunehmen und einzeln zu trocknen. Er konnte der Versuchung nicht widerstehen und führte eines der weiter innen liegenden, noch relativ feuchten Blätter an die Lippen – Salzwasser! Wie kamen diese Unterlagen hierher?
Marga war offensichtlich – von wem auch immer – darüber informiert worden, dass Erwin diese Papiere bei sich hatte, und wollte sie bei ihm abholen. Bevor die Maaten ihr erklärt hatten, sie könne ihn möglicherweise im Keller der Oberrealschule antreffen, wusste sie vermutlich gar nichts über die Verbindung zwischen Erwin und Hans. Mehr konnte sie dann aber auch nicht erfahren haben, als sie vor einer verschlossenen Kellertür landete und

dort niemanden antraf, so Wittenborgs Überlegungen. Es wurde ihm zur Gewissheit: Nur Erwin – und niemand sonst – hatte auf die Idee verfallen können, die nassen Schiffspapiere in diesen Keller zu bringen und sie seinem völlig unverdächtigen Freund Hans Thieme zur Aufbewahrung anzuvertrauen. Also hatte ab sofort Erwin Voigt als zweiter Hauptverdächtiger im Mordfall Behr zu gelten, der mit Anton Strabo zusammen den Kutter gestohlen und Flosse umgebracht haben könnte! War Marga ihre Komplizin? Dies war nicht der Zeitpunkt, solchen Gedanken länger nachzuhängen. Er hörte Schritte. Die Papiere durften nicht auf dem Tisch liegen bleiben. Zu groß wäre die Gefahr, dass man dieses brisante Beweismaterial einfach vernichten würde! Eilends stopfte er sich das ganze Konvolut unter das Hemd und knöpfte trotz der Wärme das Jackett darüber zu – gerade noch rechtzeitig! Der Hausmeister kam die Treppe herunter. „Hausmeister? Sind Sie es?“, rief er und ging zum Werkstattbereich zurück.

„Was machen Sie dahinten? Wer sind Sie?“, plusterte sich der Hausmeister auf.

„Ihr Gast natürlich! Sie haben mich doch zu einem Besuch eingeladen“, gab Wittenborg seelenruhig zur Antwort und trat jetzt auf den Hausmeister zu.

„Ja, aber Sie können hier doch nicht einfach so rumschnüffeln …“

„Natürlich nicht! – Ist auch nicht meine Art!“, fiel ihm Wittenborg ins Wort. „Ich wollte die Zeit Ihrer Abwesenheit nutzen, um mir schon einmal die Schulbänke anzusehen, die Sie veräußern werden. Einen Teil davon würde ich gern für unsere Schule im Kronprinzenkoog kaufen. Es gibt da immer mehr Kinder, Arbeiterkinder, für die uns die Schulbänke fehlen.“

„Schulbänke kaufen? Das ist, muss ich zugeben, ein sehr erfreulicher Aspekt“, brummte der Hausmeister mit schwerer Zunge. „Wissen Sie, wir haben es nicht so gern, wenn Fremde in den Keller kommen und in unseren Sachen herumstöbern.“

„Wer ist denn wir?“ „Na, der Hans und ich. Hans hilft mir ein bisschen bei den Tischlerarbeiten.“

„Hans? Verstehe! Ein Tischler, der Ihnen …“

„Kein Tischler! Ein Schulabbrecher, der das Abitur nicht schafft, aber handwerklich ’ne Menge aufzuweisen hat. – Wissen Sie, ich dachte erst, Sie wären einer von seinen Freunden. Hier kommt nämlich immer einer zu Besuch, der manchmal die ganze Nacht dableibt. Das passt mir überhaupt nicht. Ich glaube, der hat das nicht so mit den Frauen, eher schon … also…. ich könnte Ihnen Sachen erzählen über den Erwin!“
„Ja? Erzählen Sie nur!! Das interessiert mich schon.“
„Am Dienstag nach Pfingsten, da kam er … – ich muss das einmal los werden! Ich wäre vor Schreck beinahe umgefallen. Ach nee – besser nicht! Das darf ich nicht erzählen, sonst bringt mich der Hans um. Wissen Sie – jedes Mal, wenn ich an seinem Freund rummäkele, regt sich der Hans gleich wieder so auf und meint, falls der Erwin Voigt nicht mehr kommen darf, dann will er auch nicht mehr hierbleiben und auch nicht mehr für mich arbeiten. Das hilft mir nun gar nicht weiter.“
„Bei so viel Ärger passt es ja gut, dass ich Ihnen einen kleinen Sorgenbrecher mitgebracht habe“, gab sich Wittenborg mitfühlend und stellte ihm die Flasche Aufgesetzten auf die Werkbank. Der Hausmeister nahm die Flasche und schaute sie ganz verzückt an. Am liebsten hätte er ihr sofort den Hals umgedreht, doch er beherrschte sich. Er wollte noch etwas anderes: „Haben Sie ein Telefon im Koog? Von wegen der Schulbänke – die Schulleitung wird mit Ihnen absprechen wollen, wie …“
„Ich habe sogar ein Telefon in meinem Haus – das einzige weit und breit“, antwortete Wittenborg und gab ihm die Nummer. „Ich bin Arzt“, erklärte er dem staunenden Alten. Der Hausmeister strahlte übers ganze Gesicht. Die Schulleitung würde ihn wegen der Vermittlung eines guten Geschäfts belobigen. Und er! Er hätte einen guten Grund, um wieder einmal mit sich selbst anzustoßen – dazu jetzt auch noch den richtigen Stoff. Er begleitete den Doktor, der mehr als zufrieden den Rückzug antrat, fröhlich brabbelnd bis zur Straße.
Um die überraschend umfangreichen Erkenntnisse nach dem Besuch im Schulkeller in Ruhe überdenken zu können, beschloss Wittenborg, einen

Teil der Wegstrecke zum Hotel zu Fuß zurückzulegen und erst einige Straßen weiter in die Straßenbahn einzusteigen. Doch war er den Lärm einer großen Stadt nicht mehr gewohnt. Das war hier nicht Eckstedt, nicht Friedrichskoog – und nicht gerade ideal für Spaziergänger! Eisenbereifte Transportfahrzeuge, von der Kutsche bis zum Leiterwagen, knirschten, schabten und quietschten über die kopfsteingepflasterten Straßen. Dazwischen suchte – mit sich unbarmherzig wiederholendem Gebimmel – die Straßenbahn ihren Weg. Auch das „Goldeimerfuhrwerk" fehlte nicht, welches eine deftige Fäkalien-Duftfahne hinter sich herzog. Diese Art der Großstadtimpressionen reichte Wittenborg bald und er legte den Rest der Strecke bis zum Kleinen Kiel per Bahn zurück. Von dort war es nicht mehr weit, um die Blumenstraße zu erreichen und das neue Polizeidienstgebäude aufzusuchen.

Mit Hilfe der Beschilderung fand er schnell das Erste Kriminalkommissariat und traf dort Kommissar Jebens an seinem Platz an.

„Herr Doktor!", begrüßte ihn Jebens erstaunt. „Mit Ihnen hätte ich nun gar nicht gerechnet. Sie machen mich neugierig – Sie haben bestimmt etwas Neues für mich."

„So ist es, Herr Kommissar", bestätigte Wittenborg und öffnete nach dem Jackett zum Erstaunen seines Gegenübers auch noch die Knöpfe seines Oberhemdes. Das Erstaunen wich der Überraschung, als Wittenborg das Schiffszertifikat aus dem Hemd zutage beförderte und wortlos auf den Tisch legte. Und dann erzählte der Arzt Jebens die ganze Geschichte.

„Unglaublich!", kommentierte Jebens das Gehörte beeindruckt. „Sie haben sich da aber auf sehr dünnem Eis bewegt, denn wir haben Sie bei der Vereidigung durch den Landrat dem Staatsanwalt – mithin einer Zivilbehörde – unterstellt. Ohne durch eine besondere Weisung befugt zu sein, sind Sie in den Keller der Realschule eingedrungen und demnach nicht rechtmäßig tätig geworden. Der Hausmeister hätte gegen Sie das Recht der Notwehr in Anspruch nehmen können, ohne Sanktionen befürchten zu müssen. – Die Polizisten in unserem Reich können ja schließlich auch nicht einfach tun und lassen, was sie wollen. Auch für sie gelten die Gesetze. – Sie sind in diesem Falle jedoch entschuldigt, weil Sie wichtiges Beweismaterial gerettet und sofort bei uns abgeliefert haben. Aber nun zur Sache: Was ist jetzt zu tun? Klar ist, dass Anton Strabo, Erwin Voigt und die Nonnenworts in diese Geschichte involviert sind. Um die Herrschaften alle zu verhaften, ist die Beweislage allerdings zu dünn."

„Um sie alle zu verhaften, bestimmt!", gab ihm der Doktor recht. „Aber vergessen Sie nicht, dass allein Erwin Voigt die nassen Papiere in den Atelierkeller seines Freundes Hermann Thieme gebracht haben kann. Das war schlau, denn niemand wäre auf die Idee gekommen, Hans Thieme überhaupt in den Kreis der Verdächtigen einzubeziehen, gar bei ihm eine Haussuchung zu veranstalten. Voigt ist Thiemes einziger Freund – das haben Sie, wie ich weiß, inzwischen nachgeprüft. Die Indizien reichen immerhin für einen Anfangsverdacht und die Anordnung einer Fahndung nach Voigt aus."

„Das geht so nicht, Herr Doktor! Voigt hat ein sicheres Alibi."

„Dann muss es sofort überprüft werden. Das hinkt doch! Ich bin sicher, das Alibi wird wie ein Kartenhaus in sich zusammenfallen."

„Je länger ich die Schiffspapiere betrachte, umso mehr beginne ich zu glauben, dass Sie recht haben, Herr Doktor. Sagen Sie, was sollten wir Ihrer Meinung nach mit Anton Strabo machen, wenn wir ihn finden? Nach ihm wird doch bereits gefahndet."

„Der müsste er sofort verhaftet werden, weil eine Verdunkelungs- und Fluchtgefahr besteht. Seine Anschrift werde ich heute noch erfahren."

„Wieso besteht Verdunkelungsgefahr?"

„Weil er bei dem Herrn Obergartenbaudirektor Tyxen angestellt ist und von diesem hochgeschätzt wird. Tyxen ist um die Zukunft des jungen Mannes für meinen Geschmack etwas zu sehr besorgt. – Sollten Sie kurzfristig Gelegenheit finden, mit Doktor Brodersen die notwendigen Verhaftungen zu besprechen, wäre es sinnvoll, sogleich einen Termin für das nächste Treffen aller an den Ermittlungen Beteiligten festzulegen. Ich bitte darum,

weil ich meine ehrenamtliche Tätigkeit mit meinem Vertreter in der Arztpraxis rechtzeitig abstimmen müsste."
„Ich werde Brodersen umgehend informieren, Herr Doktor. Sie hören von mir."
„Außerdem habe ich noch eine weitere Bitte, Herr Kommissar: Geben Sie um des Himmels Willen nicht an Ihre Pressestelle weiter, dass die Schiffspapiere wieder da sind! Auf keinen Fall dürfen Leute davon wissen, gegen die wir im Augenblick ermitteln – schon gar nicht Voigt und die Nonnenworts!"
„Aber Herr Doktor, seien Sie unbesorgt, das wird in jedem Fall professionell gehandhabt – auch ohne, dass Sie mich daran erinnern!
Wittenborg verabschiedete sich und eilte zur Straßenbahn, die ihn zum Hotel bringen würde.
Nach den Aufregungen des Vormittags stand Wittenborg der Sinn nach einem gepflegten Mittagessen im Berliner Hof. Auch durch die großen Rundbogenfenster im Hotelrestaurant hatte man einen schönen Blick über die Straße hinweg auf Sankt Jürgen. Der Ober brachte den Moselwein, den er sich zu einer Forelle nach Müllerinnen Art bestellt hatte.
„Hier bin ich", wurde Wittenborg von der Seite angesprochen. Tyxen hatte sich an seine Zusage gehalten und stand nun an seinem Tisch.
„Mögen Sie sich zu mir setzen, lieber Herr Tyxen?", fragte Wittenborg und schob Tyxen einen Stuhl zu.
„Gern, aber ich will Sie um Gottes willen nicht um Ihr wohlverdientes Mittagsmahl bringen."
„Ich bin sehr froh, dass Sie nun da sind. Was darf ich Ihnen bestellen, Herr Tyxen?"
„Danke! Danke! Ein Tässchen Tee, das reichte mir."
Auf ein Zeichen Wittenborgs trat der Kellner an den Tisch und nahm die Bestellung auf. Dann schaute der Doktor sein Gegenüber freundlich an. „Nun, Herr Tyxen! Sie sehen so aus, als hätten Sie genau die Nachrichten mitgebracht, die wir so dringend benötigen."

„Sie werden zufrieden sein, lieber Doktor Wittenborg. Ich hatte Ihnen, als wir uns das letzte Mal trafen, erzählt, dass am Maaten-Stammtisch im Düppel noch jemand vermisst wurde."
„Ich erinnere mich, Herr Tyxen. Der Nautiker, Anton Strabo, fehlte. Hat er sich inzwischen gestellt?"
„Noch nicht! Ich darf Ihnen aber nach Rücksprache mit Anton Strabo Folgendes erklären: Er war etwa vier Wochen vor Pfingsten bei mir in meinem Büro und hat mir seinen Entlassungsschein von der Marine gezeigt, von der er auf eigenen Wunsch unmittelbar nach Pfingsten Abschied nehmen wollte. Er ließ mich nun wissen, dass er Architekturzeichner sei und sich liebend gern einmal auf dem Feld der Gartenbauarchitektur versuchen würde. Der junge Mann hatte höchst interessante Ideen, die mir durchaus umsetzbar erschienen. Er kam mir wie gerufen, weil ich zurzeit viele private Aufträge erledigen muss. Ich fragte ihn, ob er bereit sei, eine wichtige Aufgabe in Süddeutschland zu übernehmen. Es gibt in Ettlingen eine Privatvilla, für die ich die Gartenanlagen entwerfen soll. Er meinte nur, je weiter weg von Kiel, umso besser."
„Ihr Angebot kam ihm wie gerufen!"
Tyxen fuhr fort: „Daraufhin habe ich ihn vom Fleck weg angestellt. Er bat mich dann noch, im Düppel vorerst nichts darüber verlauten zu lassen. Seinen Freunden von der Marine wolle er erst davon erzählen, sobald er in der neuen Tätigkeit Fuß gefasst habe. Ich sah keinen Anlass, diesen Wunsch nicht zu respektieren. Bisher musste ich es auch noch nicht bereuen, ihn angestellt zu haben, weil er einfallsreich, gewissenhaft und pünktlich arbeitet wie sonst kaum einer."
„Dennoch – er hatte etwas zu verbergen und ließ deswegen seine Freunde am Maaten-Stammtisch über seinen Verbleib im Unklaren. Wir beide wissen jetzt, warum", hielt Wittenborg fest.
Tyxen nickte. „Und da wir es nun wissen, darf ich die von mir erbetene Diskretion keinesfalls länger aufrechterhalten."

„Das sehe ich auch so, lieber Herr Tyxen. Die Polizei …“ Tyxen seufzte. „Man wird mir vorwerfen, dass ich einen des Mordes Verdächtigen gedeckt habe. Offenbar richtet sich wegen seines mysteriösen Verschwindens nun sogar der Hauptverdacht gegen ihn.“
„Er ist bereits zur Fahndung ausgeschrieben“, entgegnete Wittenborg.
„Dann darf ich nicht mehr warten. So schwer es mir fällt: Von Rechts wegen bin ich nun wohl gehalten, ihn anzuzeigen …“
Wittenborg fiel ihm ins Wort: „Korrekt! Aber lassen Sie mich das machen! Ich weiß nun, wo er steckt, und informiere in Ihrem Namen die Polizei.“
„Es beruhigte mich sehr, wenn Sie sich persönlich der Sache annähmen“, meinte Tyxen abschließend und erhob sich. Auch Wittenborg kam von seinem Stuhl hoch und verabschiedete den Obergartenbaudirektor per Handschlag. Unmittelbar nach dem Mittagessen bestieg der Doktor den Zug nach Marne.
Ohm erwartete Wittenborg in Marne am Gleis und nahm ihm den kleinen Koffer ab.
Der Arzt gähnte. „Ohm, ich bin hundemüde. Das war ein anstrengender Tag.“
„Wenn Sie’s sagen! Denn mal los!“ Ohm gab dem Pferd die Zügel. Wittenborg schlief sofort ein und wachte erst wieder auf, als sie ihr Ziel erreicht hatten. Ohm versorgte noch das Pferd und fuhr dann auf seinem Drahtesel zurück nach Eckstedt.
Ottilie hatte den Wagen kommen hören und dem Doktor das Gepäck abgenommen. Sie fragte, ob sie ihm ein heißes Bad bereiten dürfe. Das kam ihm gerade recht. So fand er noch vor dem Abendessen Gelegenheit, während er wohlig die Wärme des Wassers genoss, in aller Ruhe die nächsten Schritte zu überdenken. Vor seinem geistigen Auge kamen aber auch andere Bilder auf ihn zu, derer er sich kaum zu erwehren vermochte. Jetzt mit einer schönen jungen Frau – und dabei hatte er schon eine bestimmte im Sinn – den Abend gemeinsam verbringen! Er geriet ins Träumen …! Im Bademantel wanderte er anschließend in den Wintergarten hinüber, um dort das

Abendessen einzunehmen. „Wir müssen noch gemeinsam den Kalender durchgehen“, sagte er zu Ottilie, als sie ihm den Tee brachte.

„Bevor Sie sich an die Ausarbeitung neuer Reisepläne setzen, sollten Sie unbedingt mit dem Doktorchen sprechen. Er hat darum gebeten und betont, es sei sehr dringlich.“

„‚Doktorchen'? Hab ich recht gehört?“

„Ach, verzeihen Sie! Ist mir so rausgerutscht. Er ist doch so niedlich, unser kleiner Doktor, mit seinen Karakullocken und seinen schwarzen Knopfaugen“, entschuldigte sich Ottilie und wurde ganz rot dabei.

„Schon gut, schon gut, meine Beste! Aber heute Abend wird das nichts mehr. Sagen Sie Ihrem Doktorchen, morgen sei auch noch ein Tag. Gute Nacht, Ottilie!“

Die „untote" Nebelbraut

Mittwoch, 26. Juli 1911

„Guten Morgen, Kollege Wittenborg", sagte der kleine Doktor leise. Seine Stimme klang ein wenig belegt, fand Wittenborg und erwiderte seinen Gruß. Irgendetwas schien Volck zu bedrücken.

Besorgt ging Wittenborg darauf ein. „Muss ich ein schlechtes Gewissen haben, dass ich Sie auch gestern wieder mit der ganzen Arbeit allein gelassen habe? Was täte ich nur ohne Sie! Ottilie hat mich sofort ins Gebet genommen, als ich gestern Abend nach Hause kam, und mir mitgeteilt, dass Sie eine ganz wichtige Sache auf dem Herzen hätten und mich dringend sprechen möchten."

„Die Gute, sie ist in allem so zuverlässig! Ich fürchte, irgendwann erdrückt sie mich mit ihren Aufmerksamkeiten. Nein – es geht nicht um die Arbeit in der Praxis, Herr Kollege. Die läuft ausgezeichnet. Nein, ich muss Ihnen eine traurige Mitteilung machen, die Sie – wie ich vermute – schmerzlich treffen und ganz sicher auch Ihre Pläne durcheinanderbringen wird."

Wittenborg lehnte sich zurück und verschränkte die Arme vor der Brust.

„Ich bin bereit!"

„Nun denn – es ist, wie es ist, und es muss gesagt werden: Elsbeth Mandrukeit ist tot."

Wittenborg glaubte, nicht richtig gehört zu haben, und beugte sich nach vorn. „Das kann doch nicht wahr sein! Hat man sie gefunden?"

„Das nicht, aber wir müssen den Tatsachen ins Auge blicken. Die Polizei hatte sich kurzfristig, wenn auch nur mit Bedenken, entschlossen, einem Vorschlag des Lehrers Mehlmann nachzugeben und den Schosterbarg einmal gründlich nach Spuren abzusuchen. Das sei schließlich der Lieblingsaufenthalt der Mandrukeit gewesen. Die Begehung fand ausgerechnet gestern statt. Man hatte versäumt, Sie rechtzeitig zu informieren."

„Und das Ergebnis? Spannen Sie mich nicht so auf die Folter!"

„Man hat bei der Nachsuche auf dem Schosterbarg eine erschütternde Entdeckung gemacht, die eine recht eindeutige Schlussfolgerung zulässt."
„Reden Sie schon!", drängte Wittenborg noch ungeduldiger.
„Es wurde ein Paar Schuhe aus goldfarbenem Leder gefunden. Kein Zweifel – es waren genau die goldfarbenen Schuhe, die Fräulein Mandrukeit am Pfingstabend getragen hatte, wie Okko, der Bakenstecher, bestätigen konnte."
„Nur die Schuhe?"
„Wenn's das nur wäre! In beide Schuhe waren verdreckte Fetzen des Ballkleids, die mit Lehm und Blut besudelt waren, hineingestopft worden."
„Und was schließen Sie daraus? Deswegen muss sie doch nicht gleich tot sein. Wo befinden sich die Schuhe denn jetzt?"
„Man legte Wert darauf, dass Sie ein Auge darauf werfen sollten. Wegen der hohen Außentemperaturen hat man die Funde in unserer Kühlanlage deponiert."
„Dann wollen wir uns die Sachen doch gleich einmal ansehen."
Eine Viertelstunde später standen die beiden in Wittenborgs Behandlungszimmer. Volck entnahm dem Eisschrank die blutverschmierten Schuhe und stellte sie vorsichtig auf den Glastisch.
Wittenborg zog die Stofffetzen aus den Sandalen heraus und breitete sie auf dem Tisch aus. Man sah Lehmverschmutzungen, mit ihren Dornen im Gewebe festhängende Distelzweige und überall kleinere und größere Blutflecken. „Lassen Sie uns die Schuhe doch auch einmal genauer unter die Lupe nehmen." Wittenborg betrachtete sie von allen Seiten.
„Das muss ein tüchtiger Schuster gewesen sein", bemerkte er. „Schauen Sie mal, wie fein das vom Spann aus nach den Seiten hin sich sternförmig verbreiternde Riemenwerk gestaltet ist. Die einzelnen Riemen sind schmal geschnitten, tragen aber sehr hoch auf! – Warum nur?"
„Ich hab da etwas gesehen – geben Sie mir den Schuh doch mal bitte", bat Volck. Er nahm den Schuh und drehte einen der Riemen so weit herum,

dass man dessen Unterseite, die beim Tragen auf der Haut liegen würde, genau betrachten konnte.

„Hier, Wittenborg. Sehen Sie die winzigen Löcher? Ich schätze mal, jeweils in einem Abstand von einem halben Zentimeter zueinander? Was mir besonders auffällt, sind die beiden Löcher da unten. Es sind die Einzigen, die nicht mit eingetrocknetem Blut verschmiert sind."

„Ja! Seh' ich auch! Reichen Sie mir doch bitte einmal das Skalpell herüber – danke! Ich schneide jetzt einen der Riemen der Länge nach auf." So geschah es.

Volck betrachtete das Ergebnis sehr aufmerksam. „Der ist ja hohl – und voll mit schmierigem …"

Wittenborg unterbrach ihn: „Moment mal, Herr Kollege! Das ist kein echtes Blut!" Er lachte – aber es war ein kurzes, hartes Lachen. „Das ist – schlicht und ergreifend – rote Farbe, die, in Farbton und Konsistenz dem Blut angenähert, zusammengemixt worden ist. Blut wäre ja auch schon längst geronnen – und nicht immer noch so schmierig."

„Aber weshalb sind die Riemchen damit gefüllt worden, Herr Wittenborg?"

„Sehen Sie den Papierstreifen, der von innen die Unterseite des Lederriemens abdeckte und damit auch ursprünglich alle Löcher? Es handelt sich um luftundurchlässiges Ölpapier, um das vorzeitige Eintrocknen der Farbe zu verhindern. Das Papier verschloss die Löcher – aber nur solange, bis der Schuh kräftig bewegt und beim Tanzschritt aufgebogen wurde. Dann musste so viel Druck auf die Füllung kommen, dass sie die Papierabdeckung sprengte, perforierte und durch die Löcher austrat. – So etwas Verrücktes!"

„Und was ist mit den beschmutzten Kleiderfetzen, Herr Wittenborg?"

„Schauen Sie! Ich habe hier einen Stoffrest vom Kragen. Daran haftet eindeutig Blut, das mittlerweile dunkelbraun geronnen ist. – Das ist mit großer Wahrscheinlichkeit den Verletzungen Elsbeth Mandrukeits zuzuordnen."

Wittenborg betrachtete die vor ihnen ausgebreiteten Sachen und schüttelte angewidert den Kopf. „Wer kommt nur auf so etwas! – Wie krank muss ein Gehirn sein, um derartige Ideen zu entwickeln!", stieß er hervor.

„Ebenso krank wie abscheulich“, meinte Volck dazu. „Derjenige, der dieses teuflische Schuhwerk konstruiert hat, war nur darauf aus, die Mandrukeit am Pfingstabend in aller Öffentlichkeit als eine gespenstische Figur erscheinen zu lassen.“

„Sprechen Sie es ruhig aus, Herr Volck: Sie auszustatten, wie er sich die durch seine Verse geisternde ‚Nebelbraut‘ vorstellt. In den Versen will er sein Schicksal mit dem ihren verbinden. – Zu dumm, dass wir nicht mehr über diese Sage wissen!“

„Aber der Verseschmied scheint sie in allen Einzelheiten zu kennen.“

„So ist es, Herr Volck.. Nicht auszudenken, wozu diese Geschichte ihn noch inspirieren könnte!“

Volck darauf: „Widerlich, wie grob die Stoffetzen in die Schuhe gestopft worden sind. – Das kann nicht derselbe Mann gewesen sein, der das wunderschöne Kleid hat schneidern und die teuflischen Schuhe hat fertigen lassen. Der Ästhet, der Erfinder und Auftraggeber dieser kleinen Kunstwerke wollte einzig und allein seiner Nebelbraut ihr Schicksal ankündigen und dieses dann auch vollziehen. Der andere, der Grobian, der die Fetzen des Kleides in die Schuhe gestopft hat, will offensichtlich alle Welt – und vor allem den Verseschmied – glauben lassen, dass die Nebelbraut bereits tot sei. Zu diesem Zweck könnte er die lumpigen Überreste an einem ihm dafür geeignet erscheinenden Platz deponiert haben.“

„Völlig richtig, Herr Volck! Darauf wäre ich von allein nicht gekommen. Wo auf dem Schosterbarg wurden denn die Schuhe gefunden?“

„In einem kleinen Lichthaus, das früher mal als Leuchtfeuer gedient hat.“

„Also hat man die blutigen Sachen extra so versteckt, dass der Verseschmied sie finden würde?“

„Das denke ich auch, Herr Wittenborg. Nur muss diese ‚Präsentation‘ auf ihn ziemlich plump gewirkt haben und die dahinter steckende Absicht für ihn auch leicht durchschaubar gewesen sein – dass man ihm weismachen wollte, die Nebelbraut sei tot und sich demzufolge alle weiteren Nachstellungen erübrigen würden. – Wahrscheinlich hat er sich königlich darüber amüsiert, weil er sich natürlich denken konnte, dass man diesen ganzen Aufwand nur betreiben würde, um eine Lebende vor ihm zu schützen. Dieser Versuch war kaum geeignet, den unheimlichen Verehrer der Nebelbraut zu entmutigen."

„Ich bin an sich kein Mensch, der sich Spekulationen hingeben mag, Herr Volck, aber wenn Sie recht haben sollten, befindet sich eine lebende Elsbeth Mandrukeit nunmehr erst recht in allerhöchster Gefahr. Wir werden da unbedingt etwas unternehmen müssen. Hoffentlich fällt uns noch das Richtige ein! – So, ich muss mich jetzt aber erst einmal für den Dienst vorbereiten und Sie, Herr Volck, Sie genießen Ihren freien Tag!"

Die Frage, wie Elsbeth Mandrukeit rechtzeitig gefunden werden könne, bevor dieser Verrückte sich ihrer bemächtigen würde, ließ Wittenborg den ganzen Tag über nicht mehr los.

Die folgende Nacht war furchtbar. Er träumte, eine Prozession schreiender Gesichter über den Deich und das Watt ziehen zu sehen. In ihrer Mitte führten sie eine schwangere Frau mit sich. Man hatte ihr die Hände auf den Rücken gefesselt. Es war Betty. Er versuchte, ihr zu Hilfe zu kommen, konnte aber weder Arme noch Beine bewegen. Vom eigenen Gebrüll geweckt, fuhr er hoch – in Schweiß gebadet.

Gottes Strafe: Lungenentzündung

Donnerstag, 27. Juli 1911

Das Wartezimmer hatte sich schon seit acht Uhr mit Hilfesuchenden gefüllt. Wittenborg arbeitete ohne Unterbrechung – nicht einmal das kleine zweite Frühstück wollte er sich gönnen, stellte Ottilie besorgt fest. Die Pendeluhr auf dem Korridor ging auf halb zwei zu. Es waren nur noch zwei Patienten im Wartezimmer. Ottilie hängte das Schild mit der Aufschrift „Aufgrund von Hausbesuchen bleibt die Praxis nachmittags geschlossen" vor das Gartentor. Kurz darauf wurde es noch einmal laut auf dem Korridor. Wittenborg vernahm die aufgeregte Stimme einer alten Frau – sie wollte unbedingt den Doktor sprechen. Ottilie war fest gewillt, sie abzuweisen, weil der Arzt vor Beginn der nachmittäglichen Visiten zumindest noch sein Mittagessen zu sich nehmen sollte. Auf dem Flur roch es bereits verführerisch gut nach Bohneneintopf mit Hammelfleisch. Wittenborg verabschiedete gerade als letzten Patienten einen asthmakranken Altbauern und begleitete ihn über den Korridor hinaus. Die Frau, deren Disput mit Ottilie er mit angehört hatte, war Frau Behr.

Sein ärztliches Gewissen obsiegte und die Einnahme des Bohneneintopfs wurde um weitere zehn Minuten verschoben. Meta Behr trug ihr Anliegen vor – es ging um ihren Mann.

„Erzählen Sie, Frau Behr: Was ist mit ihrem Mann?"

Er hustet seit zwei Tagen ganz furchtbar und erstickt fast an dem dicken Schleim in seinem Hals. Er hat Schmerzen in der Brust. Er kriegt nur noch mühsam Luft. Ich fürchte, er stirbt mir. Es wird immer schlimmer mit ihm."

Wittenborg zückte seine Taschenuhr. „Ich werde um drei Uhr zu Ihnen kommen. Das hört sich nach einer Bronchitis oder einer Lungenentzündung an. Haben Sie Terpentin und Honig im Hause? Sonst besorgen Sie es, bitte! Ich meine gesehen zu haben, dass Sie Tabakpflanzen im Garten anbauen. Schauen Sie nach, ob vielleicht noch getrocknete Blätter aus dem letzten Jahr da sind. Dann legen Sie gleich fünf große Blätter zurecht. In den nächsten Tagen werden Sie noch mehr davon brauchen."

„Tabakblätter? Was mein Mann ist, der raucht doch im Moment überhaupt nicht. Und mein Sohn, der braucht ja nun nichts mehr …"

„Erledigen Sie das bitte, Frau Behr, es ist sehr, sehr wichtig! Dann also bis um drei …!"

Meta Behr nickte, bedankte sich und verließ das Haus.

Wittenborg zog sich zum Essen zurück. Zu Ottilie sagte er, sich fast entschuldigend: „Ich musste Ihnen vorhin leider in die Parade fahren. Der alte Fischer hat wahrscheinlich eine Pneumonie und die nimmt bei alten Menschen oft einen bösen Verlauf. Wir müssen uns auf einen Kampf auf Leben und Tod einstellen. Wenn es nur endlich einmal ein gutes Medikament dagegen gäbe! – Möglicherweise werde ich mich länger als vorgesehen bei den Behrs aufhalten. Kriegen wir das denn überhaupt noch hin, die anderen Hausbesuche vorsorglich abzusagen?"

„Seien Sie unbesorgt! Ich organisiere das", sicherte Ottilie zu. „Unser Postbote, Asmus Eeckena, ist seit Kurzem stolzer Besitzer eines Fahrrades. Der wird liebend gern ein paar Umwege für uns fahren. Ich werde ihm dafür in der Küche eine rote Grütze auf den Tisch stellen, die es in sich hat – bei der Hitze bestimmt das Richtige!"

Pünktlich um drei Uhr war der Landarzt im Hause Behr. Meta, die Ehefrau, kam Wittenborg an der Tür entgegen. Sie wirkte so hilfebedürftig und ängstlich, wie sie in ihrer mit kleinen Rosen gemusterten Kittelschürze vor ihm stand. Das spröde, graue Haar trug sie in der Mitte gescheitelt und in einem Knoten am Hinterkopf zusammengefasst. „Ich habe alles bekommen und bereitgelegt …", begrüßte sie ihn.

Der Doktor orderte Verschiedenes. „Ich brauche eine Schüssel mit kochend heißem Wasser und ein möglichst großes Leinenhandtuch. Und geben Sie mir bitte noch zwei dicke Handtücher mehr und einen langstieligen Kochlöffel!"

Er setzte sich zu dem Kranken ans Bett, fühlte den rasenden Puls und die glühend heiße Stirn. Er richtete ihn auf, klopfte ihn ab und schob ihm das Keilkissen in den Rücken.
„Schonen Sie Ihre Atemwege und versuchen Sie erst gar nicht zu sprechen, Herr Behr", riet er dem Kranken. „Sie haben eine schwere Lungenentzündung. Wir werden nur gewinnen, wenn Sie brav mitmachen. – Frau Behr, bitte nun das heiße Wasser und das Terpentin!", rief er. „Jetzt die dicken Handtücher!" Diese legte er dem Alten auf den Schoß. „Nun bitte die Schüssel auf den dicken Handtüchern absetzen! – Und jetzt das Terpentin!" Er zählte die Tropfen genau ab, bevor er sie in das heiße Wasser tat und mit dem Kochlöffel umrührte. „Nun das große Leinenhandtuch." Er hängte es dem Alten über den Kopf und zog die Vorderkante so weit nach vorn, dass er sie um die Rundung des Schüsselrandes spannen konnte.
„Herr Behr, versuchen Sie jetzt, den heißen Dampf einzuatmen – zehn Minuten lang. Das ist sehr unangenehm, macht aber die Atemwege frei. Sie, Frau Behr, reiben sie Ihrem Mann hinterher den Oberkörper trocken. Er wird dann gut und fest schlafen. Danach braucht er kalte Umschläge, damit die Temperatur wieder heruntergeht. – So Frau Behr, Sie wissen nun, was zu tun ist. Merken Sie sich: täglich drei Inhalationen mit dem Terpentin. Jedes Mal vor dem Einschlafen schmieren Sie seine Brust mit Honig ein und legen Tabakblätter darauf. Das wird ihm während des Schlafens das Atmen erleichtern."
„Tabakblätter und Honig? Soll ich das wirklich machen?"
„Sie werden sehen, wie gut ihm das tut. Ich lasse Sie jetzt für ein oder zwei Stündchen allein und sehe dann noch einmal nach Ihnen!"
Die Visite bei den Behrs hatte sich in die Länge gezogen und es war darüber spät geworden. Wittenborg trat vors Haus auf die Straße, überlegte kurz, ob zwei Stunden reichen würden, um sein Vorhaben auszuführen, und erklomm dann entschlossen den Deich. Es war noch sehr schwül. Die Wolkendecke hatte sich einen Spaltbreit über dem Horizont angehoben und für einen schmalen Streifen blauen Himmels gesorgt. Das Wasser war bis auf

wenige Reste, die in der Ferne das Blau des Himmels spiegelten, abgelaufen. In der Zeit, die ihm blieb, würde er trockenen Fußes den Schosterbarg erreichen und wieder verlassen können.
Wittenborg ließ sich auf der Bank neben der Sielschleuse nieder, zog sich Schuhe und Strümpfe aus und rollte die Hosenbeine hoch. Dann machte er sich auf den kurzen Weg hinüber zu der sagenumwobenen Düne. Er stapfte durch das harte Seegras den Hügel hinauf und hockte sich, oben angekommen, im feinen Dünensand nieder. Wittenborg schaute sich nach dem Lichthaus um, konnte es aber nicht entdecken. So machte er sich wieder auf, ruderte mit beiden Armen weiter durch hohe Seegrasbüschel und folgte schließlich einer Schneise, die bereits vorher durch Niedertrampeln des Seegrases entstanden war.
Unvermittelt stieß er auf einen mit Dünensand halbwegs zugewehten Pfeiler. Volck hatte ihn erwähnt. Wittenborg legte das Fundament des kleinen, aus weichen Tuffsteinen aufgeschichteten und ziemlich verfallenen Bauwerks mit den Händen frei. Ganz oben im Pfeiler befand sich eine kleine Kammer mit einer kreisförmig eingeschnittenen Öffnung. Sie wies in Richtung des Hafenpriels nach Nordwesten. Den oberen Abschluss der Kammer und zugleich des Pfeilers bildete ein kleines Giebeldach, das aus Tuffbrocken und Mörtel bestand. Wittenborg fasste hinein und förderte ein paar Tuffbrösel und Mörtelreste mit fest eingebranntem Ruß zutage. Er erinnerte sich daran, in seinem Konversationslexikon die Abbildung eines ganz ähnlichen Gebäudes gesehen zu haben und wusste daher sofort, dass es sich um das kleine Lichthaus handelte. In der verrußten Kammer, die ehemals zur Aufnahme eines kleinen Leuchtfeuers gedient hatte, waren die goldfarbenen Schuhe mit den Kleiderresten gefunden worden. Man hatte sie einfach durch das Loch an der Frontseite hineingequetscht, wie Volck nach dem Ortstermin mit der Polizei zur Bestimmung des genauen Fundortes ins Protokoll geschrieben hatte.
Aber war das wirklich alles, was das Lichthaus hergab? In der vagen Hoffnung, doch noch etwas zu finden, das vielleicht übersehen worden war,

griff Wittenborg noch einmal in die kreisförmige Öffnung. Seine Finger glitten über eine Fläche hinweg, die sich nach Pappe anfühlte. Aber nur mithilfe seiner Fingernägel konnte er schließlich ein nicht sonderlich sorgfältig beschnittenes Pappschild anheben und herausziehen. Das Kärtchen musste unter dem grausigen Bündel gelegen haben – wahrscheinlich hatte man es daruntergeschoben, damit der Wind es nicht davontragen würde. Wittenborg drehte die Pappe um und fand darauf einen mit ungelenker Hand geschriebenen Text – einen merkwürdigen Vers:

„Das Kleid ist rot und Blut im Schuh.
Der Tag versinkt, die Nacht bringt Ruh!“

Diese Zeilen konnten – vor allem ursprünglich zusammen mit den blutbesudelten Kleiderfetzen – schon als Hinweis gedeutet werden, dass Fräulein Mandrukeit nicht mehr am Leben war.
Unter diesem Vierzeiler – ganz offensichtlich nachträglich auf das Blatt gequetscht – befand sich jedoch noch ein weiterer Vers. Diese Ergänzung war trotz des Platzmangels ausgesprochen sorgfältig und leicht verschnörkelt niedergeschrieben worden:

Schuh und Kleid, von Blut so rot?
Soll ich glauben, Du seist tot?
Freu Dich auf des Spielmanns Lied,
Drei Schritt vor und zwei zurück:
Das ist unser Weg ins Glück.
Hier mein Arm, vertrau ihm ganz,
der Dich führt zum letzten Tanz!

Die Art und Weise dieser Zeilen erinnerte Wittenborg sofort an das Kärtchen mit dem Vers in der gleichen Schönschrift, das Flosse am Pfingstsonnabend an dem Geschenkband gefunden hatte – im Zusammenhang mit diesem verhängnisvollen Geschenk für Betty. – Nur war dieses letzte Poem jetzt unmissverständlich mit einer Todesdrohung verbunden!

Dr. Volck hatte also ganz offensichtlich recht gehabt mit seinen Vermutungen – sowohl im Hinblick darauf, was mit dem Verstecken der blutbesudelten Sachen an so exponierter Stelle beabsichtigt worden war, als auch damit, dass dieser Versuch mit Sicherheit scheitern würde.
Aber vor allem sah Wittenborg seine und Volcks Befürchtung bestätigt, dass – falls Elsbeth Mandrukeit noch am Leben sein sollte – sie sich jetzt wirklich in allergrößter Gefahr befand!
Wittenborg starrte gedankenverloren über das Lichthaus hinweg in die Abenddämmerung – und wurde unversehens Zeuge eines gewaltigen Schauspiels, das sich lautlos und unwirklich schön am Himmel abspielte. Am Horizont begann ein Tanz senkrecht fallender Strahlengruppen, die sich grell aufleuchtend in den Vordergrund spielten und wieder verglimmend in den Hintergrund verzogen, sich bisweilen zu breiten Vorhängen zusammenschlossen und die Sicht auf den Horizont nahezu versperrten, während sie in allen Regenbogenfarben über Weiß und Gelb zum Rot changierten oder über Weiß, Gelb, Grün und Blau ausliefen – plötzlich öffneten sich die in verschiedenen Ebenen gestaffelten Vorhänge und heraus tanzte ein aus Nebelfetzen gebildeter Kreisel. – Welch ein geheimnisvolles Küstenland! Und welch ein seltenes Schauspiel – Nordlicht im Watt vor Eckstedt!
Lautes Möwengekreisch holte den Doktor in die Wirklichkeit zurück. Er musste noch nach dem alten Behr schauen.
Frau Behr erwartete ihn aufgeregt an der Tür. Auf dem Flur brannte bereits Licht.
„Kommen Sie, Herr Doktor! Das mit dem Honig und den Tabakblättern – ich hab‘ das schon einmal ausprobiert! Ein Wundermittel, sag ich Ihnen! Das hat meinem Mann wirklich gut getan! Wie er danach tief durchatmen und fest einschlafen konnte – das war wunderbar!“ Der Arzt betrat die Krankenstube.
„Sie müssen die Fenster öffnen. Der Patient braucht frische Luft. In diesem Mief kommt man eher um, beste Frau! Packen Sie ihren Mann jedes Mal

nach der Behandlung mit den Terpentindämpfen und, nachdem sie ihn abgetrocknet haben, gut ein, dann öffnen Sie die Fenster weit! –
Wie fühlen Sie sich, Herr Behr? Ich möchte Sie noch einmal abhorchen.“ Er hob den schwachen Oberkörper des Patienten an, klopfte ihn ab und achtete beim Abhorchen auf rasselnde Geräusche.

„Das klingt jetzt schon ein wenig gesünder, Herr Behr. Ich glaube, Sie sind auf dem Weg der Besserung.“ Behr sank erschöpft in die Kissen zurück und schlief schnell wieder ein. Der Doktor packte seine Instrumente ein und verabschiedete sich.

Wittenborg erreichte Marne und bog gerade in die Straße nach den Kögen ein, als er einen müde über dem Lenker hängenden Radfahrer überholte. Es war Dr. Volck, der den Feierabend zu ein paar Einkäufen genutzt hatte und sich nun auf dem Heimweg befand. Wittenborg hielt, ließ Volck sein Fahrrad hinten an der Chaise aufhängen und nahm sein Jackett entgegen, noch ehe der völlig durchgeschwitzte Kollege zu ihm einstieg.

„Angesichts dieser Affenhitze ist man froh über jeden Kilometer, den man nicht selber strampeln muss“, meinte Volck erleichtert seufzend und wischte sich mit einem großen Taschentuch den Schweiß vom Gesicht, aus dem Nacken und von den Armen.

„Verpusten Sie sich, lieber Kollege! – Es gab in den letzten Tagen so viel Neues, dass ich noch gar nicht dazu gekommen bin, Ihnen von meinen Erfolgen am Dienstag in Kiel zu berichten.“

Er erzählte ihm von den Erlebnissen mit dem trunksüchtigen Hausmeister in der Oberrealschule und dass die ersten Verhaftungen in der Mordsache Behr vorgenommen werden konnten.

„Das wird Sie doch gewiss sehr erleichtern, weil Sie sich dann mehr um das Problem des Verschwindens der Elsbeth Mandrukeit kümmern können, Herr Wittenborg.“

„Sie haben schon recht, Herr Volck, aber dennoch wird die Sache Behr mich weiterhin in Atem halten. Ich werde bereits in den nächsten Tagen zu

einigen zeitraubenden Verhören hinzugezogen werden, die noch anstehen, bevor Anklage erhoben werden kann."
Spürbar ausgehungert kamen beide zuhause an. Volck nahm sein Fahrrad vom Wagen und Wittenborg schirrte das Pferd aus. Er führte es in den Stall und rieb es noch trocken, was dem Hengst offensichtlich gut gefiel.
„Was meinst du Hans – war's das für heute?" Hans schüttelte sich und schnaubte leise.
„Ich hab keine Ahnung, was du mir damit sagen willst, mein Hans, aber ich werde mich wohl noch auf einiges gefasst machen müssen."
Volck hatte inzwischen die Chaise in die Remise geschoben.
„Wir sehen uns gleich", rief er Wittenborg zu.
Sie machten sich frisch und besuchten Ottilie in der Küche. Allerdings nicht nur, um sie zu begrüßen. Beide waren gespannt, was Ottilie ihnen heute Abend auf den Tisch stellen würde. Sie ließ die Herren gar nicht erst zu Wort kommen, sondern schob sie sogleich wieder aus der Küche hinaus.
„Ich habe im Garten gedeckt", sagte sie und sah ihnen zu, wie sie sich unter der großen Kastanie niederließen. „Irgendetwas passiert heute Abend noch", murmelte Wittenborg. „Wenn ich nur wüsste, was!"
„Wie kommen Sie darauf?"
„Vorhin im Stall. Mein Hans war so komisch. Ich konnt' ihn nicht verstehen."
Volck lächelte verständnisvoll: „Sie und Ihr Pferde-Orakel!"
Aber Wittenborg blieb ernst. Ottilie kam und brachte einen Stapel mit herrlichen Eierpfannkuchen, Zucker und Marmelade. „Übrigens hat heute Mittag jemand aus Kiel angerufen. Er telefonierte von einer Schule aus und sprach von Schulbänken, die Doktor Wittenborg kaufen wollte. Seinen Namen hat er nicht genannt. Ich sagte ihm, wann Sie wiederkommen würden, denn er machte es dringend. Er wird es in einer halben Stunde noch einmal versuchen. Soll ich ihn gleich wieder abhängen – oder brauchen Sie wirklich Schulbänke?"

„Nein, nein! Rufen Sie mich – unbedingt!“, erwiderte Wittenborg ziemlich energisch.
Volck schüttelte nur den Kopf und murmelte verständnislos: „Schulbänke – merkwürdig!“
Aber Wittenborg sah ihn an und erklärte beinahe heiser: „Es ist der Hausmeister der Oberrealschule in Kiel. Ich habe Ihnen doch von meinem dortigen Besuch bereits erzählt – dass ich den Hausmeister denken ließ, ich sei an alten Schulbänken interessiert und ihm deshalb auch meine Telefonnummer gegeben habe. Ich tat es in der Absicht, einem verzweifelten Mann, der in seiner Not eine Menge Wissenswertes auszuplaudern bereit sein könnte, genauer zuhören zu können. Dass die Schiffspapiere der MARGA aus dem Keller verschwunden sind, wird inzwischen bemerkt worden sein und helle Aufregung verursacht haben. – Auf diesen Anruf aus Kiel habe ich deshalb schon gewartet. Mein Apparat ist sehr laut – Sie werden nachher alles mit anhören können.“ Als Ottilie ihnen dann zum Nachtisch Rote Grütze und Sahne brachte, erwähnte sie so ganz nebenbei: „Der ruft heute bestimmt nicht mehr an – so viel Aufregung nur wegen der Schulbänke!“
In diesem Moment klingelte schrill das Telefon. Wittenborg sprang auf und lief ins Haus, Volck rannte hinterher. Ottilie stellte Grütze und Sahne ab und blieb wie angewurzelt stehen. Sie verstand die Welt nicht mehr.
Wittenborg erreichte das Telefon und hob ab. „Wittenborg! Mit wem spreche ich?“
„Mit dem Hausmeister der Oberrealschule Waitzstraße in Kiel.“
„Ach, Sie sind es! Geht es um die Schulbänke?“
„Überhaupt nicht! Tun Sie nicht so! Sie haben etwas mitgenommen, was Ihnen nicht gehört. Bringen Sie die Papiere sofort zurück!“
„Ich weiß nicht, wovon Sie reden, mein Bester. Ich habe nichts ‚mitgenommen‘. Was denken Sie von mir! Wenn Sie dennoch der Meinung sind – bitte, wir haben eine gut funktionierende Polizei – dann zeigen Sie mich an!“

„Ach, das kann ich doch nicht, weil ...“
„Soll ich mich selbst anzeigen, um die Angelegenheit mit Ihnen zu klären?“
„Um Gottes willen – bitte nicht! So hab ich es doch gar nicht gemeint!“
Wittenborg wurde energisch. „Dann sagen Sie endlich, was Sie von mir wollen, bevor ich auflege!“
„Ich weiß nicht mehr, was ich machen soll, Herr Doktor! Mein Helfer, der Hans Thieme, setzt mich unter Druck. Hier ist der Teufel los. Er kam gestern Abend vorbei, wühlte dahinten in seiner Ecke und fing an, entsetzlich zu fluchen. Auf seinem Tisch hätten Schiffspapiere gelegen, die seinem Freund Erwin gehörten und nun fehlten. Er selbst war vollkommen verzweifelt, weil er nicht wusste, was er dem Erwin sagen sollte, wenn der ihn nach den Papieren fragen würde. Und nun dachte ich, dass Sie vielleicht ...“
Wittenborg stellte sich unwissend: „Unsinn! Was war denn das mit den Schiffspapieren?“
„Die hatte der Erwin immer noch von einem Schiff, auf dem er bis Ende vorigen Monats als Steuermann zur See gefahren ist. Hans hatte den Auftrag, sie auseinanderzubreiten und zu trocknen, weil sie nass geworden waren. Hat er aber vergessen und einfach auf dem Tisch liegen lassen. Die Papiere sollen jetzt abgeholt werden, hat Erwin ihm gestern gesagt. Aber wie steh' ich denn nun da? Von Ihrem Besuch hab' ich ihm schon gar nichts erzählt, sonst hätt' er mir gleich den Kopf abgerissen.“
„War denn die Abholung schon vereinbart?“
„Das ist es ja! Da sollte ein vornehmes Fräulein vorbeikommen.“
„Dann behaupten Sie einfach, das Fräulein sei schon da gewesen und hätte die Papiere mitgenommen. Das wird Ihren Hans für den Moment beruhigen, seinen Freund erst recht und niemand wird etwas merken.“
„Und wenn die Dame doch noch kommt, Herr Doktor?“
„Dann erfinden Sie eine neue Ausrede! Aber warum sollte es so weit kommen?“
„Ja, wenn Sie meinen, Herr Doktor! Vielleicht geht es gut. Ich mach das genauso, wie Sie sagen.“

„Dann wünsche ich Ihnen einen guten Abend!“, verabschiedete sich Wittenborg und hängte das Telefon ab. Er und Volck gingen wieder hinaus; sie verharrten einen Augenblick auf der Terrasse.
„Haben Sie alles verstehen können, Herr Volck?“, fragte Wittenborg.
„Ganz schön gemein von Ihnen, den armen Hausmeister so hineinzureiten! Der kann doch gar nichts dafür.“
„Ja, er tut mir auch ein bisschen leid – aber es musste sein: Hier geht es schließlich um die Ermittlung in einem Mordfall! Und um diesen aufzuklären, war der Hinweis des Hausmeisters, dass eine junge Dame beauftragt war, die Papiere eines gestohlen gemeldeten und absichtlich versenkten Schiffes abzuholen, eminent wichtig.“
Volck wandte den Blick zur Seite und wies mit einer Kopf bewegung in Richtung der Kastanie. „Sehen Sie nur! Ottilie steht da immer noch neben dem Tisch und kann nicht begreifen, dass wir ihre Rote Grütze noch nicht angerührt haben. Wir müssen uns jetzt sofort auf den Nachtisch stürzen, damit sie uns wieder gut ist.“
Nach dem Essen setzte sich Wittenborg an seinen Schreibtisch und verfasste eine ausführliche Aktennotiz über das zuvor geführte Telefongespräch. Zudem fertigte er ein Anschreiben an Kommissar Jebens an, in dem er diesen darum bat, die Aktennotiz zur Kenntnis zu nehmen und an den Staatsanwalt weiterzuleiten.

Vernehmungen in Altona

Montag, 7. August 1911

Da sieht man mal, was man aus einem alten Bahnhof alles machen kann!, überlegte Wittenborg, als er vom Hauptportal des neuen Altonaer Bahnhofs geradewegs nach Süden auf das erst vor wenigen Jahren umgestaltete alte Empfangsgebäude der Bahn zuhielt. Mit den Säulen und Giebeln der klassizistischen Nordfassade trat ihm das hier neu beheimatete Altonaer Rathaus entgegen. Er umrundete das Gebäude, passierte zwei Polizisten und begab sich von Süden her unter den Arkaden hindurch in den Amtsbereich der Polizeihauptwache. Am Eingang traf er auf Jens Ohm, der schon tags zuvor nach Altona gereist war. Gemeinsam gingen sie weiter bis zur Pförtnerloge. „Sie werden bereits erwartet“, ließ ihn der Wachhabende wissen und zeigte ihnen den Weg zum Raum mit der Nummer elf; sie folgten seiner Anweisung, Wittenborg klopfte an die Tür, sie traten ein und grüßten kurz die bereits an einem längeren Tisch versammelten Anwesenden. Staatsanwalt Brodersen erhob sich und begrüßte nun seinerseits die nur um wenige Minuten verspäteten Gäste.

„Ich freue mich, dass Sie, lieber Doktor Wittenborg, und Sie, Herr Ohm, gekommen sind, um uns durch Ihren sachverständigen Rat zu unterstützen! Sie hatten Herrn Kommissar Jebens vom Ersten Kriminalkommissariat in Kiel gebeten, einen Termin mit der größeren Runde zu vereinbaren –Sie sehen, Ihr Wunsch war uns Befehl. Herr Oberwachtmeister Tanner aus Heide ist auf eigenen Wunsch dabei, weil er in seiner polizeilichen Zuständigkeit für Norder- und Süderdithmarschen über den neuesten Stand informiert sein muss. Der ihm nachgeordnete Wachtmeister, Herr Brandner aus Marne, durfte ebenso wenig fehlen. Den anwesenden Herrn Obergartenbaudirektor Tyxen aus Kiel kennen Sie bereits. Wir haben ihn als Zeugen geladen. Abschließend möchte ich Ihnen noch Fräulein Gesine Möller vorstellen – unsere Stenografin, die das Protokoll aufnehmen wird.

Die Sitzordnung haben wir uns so gedacht, dass der vernehmende Beamte und der zu Befragende einander hier am Tisch gegenübersitzen. Die beiden Langseiten sind meiner Wenigkeit als dem Vertreter der Staatsanwaltschaft, der Polizei, dem Protokoll sowie den hinzugebetenen Sachverständigen vorbehalten.

Amtsgericht Altona

Die Sachverständigen sind heute hier, damit sie nicht nur alles kritisch hinterfragen, was die zu Vernehmenden zu Protokoll geben werden – sondern ich bitte sie auch, sehr genau auf das Verhalten der Letzteren während der Befragung zu achten. Jede Einzelheit kann hier ausschlaggebend sein. – Lassen Sie uns nun bitte Platz nehmen.

Wir haben uns darauf verständigt, zunächst Herrn Obergartenbaudirektor Tyxen zu befragen, der einige wichtige Daten und Vorgänge bezeugen

kann. So kann er gleich sitzen bleiben. Später werden wir uns der Vernehmung der Beschuldigten zuwenden.
Die Fragen wird der Leiter der Ermittlungen, Herr Kommissar Jebens, stellen. Ich habe mich selbst zu dieser Runde eingeladen, um auf kürzestem Wege Kenntnisse zu erlangen, die ich für die Erhebung der Anklage umgehend benötige. – Bitte seien Sie so freundlich, mit der Befragung zu beginnen, Herr Kommissar!"
Jebens öffnete die Akte und wandte sich an den Kieler Obergartenbaudirektor: „Herr Tyxen, Sie haben bei einer vorhergehenden Vernehmung bereits angegeben, dass Sie die Herren des Maaten-Stammtisches, die sich in der Kieler Gaststätte Im Düppel, Ihrem Stammlokal, regelmäßig trafen und noch treffen, gut kennen. Inzwischen haben Sie sogar einen dieser Herren, den gelernten Architekturzeichner Anton Strabo, nach seinem Ausscheiden aus der Marine zum Projektleiter für die Realisierung eines von Ihnen persönlich entworfenen Villengartens in Ettlingen bestimmt. Das alles wird bereits in unseren Akten festgehalten. Von Ihnen möchte ich nur noch einmal genau wissen, an welchem Tage der Beschuldigte seine Arbeit aufnehmen sollte und wann er wirklich nach Ettlingen gefahren ist."
„Herr Kommissar, ich kann Ihre Frage nur zum Teil beantworten. Ich hatte den Beginn seiner Tätigkeit auf Mittwoch nach Pfingsten, acht Uhr morgens, festgelegt. Diesen Termin hat er pünktlich eingehalten. Es wäre noch hinzuzufügen, dass ich ihm auf dem Villengrundstück ein altes Gärtnerhäuschen – sozusagen eine Einraumwohnung – nach Absprache mit meinem Auftraggeber mietfrei vermitteln konnte. In der kurzen Zeit bis zu seiner Verhaftung hat er dort weitgehend selbstständig und ganz hervorragend gearbeitet."
„Und wann ist er von Marne nach Ettlingen aufgebrochen?" „Eben das kann ich Ihnen nicht genau sagen, ob er sich nun schon am Pfingstmontag oder erst am Dienstag auf den Weg gemacht hat. Er hatte eigens darum gebeten, erst am Mittwoch anfangen zu dürfen, da er am Pfingstmontag noch an einer Jungfernfahrt auf einem Krabbenkutter teilnehmen wollte."

„Das war es schon, Herr Tyxen“, sagte Jebens. „Bleiben Sie bitte bei uns, Sie werden noch gebraucht. Fräulein Möller wird Ihnen das Vernehmungsprotokoll zur Unterschrift vorlegen. Wir kommen dann gleich zum Verhör des Beschuldigten Anton Strabo.
Er wurde bereits am Mittwoch, dem 26. Juli in Ettlingen verhaftet. Nach seiner Überstellung von dort befindet er sich seit gestern im Gewahrsam der hiesigen Polizei. Seine Befragung geschieht mit Vordringlichkeit, da wir ihn nur für eine bestimmte Zeit ohne ausreichende Begründung festhalten dürfen.
Ich bitte nunmehr darum, den Untersuchungshäftling Anton Strabo hereinzuführen.“
Strabo hatte schon vor der Tür gewartet und wurde nun an seinen Platz geleitet.
„Nehmen Sie ihm bitte die Handschellen ab“, bat Jebens den Vollzugsbeamten, „und nehmen Sie dann hier nebeneinander Platz!“
„Anton Strabo, Sie werden beschuldigt, zusammen mit einem zweiten Täter den Kutter MARGA VON ECKSTEDT entführt und den Eigner des Schiffes, Ihren Freund Karl Theodor Behr, am letzten Pfingstmontag getötet zu haben. Wir wissen, dass Sie behaupten, unschuldig zu sein. Wir haben heute nur ein paar Fragen an Sie, deren Beantwortung den Ausschlag dafür geben kann, wen wir letztendlich des Schiffsraubes und der Tötung des Fischers Behr anklagen werden. Also ist Ihnen anzuraten, sich mit Ihren Antworten Mühe zu geben. – Sie hatten bei der Marine die Funktion eines Navigationsgehilfen im Rang eines Maaten zu erfüllen?“
„Das ist richtig“, antwortete Strabo.
„Navigation war schon immer Ihre Leidenschaft, nicht wahr?“
„Genauso ist es.“
„Würden Sie sich zutrauen, ein Schiff um die Welt zu segeln?“
„Ob von hier nach Lissabon oder nach New York – das spielt keine Rolle. Man muss es nur beherrschen.“

„Haben Sie je mit dem Gedanken gespielt, einmal ein eigenes Schiff zu besitzen?“
„Auf keinen Fall. Das hätte mich finanziell überfordert. Der Besitz eines Schiffes hätte zudem meine beruflichen Möglichkeiten eingeschränkt. Ich möchte Gartenbauarchitekt werden und habe mich deswegen auf eine entsprechende, mich fördernde Tätigkeit bei Herrn Obergartenbaudirektor Tyxen beworben.“
„Wir wissen schon, dass Sie am Mittwoch nach Pfingsten in Ettlingen anfangen sollten. Wann genau, Herr Strabo, und von wo aus haben Sie am Pfingstmontag nach der Verabschiedung von Ihren Kameraden Ihre Reise nach Ettlingen angetreten?“
„Ich habe die anderen am Pfingstmontag gar nicht mehr gesehen, nachdem es am Pfingstsonntagabend zu unschönen Auseinandersetzungen zwischen den Maaten gekommen war. In einem besonderen Wutanfall hat mich unser Kamerad Flosse aus dem Lokal geworfen und vor der Kneipe in die Brennnesseln geschubst.“
„Hat Sie das erbost, Herr Strabo?“
„Und wie! Ich hätt’ ihm an die Gurgel gehen mögen!“
„Das wäre doch schon mal ein starkes Motiv. Denken Sie nicht, Herr Strabo?“
„Aber nein, Herr Kommissar! Flosse konnte doch nicht wissen, dass ich auf Brennnesseln allergisch reagiere und dann sofort am ganzen Körper schmerzhafte Stellen bekomme.“
„Haben Sie noch von anderen Aufregungen im Lokal etwas mitbekommen – zum Beispiel von der Flucht einer Frau aus dem Lokal?“
„Nein! Ich hatte ein wahnsinniges Hautjucken, bin raus aus den Brennnesseln und dann zu Fuß nach Marne gelaufen, immer nur die Straße lang, damit ich mich im Nebel nicht verirre. Das hat Stunden gedauert. In Marne habe ich den Frühzug um sieben Uhr genommen und bin nach mehrfachem Umsteigen abends um neun Uhr in Ettlingen angekommen. Das war mein Pfingstmontag.“

„Kann das jemand bezeugen, Herr Strabo?"
„Leider nicht!"
„Sie müssten doch eine Fahrkarte, die jedes Mal nach dem Umsteigen gelocht wurde, als Beleg vorweisen können."
„Ich weiß nicht, wo sie geblieben ist, Herr Kommissar. Ich habe sie schon überall gesucht."
„Könnte es sein, dass Sie uns hier ein Märchen auftischen wollen? Sie sind gar nicht nach Ettlingen gefahren. Die Stelle bei Tyxen war auch nicht das Motiv für die vorzeitige Abreise. Sie haben nur vorgegeben, sie anzutreten, um sich damit im Vorwege ein Alibi zu verschaffen. Sie haben nie eine Fahrkarte besessen. Sie hatten ganz andere Pläne, und zur Durchführung dieser Pläne brauchten Sie ein Schiff! Sie sind demnach nicht am frühen Montagmorgen nach Ettlingen gefahren, sondern von Friedrichskoog sofort nach Eckstedt gelaufen und haben dort mit einem Freund zusammen die MARGA gestohlen."
„Wie können Sie das behaupten? Für einen solchen Unsinn habe ich kein Motiv, Herr Kommissar!"
„Doch, doch! Sie haben! Und was für eins! Wir haben es gefunden: einen ganzen Satz Südseekarten – Messtischblätter für die Navigation in der Südsee aus Ihrem Besitz. Die haben wir an Bord der MARGA gefunden, die Sie in der Hoffnung, dass niemand sie entdecken würde, in einem Tief der Außeneider versenkt haben!"
„Bei allem Respekt, Herr Kommissar: Was Sie da erzählen, entspricht in keiner Weise der Wahrheit. Ich habe solche Karten besessen, das gebe ich zu. Aber ich weiß nicht, wie sie auf Behrs Kutter gekommen sein sollen. Ich habe sie, weil sie mir nicht viel bedeuteten, einem Mann, den ich im Düppel kennengelernt hatte, gegen eine Miniatur mit dem Untergang der ILTIS getauscht."
„Wie hieß der Mann?"
„Er stellte sich vor als Erwin Voigt."

„Ach, das haben Sie sich ja prima ausgedacht. Vielleicht war er Ihr Komplize, mit dem zusammen Sie die Reise in die Südsee ausgeheckt haben. Besser kann man sich den Fall doch gar nicht erklären."

„Das ist Irrsinn, mit Verlaub! Ich hätte es mit Erwin Voigt an Bord eines Schiffes keine zwei Tage ausgehalten! Ich war nicht auf der MARGA – habe sie nicht entführt – habe meinen Kameraden nicht getötet!"

Jetzt griff Brodersen ein: „Haben Sie denn gar nichts in der Hand, womit Sie Ihre nicht sehr überzeugende Darstellung untermauern könnten? Dass Ihre Fahrkarte nicht mehr auffindbar sein soll, betrachte ich als Schutzbehauptung. Was haben Sie noch?"

„Die Miniatur, die ich von Voigt im Tausch bekommen habe!"

„Was soll so ein kleines Bild schon beweisen!", fragte Jebens dazwischen.

Brodersen ließ sich nicht aus dem Konzept bringen: „Warten Sie's ab! Vielleicht können wir dennoch etwas damit anfangen, Herr Kommissar. Ich hab' da so eine Idee. Wir beide sollten mal eben fünf Minuten ... so unter vier Augen ...!"

Jebens und Brodersen zogen sich für wenige Minuten in einen Nebenraum zurück. Nachdem sie dann anschließend wieder am Tisch Platz genommen hatten, ergriff Brodersen das Wort.:

„Meine Herren! Wir müssen unsere Vernehmungen hier kurz unterbrechen, um sie in anderen Räumlichkeiten im Keller fortzusetzen. Ich darf Sie bitten, mir zu folgen. Das gilt auch für unseren Vollzugsbeamten, der Herrn Strabo die Handschellen wieder anlegen und ihn in den Keller führen möge. Einzig Herrn Tyxen möchte ich bitten, hier oben in diesem Raum zu warten."

Die anderen gingen zunächst die Treppe hinunter und dann im Keller noch einen langen, mäßig beleuchteten Gang entlang. Unterwegs drängte sich Brodersen zwischen Ohm und Wittenborg – er zeigte ihnen ein Foto und flüsterte: „Auf dieser Abbildung erkennen Sie den Freund Erwin Voigts, den Drogistenlehrling Hans Thieme. Sie werden nachher sogar mit ihm sprechen können. Wir vermuten, dass er Voigts Komplize auf der MARGA war.

Versuchen Sie doch bitte, ihn in ein unverfängliches Gespräch zu verwickeln – vielleicht gelingt es Ihnen auf diesem Wege, Hinweise für seine Mittäterschaft zu erhalten."

Sie standen nun vor einer Tür, die sich vor ihnen öffnete und den Weg in einen abgedunkelten Raum freigab. Licht erhielt dieser nur von der Seite durch ein Fenster, das den Einblick in einen hell erleuchteten Nebenraum erlaubte. Darin hielten sich zehn Männer auf, die an der gegenüberliegenden Rückwand standen und gut lesbare Pappschilder mit den Nummern von eins bis zehn auf der Brust trugen.

Jebens wendete sich nun an Anton Strabo: „Nachdem Ihre Befragung nichts Wesentliches zu Ihrer Entlastung erbracht hat, biete ich Ihnen Folgendes an: Sie müssten eigentlich zwei der Männer im Nebenraum identifizieren können. – Versuchen Sie es. Es hängt viel für Sie davon ab."

Strabo gab sich offensichtlich alle Mühe, dann sagte er:

„Ich erkenne hinter der Glasscheibe nur einen der Herren – aber nicht zwei. Beim besten Willen nicht. Aber Erwin Voigt mit der Nummer sechs – den erkenne ich auf Anhieb. Das ist der Mann, dem ich die Seekarten überlassen habe."

Der Kommissar sagte weiter nichts dazu, sondern ließ aus dem Nebenraum den Herrn, der auf seinem Pappschild die Nummer fünf trug, hereinführen. Diesen befragte er dann: „Erkennen Sie einen der mit uns in diesem Raum versammelten Herren?"

Der Befragte mit der Nummer fünf schaute sich ganz unbefangen um.

„Fehlanzeige! Die Herren sind mir alle völlig unbekannt."

Dieser Herr wurde wieder hinausgeschickt; auf Brodersens Wink hin begleiteten ihn Wittenborg und Ohm in einen anderen Vernehmungsraum.

Nachdem die drei Männer den Raum verlassen hatten, verlangte Brodersen von einem der im Innendienst tätigen Beamten, die Miniatur mit dem Untergang der ILTIS aus der Asservatenkammer zu holen. Als diese herbeigeschafft war, drückte er Anton Strabo die Miniatur mit der Bemerkung in die Hand: „Nehmen Sie sie in beide Hände und halten Sie das gute Stück in

Brusthöhe, sodass Erwin Voigt es erkennen kann, wenn er gleich hier hereingeführt wird. Aber sagen Sie bitte kein Wort! Es geht uns lediglich darum, seine Reaktion zu überprüfen."

Und Brodersen fügte hinzu: „Wir müssen scharf hinsehen, denn es geht nur um Bruchteile von Sekunden."

Dem Plan des Staatsanwaltes zufolge müsste Voigt jetzt erkennen, dass man ihm hier eine Falle stellen wollte. Er würde sofort wissen, dass nun auch die Südseekarten auf dem Wrack der MARGA, über dessen Hebung vor der Südküste Eiderstedts alle Zeitungen des Landes auf der ersten Seite berichtet hatten, an Bord gefunden worden waren. So intelligent schätzte Brodersen Erwin Voigt ein: Es würde ihm nicht entgehen, dass man seine Reaktionen auf die Konfrontation mit Anton Strabo, dem er die Miniatur mit der ILTIS überlassen hatte, auf diese Weise überprüfen wollte. Was würde in seinem Kopf vorgehen?

Voigt trat ein und blickte sich um. Er konnte in der Tat seine Überraschung kaum verbergen, als er unter den anwesenden Personen Anton Strabo mit der vorgehaltenen Miniatur entdeckte. Er starrte ihn nur für einen Moment ungläubig an – dann schaute er sofort zur Seite. Es war offensichtlich, dass er es um jeden Preis vermeiden wollte, Anton Strabo mit dem Bild der ILTIS vor der Brust anzusehen; er schaute sich im Raum um, vermied es dabei aber peinlichst, in Strabos Richtung zu blicken.

Der Kommissar fragte ihn, jedes Wort betonend: „Kommt Ihnen jemand aus unserem Kreis bekannt vor?"

„Was soll das hier?", tat Voigt erstaunt. „Ich kenne niemanden von Ihnen und habe nicht die geringste Ahnung, was Sie mit diesem netten Treffen bezwecken wollen."

„Sie werden es noch gewahr werden, Herr Voigt", entgegnete Jebens ruhig und ließ ihn wieder abführen. Dann sagte Brodersen: „Meine Herren, wir gehen nun wieder in unseren Sitzungsraum zurück."

Sie hatten kaum Platz genommen, als ein Polizeibote hereinkam und Brandner eine Depesche aushändigte. Dieser reichte sie weiter an den

Staatsanwalt. Brodersen warf einen kurzen Blick darauf, legte sie wieder beiseite und erklärte den Sinn der soeben beendeten Gegenüberstellungen: „Zum Ersten: Ich wollte gern wissen, ob Herr Strabo den Herrn mit der Nummer fünf kannte. Bei diesem handelt es sich um Erwin Voigts engsten Freund, Hans Thieme. Sie blieben jedoch unbefangen. Es war ganz offensichtlich, dass die beiden Herren einander nie zuvor begegnet sind.
Zum Zweiten: Schon beim ersten Blick durch das Glasfenster hat Herr Strabo freimütig bekannt, die Nummer sechs – also Erwin Voigt – zu kennen. Bei der zuletzt durchgeführten Konfrontation mit Herrn Strabo und der Miniatur hat Erwin Voigt genauso reagiert, wie ich es vorhergesehen hatte. Man merkte ihm an, dass er um keinen Preis erkennen lassen wollte, Herrn Strabo zu kennen. Und dann bekundete er auch noch mit gespielter Selbstgefälligkeit, niemanden aus unserer Gruppe – also auch Anton Strabo nicht – zu kennen. Er glaubt wahrscheinlich, dass er sich ein solches Verhalten im Hinblick auf sein vorliegendes Alibi erlauben kann – ein Alibi, das uns leider immer noch zu schaffen macht, obwohl es im Laufe der vorgenommenen Ermittlungen zunehmend fragwürdiger wird.
Inzwischen hat sich der Stand unserer Ermittlungen entscheidend verändert. Seit wenigen Minuten habe ich Kenntnis vom Inhalt einer Depesche aus Ettlingen, die der Bote soeben hereingebracht hat:
Herr Strabo, wir haben heute in Ihrer Ettlinger Wohnlaube eine Hausdurchsuchung durchgeführt und dabei auch Ihre Fahrkarten mit dem gut eingeprägten Datum vom Pfingstmontag und den auch gut lesbar eingedruckten Uhrzeiten nach jeweiligem Umsteigen gefunden. Sie hatten die Karten, wohl um sie nicht zu verlieren, ins Innenfutter Ihrer Maatenmütze gesteckt. Ich gratuliere Ihnen und bringe gleichzeitig unser Bedauern wegen der erlittenen Untersuchungshaft zum Ausdruck. Sie sind ab sofort frei.“
Der Obergartenbaudirektor stürmte als Erster auf Strabo zu, um ihm zu gratulieren. Die anderen Herren folgten seinem Beispiel. Brandner und der Staatsanwalt waren mit dem Erfolg ihrer Arbeit an diesem Tage außeror-

dentlich zufrieden, als es daran ging, sich voneinander zu verabschieden. Brodersen ließ es sich nicht nehmen, Wittenborg und Ohm zur Bahn zu begleiten. Unterwegs befragte er sie nach ihrem Gespräch mit Hans Thieme. Die Herren aus Dithmarschen waren reichlich müde, als sie endlich ihren Zug bestiegen. „Wie fanden Sie den Oberwachtmeister Tanner? Er hat wieder kein Wort gesagt", fragte Wittenborg. Ohm erwiderte: „Hat er nicht. Aber dennoch ist und bleibt er ein eindrucksvoller Mann." Sie ließen sich im Abteil auf die Bänke fallen und schliefen – in dem Bewusstsein, am heutigen Tag viel erreicht zu haben – sofort ein.

Des Polen Herz für Gastarbeiter

Mittwoch, 9. August 1911

Noch immer keine Nachricht über den Verbleib Elsbeth Mandrukeits! Koste es, was es wolle – sie musste schnellstens gefunden werden! Aber wie? Nach den Entdeckungen auf dem Schosterbarg war mit allem zu rechnen. Wo immer der Arzt erschien, vernahm er das Getuschel über seine Patientin – das aber schlagartig verstummte, sobald man seiner ansichtig wurde:

Zwangspause! Der halbautomatische Selbstbinder (im Hintergrund) ist offensichtlich in schwierigem Gelände steckengeblieben. Ein dritter Gaul war vor dem üblichen Zweiergespann eingespannt worden, um den Garbenbinder wieder auf die Beine zu stellen.

„Die Polackin, in deren Adern artfremdes Blut fließt; die Hexe, die unsere Männer verführt; die Nebelbraut, so 'ne Art Monster!"
Diese dummen und gefährlichen Vorurteile waren weiter verbreitet, als er befürchtet hatte.

Wo aber mit der Suche beginnen? Was genau zu tun war, verbarg sich vor ihm gleichsam wie hinter einer unüberwindbaren Mauer. – Als Erstes musste man alles daran setzen, den Verseschmied, der Elsbeth anscheinend ein Schicksal nach dem Vorbild einer alten Sage bereiten wollte, zu enttarnen!
Wittenborg trat aus dem Haus. Sogleich überfiel ihn die für einen frühen Morgen ungewöhnliche Hitze. Ihn blendete das gleißende Licht, das von einem milchigweißen Himmel gnadenlos in jeden Winkel strahlte und die Sonne zu einer mondähnlichen Erscheinung am Firmament verkommen ließ! Wittenborg führte Hans aus dem Stall und spannte an. Er begab sich auf den Weg nach Marne. Unterwegs ließ er den hoch bepackten Erntefuhren und den entleert unter Peitschenknall in voller Fahrt aufs Feld zurückratternden Leiterwagen die Vorfahrt und drückte sich mit seiner Chaise dicht am Rande des Straßengrabens entlang.
Überall war die Ernte in vollem Gange, aber noch stand auf vielen Feldern das Getreide – Weizen, Roggen und Hafer – satt auf dem Halm. Da Wittenborg langsam fuhr, entging ihm nichts. Frauen arbeiteten sich paarweise am Rande der Weizenfelder entlang. Vornüber gebeugt schob sich jeweils eine die Ähren bündelweise in die Armbeuge und schnitt sie knapp über der Erde mit der Sichel ab; die andere band dann je einen Armvoll zu aufgedrehten Garben zusammen. Auf diese Weise schufen sie an den Feldrändern breite Wege für die von je zwei Pferden gezogenen Selbstbinder – neuartige Erntemaschinen, die mit breiten Messern die Arbeit von mehreren Schnitterinnen und Binderinnen in einem Zuge erledigten und somit wesentlich schneller als diese das wogende Getreide niederlegten und zu Garben gebunden rückwärts ausspien. Den Selbstbindern eilten Frauen nach. Sie stellten die Garben – immer sechs bis acht Stück – in Hocken gegeneinander auf. Mit diesen Hocken bildeten sie lange Reihen, zwischen denen jeweils ausreichend breite Wege für die Fuhrwerke frei blieben. Während das frisch geschnittene Getreide noch tagelang in den Hocken trocknen musste, rückten erste Gespanne mit Leiterwagen an, um die bereits durchgetrockneten Hocken von den Feldern zu holen. Die Garben

wurden mit Forken auf die Wagen hinaufbefördert, von erfahrenen Erntehelfern aufgefangen und dann in Schichten so sorgfältig gestapelt, dass die Wagen gerade noch durch die Scheunentore passten, bei der Fahrt zum Hof aber nichts herunterfallen würde. – Von Zeit zu Zeit hörte man weit über die Felder hin das Dengeln und Schärfen der Sensen und Sicheln.

Ziemlich durchgeschwitzt langte Wittenborg in Marne vor der Apotheke an. Dass der medizinische Bedarf in seiner Praxis wieder ergänzt werden müsse, war nur ein Vorwand für diesen Besuch. Er fand erst ein paar Häuserzeilen von der Apotheke entfernt ein schattiges Plätzchen, um Pferd und Wagen vernünftig abstellen zu können, weil die Straßen in unmittelbarer Umgebung der Apotheke bereits durch zahlreiche Kutschen und Karren nahezu blockiert waren. Er wusste, dass – eigentlich schon zu spät für die Jahreszeit – noch ein ganzer Eisenbahnzug mit Wanderarbeitern angekommen war, die sich zu diesem Zeitpunkt auf dem Platz vor der Apotheke versammelten, um dann nach erfolgter ‚Begutachtung' durch die Bauern von diesen dort abgeholt zu werden. – Das Bild, das sich ihm bot, machte ihn zornig. All die Hofbesitzer, die hierhergekommen waren, um noch letzte fehlende Schnitter oder auch Hilfskräfte für die Rodung der Zuckerrüben und die noch wichtigere Kohlernte zu dingen, zwangen die arbeitswilligen Menschen aus der Fremde unter heftigem Geschimpfe und Gedränge, ihre Brustmuskulatur zu entblößen, ihren Bizeps durch Hineinkneifen prüfen zu lassen und die Zähne vorzuweisen – ganz so, als sei die Nachricht von der Aufhebung des Sklavenhandels noch nicht bis nach Marne vorgedrungen.

So sehr Wittenborg dieses Geschäft auch anwiderte – heute war er nur deshalb hier. Irgendwann hatte auch die kleine Betty an der Hand ihrer Mutter auf diesem Platz gestanden, und er fragte sich, warum er nicht schon längst auf den Gedanken gekommen war, unter den Wanderarbeitern nach ihrem Verbleib zu forschen. Vielleicht hielt sie sich bei ihnen versteckt. Er drängte sich an den Wartenden vorbei und betrat die Apotheke. Er war der einzige Kunde.

Nach höflicher Begrüßung durch den Inhaber Eberhard Zeisig bat Wittenborg darum, die zuvor schon bestellten Waren zu verpacken und zur Chaise tragen zu lassen. Als dies alles erledigt und die Rechnung begeglichen war, fragte er den Apotheker noch, ob dieser ihm wohl den Vermittler der Fremdarbeiter zeigen könne.

„Das macht jetzt der Artur Sawatzki, Herr Doktor." Zeisig bat den Arzt an das Schaufenster. „Sehen Sie den bulligen Kerl da in der Mitte der Leute, der gerade irgendetwas in eine Kladde einträgt? Das ist er. Er stammt aus Masuren. Der verdient sich dumm und dösig an seinen eigenen Landsleuten und den Polacken – einmal durch die Vermittlungsgebühren, die er sowohl von den Bauern als auch von den vermittelten Arbeitern kassiert, und zusätzlich durch die Vermietung einiger Schlafplätze an irgendwelche Polacken. Da draußen in seiner Mietskaserne soll es ja grauenhaft zugehen – alles ist dreckig und speckig, wie man hört. Und in der Gemeinschaftsküche kriecht das Ungeziefer über den Esstisch."

Der Anblick des untersetzten, stiernackigen Mannes, den er beim Überqueren des Vorplatzes übersehen hatte, stimmte den Doktor nachdenklich. Den Namen hatte er doch schon des Öfteren gehört, bisher aber nie in derart unerfreulichem Zusammenhang.

Der Apotheker kehrte hinter den Verkaufstresen zurück und erteilte dabei weiter bereitwillig Auskunft: „Dem Sawatzki gehört die Mietskaserne in Friedrichskoog Mitte, ziemlich weit im Norden am Deich hinter dem Rugenorter Loch. Er hält drei Kühe und ein paar Schafe für den Eigenbedarf. In die Kaserne – eine umgebaute Scheune, die er den Wanderarbeitern als Unterkunft vermietet – investiert er keinen Pfennig, der alte Geizkragen. Dabei soll er inzwischen stinkreich sein. Sein Geld verdient er allein damit, dass er seine Landsleute hier vor meiner Tür verkauft. Die Vermittlung von diesem Pack ist nicht strafbar, also passiert ihm nichts. Die Regierung trägt die Schuld daran, wenn unsere jungen Leute arbeitslos bleiben. Da sieht man's wieder! – Aber warum interessieren Sie sich für ihn?"

„Zu meinen Aufgaben gehört auch die Wahrnehmung amtsärztlicher Kontrollen“, gab Wittenborg wohlüberlegt zur Antwort.
„Dann müssen Sie unbedingt auch auf dem Moorhof bei dem alten Eeckena vorbeischauen, der sehr viele Saisonarbeiter beschäftigt. Der Hof liegt nördlich von hier bei Kannemoor. Dort werden Sie einen glänzend geführten Betrieb kennenlernen. Da wird den faulen Hunden gezeigt, was ’ne Harke ist. Sehr zu empfehlen – und ich weiß, wovon ich spreche!“
Der Arzt hielt an sich. Der Apotheker schien wirklich überzeugt von dem, was er da von sich gab. – Jetzt begann er, unruhig zu werden, erklärte aber auch gleich, warum: „Nur selten verlässt der Apotheker vor seinen Kunden das Geschäft“, sagte er. „Aber für heute muss ich Ihnen leider Lebewohl sagen – eine ehrenvolle Aufgabe zwingt mich dazu: Mein Club erwartet ein kleines Referat von mir. Deshalb muss ich mich jetzt bedauerlicherweise schleunigst von Ihnen verabschieden.“
„Darf man erfahren, worüber Sie sprechen werden?“
„Ein andermal, lieber Doktor!“, entschuldigte er sich, indem er davoneilte, rief dann aber doch noch einmal von der Tür aus: „Es geht um die Verpolung der Dithmarscher Bevölkerung bei Mischehen – ein großes vaterländisches Thema! Also bis zum nächsten Mal! Lassen Sie mich wissen, wenn Sie wieder etwas benötigen, verehrter Doktor!“ Wittenborg schüttelte wortlos den Kopf. Er winkte den Apothekergehilfen heran, der die Medikamente zur Chaise bringen sollte, und verließ die Apotheke. Er begab sich auf direktem Wege ins Rathaus und bat in der Verwaltung darum, die Akten der in Marnes Umgebung eingesetzten Wanderarbeiter einsehen zu dürfen.
Der Amtschef, Herr Pütz, empfing den Doktor freundlich. Wittenborg brauchte nur den Namen Artur Sawatzki zu nennen und etwas von der angeblich miserablen Unterbringung der Arbeiter aus den preußischen Ostprovinzen anzudeuten, schon war Herr Pütz überaus hilfsbereit.
„Ich kann Ihnen sogar eine Kopie mit den Namen überlassen“, meinte er und fügte noch an: „Ich lasse Ihnen aber für alle Fälle eine schriftliche Vollmacht für die Begehung der Schlafräume ausfertigen. Der Sawatzki soll end-

lich merken, dass er da draußen nicht machen kann, was er will. Ich kann Ihnen gar nicht sagen, wie erleichtert ich bin, dass Sie sich um die Zustände kümmern wollen. Ich hatte schon vor, ihm eine Regierungskommission unter Anführung eines Medizinalrates auf den Hals zu schicken."

Als Wittenborg noch darum bat, auch die Fremdarbeiterlisten des Jahres 1902 einsehen zu dürfen, fragte Pütz sehr interessiert: „Wonach suchen Sie speziell in der Akte von 1902?"

Wittenborg spürte instinktiv, dass hier mehr Zurückhaltung geboten war, und er antwortete ausweichend: „Nur eine Kleinigkeit – für Sie gewiss ohne Belang."

„Geht es Ihnen etwa um die Mandrukeit? Man hört, dass Sie sich für sie interessieren. Ich will mich da ja bestimmt nicht einmischen, nur erscheint mir das der Mühe nicht wert."

„Wieso nicht, Herr Pütz?", zeigte sich Wittenborg erstaunt.

„Nun, Herr Doktor, es lohnt sich einfach nicht. Sie ist nur eine Ostpreußin. Und die Ostpreußen sind – wie man weiß – halbe Polacken. Der Vater von Elsbeth Mandrukeit war ein polnischer Fischer."

Wittenborg war angewidert. Dass eine derartige Einstellung selbst von einem preußischen Beamten – zudem in einer solchen Position – vertreten wurde, erschütterte ihn. Er ließ sich aber nichts anmerken, weil er sich noch weitere Auskünfte von ihm erhoffte.

„Sagen Sie, Herr Pütz: Gibt es noch irgendwelche Unterlagen über den Aufenthalt der Mandrukeit und ihrer Mutter auf dem Moorhof?"

„Aber ja, Herr Doktor, sehen Sie hier: Der Totenschein für die auf dem Moorhof verstorbene Mutter – und hier noch eine Verfügung, dass Elsbeth bis zu einer rechtskräftig entschiedenen Adoption durch den Lehrer Mehlmann bei der Familie Sawatzki im Friedrichskoog unterzubringen sei."

„Danke, Herr Pütz! Aber gibt es auch eine Aktennotiz dazu, die erklärt, ob es einen triftigen Grund für die Adoption durch Mehlmann und die vorübergehende Unterbringung bei den Sawatzkis gab?"

„Nein, dazu schweigen die Akten. Mir ist diese Verfügung auch absolut unbegreiflich."
„Dann werde ich nach meinem Besuch bei den Sawatzkis gleich anschließend auch auf dem Moorhof vorsprechen."
„Das alles werden Sie heute aber nicht mehr schaffen. Außerdem ist der Bauer immer viel unterwegs. Es wäre doch ärgerlich, wenn Sie den weiten Weg auf sich nähmen und ihn dann verfehlten. Ich rate Ihnen, erst Mitte September zum Moorhof zu fahren – zur Zeit der Kartoffelernte, wenn die Saisonarbeiter wieder zum Einsatz kommen. Am ehesten treffen Sie den Bauern Eeckena an einem Mittwochnachmittag an. Nehmen Sie dazu von Marne aus den Landweg auf Kannemoor zu. Kurz vor dem Ortsschild geht dann links der Weg zum Moorhof ab. Dort wird man Ihnen bestimmt sehr gerne weiterhelfen. Also – erst einmal zum Sawatzki und Mitte September dann auf den Moorhof!"
Derart umfassend instruiert, würde er nicht lange suchen müssen, um Sawatzkis Kaserne noch heute und später dann auch Eeckenas Moorhof schnell zu finden. Er verabschiedete sich, erreichte nach wenigen Minuten seine Chaise und verließ Marne in Richtung Nordwesten, um auf die Köge zuzuhalten.
Schon bald passierte das leichte Gefährt den alten Deich, über den hinweg man vom Kronprinzenkoog in den Friedrichskoog gelangte. Wittenborg überquerte das Rugenorter Loch – einen alten Priel, der den ganzen Koog von Nord nach Süd zu durchziehen schien – und fuhr am Westufer dieses Priels entlang weiter in Richtung Norden. Zu seiner Rechten weitete sich der Priel zu einem See, der nahezu bis an den Norddeich des Friedrichskooges heranreichte. Aber auch seinem sonst eher eifrigen Hans schien die Hitze inzwischen zuzusetzen – er trottete müde auf dem staubigen Hauptweg dem Ziel entgegen. Endlich kamen zunächst eine lang gestreckte Scheune – vermutlich das von Pütz beschriebene Wohnheim der Wanderarbeiter – und einige Stallungen in Sicht. Nur ein kleines Stück davon entfernt lugte aus Büschen und Bäumen das Wohnhaus hervor – soweit der

Arzt es erkennen konnte, unterschied es sich in seiner Bauweise auffallend von den anderen Siedlungshäusern in Rugenort.
Wittenborg war nicht ganz wohl zumute, als er sich mit seiner Chaise auf das Wohnhaus zubewegte. Ein schwarzweiß gescheckter Drahthaar-Foxterrier schoss kläffend und japsend seinem Gefährt entgegen, aber Hans ließ sich nicht aus der Ruhe bringen. Wittenborg hielt an der Pforte zum Vorgarten.
Der Mann aus Masuren stand vor der Tür und betrachtete skeptisch den Ankömmling. Er schien ihn zu kennen und grüßte verwundert: „Nanu, Herr Doktor, was hat Sie hierher verschlagen? Wir sind alle gesund – und von den Arbeitern ist auch keiner krank. Was verschafft uns die Ehre?"
„Sie müssen Artur Sawatzki sein – richtig?", erwiderte Wittenborg und sprang vom Wagen. „Ich würde gern einmal einen Blick in die Behausungen Ihrer Saisonarbeiter werfen, um die hygienischen Verhältnisse zu überprüfen. Weil sich in Ihrem Metier viele schwarze Schafe tummeln, ist man in Berlin sehr besorgt und möchte alles tun, um das Ausbrechen von Seuchen zu verhindern. Ich bin also im Auftrag der Regierung hier", erwiderte Wittenborg und überreichte Sawatzki die Verfügung des Herrn Pütz.
Mit allem hatte Wittenborg jetzt gerechnet – nur nicht mit einer freundlichen Reaktion des Hofbesitzers auf dieses offizielle Schreiben. Aber Sawatzkis Haltung lockerte sich von einem Moment auf den anderen, und er lächelte wie befreit.
„Ehrlich!", begann er. „Das haut mich beinahe um. Zum allerersten Mal interessiert sich die Behörde für meine Wanderarbeiter und schickt mir einen Arzt in offizieller Mission. – Können Sie sich vorstellen, dass ich schon fünfmal schriftlich um eine Besichtigung der Quartiere gebeten habe? Man hat mich schmoren lassen; ich bekam nie eine Antwort, nur immer wieder den Bescheid in Form eines Vordrucks, man habe meine Eingabe registriert, unterschrieben: ‚i.A. Heribert Pütz'. – Das war alles."
„Dann, Herr Sawatzki, wird es ja höchste Zeit, dass wir allem bösen Gerede einmal die Spitze nehmen, nicht wahr? Wenn Sie also damit einverstanden

sind, möchte ich gern jetzt gleich mit Ihnen zusammen die Quartiere besichtigen."
„Selbstverständlich, Herr Doktor, aber ich bitte um einige Minuten Geduld – ich will nur kurz meiner Frau Bescheid geben."
Der Arzt musste auch nicht lange warten. Nachdem Sawatzki zurückgekehrt war, gingen sie gemeinsam auf einem neu mit Ziegelgruß befestigten Weg zwischen Hauptgebäude und Kuhstall hindurch und gelangten vor die weithin sichtbare, ganz aus Holz errichtete, flachgiebelige Scheune mit einem Dach aus Teerpappe. Das ganze Gebäude war mit Holzteer dunkelbraun angestrichen und muchelte bei diesem heißen Wetter ein wenig danach.
„Die Scheune und das Grundstück habe ich von der Gemeinde in Erbpacht erhalten", erklärte Sawatzki. „Das Gebäude war ein wertloser Trümmerhaufen. Ich hab' dann die Scheune völlig neu aufgezimmert, weil ich einmal den Ehrgeiz besaß, einige Äcker zu erwerben und als Getreidebauer gute Geschäfte zu machen. Daraus wurde aber nichts. Niemand war bereit, dem ‚Polacken', wie sie mich nannten, Land zu verkaufen oder auch nur zu verpachten."
Sie gingen hinein. Als Fußboden diente ein mit Häcksel gemagerter Lehmestrich. Der größte Teil der Scheune war der Länge nach durch eine Trennwand für Männer und Frauen mittig geteilt.
Die Frauen behielten ihre acht- bis zehnjährigen Kinder in der Scheune bei sich, weil sie zum Rüben-Verziehen auf Knien krabbelnd Reihe für Reihe über die Felder gehetzt wurden und zu den Einkünften der Wanderarbeiter beitragen mussten. An den Längsseiten standen in mehreren durch Sichtblenden voneinander getrennten Kammern je zwei hölzerne Bettstellen mit Strohsäcken darauf. Zwei dieser Kammern waren als Waschräume mit Badewannen ausgestattet. Ganz am Ende der Scheune war ein Bereich für einen Aufenthaltsraum mit Tischen und Stühlen ausgespart. In der Mitte dieses Raumes befanden sich ein von einer Ziegelmauer eingefasster, großer Herd und dahinter ein Schornstein aus Backstein, der den Rauch nach oben

durch das Dach abführte. Hier konnte gekocht und auch das Wasser für die Bäder erwärmt werden.

„Die Kochstellen, Warmwasseraufbereitung und die Rauchabzüge hat der Schornsteinfegermeister für mich entworfen und später die Bauausführung abgenommen", erklärte Paul Sawatzki. Von außen war ein länglicher, mittig geteilter Verschlag an die Scheune angebaut, in dem sich – für Männer und Frauen getrennt – je drei aus Fichtendielen zusammengezimmerte Plumpsklos nebeneinander befanden. – Alles machte auf Wittenborg einen praktischen und sauberen Eindruck. „Wie schaffen Sie es nur", staunte der Arzt, „diesen Betrieb zu finanzieren, Herr Sawatzki?"

„Ich bin, was die wenigsten wissen, Diakon und finde für diese Arbeit Unterstützung bei der Wohlfahrt, mit der wir ständig in Kontakt sind. In Norderdithmarschen bewirkt die Wohlfahrt inzwischen viel Gutes, doch hier in Süderdithmarschen ist noch alles im Aufbau. Nehmen Sie diese von mir geschaffene Einrichtung: Nur wenige Wanderarbeiter von den Höfen in unmittelbarer Nachbarschaft wohnen die ganze Woche über bei uns. Die meisten schlafen bei den Bauern im Stroh und kommen dann nur am Sonnabend hierher, um unser Wannenbad zu benutzen.

Als Mutter noch lebte, musste Klein Elsbeth mit aufs Feld.

Anschließend treffen sie sich in unserer Kaffeestube und bleiben oft bis spätabends oder übernachten dann auch hier. Es gibt aber auch viele Arbeiter, die sich bei uns nicht wohlfühlen, weil hier prinzipiell kein Alkohol ausgeschenkt wird. Das ist für sie ein Problem, da die armen Kerle, die mit den Dreschkästen und den Lokomobilen von Ort zu Ort ziehen, von den Unternehmern systematisch zu Alkoholikern gemacht werden, indem sie während der Arbeit alle zwei Stunden ein Schnäpschen bekommen."

„Ich gestehe, dass ich hier etwas vollkommen anderes erwartet hatte", musste Wittenborg erstaunt eingestehen. „Sie hatten eben die falschen Gesprächspartner", entgegnete der Hofherr ruhig.

„Das gewiss – aber es gibt nicht viele, die so denken wie Sie, Herr Sawatzki."

„Wie Zeisig oder Pütz? Die wagen sich beide nicht hierher. Am Ende könnten ihnen noch ihre lieb gewordenen Vorurteile abhandenkommen!"

„Und wer verbreitet Ihrer Meinung nach die bösen Gerüchte?"

„Es bleibt leider nicht nur bei Gerüchten! Kommen Sie, Herr Doktor, ich muss Ihnen noch etwas zeigen!"

Artur Sawatzki verließ die Scheune und Wittenborg folgte ihm zu einer Ecke des Gebäudes, die von einem Holunderstrauch umwuchert und daher nur schlecht einsehbar war. Der Arzt blieb stehen.

„Was sehen Sie da, Herr Doktor?"

„Hier hat es anscheinend richtig gebrannt", stellte Wittenborg fest.

„Und wie! Brandstiftung! Die ganze Ecke des Gebäudes stand in Flammen! Fast zwanzig Quadratmeter Außenwand musste ich erneuern. Dieser niederträchtige Anschlag wurde an einem Wochenende verübt. Die Arbeiter schliefen schon und haben nichts bemerkt. Nur mein kleiner Höllenhund hat angeschlagen. Ich hab die Arbeiter geweckt und alle mussten raus, um beim Löschen zu helfen. Glücklicherweise fing es dann an zu regnen – so hat uns der Himmel gerettet."

„Und wer war das, Herr Sawatzki?"

„Das waren keine Tagediebe, und es geschah auch nicht im Suff. Der Anschlag war offensichtlich sehr sorgfältig geplant und ausgeführt worden. Die Täter müssen mächtige Freunde bei der Polizei und bis hinauf in die Spitzen unserer Gesellschaft haben. Sie kennen vielleicht die sogenannten ‚Freunde der Landespartei', zu denen Pütz und übrigens auch Zeisig gehören ..." – Wittenborg vollendete den Satz: „... und die sich an jedem Donnerstagabend im Dithmarscher Hof treffen."
„Allerdings, Herr Doktor. Aber die sind in ihrem Fanatismus unheilbar verblendet. Die müssten doch eigentlich begreifen, dass ohne die Fremdarbeiter die Getreideernte auf dem Halm verfaulen würde. – Übrigens wurde die Fahndung nach den Brandstiftern inzwischen eingestellt. Verstehen Sie nun, warum ich wenig auf unsere Ordnungshüter gebe? Ich bin inzwischen so misstrauisch geworden, dass ich in jedem Besucher einen potenziellen Brandstifter erblicke."
„Ich muss mich bei Ihnen entschuldigen, Herr Sawatzki, dass auch ich zunächst diesem Vorurteil Ihnen gegenüber aufgesessen bin! Von dem, was ich heute bei Ihnen gesehen habe, bin ich außerordentlich positiv beeindruckt. – Nun habe ich aber noch etwas anderes auf dem Herzen."
„Wenn ich helfen kann, Herr Doktor, werde ich das nach Kräften tun."
„Was wissen Sie über die Kindheit der Elsbeth Mandrukeit?"
„Wie kommen Sie ausgerechnet auf die Mandrukeit, Herr Doktor?"
„Sie ist meine Patientin. Und wie Sie wissen, ist sie verschwunden. Ich bin mir sicher, dass sie noch lebt. Sie ist aber in Gefahr – ein Irrer stellt ihr nach. Man muss sie dringend warnen und schützen. Ist sie bei Ihnen in letzter Zeit wieder einmal aufgetaucht?"
„Nein, leider nicht! Wir haben von ihr seit Monaten nicht das Geringste gehört."
„Mir liegt eine Liste des Einwohnermeldeamtes aus dem Jahr 1902 vor. Dieser zufolge müsste Elsbeth in jenem Jahr mit ihrer Mutter in Marne eingetroffen und zunächst bei Ihnen, Herr Sawatzki, Unterkunft gefunden haben."

„So war es, Herr Doktor!“
Sie gingen hinüber zum Wohnhaus, und Artur Sawatzki bat den Arzt in die Küche. Hier stand an der Fensterseite ein Tisch mit einer dicken, blank gescheuerten Eichenholzplatte – und auch hier war alles war blitzsauber. Aus einer anderen Tür trat eine schlicht gekleidete Frau ein.
„Das ist meine Frau Pauline“, stellte Sawatzki sie vor. „Sie weiß am besten über Elsbeth und deren Mutter Bescheid. Das ist keine schöne Geschichte.“
Pauline Sawatzki begrüßte den Gast. „Welche Freude, Herr Doktor, Sie hier begrüßen zu dürfen! Nehmen Sie doch bitte Platz! Wie wär's mit einer Tasse Kaffee – ich meine: richtig guten Bohnenkaffee – und vielleicht auch mit einem Stück Kuchen, den ich gerade gebacken habe?“ Angesichts dieses verlockenden Angebotes meldete sich Wittenborgs Magen, der heute ohne Mittagsessen hatte auskommen müssen.
„Liebend gern, Frau Sawatzki, mit dem größten Vergnügen!“
Sie füllte das Wasserschiff auf dem großen Herd auf, nahm gegenüber von Wittenborg Platz und klemmte sich die Kaffeemühle zwischen die Knie. Artur Sawatzki nahm auf einem Küchenstuhl neben der Tür, die zur Diele führte, Platz.
„Worum geht es Ihnen denn genau?“, fragte die Hausfrau nach.
Wittenborg wiederholte sein Anliegen und deutete an, dass Elsbeth Mandrukeit wahrscheinlich ärztliche Hilfe benötige. Die Frau vergaß für einen Moment das Drehen an der Kaffeemühle und schaute nachdenklich zur Tür. Dann begann sie zu erzählen: „Unmittelbar nach ihrer Ankunft in Dithmarschen haben sie so manchen Tag an diesem Tisch gesessen und mit uns zusammen gegessen, die Mutter und ihre kleine Elsbeth. Elsbeths Mutter hatte ihren Mann, einen polnischen Fischer, in Alt-Passarge verloren. Er war an der Tuberkulose gestorben. Ihre Schwester, die Erna auf dem Moorhof, hatte sie eingeladen, mit ihrem Töchterlein hierher zu kommen, denn sie hatten sonst niemanden mehr, der sich hätte um sie kümmern wollen. Dann haben sie aber doch erst einmal bei uns gewohnt, weil der Bauer auf dem Moorhof sich dem Wunsch seiner Frau widersetzte, ihre Schwester

und das Kind aufzunehmen. Erst einen Monat später durften sie hinüberziehen. Die Kleine war gerade zehn Jahre alt, als sie hierherkam. Das war 1902, wie Sie schon wissen.
Ihre Mutter hat dann nicht mehr lange durchgehalten. Sie hatte sich bei ihrem Mann angesteckt und war nach kurzer, heftiger Krankheit gestorben. Die Kleine war sehr schmächtig und hatte nur wenig Kraft – aber der Bauer auf dem Moorhof, der alte Eeckena, bestand darauf, dass sie wie die anderen Kinder auch mit aufs Feld musste. Elsbeth schaffte ihre Arbeit jedoch nie. Und Eeckenas Vorarbeiter hatte Elsbeth auf dem Kieker. Er misshandelte sie. Mehr weiß ich darüber nicht, aber mein Mann hat davon erzählt. Sie tat uns unendlich leid."
„Hat sie sich denn gar nicht über die Schläge beschwert?"
„Bei wem denn! Der Hof liegt derart einsam, da kommt ja keiner hin. In der Schule hatte sie nie etwas angedeutet. Unter ihren Mitschülerinnen fühlte sie sich am wohlsten. Doch den Mädchen in ihrer Klasse entging es nicht, wie schwer es ihr fiel, sich von ihnen zu verabschieden und wieder nachhause zu gehen. Als Elsbeth einmal auf die roten Stellen an Armen und Beinen angesprochen wurde, habe sie mit zitternder Stimme erklärt, das käme von den Brennnesseln ..."
„Also hat sie gesprochen?"
„Aber ja! Sie hat sogar viel geredet und gesungen. Nur von einem Tag auf den anderen hörte sie damit auf – sie hat die Sprache ganz plötzlich verloren."
„War denn irgendetwas vorgefallen, dass sie ...?"
„Ich denke nicht, dass es irgendeine Erkrankung war. Sie durfte dann aber nicht mehr zur Schule gehen. Die Behörde war der Auffassung, sie sei mit ihrer Behinderung durch Sprachlosigkeit nicht mehr ‚beschulbar', wie sie das nannten, und daher auch nicht mehr schulpflichtig. So war sie nun ganz auf ihr Zuhause auf dem Moorhof angewiesen."
In diesem Moment knarrte die Küchentür und der wuschelige, rotblonde Schopf des Postboten lugte vorsichtig herein. „Asmus, welch eine Überra-

schung!“, rief Pauline. „Nu komm schon rein!“, drängte sie ihn. „Du störst nicht. Wir freuen uns doch, wenn du mal vorbeischaust.“
Asmus Eeckena schien sich immer noch nicht ganz sicher zu sein, doch dann wagte er sich durch die Tür. Er war kleinwüchsig und schlank, dabei muskulös. Unter dem rotblonden Schopf zeigte sich ein frisches, überraschend kindlich wirkendes Gesicht.
„Ich … ich wollte gar nicht stören, wo ihr doch Besuch habt.“
„Doktor Wittenborg, unser Landarzt. Ich glaube beinahe, ihr kennt euch noch gar nicht persönlich …“
„Doch, doch! Ich war doch schon vor Jahren mal beim Doktor – ganz, ganz früher. Und in letzter Zeit sogar häufiger, weil– ich bin jetzt der Postbote für den Kronprinzenkoog. Aber ich sehe meist nur Ottilie, die Haushälterin vom Doktor“, erklärte der junge Mann umständlich, machte einen strammen Diener und nahm zaghaft die sich ihm entgegenstreckende Rechte des Arztes. Wittenborg lächelte und nickte zustimmend.
„Asmus wohnt schon lange nicht mehr bei seinem Vater auf dem Moorhof, müssen Sie wissen …“, erklärte Pauline und Wittenborg ergänzte: „Richtig! Für uns war das ein Gewinn, denn seitdem kommt unsere Post immer pünktlich.“
„Na dann!“, sagte Pauline erfreut und wandte sich wieder Asmus zu. „Weswegen kommst du? Was hast du auf dem Herzen?“
Asmus schaute zu Boden. „Ach, gar nichts! Rein gar nichts – ich wollte ja nur wissen, ob ihr vielleicht … na, du weißt schon, Tante Pauline.“
„Ja, und ob! Wir fühlen doch mit dir – aber wir können sie auch nicht herbeizaubern, die Elsbeth. Sie ist und bleibt verschwunden. Der Doktor möchte auch wissen, wo sie steckt.“
„Der Doktor? Hat er nach ihr gefragt?“, fragte der Junge irritiert.
„Ich bin sehr in Sorge ihretwegen, weil sie sich gar nicht mehr meldet“, erklärte Wittenborg. „Aber wenn ich dich richtig verstanden habe, scheint dir Elsbeths Schicksal auch nicht ganz gleichgültig zu sein.“

„Sie war so was wie ’ne Schwester. Ich musste sie immer gegen die anderen Jungs verteidigen. Richtige Rüpel waren die manchmal. Haben sich über Elsbeth lustig gemacht, weil sie doch stumm war. Sie war so schön – wie ’ne richtige Prinzessin“, beschrieb Asmus sie und seine Augen leuchteten.

„Hast du sie eigentlich mal richtig in den Arm genommen?“, fragte Wittenborg vorsichtig.

Asmus schlug die Augen nieder. „Wieso in ’n Arm genommen! Als ob sie das gewollt hätte!“, gab er befremdet zur Antwort. „Die Elsbeth tut doch so was nicht, die ist ’n anständiges Mädchen. Das weiß man doch. Ich weiß es jedenfalls ganz genau!“

„Du warst eben ihr großer Bruder und hast aufgepasst, dass ihr niemand was antat“, half ihm Pauline.

„Doch irgendwann hat sie sich einen anderen Beschützer gesucht – weit, weit weg von unserem Hof“, fuhr Asmus fort.

Nach Wittenborgs Einschätzung klang es fast ein wenig erleichtert und er versuchte, den freundlichen Postboten zu ermuntern, noch mehr zu erzählen: „Den Fischer gibt es nun nicht mehr …“

„Den mochte ich wohl leiden. Aber was wird denn nun mit Elsbeth?“, fragte Asmus fast tonlos.

Wittenborg bemühte sich, dem Gespräch eine zuversichtlichere Wendung zu geben. „Wenn sie nur wieder auf tauchte, wäre das nicht die Chance für einen Neuanfang?“

Asmus hielt an sich, seine Lippen bebten – es klang beinahe wie ein Stoßgebet: „Ja, wenn! Ich würde alles dafür geben! Wir könnten wieder wie früher miteinander spielen.“

Ihm versagte die Stimme.

„Spielen! Das ist nett gesagt!“, lachte der Doktor. Asmus blickte ihn irritiert an und verabschiedete sich abrupt.

„Ich muss jetzt gehen – muss allein sein.“ Asmus verließ den Raum.

Der Doktor war nicht recht klug aus ihm geworden. „Was hat es mit Asmus und Elsbeth auf sich?“

„Da war nie etwas“, erklärte Artur Sawatzki. „Seit die Elsbeth auf dem Moorhof weilte, war er eben – wie er selbst sagte – nur ihr kleiner Beschützer und Spielkamerad. Aber das Schlimmste hat er wohl nicht verhindern können.“

„Das Schlimmste?“

Pauline Sawatzki schüttete das Kaffeepulver in die große blaue Emaillekanne, rührte noch ein Eidotter hinein und goss den Kaffee mit kochend heißem Wasser auf. Dann setzte sie ihren Bericht fort: „Von einem bestimmten Tage an sprach sie nicht mehr, war schreckhaft, zeigte nur noch Angst. Asmus informierte die kranke Mutter der Kleinen, die bereits im Sterben lag. Um ihr Kind zu retten, bat sie Asmus, Elsbeth zu uns zu bringen. Sie glaubte, hier bei uns sei sie vorerst am sichersten. Später kam dann ein Brief mit einer Verfügung des Jugendamtes, dass die Kleine der Obhut des Schulmeisters Mehlmann anvertraut werden solle. Die Sawatzkis – damit also wir – seien gebeten, bei der Durchsetzung dieser Verfügung behilflich zu sein.“

„Und was war nun mit Asmus?“

Frau Pauline lachte. „Der hat sich schweren Herzens für immer vom Moorhof verabschiedet und ist Postbote geworden – aber das wissen Sie ja. Er liebt Bücher.“

„Das merkt man ihm wirklich nicht an!“, warf der Doktor ein. „Allerdings nur Kinderbücher, nichts anderes – und das bis heute! Er ist einfach Kind geblieben und ließ Elsbeth an seiner Welt teilhaben. – Wie früher auf dem Moorhof, als sie dort den grauenvollen Alltag nicht wahrhaben wollten – als sie Leidensgefährten waren. Ohne Asmus wäre Elsbeth dort zugrunde gegangen.“

Wittenborg hatte sehr aufmerksam zugehört, wurde aber allmählich unruhig, weil die Rückfahrt drängte. „Nun habe ich ja doch eine ganze Menge über Elsbeth Mandrukeit erfahren, nur eines nicht – wo sie sich aufhält. Wie könnte ich da weiterkommen?“

Frau Pauline dachte nach. Dann meinte sie, jedes Wort abwägend: „Wenn Sie alles wissen wollen, besuchen Sie den Alten auf dem Moorhof. Es heißt,

Harm Eeckena stelle der Mandrukeit noch heute nach und erkundige sich dauernd nach ihrem Verbleib. Vielleicht ist er derjenige, den Sie suchen."
Dieser Hinweis überraschte ihn nicht – auch wenn das Bild, das Pütz von dem Moorbauern gezeichnet hatte, ins Gegenteil verkehrt wurde.
„Nach allem, was Sie mir erzählt haben", fasste er zusammen, „wird das kein angenehmer Ausflug. – Ja, Frau Sawatzki, ich werde Harm Eeckena aufsuchen, auch wenn es leider erst Mitte September geschehen kann."
„Er ist unberechenbar. Seien Sie vor dem alten Eeckena auf der Hut!", warnte ihn Artur Sawatzki. „Und informieren Sie auf alle Fälle Ihre Freunde, bevor Sie zum Moorhof hinausfahren! Es könnte immerhin dahin kommen, dass es für Sie brenzlig wird und Sie Hilfe benötigen."
Die freundlichen Gastgeber begleiteten ihn bis zur Chaise. „Schließen Sie besser das Verdeck – es wird regnen", empfahl ihm Sawatzki. Wittenborg befolgte diesen Rat, bedankte sich und machte sich auf den Heimweg.
Der Regen ließ jedoch auf sich warten. Die Luft stand. Wittenborg lief der Schweiß übers Gesicht, den Hals hinab und über den Rücken. Die Schwalben querten im Tiefflug mit aufgesperrten Schnäbeln gierig die dichten Mückenschwärme, die dem Doktor und dem braven Hans schwer zu schaffen machten. Unentwegt versuchte das Pferd, sich mit dem Schweif die lästigen Insekten vom Rücken zu fegen; und auch Wittenborg war fast ununterbrochen damit beschäftigt, die bissigen Quälgeister im Nacken und am Hals zu erschlagen.

War sie es? – Erscheinung auf dem Schosterbarg

Montag, 4. September 1911

„Entschuldigen Sie vielmals, Herr Doktor! Ich weiß, dass ich jetzt nicht stören darf – aber das müssen Sie sehen!“ Mit dieser aufgeregten Ankündigung stand Ottilie plötzlich in Wittenborgs Sprechzimmer. Er war gerade dabei, einem älteren Herrn eine Diät zu erklären. Er wusste, Ottilie würde nie und nimmer ohne einen triftigen Grund so hereinplatzen. „Was gibt es denn so Aufregendes?“

„Auf dem Schosterbarg ist vielleicht was los!“, erklärte sie fast atemlos. „Da robben die Seehunde in großer Zahl an Land und es kommen immer noch mehr nach. Alles brabbelt und ürkst durcheinander, dass es eine Art hat. Es geht zu wie bei ’ner Volksversammlung„

Vielen Dank, Ottilie! Aber Sie sehen ja selbst, was hier los ist. Ich kann jetzt nicht weg – beim besten Willen nicht.“ Wittenborg wusste, dass sich die Robben zur Paarungszeit im September in größerer Zahl auf den Sänden im Watt sammelten. Was Ottilie da erzählte, schien ihm deshalb nicht besonders wichtig zu sein. Ohne noch weiter darüber nachzudenken, widmete er sich wieder seinen Patienten.

Nach Beendigung der Sprechstunde erfrischte er sich im Bad und zog sich um. Auf dem Weg ins Wohnzimmer begegnete ihm Ottilie. Sie trat stumm beiseite und schien ein wenig verschnupft zu sein. „Sind Sie böse mit mir?“, fragte er.

„Nein, das nicht! Aber dass Sie mich so wenig ernst nehmen, wenn ich mal was vorschlage, ist denn doch eine neue Erfahrung.“

„Sie meinen das Palaver der Seehunde auf dem Schosterbarg? Das ist nichts Ungewöhnliches und wiederholt sich jedes Jahr im September.“

„So viel weiß ich nun auch, Herr Doktor. Aber dass sie den ganzen Hügel bis zur Kuppe hinaufrobben – das hat man noch nie gesehen“, widersprach sie.

„Wie? Da scheint sich ja denn doch ein höchst ungewöhnliches Schauspiel zu ereignen – langsam werde ich neugierig“, gestand Wittenborg. „Und da ich ohnehin ein wenig Bewegung brauche, will ich mich auch gleich auf den Weg machen. Ich versuch's einfach mal mit dem Veloziped.“
„Nehmen Sie Ihren Regenumhang mit. Das Wetter könnte umschlagen.“
Herrlich! Wirklich etwas anderes, als ewig mit der Kutsche unterwegs zu sein, dachte Wittenborg und bestieg das Stahlross. Kurs West ging die Fahrt an Schadendorf vorbei, dann über den Deich und quer durch den Kaiser-Wilhelm-Koog bis an den Außendeich. Seine gute Stimmung hielt jedoch nicht lange an. Jede noch so kleine Unebenheit des Weges bekam er – übertragen durch den Fahrradrahmen und den harten Sattel – zunehmend schmerzhaft zu spüren. Schon bei der Abbiegung des Deichwegs nach Norden stieg er ab und schob. Aber auch das wurde ihm lästig – also ließ er das Rad am Deich liegen, kletterte bis zur Deichkrone hinauf und lief auf dem Deich weiter in Richtung des Hafens von Eckstedt. Es dauerte nicht lange und der Schosterbarg kam in Sicht.
Die Wolken hingen tief und verdeckten gelegentlich die Sicht auf das Vorland, den Deich und den Schosterbarg. Aber als er näherkam, hörte er schon das Geheul und das Gejapse. Er sah, wie sich die Seehunde in Massen auf den Strand wälzten und den Nachkommenden dadurch Platz machten, dass sie auf der Düne weiter nach oben rückten. Sie wühlten sich durch den Strandhafer hoch bis zur Kuppe. Und dort stand auf der höchsten Stelle – er wollte seinen Augen kaum trauen – eine Hamenfischerin in voller Montur. Sie war zu weit weg, als dass er ihr Gesicht hätte erkennen können, aber er war sich dennoch fast sicher, dass es Elsbeth Mandrukeit war. Die Seehunde schienen keine Angst vor ihr zu haben. Dann sah er auch, warum! Die Frau hatte einen Korb am Arm hängen, aus dem sie etwas verteilte, was die Robben anscheinend sehr gerne fraßen. Ganz sicher handelte es sich um Beifang, um sogenannten ‚Gammel', den man beim Fischen normalerweise wieder ins Meer zurückwirft.

Kurz entschlossen riss sich der Doktor die Schuhe von den Füßen und lief vom Deichfuß über das infolge der Ebbe trocken gefallene Vorland hinüber zum Schosterbarg. Als die Robben ihn bemerkten, versuchten sie zu fliehen und mit dem letzten Rinnsal Wassers davon zu schwimmen. Er achtete auf seine Füße, als er die Düne emporhastete, um nicht in scharfkantige Muscheln zu treten – als er wieder aufblickte, war auch die Frau verschwunden. Sie musste den Hügel fluchtartig verlassen haben. So sehr er sich bemühte, sie noch irgendwo auf dem Vorland zu entdecken – sie blieb verschwunden.

Unverrichteter Dinge kehrte er an Land zurück, zog die Schuhe wieder an, lief zum Fahrrad und schob es den langen Weg nach Haus. Dort ging er direkt in das Behandlungszimmer und suchte nach einer Salbe, die er Patienten empfahl, die sich einen ‚Wolf geritten' hatten.

War sie´s gewesen – oder nicht? Er hatte noch nie unter Halluzinationen gelitten und war sich ganz sicher, Elsbeth Mandrukeit erkannt zu haben. Aber wie war es ihr dann gelungen, sich von einem Augenblick zum anderen unsichtbar zu machen? Und warum versteckte sie sich vor ihm, wenn sie es gewesen sein sollte? Sie müsste doch wissen, dass man sich Sorgen um sie machte. – Er merkte, dass er sich schon wieder in Spekulationen verlor und versuchte, diesen Vorfall zu vergessen – allerdings ohne Erfolg: Das Bild der Fischerin, die da oben auf dem Schosterbarg gestanden hatte – stolz wie eine Königin und umgeben von Seehunden – wollte ihm nicht aus dem Kopf gehen. Es sollte ihn in nächster Zeit bis in seine Träume hinein verfolgen.

Mordanschlag mit Hilfe einer Dreschmaschine

Mittwochnachmittag, 13. September 1911

Die Tage wurden etwas kürzer, aber das schöne Wetter blieb. Am liebsten hätte sich Wittenborg mit einem neuen Roman auf die Terrasse zurückgezogen und sich so nebenbei an dem Anblick und dem Duft der Rosen im Steingarten erfreut. Doch war ihm nicht aus dem Sinn gegangen, was Pauline Sawatzki ihm schon vor Wochen beim Abschied beschwörend zugeraunt hatte: „Wenn Sie alles wissen wollen, besuchen Sie den Moorhof!“ Er hatte es zwar an Versuchen nicht fehlen lassen, sich auf dem Hof anzumelden, und auch mehrfach dort vorgesprochen – den Bauern hatte er dennoch nie zu Gesicht bekommen.

Heute würde er es ohne Vorankündigung versuchen. Über sein Vorhaben, das Datum und die Uhrzeit, hatte er einzig und allein Wachtmeister Brandner bei einer Tasse Kaffee im Dithmarscher Hof informiert – und dies auch nur, weil er von Sawatzki vor gewalttätigen Reaktionen des alten Eeckena gewarnt worden war. Brandner hatte ihm zugesichert, sich in der Nähe aufzuhalten, um ihm gegebenenfalls beistehen zu können.

Das Wartezimmer hatte sich im Laufe des Nachmittags planmäßig geleert, so dass Wittenborg rechtzeitig aufbrechen konnte. Nun war er bereits eine halbe Stunde unterwegs. Er hatte den Kronprinzenkoog in Richtung Marne verlassen, hielt auf Feldwegen in nördlicher Richtung auf Kannemoor zu und zog eine Riesenstaubwolke hinter sich her, als es wegen eines aufkommenden Gewitters vorzeitig zu dunkeln begann. Von Westen her schob sich eine schwarze Wolkenwand herauf. Doktor Wittenborg behielt sie im Auge und hoffte nur, dass sie sich nicht so schnell entladen würde. Im Galopp zog Hans die rappelnde Chaise hinter sich her.

Die Stoppelfelder kündeten vom Herbstbeginn. Man sah armer Leute Kinder, zum Ährenlesen ausgeschickt, kniend die Äcker absuchen und die spärliche Ausbeute in Handkörbchen nach Hause tragen. Weiter landeinwärts zuckelten Pferdegespanne über die Kartoffeläcker und rissen die Schleuderroder hinter sich her. Erntehelferinnen folgten in sicherem Abstand, füllten die großen, mit zwei Henkeln ausgestatteten Tragekörbe, die von kräftigen Burschen zu den Pferdewagen getragen und entleert wurden. Und während die mit Kartoffelbergen überhäuften Wagen in die Höfe hineinfuhren, wurden dort schon die ersten, lange vorbestellten Dreschmaschinen in Stellung gebracht und durch die langen Treibriemen mit den Schwungrädern der dampfbetriebenen Lokomobile verbunden. Reihum hatten von nun an die fauchenden, rußenden Ungeheuer von früh bis spät Drescharbeit auf jedem Hof zu leisten. Überall herrschte betriebsame Hektik. Der Himmel zog sich weiter zu. Im Zwielicht war der durch hohe Bäume rechts und links beschattete schmale Weg kaum noch zu erkennen. Jählings tauchte auf der rechten Seite hinter einer Wegbiegung ein riesiger Kasten vor der Chaise auf – eine Dreschmaschine, die erst zu spät sichtbar wurde, weil das seitliche Gebüsch hier weit ausladend in den Fahrweg hineinwucherte. Wittenborg schaffte es gerade noch, das Pferd herumzureißen und haarscharf an dem Kasten vorbeizupreschen. Doch da klatschte es scharf und laut. Kaum einen Meter vor seinem Kopf schlug ein schwerer Gegenstand von oben gegen die Vorderkante des Klappverdecks und schlagartig versperrte ein breites, schwarzes Band die Sicht nach vorn. Wittenborg sah nichts mehr, ließ die Zügel fahren, warf sich instinktiv seitwärts aus der Chaise hinaus und landete in den Büschen. Er bekam noch mit, dass das breite Band das Verdeck umschlang und nach hinten riss. Das Verdeck zerbrach, die Reste schleiften höllisch klappernd hinterher. Das Pferd ging durch und riss die Chaise mit sich davon. Ein Rad brach und der Wagen stürzte um. Dann wurde es still – man hörte nur noch in einiger Entfernung Hans, den Hengst, ängstlich schnauben.

Als der Doktor wieder hochkam, bot sich ihm ein chaotisches Bild. Er lief zu Hans, der vergeblich bemüht war, sich aufzurichten. Wittenborg musste ihn erst einmal von der gegabelten Deichsel befreien. Diese hatte den

Hengst zu Boden gedrückt, weil sich die Vorderachse mit den Rädern über die Deichsel geschoben hatte.

Vorn links ein Lokomobil, das mit seinem Schwungsrad über einen Treibriemen den Dreschkasten im Hintergrund/ Mitte erreichen und die Dreschmaschine antreiben soll.

Hans war aber Gott sei Dank unverletzt. Er kam hoch und stand schweißgebadet und zitternd da. Wittenborg band den Hengst an einen Baum. Dann holte er aus dem zertrümmerten Wagen den Instrumentenkoffer und öffnete ihn. Der Revolver lag obenauf. Instinktiv griff er danach. Hätte er sich nicht rechtzeitig aus der Chaise herausgeworfen, er wäre von dem schwarzen Band stranguliert worden. Ihm zitterten die Knie. Er ging zur Dreschmaschine zurück. Das schwarze Band war – wie er jetzt erkennen konnte – ein Treibriemen, der von der Dreschmaschine genau zu dem Zeitpunkt, als er an dem Kasten vorbeiraste, heruntergelassen worden sein muss. In der Tat – eine Mords-Idee!

Als Wittenborg dann daran ging, die Dreschmaschine näher zu untersuchen und um diese herumging, sah er durch die Sträucher des Knicks hindurch, wie jemand über den Acker davonlief. Er rief dem Flüchtenden hinterher, sofort stehen zu bleiben – der reagierte jedoch nicht, Wittenborg schoss dreimal in die Luft – aber auch diese Maßnahme verfehlte ihre Wirkung. Nun gab Wittenborg auf. Er wollte niemandem in die Arme laufen, der ihn vielleicht gerade hatte umbringen wollen.
Er ging zu dem Trümmerhaufen, der mal seine Chaise gewesen war, zurück. Aus einem Schubfach unter dem Fahrgestell zog er ein Beil hervor. Dieses hatte ihm schon so manches Mal bei der Befreiung verletzter Personen aus schwieriger Situation gute Dienste geleistet; jetzt durchtrennte er damit die Verbindungen zwischen der Chaise und dem völlig zerfetzten Verdeck. Dann holte er den Sattel, den er stets mit sich führte, und legte ihn Hans auf den Rücken, nahm den Instrumentenkoffer, steckte die Schusswaffe ein und bestieg sein Pferd.
Sehr nachdenklich setzte er seinen Weg in Richtung Moorhof fort. Wer mochte von seinem heutigen Vorhaben gewusst und es weitergetragen haben – dass er genau an diesem Tage und zu so später Stunde auf eben dieser wenig befahrenen Straße unterwegs sein würde? Und dann die umständliche Art dieses Anschlags? – Hier fiel ihm am ehesten Egon Spinat ein. Bei diesem käme noch hinzu, dass er wusste, wem er seine inzwischen erfolgte Entlassung aus dem Polizeidienst zu verdanken hatte.
Wittenborg hatte die Kreuzung erreicht, von der die Zufahrt zum Moorhof abzweigte. Er ritt am Rande eines halb abgeernteten Kartoffelackers entlang auf den von Kopfweiden umstandenen Bauernhof zu. Das Hauptgebäude machte schon von Weitem einen heruntergekommenen Eindruck. Das Reetdach war bis zum First hinauf großflächig bemoost, der First hing stark durch und war in der Mitte bereits einmal gebrochen. Es schien höchste Zeit zu sein, das Dach zu erneuern, bevor es endgültig in sich zusammenfallen würde.

Als Wittenborg über den Hof ritt, schoss mit gefletschten Zähnen und wütendem Gebell eine riesige schwarze Dogge aus einer Hundehütte hervor und über den Hofplatz, so weit die Länge der Kette es zuließ. Die grob zusammengezimmerte Hütte stand neben dem mächtigen, vermutlich ehemals grün gestrichenen Tor, das auf die Tenne des Hauptgebäudes führte. Hans war glücklicherweise ruhig geblieben und Wittenborg stieg ab.

Über dem Hof lag eine Geruchsmischung von Kuh- und Schweinedung mit den süßsäuerlichen Ingredienzien gärender Rübensilage. In der Stalltür erschien der Bauer mit einer voll beladenen Schubkarre, nahm Anlauf und fuhr die Karre mit Schwung über eine breite Bohle den Misthaufen hinauf und kippte sie aus. Oben hielt er für einen Moment inne und betrachtete den Ankömmling misstrauisch. Dann rammte er die Mistforke mit dem Stiel tief in den dampfenden Haufen und umklammerte misslaunig die äußeren beiden Zinken mit den Fäusten. Breitbeinig stand er auf dem Misthaufen und wischte sich mit dem Ärmel den Schweiß von der Stirn. „Meine Frau ist in der Küche!“, knurrte er abweisend und verschwand dann wieder mit seiner Schubkarre im Kuhstall.

Wittenborg band sein Pferd an, nahm den Instrumentenkoffer und ging ins Haus. Auf der Diele wurde er von Eeckenas Frau in Empfang genommen. Der Arzt hörte sogleich ihren ostpreußischen Dialekt heraus.

„Sie wollen wohl zu meinem Mann. Der ist noch mit dem Ausmisten im Stall zugange.“

Erna Eeckena bat Wittenborg in ihre Küche. Sie sprach leise und wirkte verhärmt. „Setzen Sie sich doch, Herr Doktor! Am besten hier an den Herd zu mir. Das ist der bequemste Platz. Darf ich Ihnen etwas zu trinken anbieten – vielleicht einen guten Kornbrand?“

Sie hatte die Flasche schon in der Hand und wartete seine Antwort gar nicht erst ab, sondern schenkte zwei Gläschen ein.

„Nein danke, Frau Eeckena! Ich hatte auch nicht vor, Sie allzu lange zu stören.“

„Sie stören doch nicht, Herr Doktor! Ich freu mich ja, wenn ich mal wieder einen Menschen sehe.“ Sie nahm den ersten Korn und brachte ihn in einem Zug hinter die Binde.
„So!“, sagte sie, als hätte sie etwas Wichtiges geleistet. „Was können wir für Sie tun?“
Wittenborg trug sein Anliegen vor, aber schon nur bei der Erwähnung des Namens Elsbeth Mandrukeits sah er, wie die Bäuerin erschrak. Sie hatte gerade das zweite Glas genommen, zitterte nun aber so, dass sie die Hälfte des edlen Schnapses verschüttete.
„Jesses Maria! Das lassen Sie meinen Mann lieber gar nicht erst hören!“
„Ich bin Arzt und suche nach Fräulein Mandrukeit. Sie wissen wohl, dass sie verschwunden ist?“
„Bei uns ist sie nicht. Die ist schon lang nicht mehr hier – und das ist auch gut so.“
Dic Tür zur Tenne war leise geöffnet worden und der Bauer stand im Rahmen.
„Redet ihr über Elsbeth?“, herrschte er seine Frau an und fuhr in drohendem Unterton fort: „Ist ja nicht das erste Mal, dass du irgendwelchen Leuten deine Lügen über diese Heulsuse auftischst!“
„Hab ich ja gar nicht!“, wehrte sie ängstlich ab, „aber der Doktor meinte …“
Der Bauer fuhr ihr über den Mund: „Halt schon die Klappe! Kommt eben doch nichts Vernünftiges raus, wenn du gesoffen hast. Ich merke doch, was hier los ist.“
Jetzt schaltete sich der Doktor ein. „Meinen Sie mich, Herr Eeckena?“
„Jawohl, ich meine Sie. Ich sehe, dass Sie hier rumspionieren wollen. Verlassen Sie sofort mein Haus!“
„Elsbeth Mandrukeit ist meine Patientin und sie ist verschwunden. Wenn sie keine ärztliche Hilfe erhält, gerät sie möglicherweise in Lebensgefahr. Da ist es nicht gerade abwegig, bei Ihnen nachzufragen. Wollen Sie mir das verbieten?“

„Was wir mal mit dieser Heulsuse zu schaffen hatten, geht Sie einen Dreck an. Hauen Sie endlich ab oder …“

„Oder? Was wollten Sie gerade sagen, Herr Eeckena?“

„… oder ich lass den Hund los. Der macht Hackfleisch aus Ihnen!“

Wittenborg war nicht danach, den Bauern noch weiter zu reizen. Hier würde er ohnehin nichts erfahren.

„Schon gut, schon gut, Herr Eeckena – da geh ich doch wirklich lieber freiwillig. Ihr Mangel an Hilfsbereitschaft spricht für sich. Sie dürfen fest damit rechnen, dass ich schon bald herausfinden werde, was der kleinen Elsbeth in Ihrem Hause zugestoßen ist.“

Das hätte er besser nicht sagen sollen. Eeckena baute sich drohend vor ihm auf. „Noch ein Wort und ich schlage Sie windelweich, Sie elender Schnüffler!“

Er holte zum Schlag aus – und riss dabei einen Kochtopf mit dampfenden Pellkartoffeln vom Herd. Seine Frau schrie gellend auf, das brühend heiße Wasser lief ihr über den Arm.

Ohne den von den herumrollenden Kartoffeln umringten Irrsinnigen weiter zu beachten, griff sich Wittenborg nach seinen Instrumentenkoffer, suchte nach einer Brandsalbe. „Das haben wir gleich, Frau Eeckena“, sagte er, nahm ihren Arm und behandelte in aller Seelenruhe die Verbrennung. Anschließend legte er einen Verband auf. – Der alte Eeckena stand regungslos daneben.

„Die Schmerzen werden gleich aufhören“, sagte Wittenborg, während er den Verband noch einmal überprüfte, und fragte dann den Bauern mit leicht spöttischem Unterton, ohne ihn dabei eines Blickes zu würdigen: „Sind Sie eigentlich der Verseschmied vom Schosterbarg, der Elsbeth Mandrukeit mit Knittelversen bedroht?“

In diesem Moment ging Seltsames vor sich. Der eben noch schlagwütige Bauer begann zu schlucken. Er schloss die Augen und hob die rechte Hand mit ausgestrecktem Zeigefinger bis in Ohrhöhe, als lausche er der Verkündung von etwas Ungeheurem. Leise sprach er in den Raum hinein:

„Der Verseschmied? Seh ich etwa so aus? Ich habe nie einen Vers geschrieben, aber – Sie werden es nicht für möglich halten – ich wollte es! Ja, ich wollte es immer schon. Wenigstens früher einmal. – Und was ist aus mir geworden? Ein dreckiger, nach Mist stinkender Bauer – ein Scheißleben, sag ich Ihnen. Aber das verstehen Sie nicht – Sie doch nicht ...!"
Wittenborg wusste sich keinen Reim auf Eeckenas Bekenntnisse zur Dichtkunst zu machen – sein ganzes Verhalten und sein plötzlicher Sinneswandel waren ohnehin völlig unverständlich.
Der Alte verließ schweigend die Küche. Auch die Bäuerin entschuldigte sich: „Ich muss mich umziehen, mein Kleid ist klitschnass." Sie verschwand hinter der Tür zur Döns. Wittenborg stand nun allein in der Küche. Auf dem Hof bellte die Dogge und riss an ihrer Kette – aber sonst herrschte Totenstille.
Wittenborg suchte sich allein den Weg nach draußen. Er ging über den spärlich beleuchteten Hof auf Hans zu, löste die Zügel und stieg in den Sattel. Er beugte sich nach vorn, klopfte dem Pferd den Hals und sagte: „Komm, Hans, es geht nach Haus." Dann verließ er in gemächlichem Trab diesen unheimlichen Ort.
Er hatte Marne noch nicht erreicht, da wurde er plötzlich von einem Reiter eingeholt, der ihn laut rufend und wild gestikulierend aufforderte, anzuhalten.
„Ich komme vom Moorhof, Herr Doktor!", prustete der Mann atemlos. „Sie müssen sofort umdrehen und noch einmal zurückkommen! Der Bauer – ein schrecklicher Unfall! Er stirbt!"
Wittenborg blickte ihn irritiert an – aber der Mann schien glaubwürdig zu sein. Der Arzt wendete und galoppierte den Weg zurück.
Als er den Hof erreichte, bot sich ihm ein unwirkliches, nahezu bizarres Bild: Der alte Eeckena stand noch vornübergeneigt auf dem Misthaufen – die Knechte hatten ihn nicht anrühren mögen. Der Kopf war dem Bauern auf die Brust gesackt. Es schien so, als sei er völlig erschöpft – doch wurde er auf eine merkwürdige Art aufrecht gehalten. Erst als Wittenborg dicht

hinter ihm stand, erkannte er, wodurch: Die Zinken der Mistforke hatten den Unterleib des Bauern bis zum Anschlag durchstoßen, seine Hände umklammerten den Stiel oberhalb der metallenen Schäftung. Er war tot. Das am Stiel der Mistgabel heruntergelaufene Blut war geronnen.

Zunächst erschien es dem Arzt so, als habe der Bauer die Forke mit beiden Händen wieder aus dem Leib herausziehen wollen. Als er dann aber genauer hinsah, fiel ihm auf, dass der Alte, schon auf dem Wege, das Leben auszuhauchen, die Arme ausgestreckt hielt, um den Stiel so weit unten, wie möglich, zu packen. Es hatte offenbar gar nicht in seiner Absicht gelegen, sich die Gabel aus dem Leib herauszuziehen. Im Gegenteil! Er schien sich eher über die mit dem Stiel im Mist steckende Forke geworfen und dann mit den Händen noch einmal nachgefasst zu haben, um sich die Zinken noch tiefer in den Leib zu rammen.

Eekena musste kurz nach ihrer Auseinandersetzung hierhergekommen sein, um sein Leben zu beenden. Wittenborg lief ein Schauer über den Rücken. Er zog selbst die Forke aus dem leblosen Körper, da er das den Knechten nicht zumuten wollte. Diese nahmen dann aber gemeinsam den Leichnam hoch, um ihn vom Misthaufen herunter zu tragen und ins Haus zu bringen.

Wittenborg erklärte den Knechten, was jetzt zu tun sei. Sie öffneten die beiden Flügel zur Tenne, steckten die Petroleumlampen an, holten Tragegestelle und legten einige Dielen darüber. Dann brachten sie den Leichnam und bahrten ihn darauf auf.

Die Hausfrau stand wie versteinert daneben – die Arme vor der Brust verschränkt und trostlos ins Leere starrend. Wittenberg ging auf sie zu und fasste sie bei den Schultern. „Frau Eeckena, hören Sie mich? Es tut mir leid! Kann ich Sie so allein lassen? Oder brauchen Sie Hilfe?“

„Schon gut, Herr Doktor. Sie wollten doch nur das Beste“, sagte sie tonlos, schüttelte langsam den Kopf und reichte ihm wortlos zum Abschied die Hand.

Rübenverziehen – mit nackten Knien über den Acker robben!

Freitag, 15. September 1911

Am übernächsten Tag schloss Wittenborgs Praxis bereits gegen drei Uhr nachmittags. Es standen besondere Recherchen an, die sich nicht aufschieben ließen. Allerdings blieb der Radius seiner Untersuchungen vorerst begrenzt, da sich die Trümmer der Chaise bei einem Stellmacher in Marne zur Reparatur befanden.

Heute würde der Postbote wie gewöhnlich erst nachmittags vorbeikommen und seine Runde damit beenden, die Arztpraxis zu beliefern. Asmus Eeckena würde also keinen Grund haben, sich mit dem Hinweis auf noch unerledigte Arbeiten vorschnell wieder zu verabschieden. Wittenborg lag daran, mit ihm ein ganz zwangloses und unvoreingenommenes Gespräch zu führen.

Es war noch keine Viertelstunde seit der Schließung der Praxis vergangen, da läutete der Postbote bereits. Wittenborg öffnete ihm selbst und fragte gar nicht erst nach der Post, sondern bat ihn sogleich auf die Terrasse. Er kondolierte Asmus zum Tode seines Vaters und nötigte ihn in einen Sessel. Ottilie bot Tee an.

„Wie du weißt, Asmus – ich darf dich doch weiterhin duzen, oder? – wurde ich vorgestern Abend zu deinem Vater gerufen, der, wie es hieß, einen schweren Unfall erlitten habe. Soweit ich aber feststellen musste, handelte es sich nicht wirklich um einen Unfall …"

„Ich weiß schon, Herr Doktor – er wollte nicht mehr."

„Richtig, Asmus. Gab es denn für ihn einen Grund, sich das Leben zu nehmen?"

Asmus Eeckena wurde unruhig. Wittenborg fragte aber weiter: „Kannst du dir vorstellen, warum er das getan hat? Hatte er sich etwas vorzuwerfen?"

„Was soll ich dazu sagen? Meinen eigenen Vater schlecht machen? Aber eins ist mal klar: Er kam mit seiner Schuld nicht mehr zurecht. Das kam alles so über ihn, was er der Kleinen angetan hatte."
„Meinst du Elsbeth, Asmus?"
„Klar, ist doch kein Geheimnis."
„Wie habe ich das zu verstehen, Asmus?"
„Können Sie sich noch an Ihren ersten Patienten erinnern? Sie hatten gerade die Eröffnung der Praxis hinter sich? Da kamen einige Kinder mit einem Bollerwagen, und in dem Wagen saß ein Junge. Er hatte sich den rechten Fuß verletzt und Sie haben ihn wieder ganz gut hingekriegt. Seinen Fuß zieht er nur immer noch ein bisschen nach!"
„Natürlich! Das warst du, ich erinnere mich genau – das war im Jahr 1904. Den Anblick der munteren Horde werde ich mein Lebtag nicht vergessen. Du saßest in dem Bollerwagen und ich fragte dich noch, was mit deinem Fuß passiert sei – du aber wolltest nicht damit herausrücken …"
„Ich hatte Angst vor meinem Vater. Wenn dem das zu Ohren gekommen wäre, hätte ich noch mal ordentlich Dresche bezogen. Ich habe mich denn auch nachher nicht mehr wieder zu Ihnen in die Praxis getraut. Deswegen hab' ich, denk' , ich, auch immer noch Ärger mit dem Fuß."
„So groß war die Angst vor deinem Vater?"
„Dabei ging das damals gar nicht um mich. Wir wollten nur ein kleines Mädchen beschützen, eben Elsbeth. Wir haben für sie auf einem Rübenfeld gekämpft und Elsbeths Feind, den Vorarbeiter, in die Flucht geschlagen."
„Eine Schlacht auf dem Rübenfeld? Erzähl weiter!"
„Wir hatten das Jahr einen feuchtwarmen Frühling. Die Saaten gingen überall prima auf, auch auf dem Rübenacker. In schnurgerade über den Acker gezogenen Reihen kamen die jungen Pflanzen raus. Bruno, der Vorarbeiter meines Vaters, erklärte uns, was wir machen sollten. In unserer Gruppe gab es Mädchen und Jungen, alle ungefähr zehn Jahre alt. Elsbeth und ich gehörten auch dazu. Ich weiß noch genau, was Bruno sagte: ‚Das mit dem Rübenverziehen ist die einfachste Sache von der Welt: Die Erdfur-

chen zwischen den Pflanzenreihen sind breit genug, dass ihr euch da bequem reinknien und die Pflanzen zwischen den Beinen bearbeiten könnt. Die stärkeren Pflanzen lasst ihr stehen und die schwächeren reißt ihr raus – und so robbt ihr auf den Knien über das ganze Feld, bis ihr eine Reihe fertig habt. Danach nehmt ihr euch die nächste Reihe vor. Ihr müsst euch aber beeilen, denn unsere Arbeiterinnen, die da drüben schon warten, gehen in den Reihen hinter euch her. Die sollen die fertig verzogenen Pflanzen noch einmal mit der Hacke anhäufeln.'

Bruno wies uns unsere Plätze zu, und schon knieten wir uns hin und begannen damit, die schwachen Pflanzen rauszurupfen. Von wegen bequem! Das dauerte eine ganze Weile, bis all die Kinder, die wie Elsbeth das Rübenverziehen zum ersten Mal machten, die Sache begriffen hatten. Aber Bruno trieb uns an, ließ seine Peitsche knallen – und wer nicht schnell genug war, bekam es sofort auf den Unterschenkeln zu spüren. Elsbeth hing deutlich hinterher.

Bruno fauchte sie an, ‚dumme Trine' nannte er sie. Sie sollte die Schürze abnehmen, weil sie damit die Rübchen zwischen ihren Beinen platt machen würde – gerade die, die stehen bleiben sollten.

Sie begann zu flennen, warf die Schürze weg und kroch dann weiter übers Feld, doch nun kam sie erst recht nicht mehr von der Stelle. Die Arbeiterin, die eingeteilt war, die Reihe nach ihr anzuhäufeln, zeterte los, sie könne nicht stundenlang warten, bis sich die Faulenzerin da vor ihr mal bewegt!

Bruno schlug unbarmherzig mit der Peitsche nach Elsbeths Beinen. Ich war mit meiner Reihe schneller fertig und lief zurück, um Elsbeth zu helfen. Ich tröstete sie: ‚Nu wein man nicht, Elsbeth', hab ich ihr zugeflüstert, ‚Ich werd's Bruno schon zeigen, diesem Leuteschinder – gleich nach der Mittagspause. Wirst schon sehen.' Dann begann ich mit der nächsten Reihe. Bei Beginn der Mittagspause holte ich meine Freunde, um Bruno eins auszuwischen. Wir warteten hinter dem Knick am Rande des Feldes.

Das Feld war lang und rechteckig wie ein riesiges Handtuch. Bruno stolzierte in seinen kurzen Hosen zwischen den Reihen umher wie ein Storch im

Salat. Als die Kinder ziemlich nahe an einem der Knicks entlangrobbten und Bruno schon wieder seine Peitsche schwang, griffen wir an mit lärmenden Waffen: Ein entsetzliches Geklöter von zehn gleichzeitig geschlagenen Dengel-Eisen, wie sie zum Dengeln von Sensen gebraucht werden, ertönte aus dem Gebüsch. Noch ehe Bruno begriff, was los war, traf ein Hagel scharfkantiger Steinchen seine nackten Beine. Die rissen kleine schmerzhafte Wunden. Bruno brüllte Schmerz und vor Wut. Er griff nach einem größeren Feldstein und schleuderte ihn mit Wucht in unsere Richtung in die Büsche. Dann humpelte er vor Wut heulend von dannen. Er lief zum Moorhof zurück und beschwerte sich bei meinem Vater."

„Sobald die Luft rein war, kamen wir aus unserem Versteck. Wir hatten gesiegt. Wir waren mächtig stolz. Unsere Schusswaffen, die Zwillen, baumelten vom Hosenbund. Nur hatten wir einen Verwundeten zu beklagen – und das war ich. Mich hatte Bruno mit seinem blinden Steinwurf am Fuß getroffen. Die Freunde holten mich aus dem Gebüsch. Ich hatte böse Schmerzen und konnte mich nicht auf den Beinen halten. Die anderen setzten mich in den Bollerwagen und kutschierten mich quer durch den Koog zu Ihnen. Elsbeth fasste mit der Zeit immer mehr Zutrauen zu mir. Ich wär' jetzt ihr großer Beschützer, sagte sie. Wir machten alles zusammen, waren überall unterwegs. Immer wieder sind wir ins Watt gelaufen, weil sie das so gern hatte. Sie sagte immer: ‚Hier im Sand und Matsch fühle ich mich zuhause – beinahe so, als ob ich hier geboren wäre.' Besonders gern spielten wir auf dem Schosterbarg draußen vor dem Hafen von Eckstedt."

„Wie kam es, dass sie die Sprache verlor?"

Asmus machte ein trauriges Gesicht und schien den Tränen nahe. Dennoch fuhr er fort:

„Ihre Mutter lag schwerkrank im Bett. Sie merkte bald, wie schlecht Elsbeth behandelt wurde – sie hörte es ja, wenn ihr Kind weinte. Auch der Bauer schlug nach Elsbeth. Dann geschah es: Eines Tages rannte Elsbeth davon, als mein Vater sie wieder einmal verprügeln wollte. Sie versteckte sich im Kuhstall. Er verfolgte sie und fand sie zwischen den Kühen im

Stroh. Er packte sie, riss sich die Hose auf und bückte sich zu ihr nieder. Elsbeth schrie vor Todesangst."

„Dass ich auch im Stall war, hatte mein Alter gar nicht mitgekriegt. Ich hatte so etwas noch nie gesehen, aber ich ahnte, was er vorhatte. Elsbeths gellende Angstschreie habe ich noch immer im Ohr. Der Vater bemerkte mich noch nicht einmal, als ich schon ganz dicht hinter ihm stand. Ich fragte ihn: ‚Vater, was machst du da?' Er fuhr vor Schreck zusammen und wandte sich um. Sein Kopf glühte und Speichel troff ihm von der Unterlippe. Er starrte mich mit weit aufgerissenen Augen an. Und ich sah, was ich noch nie zuvor an ihm bemerkt hatte. Er bekam es mit der Angst – ich glaube, er schämte sich. Er schloss die Hose und verschwand. Ich half Elsbeth auf. Sie zitterte am ganzen Leibe und konnte nicht mehr allein gehen. Ich fragte sie, was denn geschehen sei, aber sie sagte kein Wort. – Seitdem habe ich sie nie mehr sprechen hören. Ich brachte sie zu ihrer Mutter und schilderte ihr, was ich mitbekommen hatte. Am nächsten Tag rief Elsbeths Mutter mich noch einmal an ihr Krankenbett. Sie übergab mir einen Brief. Den sollte ich Herrn Sawatzki bringen. Die kleine Elsbeth sollte ich mitnehmen und bei den Sawatzkis lassen. Mein Vater hat mich grün und blau geschlagen, als er erfuhr, dass ich Elsbeth zur Flucht verholfen hatte. Er hat mich vom Hof gejagt. Seitdem bin ich dort nie mehr gewesen."

Asmus schwieg. Und auch Wittenborg sagte nichts. Nachdem einige Minuten vergangen waren, meinte der Arzt: „Da hat Elsbeth wirklich großes Glück gehabt, dass ihr in höchster Not ein so unerschrockener Held zur Seite stand. Wie alt warst du damals?"

„Ich war gerade vierzehn.

„Was wird jetzt aus dem Moorhof?"

„Ich weiß es wirklich nicht, Herr Doktor. Mein Vater hat mich bestimmt enterbt. Dabei könnte ich so einen Hof ganz gewiss führen. Ich hab' ja alles, was man dazu wissen muss, von Anfang an mitgekriegt. Ich wollte nie was anderes – ich wollte immer nur Landwirt werden."

„Das wäre auch wirklich ein Segen, lieber Asmus. Dann brauchst du nur noch eine Bäuerin."
„Das ist es ja, Herr Doktor. Für mich gibt es nur die eine. – Hoffentlich lebt sie noch!"
Als Asmus dies sagte, standen ihm Tränen in den Augen. Wittenborg schaute zur Seite. Übertriebene Rührseligkeit war nicht seine Sache. Um dieses Thema schleunigst zu beenden, wechselte er abrupt das Thema.
„Als Postbote kommst du wirklich viel herum. Hast du gelegentlich auch Sendungen für unser Einwohnermeldeamt? – Ich könnte mir gut vorstellen, dort noch zusätzliche Auskünfte über Elsbeth abfragen zu können."
„Glaub ich nicht, Herr Doktor! Ich bin an sich nur in den Kögen unterwegs – doch vorgestern …! Das war ein Tag! Ich musste in Vertretung ein Einschreiben bei Herrn Pütz im Rathaus abliefern. Er sollte eine Unterschrift leisten. Ich kam aber nicht so schnell an ihn heran, denn er unterhielt sich die ganze Zeit ziemlich aufgeregt mit seinem Freund. Der war mal Polizist. Das lief die ganze Zeit nur im Flüsterton ab. Worüber, kann ich nicht sagen, aber einmal hörte ich ganz deutlich das Wort ‚Dreschmaschine'."
„Tatsächlich?", reagierte Wittenborg höchst erstaunt. „Mensch Junge! Damit hast du mir sehr geholfen, Asmus – mehr, als du ahnst."
„Da bin ich aber froh, Herr Doktor", stieß Asmus sichtlich erleichtert hervor. Er erhob sich zum Aufbruch, schaute sich aber noch einmal um, zögerte ein wenig und bat dann ein wenig schüchtern: „Darf ich noch einen Blick auf Ihre Bücherregale werfen? All die schönen Bücher!"
„Aber sehr gern, Asmus", meinte der Doktor lächelnd. „Lass dir ruhig Zeit damit. Ich muss gerade noch etwas mit Ottilie in der Küche besprechen und bin gleich wieder da."
Als Wittenborg wieder hereinkam, stand der Junge immer noch vor den Regalen. Gerade stellte er eines der Bücher wieder zurück.
„Möchtest du dir vielleicht eines der Werke mal ausleihen?", fragte Wittenborg.

„Och, das schaff ich leider nicht. Ich lese viel zu langsam. So 'n Buch krieg ich niemals durch. Aber vielen Dank, dass ich da mal reinschauen durfte", antwortete Asmus und ging auf den Hausherrn zu. „Leider hab ich nicht so viel Zeit mitgebracht. Ich muss nun auch wieder los."
„Na klar, Asmus", meinte der Arzt verständnisvoll. „Ich hab dich schon viel zu lange in Anspruch genommen. Du hast gewiss noch andere Verpflichtungen …"
„Ja, leider, Herr Doktor! Na, denn will ich mal wieder!"
Nachdem Asmus das Haus verlassen hatte, begab Wittenborg sich noch einmal in sein Sprechzimmer, um Schreibarbeiten, die am Nachmittag liegen geblieben waren, zu erledigen.
Es klopfte. Auf sein „Herein!" betrat Ottilie den Raum. Sie wirkte sehr nachdenklich.
„Herr Doktor, ich muss Ihnen etwas geben, das Asmus vermutlich aus der Tasche gefallen ist. Es lag neben seinem Stuhl auf der Terrasse."
Wittenborg blickte vom Schreibtisch auf.
„Es wird wohl reichen, wenn wir es ihm in den nächsten Tagen zurückgeben", meinte er. „Für heute ist es zu spät."
„Sie sollten aber unbedingt noch einen Blick darauf werfen, bevor sie es ihm zurückgeben!"
„Die olle Kladde? Aber doch nicht jetzt!"
Wittenborg stellte sie unter ‚Neueingänge' ins Regal und wechselte das Thema. „Ach, da fällt mir noch etwas sehr Wichtiges ein: Sie haben doch morgen Geburtstag – oder etwa nicht?"
„Aber, Herr Doktor! Nein! Das wissen Sie doch ganz genau, wann ich tatsächlich Geburtstag habe. Sie vergessen ihn ja nie."
„Das wollte ich nur noch einmal hören, meine Liebe. – Aber tun wir einmal so, als ob Sie morgen Geburtstag hätten. Daraus ergäbe sich ein sehr willkommener Grund, Sie morgen Nachmittag zu Kaffee und Torte in den Dithmarscher Hof einzuladen."

Ottilie wunderte sich. Was hatte der Doktor vor? Aber gut gelaunt und ein wenig übermütig gab sie zurück: „Wie wär's denn gleich mit 'ner Verlobung? Wir leben ja schließlich schon lange genug zusammen unter einem Dach!"
Wittenborg lachte. „So schelmisch kenn' ich Sie ja gar nicht! Sie machen mir richtig Angst."
„Wie man's in den Wald hineinruft, so schallt es auch wieder heraus, Herr Doktor. – Aber wir dürfen jetzt bei all dem Gerede die Torte des Dithmarscher Hofes nicht aus den Augen verlieren. Die ist einmalig und gewiss die Umdatierung eines Geburtstages wert. Sie dürfen also morgen Nachmittag fest mit mir rechnen."
„Sie wissen aber, meine Liebe, dass wir auf Recherchetour sein werden?"
„Ich hab' schon einen Blick in Ihren Terminkalender geworfen und weiß, was Sie planen. Aber das wird mir die Torte bestimmt nicht vergällen – da können Sie sicher sein!"

Tiefschürfendes aus den Aborten

Sonnabend, 16. September 1911

Am späten Nachmittag gegen halb sechs Uhr betraten Ottilie und Dr. Wittenborg das Café des Dithmarscher Hofes. Hier hatte der Arzt einen bestimmten Zweiertisch vorbestellt. Normalerweise konnte man den Kaffeegästen diesen Platz nur im Notfall anbieten, weil er unmittelbar seitwärts der Tür zu den Toiletten und weiteren Nebenräumen gelegen war. Um zumindest ein Minimum an Diskretion zu gewährleisten, hatte die Direktion ein paar Töpfe mit mannshohem Bambus zwischen dem Ausgang zu den Toiletten und diesem Zweiertisch aufstellen lassen. Der erzielte Effekt entsprach dann jedoch nicht ganz der ursprünglichen Intention: Zwar blieben solche Gäste, die an diesem Zweiertisch saßen, vor den Blicken aller Vorübergehenden verschont – doch wurden sie dagegen unverhofft in die Lage versetzt, ganz ungeniert beobachten zu können, wer hier vorbeikam, um entweder nur kurz die Toiletten aufzusuchen oder an einer Versammlung in einem der Nebenräume teilzunehmen.

Als Ottilie den reservierten Tisch sah, ahnte sie, was Wittenborg im Schilde führte, ließ sich aber nichts anmerken. Sie hatte daher auch gegen die Wahl dieses Tisches nichts einzuwenden. Der Doktor bot ihr galant einen Stuhl an und schob ihn, bevor sie richtig saß, noch näher an den Tisch heran.

„Erst einmal wollen wir den Geburtstagskaffee und die Torte auf dem Tisch sehen. Was darf ich für Sie bestellen, Ottilie?“

„Als ob Sie das nicht wüssten!“, erwiderte sie.

Sie bestellten und nur wenig später kehrte die Serviererin mit einem mächtigen Stück der heiß ersehnten Marzipantorte für Ottilie und einem kleineren Stück Kirschstreuselkuchen für den Doktor zurück. Der gute Bohnenkaffee trug mit seinem raumfüllenden Aroma zum Gelingen der ‚Geburtstagseinladung’ noch bei.

Ottilie nutzte die Gelegenheit, dass sie hier zusammensaßen, um einen bereits lange gehegten Plan endlich in die Tat umzusetzen.
„Wissen Sie, Herr Doktor“, begann sie zaghaft, „was ich mir schon seit einer Ewigkeit wünsche?“
„Heraus damit, Ottilie! Heute erfülle ich Ihnen jeden Wunsch.“
„Versprochen?“
„Versprochen!“
„Ich fände es wunderbar, wenn Sie wieder heiraten würden!“ Ottilie forschte ängstlich in Wittenborgs Gesicht nach unerwünschten Reaktionen. Aber er lächelte nur – dieser Gedanke schien ihm gar nicht mehr so fern zu liegen.
„Sie haben schon recht, meine Liebe. Seit Johannas Tod bin ich manchen Frauen begegnet, die für eine neue Ehe infrage gekommen wären. Aber ich war dafür nicht frei, weil ich Johanna noch immer so sehr liebte. Inzwischen bin ich mir sicher, dass ich ihren Segen für einen Neuanfang hätte. – Aber geben wir der Sache noch ein wenig Zeit, das kann nicht schaden.“
Ottilie nicke zufrieden und betrachtete ihre Marzipantorte. Wittenborg fuhr fort: „Verzeihen Sie, liebe Ottilie, aber vielleicht sollte ich Ihnen noch einmal das wahre Motiv unseres Ausfluges nach Marne nennen und diesen seltsamen Sitzplatz erklären.“
„Das müssen Sie wirklich nicht, Herr Doktor! Ich habe auf Ihrem Notizkalender eine Eintragung für sechs Uhr gesehen: Sondersitzung Freundeskreis der Alldeutschen.“
„Alle Achtung, Ottilie! Gut kombiniert! An Ihnen ist ein echter Detektiv verloren gegangen. – Ja, diesen Herrschaften wollen wir hier möglichst unauffällig auflauern. Deshalb habe ich Sie gebeten mitzukommen.“
„Darauf freue ich mich beinahe noch mehr als über die Torte, weil es so schön aufregend ist“, fand Ottilie und klappte die an einer goldenen Halskette herabhängende Uhr auf. „Die Mitglieder des Freundeskreises müssten jetzt allmählich hier auftauchen.“

Amüsiert über Ottilies Eifer raunte Wittenborg ihr zu: „Wir sollten versuchen, uns die Teilnehmer genau zu merken. Nicht allen dürfte es angenehm sein, dass ihr Mitwirken im Freundeskreis der Alldeutschen beobachtet wird.“ Ottilie hörte ihm zu, konnte aber der Versuchung nicht widerstehen, schon einmal mit der Kuchengabel die Marzipankruste ein wenig anzulüften und ein winziges Stück davon auf die Zunge zu nehmen. Dann teilte sie ihr Tortenstück ein, damit ihr während der bevorstehenden Wartezeit die köstliche Nahrung nicht ausgehen würde.

Und da betraten auch schon die ersten Gäste der Alldeutschen das Café: ein paar Herren von der Feuerwehrkapelle und vom Turnverein, die noch recht skeptisch dreinschauten und anscheinend nur mal einen ersten Eindruck hinsichtlich der Aktivitäten des Freundeskreises gewinnen wollten.

Viel Aufmerksamkeit erheischte ein Herr mit lächerlich bedeutender Miene und einer dicken Aktentasche unter dem Arm, dem eine ganze Entourage – bestehend aus mehreren Jünglingen – folgte. Dieser dürfte ohne jeden Zweifel der aus Hamburg angekündigte Gastredner sein. Aber auch Hugo Nonnenwort, der Apotheker Josef Zeisig und Herr Pütz vom Einwohnermeldeamt hatten es sich nicht nehmen lassen, durch ihre Anwesenheit die Bedeutung dieser Veranstaltung zu unterstreichen. Zu guter Letzt stellte sich auch der wegen seiner Illoyalität inzwischen vom Dienst suspendierte Egon Spinat ein. Vater Behr war nicht dabei. Hatte man ihn eliminiert? – Er passte wohl recht eigentlich nicht mehr zu diesem Kreis.

„Jetzt kennen wir beide die Herren, um die es mir geht. Falls Sie mal das Örtchen aufsuchen sollten, dann hören Sie bitte genau hin, was in den angrenzenden Räumen gesprochen wird. Die Trennwand zwischen Herren- und Damentoilette ist papierdünn. – Darf ich Sie ein paar Minuten allein lassen?“ Sich entschuldigend, schob der Doktor seinen Stuhl zurück und verschwand hinter der Tür, die durch ein Schild den Zugang „Zu den Sälen“ und den „Toiletten“ verhieß. Nachdem sich seine Augen an die Dunkelheit auf dem Flur gewöhnt hatten, ließen sich auch die Beschriftungen der einzelnen Räume entziffern: „Damen“ – „Herren“ – „Clubzimmer“. In eben diesem Clubzimmer schien es hoch her zugehen. Im Vorbeigehen schnappte Wittenborg auf, wie einer der Herren sich laut empörte – unzweifelhaft war es Egon Spinat: „Sie können mich doch nach allem jetzt nicht im Regen stehen lassen!“

Das war interessant. Womit den würde man ‚ihn im Regen stehen lassen’? Der Doktor blieb an der Tür stehen, um vielleicht noch weitere Einzelheiten zu erlauschen. Spinat fuhr fort zu lamentieren: „Ich habe noch Glück gehabt, dass ich schnell genug von der Dreschmaschine abspringen und mich rechtzeitig verdünnisieren konnte“.

„Das war alles ziemlich dumm von Ihnen, Herr Spinat! Sie sollten den Doktor doch nur ein klein wenig erschrecken. Niemand hat Sie gedrängt, ihn gleich umzulegen“, unterbrach ihn eine krächzende Stimme, die Wittenborg ohne Schwierigkeiten Hugo Nonnenwort zuordnen konnte.

„Aber die Idee mit der Dreschmaschine stammt doch von Ihnen“, beschwerte sich Spinat. „Sie haben den Fahrer der Lohndrescherei bestochen, die Dreschmaschine so bald wie möglich mit dem Lokomobil auf den Weg zum Moorhof zu schleppen, damit ich rechtzeitig meine Vorbereitungen treffen könnte – damit alles bereit wäre, sobald der Doktor sich auf den Weg zum alten Eeckena machen würde.“ Nonnenwort erwiderte: „Da irren Sie sich – Sie fantasieren, mein Bester! Die Dreschmaschine sollte ohnehin zu diesem Platz gebracht werden.“

„Und wer hat mir dann den Zettel ins Haus geschickt, ich müsse mich sofort zur Dreschmaschine begeben – der Doktor wäre im Anmarsch?“ Wittenborg lauschte gespannt an der Tür. Würde sich jetzt der Apotheker Pütz melden? Um nichts zu verpassen, legte er sein Ohr auf das Holz des Türblattes.

In diesem Moment wurde die Tür zum Clubraum von innen her aufgestoßen und knallte dem Doktor gegen den Kopf – der taumelte durch die Wucht des Aufpralls über den Flur und stieß dabei mit der Stirn auch noch an die gegenüberliegende Wand.

Der Apotheker war aus dem Clubraum herausgekommen und stand jetzt dicht vor Wittenborg.
„Der hat uns gerade noch gefehlt!“, rief er in den Raum hinein. „Hier steht der Zuträger der Staatsanwaltschaft in Person.“
Spinat war dem Apotheker Zeisig augenblicklich gefolgt und starrte mit aufgerissenen Augen an ihm vorbei auf Wittenborg. Auf einem Buffet, das für die Freunde der Alldeutschen in Eingangsnähe aufgebaut worden war, hatte er bereits zuvor eine noch fast volle Flasche Doppelkorn stehen sehen. Instinktiv griff er jetzt danach und hieb sie Wittenborg über den Schädel. Der brach wie tot zusammen und rührte sich nicht mehr. Blut lief aus einer klaffenden Wunde am Hinterkopf. Spinat bekam es mit der Angst. Er zerrte den scheinbar Leblosen auf die Herrentoilette, stellte die Türschlossanzeige auf „Besetzt“ und wusch sich erst einmal gründlich die Hände. Als er in den Clubraum zurückkehrte, hatten alle seine Freunde bereits das Weite gesucht. Und auch Spinat verließ schleunigst das Lokal.
Ottilie hatte ihren Kaffee längst ausgetrunken und inzwischen auch den letzten Krümel ihrer Marzipantorte genüsslich verzehrt. Aber wo blieb der Doktor? Sie wurde unruhig und wollte sich Klarheit verschaffen. Kurz entschlossen betrat sie den Flur zu den Sälen. Die Türen zum Clubraum und zu den Herrenpissoirs standen offen. Die Sorge trieb Ottilie Paulsen vorwärts auf die Herrentoilette. Eines der Kabinette fand sie verschlossen – es schien besetzt zu sein.
„Herr Doktor! Sind Sie da drinnen?“, rief sie. Sie bekam keine Antwort. Ottilie befürchtete Schlimmes. Sie eilte ins Café zurück und bat, sofort Wachtmeister Brandner zu verständigen. Dann lief sie zur Chaise hinaus und holte den Verbandskasten. Zwei Männer boten ihre Hilfe an und folgten Ottilie zum Ort des Geschehens. Dort befreiten sie den Doktor aus der Toilettenkabine und legten ihn auf eine Bank. Jetzt zeigte Ottilie, was sie bei Wittenborg gelernt hatte. Sie tätschelte dem Doktor die Wangen, und während sie die stark blutende Kopfwunde verband, kam er langsam wieder zu sich.

Wachtmeister Brandner war schnell zur Stelle. Ottilie erstattete ihm Bericht. Brandner sperrte den Flur mit den angrenzenden Räumen, um eine saubere Spurensicherung zu gewährleisten.
Gestützt auf Brandner, schaffte Wittenborg den Weg bis zur Chaise. Ottilie kutschierte den Verletzten nach Hause; Brandner begleitete sie. Dr. Volck hatte die Chaise kommen sehen und erwartete sie an der Gartenpforte. Er war entsetzt, als er seinen Kollegen sah, und begleitete ihn in das Sprechzimmer. Dann machte sie sich daran, die Kopfwunde noch einmal gründlich zu reinigen, zu desinfizieren und neu zu verbinden. Anschließend brachten sie ihn zu Bett.
„Geht es wieder?“, fragte Ottilie und versuchte Wittenborg aufzurichten.
„Da hab ich wohl noch einmal Glück gehabt. Es tut mir leid“, versuchte er Ottilie zu trösten, „dass unsere schöne Geburtstagsfeier so unschön enden musste.“
Brandner ließ er wissen: „Das war der Ihnen bestens bekannte Egon Spinat. Den sollten Sie umgehend festnehmen.“
„Beinahe wäre es den Schlägern gelungen, Sie für immer auszuschalten“, erwiderte Brandner. „Die Verhaftungen werden noch heute vorgenommen und morgen über das Amtsblatt bekannt gemacht. – Nun ja, Herr Doktor, wenn Sie sich noch einmal auf derart gefährliche Missionen einlassen, dann gehen Sie bitte nie ohne Ihre tüchtige Ottilie Paulsen auf Pirsch.“
Wittenborgs Aussagen reichten, um noch am selben Abend Egon Spinat und den Apotheker Zeisig zu verhaften. Hugo Nonnenwort, der Fischkonservenfabrikant, blieb unbehelligt. Eine wie auch immer geartete Mitwirkung an der Planung oder der Durchführung des Mordanschlags konnte ihm nicht nachgewiesen werden.
Ottilie kümmerte sich an diesem Abend rührend um ihren Doktor. „Der Spinat, dieser Dussel, bringt aber auch wirklich nie etwas zustande“, suchte sie den Doktor auf ihre Art zu trösten. „Der kann noch nicht mal jemanden fachgerecht um die Ecke bringen. – Ach, Herr Doktor, jetzt fällt es mir wie-

der ein! Auf Ihrem Schreibtisch liegt ein Einschreiben für Sie. Soll ich's aufmachen?"

Ohne seine Zustimmung abzuwarten, öffnete sie es und las ihm die Vorladung des Amtsgerichts Itzehoe vor:

„In der Mordsache Behr
Prozessbegin wird festgesetzt auf:
Dienstag, den 17. Oktober1911 um neun Uhr vormittags."

Da die Angeklagten Erwin Voigt und Hans Thieme das achtzehnte Lebensjahr noch nicht vollendet haben, wird der Prozess nicht vor einer Geschworenenkammer des Landgerichts Altona, sondern vor einer eigens gebildeten Strafkammer des Amtsgerichts Itzehoe verhandelt. Öffentlichkeit und Presse sind auszuschließen."

Amtsgericht Itzehoe!

„Bleibt zu hoffen, dass ich bis dahin wieder einsatzfähig bin", unkte Wittenborg, aber Ottilie widersprach ihm: „Papperlapapp, Herr Doktor! Wir werden zur Stelle sein!"

Der Jugendstrafprozess zu Itzehoe

Dienstag, 17. Oktober 1911

Die im Dauerregen vorbeifliegende Landschaft würdigte Wittenborg keines Blickes, zumal er jeden Baum, jeden Bahnhof und jede Schranke auf der Strecke nach Itzehoe wie im Schlaf kannte. Er schaute nicht ein einziges Mal aus dem Fenster.

Das eintönige Tatam-Tamtaram der Räder auf den Schienen ließ das ganze Abteil im immer gleichbleibenden Rhythmus leise erzittern. Die Türen, die Fenster, die Holzbänke stimmten summend, klirrend und rappelnd in das müde Lied mit ein. Es übertrug sich über das Holz der Abteilrückwand, an die Wittenborg sich anlehnte, ließ seinen Hinterkopf vibrieren und seine Gedanken pulsieren. Vor seinem geistigen Auge zogen die Ereignisse der letzten Monate noch einmal vorüber und verschwammen zu unklaren Bildern.

Mit gemischten Gefühlen reiste er der Eröffnung des Prozesses, in dem das Tötungsdelikt behandelt werden würde, entgegen. Das Gericht hatte ihn als Zeugen geladen und ihm einen Sonderstatus zugebilligt. Seine Anwesenheit im Gerichtssaal würde beinahe den ganzen Tag über erforderlich sein, da er aufgrund seiner Nachforschungen zur Unterstützung der Staatsanwaltschaft beinahe zu jedem Punkt gehört werden musste. Er hegte Zweifel, ob es dem Gericht gelingen würde, den Wust der einzelnen Ermittlungsergebnisse zu durchdringen und das Tötungsdelikt restlos aufzuklären.

Fünf Minuten verspätet langte der Zug um 8.20 Uhr in Itzehoe an. An diesem Oktobertag wollte es partout nicht hell werden. Der Doktor trug einen Regenmantel und einen breitrandigen Hut, von dem der Regen herabtroff. Das unwirtliche Nieselwetter beschleunigte seine Schritte mindestens ebenso wie die Neugier, wie sich der Ablauf des Prozesses wohl gestalten würde. Vor dem Verhandlungssaal boten Holzbänke zur Genüge Platz für die geladenen Zeugen, die hier – um ihr Zeugnis vor Beeinflussung beziehungswei-

se etwaiger Einschüchterung von Seiten der Angeklagten oder anderer Zeugen zu bewahren – bis zu ihrem Auftritt warten mussten.
Nicht so Wittenborg! Er wurde gleich als Erster in den Verhandlungssaal gerufen und vom Staatsanwalt sowohl dem Amtsrichter Dr. Hermann Tietje als auch dem Anwalt der beiden Angeklagten vorgestellt. Der Richter informierte Wittenborg noch kurz darüber, dass die Öffentlichkeit und selbstverständlich auch die Presse wegen des jugendlichen Alters der Angeklagten vom Prozess ausgeschlossen seien. Alsdann ließ er die Angeklagten Erwin Voigt und Hans Thieme hereinführen.
Voigt erschien in einem abgewetzten Straßenanzug; das schwarze, langwellige Haupthaar war mit Haaröl straff über den Kopf nach hinten gebürstet. Er blickte den Richter unter beinah geschlossenen Augendeckeln herausfordernd an, als dieser das Wort an ihn richtete: „Angeklagter, Sie heißen Erwin Voigt und sind mit Wohnsitz in Wilster gemeldet. Sie sind am 15. Januar 1894 in Kiel geboren als Sohn des Volksschullehrers Adolf Voigt und seiner Ehefrau Amalie Voigt, geborene Hase.“„
„Das trifft zu.“
„Beruf? Oder welche Beschäftigung üben Sie zurzeit aus?“
„Zuletzt vorgesehen als Bestmann auf einem Kutter, Herr Amtsrichter.“
„Sie sollten ab dem 1. Juli auf dem Kutter MARGA VON ECKSTEDT des getöteten Fischers Behr arbeiten.“
Erwin öffnete die Liddeckel ganz und sah hinauf zum Richtertisch.
„Darf ich ergänzen? Ich hatte dem Fischer bis zum Stapellauf der MARGA in meiner freien Zeit geholfen, sein Schiff anzumalen – nur so aus alter Freundschaft. Bis Ende Juni war ich auf dem Ewer JOHANNA VON WILSTER des Schiffers Klaas Gerstenkorn im Lohn.“
„Gut, gut! Nun zu Ihnen, Angeklagter Thieme – stehen Sie bitte auf!“
Hans gehorchte und versuchte mit den Händen an der Hosennaht strammzustehen. Er quoll halbwegs aus dem schwarzen Anzug heraus, den er vermutlich zum letzten Mal bei seiner Konfirmation getragen hatte.

„Sie heißen mit Vornamen Hans und sind wie auch Ihr Freund Voigt siebzehn Jahre alt. Sie sind am 17. Oktober 1894 geboren. Sie haben heute Geburtstag, wenn ich das richtig sehe. Aber aus der Feier wird ja nun leider nichts. Ihre Eltern sind ..."

„... der Apotheker Julius und Maria Thieme, geborene Grewe, Herr Amtsrichter."

„Sie sollten nach dem Wunsch Ihres Vaters später einmal seine Apotheke übernehmen. Sie sind jetzt aber Lehrling in einer Drogerie. Warum das?"

Hans wurde leise. „Ich musste die Oberrealschule verlassen, weil meine Leistungen nicht genügten. Ich ..."

„Das reicht uns fürs Erste." Der Amtsrichter machte eine Pause.

„Erwin Voigt und Hans Thieme! Sie sind angeklagt, den Krabbenkutter MARGA des Fischers Karl Theodor Behr am frühen Pfingstmontagmorgen, dem 5. Juni 1911, gestohlen und hernach den Eigentümer Behr in der Nähe der Insel Trischen ermordet zu haben. Sie können sich setzen. Ich bitte nun den Herrn Staatsanwalt, die Anklageschrift zu verlesen."

Der Staatsanwalt erhob sich, warf einen Blick auf die Angeklagten und begann: „Die Jugendlichen Erwin Voigt und Hans Thieme werden angeklagt, gemeinschaftlich das Schiff, eingetragen im Deutschen Seeschiffsregister unter dem Namen MARGA VON ECKSTEDT, gestohlen und den Eigner, Karl Theodor Behr, getötet zu haben, indem sie das Schiff am frühen Morgen des Pfingstmontags von seinem Liegeplatz im Eckstedter Hafen entwendet und dann, nachdem sie sich im Watt festgefahren hatten und der Eigner Karl Theodor Behr ihnen mit einem Motorboot langsam näher kam, diesen erschossen haben."

„Danke, Herr Staatsanwalt. Wollen sich die Angeklagten dazu äußern?"

Nacheinander beteuerten beide ihre Unschuld. Sie hätten mit dem Fall nicht das Geringste zu tun und seien nicht einmal in Dithmarschen gewesen. Befragt nach ihrem Aufenthalt am Pfingstmontag zur Tatzeit erklärten sie, zusammen einen Pfingstausflug über die beiden Pfingsttage geplant und diesen mit dem Dampfer DER BLAUE HEINRICH von Kiel aus nach Kappeln und zurück unternommen zu haben. Sie seien erst am Pfingstmontagabend wieder in Kiel gewesen. Zum Beweis seien der Polizei die Fahrkarten übergeben worden.

Der Amtsrichter kündigte nunmehr die Vernehmung weiterer Zeugen an. Zunächst wurde der Maat Anton Strabo aufgerufen. Diesen fragte er, ob ihm einer der Angeklagten bekannt sei.

„Selbstverständlich! Das dort ist Erwin Voigt, der mir eine schöne Miniatur vom Untergang des Kanonenbootes ILTIS geschenkt hat. Ich habe mich mächtig darüber gefreut, denn mein Vater ist – wie die meisten Mitglieder der Besatzung – auf diesem Schiff im Pazifik untergegangen. Ich habe mich Erwin Voigt gegenüber mit einer Kartentasche meines Vaters und den darin enthaltenen Südseekarten revanchiert."

Erwin wehrte sich energisch: „Das stimmt nicht! Ich habe der Polizei schon bei einer Gegenüberstellung in Altona gesagt, dass ich diesen Mann nicht kenne!"

„Das haben Sie zwar damals behauptet!", fuhr der Staatsanwalt dazwischen. „Aber wenn diese Behauptung zuträfe, hätte Herr Strabo Sie doch genauso wenig erkennen dürfen. Wir hatten aber im Rahmen einer üblichen Gegenüberstellung zuvor Herrn Strabo gebeten, aus einem Nebenraum einen Blick durch die Glasscheibe auf mehrere Herren zu werfen. Er sollte uns nur eine einzige Frage beantworten: ob er einen oder vielleicht auch zwei dieser Herren erkennen und beim Namen nennen könne. – Er hat Sie zweifelsfrei erkannt und als Erwin Voigt bezeichnet. Dass sich auch Hans Thieme dort aufhielt, wusste er nicht und konnte es auch nicht wissen. Aber nun dürfte Ihnen klar sein, warum Sie verhaftet und angeklagt worden sind. Wir werden im Laufe des Prozesses erfahren, ob das zu Recht geschah."

„Dann fahren wir erst einmal fort", fügte Amtsrichter Tietje an. „Wir haben die Kartentasche und die Karten hier. Die werden wir uns jetzt einmal genauer ansehen." Der Amtsrichter ließ sich von einem Gerichtsdiener die gewünschten Gegenstände überreichen.

„Wollen Sie behaupten, Angeklagter Voigt, auch diese Tasche nie zuvor gesehen zu haben? Sie ist an Bord der MARGA gefunden worden."
„Wie soll ich die dort gesehen haben, wo ich doch an dem Tage gar nicht auf dem Kutter war! Ich habe auch, wie schon gesagt, den Herrn da noch nie in meinem Leben getroffen. Ich war am Pfingstmontag zusammen mit meinem Freund Hans Thieme auf dem Kieler Ausflugsdampfer BLAUER HEINRICH unterwegs. Die ordnungsgemäß entwerteten Fahrkarten hat mein Rechtsanwalt bereits dem Herrn Krimimalbeamten Jebens übergeben."
„Wie werden die Karten denn ‚*ordnungsgemäß entwertet*', Angeklagter Voigt?"
„Es handelt sich um Streifenkarten, die beim Betreten des Ausflugdampfers in der Mitte durchgerissen werden."
Erwins Anwalt Holzbrinck fuhr dazwischen: „Mit den Fahrkarten ist bewiesen, dass meine Mandanten nichts mit der Sache zu tun haben. Der Zeuge lügt – und jeder hier im Saal weiß, warum. Die Auffindung der Tasche an Bord der MARGA zeigt uns den Weg zu dem eigentlich Schuldigen – dem Maaten Anton Strabo, der die Mappe als sein persönliches Eigentum mit auf den Kutter genommen hat."
Ruhig, aber unbeirrt verfolgte der Richter sein Ziel. „Dann wollen wir einen Schritt weitergehen und den nächsten Zeugen hereinbitten. Der Zeuge Anton Strabo darf hier im Raum bleiben und Platz nehmen."
Der Obergartenbaudirektor der Stadt Kiel, Richard Tyxen, trat in den Zeugenstand und wurde nach immer gleichbleibendem Ritual nach seinen Personalien befragt und über die Verpflichtung zu wahrheitsgemäßer Aussage belehrt.
„Herr Obergartenbaudirektor, kennen Sie die beiden Angeklagten?"
„Aber ja, aus meinem Stammlokal Zum Düppel in Kiel. Erwin Voigt saß mit einem der Maaten an einem Nachbartisch – und zwar mit dem Anton Strabo, den ich sehr gut kenne und inzwischen auch schätzen gelernt habe, weil er nach seiner Dienstzeit bei der Marine als Architekturzeichner in meinem

Büro angefangen hat." Mit leichtem Kopfnicken grüßte er zur Zeugenbank hinüber und fuhr fort: „Den anderen Angeklagten, den Hans Thieme, kenne ich sogar noch besser, weil er mit meiner Tochter zusammen in der Tanzstunde war und sie immer bei uns zuhause abgeholt hat. Ich kann nur sagen: ein höflicher junger Herr aus gutem Hause."

„Stimmt das, Angeklagter?", wendete sich der Richter mit dieser routinemäßigen Nachfrage an Hans Thieme, der vor Angst jedoch gar nicht recht bei der Sache war. Und ehe Hans bemerkt hatte, worum es eigentlich ging, hatte er die Frage des Richters schon mit einem hingehauchten „Ja" beantwortet. Erwin sah ihn finster an.

„Konnten Sie erkennen, Herr Obergartenbaudirektor, ob Erwin und der Maat Strabo an dem Abend irgendwelche Tauschgeschäfte abgewickelt haben?"

„Das nun nicht gerade, Herr Vorsitzender. Aber ich habe später mitbekommen, wie der Angeklagte Voigt sich von dem Strabo verabschiedete und außer einer Aktentasche auch diese riesige Kartentasche aus der Kneipe mit sich fortschleppte."

Anwalt Holzbrinck tat so, als ob ihn dies alles nicht überzeugen könne, und räsonierte laut vor sich hin: „Was hat das alles mit dem Tod des Jungfischers Behr zu tun? Meine Mandanten waren, was bewiesen ist, nicht auf der MARGA und sind als Täter demzufolge auszuschließen. Bei diesem Sachverhalt würde ich gerne wissen, warum Hans Thieme hier überhaupt auf der Anklagebank sitzt?"

Der Amtsrichter rief jetzt Kriminalkommissar Jebens in den Zeugenstand und forderte ihn nach der üblichen Belehrung auf: „Herr Kriminalkommissar, Sie haben den besten Überblick über die Asservate. Klären Sie bitte den Herrn Anwalt Holzbrinck darüber auf, was uns für die Anklage vorlag."

„Zum einen haben wir einen Aquarelltuschkasten an Bord der MARGA gefunden, und Hans Thieme ist der Einzige im Umfeld der Verdächtigten, der sich so gut wie professionell mit Malerei befasst. Zum Zweiten hat bei dem bereits erwähnten Verhör in der Polizei-Hauptwache Altona unser Sachverstädiger, Herr Jens Ohm, den Thieme gefragt, ob er je gesegelt sei, was dieser verneint habe. Ohm hatte aber beobachtet, wie Thieme ein kleines Knäuel Hüsing – das ist ein mit Teer getränkter Bindfaden, den man zum Takeln braucht – aus der Tasche holte, daran roch und ständig damit spielte. Es ist alter Brauch, dass der Schipper einem Jungmann, den er auf das Leben an Bord einstimmen will, ein solches Knäuel schenkt. Wir haben noch andere Indizien, die es uns erlauben, Hans Thieme als Mittäter anzuklagen – zumal wir glauben, dass das Alibi mit der Reise der beiden Angeklagten, über Pfingsten nach Kappeln zu reisen, keinen Bestand haben wird."

„Das ist doch wohl die Höhe!", rief Holzbrinck ungehalten, „Sie haben nichts in der Hand!"

Der Amtsrichter war nicht aus der Fassung zu bringen und mahnte: „Herr Anwalt, wir alle können Sie auch dann noch gut verstehen, wenn Sie Ihre Lautstärke ein wenig mäßigten. – Sie haben doch einen Entlastungszeugen vorladen lassen, den wir nun anhören wollen."

Der Kapitän des Ausflugsdampfers BLAUER HEINRICH trat in den Zeugenstand. Holzbrinck befragte ihn: „Herr Kapitän Jessen, erkennen Sie die Angeklagten?"

„Sehr wohl kenne ich die Herren – ich kenne sogar ihre Namen. Der hier ist Herr Voigt. Er ist häufiger zusammen mit einem Herrn Thieme, den ich da drüben sitzen sehe, bei uns an Bord gewesen."

Der Anwalt fuhr fort: „Waren diese beiden jungen Männer an den Pfingsttagen auf der Fahrt von Kiel nach Kappeln an Bord Ihres Schiffes BLAUER HEINRICH?"

„Nein, aber ..."

„Bitte beantworten Sie nur meine Fragen! Also, Herr Kapitän Jessen: Wenn es nun an diesen Festtagen sehr voll war auf Ihrem Schiff, könnten Sie dann ganz sicher sein, dass Sie Herrn Voigt oder Herrn Thieme zwischen den anderen Menschen an Bord wahrgenommen hätten?"

„Nein, das nicht, aber ..."

„Das heißt, Sie könnten die beiden auch übersehen haben?"

„Ja, das ist soweit richtig …"
„Danke! Das genügt mir. Wir können also davon ausgehen, dass meine Mandanten an der Reise nach Kappeln beteiligt waren und nichts dagegen spricht."
„Ja, doch – denn …", stammelte Jessen, aber Anwalt Holzbrinck schnitt ihm das Wort ab: „Dann habe ich keine Fragen mehr an den Zeugen."
Sofort meldete sich Staatsanwalt Dr. Brodersen zu Wort. „Herr Vorsitzender, ich hatte den Eindruck, als ob der Zeuge Jessen seiner Aussage noch etwas hinzufügen wollte. Das könnte doch unter Umständen von Bedeutung sein. Mit Ihrer freundlichen Zustimmung, Herr Vorsitzender, möchte ich Kapitän Jessen fragen, was er noch vorbringen wollte."
„Bitte, Herr Kapitän, erzählen Sie es dem Herrn Staatsanwalt", erteilte der Amtsrichter Kapitän Jessen noch einmal das Wort.
„Selbstverständlich gern, Herr Amtsrichter. Weil man doch als Zeuge auch nichts weglassen darf, wie Sie mich eingangs belehrt haben. Darum wollte ich dem Gericht noch sagen, dass ich die beiden Angeklagten in gar keinem Fall auf dem Schiff hätte sehen können, weil wir in diesem Jahr die Pfingsttour ganz absagen mussten. Die im Vorverkauf erworbenen Fahrkarten durften zurückgegeben werden. Der Nebel, der den Schiffsverkehr an der ganzen Nordseeküste erst am Morgen des Pfingstmontages zum Stillstand brachte, war bei uns an der Ostseeküste bereits am Pfingstsonntag so dicht, dass man die Hand nicht mehr vor Augen sehen konnte. Ich hab‘ keine Ahnung, wie die beiden Angeklagten darauf kommen, mit unserem Schiff über Pfingsten nach Kappeln gefahren zu sein."
Sekundenlang herrschte absolute Stille im Saal. Mit einer solchen Überraschung hatte niemand gerechnet. Der Anwalt Holzbrinck drehte sich wütend zu seinen Mandanten um und zischte ihnen leise etwas zu. Dann erhob er sich und bat den Amtsrichter: „Herr Vorsitzender! Ich bitte um eine Verhandlungspause, um mich mit meinen Mandanten zu besprechen."

„Selbstverständlich, Herr Holzbrinck“, entgegnete der Richter und entsprach seinem Wunsch. „Ich unterbreche die Sitzung. Wir sehen uns in zehn Minuten wieder.“

Dr. Holzbrinck, Erwin Voigt und Hans Thieme verließen den Gerichtssaal und zogen sich in eine etwas abgelegenere Fensternische zurück.

Als der Rechtsanwalt und seine Mandanten nach der Pause ihre Plätze wieder einnahmen, verbarg Hans Thieme sein Gesicht mit den Händen.

Der Amtsrichter nahm die Verhandlung wieder auf. „Herr Voigt, Sie haben die Ausführungen von Kapitän Jessen gehört. Ihr Freund, Hans Thieme, hat vorher etwas ganz anderes ausgesagt – er hat das Gericht ganz offensichtlich belogen, da Sie an den Pfingsttagen erwiesenermaßen nicht an Bord des Ausflugsdampfers BLAUER HEINRICH waren. – Nun frage ich Sie: Wo waren Sie wirklich an diesen Tagen und was haben Sie getan?“

Hans begann zu schlucken und zu schluchzen und schaute auf Erwin. „Ich kann nicht mehr, Erwin. Es macht eh keinen Sinn, unsere Beweggründe, die zur Tat geführt haben, länger zu verschweigen– lass uns sagen, wie es war.“

Für Wittenborgs Verständnis reagierte der Amtsrichter schon beinahe fürsorglich. „Nun, Angeklagter Voigt? Helfen Sie Ihrem Freund! – Befreien Sie ihn und sich von jeder Falschaussage! Wenn Sie es jetzt tun, kann es sich immer noch strafmildernd für Sie auswirken.“

Wittenborg beobachtete Erwin Voigt genau. Dieser schien sich gerade in eine neue Rolle hineinzuversetzen – von einem Moment auf den anderen wurde sein Gesichtsausdruck sehr traurig, dann schaute er sich um und schließlich begann er: „Wenn ich vorhin gesagt habe, dass wir unschuldig sind, so stimmt das wenigstens zum Teil, wie Sie noch sehen werden.

Wir beide – der Hans aus einer vornehmen Familie und ich aus ärmlichen Verhältnissen – waren schon als Kinder unzertrennlich miteinander befreundet. Hans Thiemes Vater, der Apotheker Thieme, hatte etwas gegen mich und von Anfang an versucht, uns auseinanderzubringen. Er war gegen mich gesellschaftlich voreingenommen, weil ich nicht zu seinen höheren

Kreisen gehörte und den kleinen Hans – welch eine Schmach! – abgöttisch liebte. Das durfte die große Welt – um Gottes Willen! – doch nie, niemals erfahren! In geharnischten Briefen hat er meiner Mutter damit gedroht, sie als meine Erziehungsberechtigte anzuzeigen, weil mein Einfluss auf Hans gemeingefährlich sei. Der alte Apotheker Thieme dachte, ahnte, dass wir beiden etwas miteinander hätten – wenn Sie verstehen, was ich damit sagen will. Er wollte unbedingt verhindern, dass sich daraus schlüpfrige Redereien verbreiten ließen. Hans hat mir das erst später erzählt, als ich ihn fragte, warum seine Eltern ihn so verächtlich behandelten."

„Hatten Sie denn …, Herr Voigt?", unterbrach ihn der Staatsanwalt.

Voigt antwortete ironisch: „Wenn es denn Ihrer Form der Wahrheitsfindung dienlich ist und der Verbreitung solcher Wahrheiten über in unserem Reich zwar mittlerweile straffrei gelebtes, aber immer noch verspottetes Liebesleben, Herr Staatsanwalt, will ich Sie gern über das ‚Paradies' der Homosexualität für Jugendliche aufklären! Sie können das aber auch alles bei Dr. jur. Numa Praetorius in den ab 1900 erschienenen Bänden seiner ‚Bibliographie der Homosexualität' nachlesen, wo er 1906 mit der schon nicht mehr ausgeübten Strafbarkeit der Homosexualität wissenschaftlich aufräumt und feststellt: ‚Nur diejenigen, die der Anlage-Theorie (Homosexualität als angeborene Anlage) anhängen und sich für die Aufhebung der Strafbestimmungen aussprechen, können als Sachverständige gelten.' Obwohl der § 175 weiterhin gilt, finden Prozesse gegen Homosexuelle so gut wie nicht mehr statt. In den Auseinandersetzungen zwischen Kaiser Wilhelm II und Graf Eulenburg ging und geht es um anderes und zwar ausschließlich um strafbar in die Welt gesetzte Gerüchte, schlüpfrige Verdächtigungen und in deren Folge um ebenso strafbare Erpressungsversuche."

Der Vorsitzende griff ein: „Das stimmt zwar alles haargenau, was Sie da vortragen, Angeklagter, aber ich muss doch dringend darum bitten, ab sofort nur noch mit Ihren tatsächlich zum Prozess gehörenden Erklärungen fortzufahren."

Erwin gehorchte dem Vorsitzenden: „Als Hans zum zweiten Mal auf der Oberrealschule sitzen geblieben ‚wurde' und abgehen musste, gab man mir an allem die Schuld. Dieser Vorwurf hat meine Mutter tief getroffen. Sie hat es mit der Angst bekommen und dafür gesorgt, dass ich aus Kiel verschwand, indem sie mich auf der Präparande in Bad Segeberg anmeldete. Volksschullehrer sollte ich werden, was durchaus nicht mein Begehr war."
„Da Sie es verstehen, sich gewählt auszudrücken – wäre das nicht eine Alternative für Sie gewesen?", warf Brodersen ein. Erwin ging nicht darauf ein, sondern fuhr konzentriert fort: „Wie denn das? Ich muss wohl ein wenig ausholen: Hans durfte nicht Kunst und Malerei studieren, aber schon gar nicht sich als Apotheker zum Nachfolger seines Vaters heranbilden lassen, weil sein Vater ihn unserer großen Liebe wegen nicht verstehen wollte und grenzenlos verachtete. Er musste – eine Stufe tiefer! – zu einem Drogisten in die Lehre gehen und wurde dort von seinem Lehrherrn – mit wohlwollender Zustimmung seiner Eltern – , verprügelt und geradezu bösartig, in jedem Fall aber unmenschlich, behandelt. Das wurde mit: ‚Man sollte ihm die Flausen austreiben" kaschiert. Nach außen hin wurde die Wahrheit mit dem hierzulande allgemein gebräuchlichen Begriff, ‚er sei extrem nervös ' bemäntelt, und mit dieser Begründung wurde er vom Gymnasium zurückgezogen. Um alles, was von Hans in Zukunft persönlich verlautbart wurde, als unsinnig hinzustellen, wies man höhnisch darauf hin, was solle man jemandem glauben, der zu dumm sei, Apotheker zu werden. Und außerdem … na ja, man könne sich kaum ausmalen, was so einer für Ferkeleien begehe! Weil er weder daheim noch in der Drogerie Bestätigung fand, suchte er nach einer neuen Aufgabe. Hans ist handwerklich sehr geschickt – so bot er dem ihm ja schon lange bekannten Pedell der Oberrealschule an, ihn bei der Reparatur der Schulmöbel – selbstverständlich kostenlos – zu unterstützen. Der willigte ein und die Zusammenarbeit klappte so hervorragend, dass der Pedell ihm sogar erlaubte, sich im Werkstattkeller hinter dem Möbellager ein kleines Refugium wohnlich einzurichten. Rundherum hat Hans die Wände mit Bildern von der Südsee bemalt, welche in man-

cherlei Beziehung, wenn ich das richtig sehe, durchaus mit den genialen Spitzenwerken des französischen Malers Paul Gaugin vergleichbar sind.
Im Keller haben wir uns dann immer getroffen und gemeinsam von einem anderen, eigenen Leben geträumt, das man, ohne andere damit zu schädigen, wenigstens leben darf – um dieser Welt, in der wir nur schlecht behandelt und jeder Hoffnung auf eine erfreuliche, gemeinsame Zukunft beraubt worden waren, zumindest zeitweise zu entrinnen.
Wir sind schon früh auf die in allen Gazetten verbreitete Werbung des deutschen Apothekers auf Kabakon gestoßen. Die Texte weckten in uns einen ersten Hoffnungsschimmer, dass es ja doch noch möglich wäre, auf dieser Welt, eben in der Südsee auf Kabakon, für ein lebenswertes Dasein zu kämpfen. Und so sind wir in unserer Fantasie in die Südsee aufgebrochen – wir haben zusammen alles gelesen, was wir an Informationen darüber bekommen konnten.
Was Hans betrifft, er hatte nur diesen Keller und konnte sonst kaum etwas unternehmen, weil er kein Geld hatte. Mir erging es da wesentlich besser. Ich habe dann aber von meinen Einnahmen als Barpianist sogar noch meinen in Not geratenen Freund Hans finanziell unterstützen müssen: Weil seine Eltern nichts, aber auch wirklich gar nichts für ihn taten, habe ich versucht, das Geld für uns beide zu verdienen, habe das angestrebte Ziel meiner Volksschullehrerausbildung an der Präparande geschmissen und als Barpianist arbeiten müssen."
„Aber sehr bedeutend dürften die Einnahmen für Ihr Klavierspiel wohl kaum gewesen sein", spottete der Herr Staatsanwalt – allerdings nicht ungestraft.
„Ich würde gern die Darstellung des Angeklagten Voigt zu Ende hören, um gegebenenfalls danach die Erörterung von Einzelfragen zuzulassen, Herr Staatsanwalt", gab der Vorsitzende dem Vertreter der Anklage zu verstehen. „Fahren Sie also fort, Angeklagter!"

„Dann habe ich als Bestmann auf einem Ewer aus Wilster angefangen. Das hat mir viel Spaß gebracht und ich wollte in meinem Leben nichts anderes mehr erreichen, als Schipper auf einem Ewer oder einem Kutter zu werden. Auf meinen Ausflügen in die nähere Umgebung von Wilster traf ich in Wewelsfleth auf der Werft von Torben Hansen den Flosse – Entschuldigung! – Karl Theodor Behr – den Fischer aus Eckstedt wieder, den ich bereits im Düppel in Kiel kennengelernt hatte. Flosse erinnerte sich sofort an unsere Begegnung und fragte mich, ob ich auf seinem Kutter als Bestmann anfangen wolle. Ich war bereit dazu und bin ihm auch beigesprungen, um die Malerarbeiten auf seinem Schiff pünktlich zum Stapellauf fertigzustellen. Dann kam der Tag des Stapellaufs, der ja gründlichst in die Hose ging. Offensichtlich missglückte aber auch noch eine mit dem Stapellauf verbundene Verlobung Flosses mit Fräulein Marga Nonnenwort. Marga ließ sich nach diesem Affront jedoch nichts anmerken – das muss man ihr lassen. Dann geschah etwas sehr Merkwürdiges. Plötzlich stand Margas Vater vor mir. Er sah sehr wütend aus. Ich vermutete, dass er über Flosse verärgert war, weil der die Verlobung vor allen Gästen hatte platzen lassen. Darüber äußerte Nonnenwort sich jedoch nicht. Zu meiner Überraschung schlug er mir dagegen ein Geschäft vor, das mir viel Geld – in Worten: zweihundert Goldmark – einbringen würde. Da sagte ich nicht Nein. Er bestellte mich für den Pfingstsonnabend Abend auf sein Kontor in Marne, wo ich alles Weitere erfahren sollte. Ich war spitz auf das Geld und ließ mich darauf ein. In seinem Kontor erklärte mir Herr Nonnenwort, er habe den neuen Kutter ganz und gar bezahlt, aber nun wolle Flosse plötzlich nicht mehr zu seinem Eheversprechen stehen. Aber er, Hugo Nonnenwort, habe ein gutes Herz und werde den wankelmütigen Jungfischer schon zu seinem Glück zwingen – und dabei dürfe ich ihm helfen. Durch einen deftigen Streich hoffe er, Flosse wieder auf Kurs zu bringen. Er wisse ja nun, dass ich am 1. Juli als Bestmann bei Behr auf dem neuen Kutter anfangen solle und das Schiff bereits gut kenne.

Ich erzählte ihm, ich hätte auf Flosses Wunsch hin den Kutter soeben mit Proviant und Waffen für eine Seehundjagd ausgerüstet, die für Pfingstmontag früh geplant sei. Auf der Fahrt selbst bräuchte er meine Hilfe dann nicht, habe Flosse gemeint. Ich könne also an Land bleiben.

Das passe ja wunderbar, erklärte Herr Nonnenwort und bat mich, ich solle den neuen Kutter Pfingstmontag in aller Frühe – auf jeden Fall vor dem Eintreffen des Jungfischers und seiner Jagdgäste – aus dem Hafen von Eckstedt nach Büsum entführen. Dort könne sich der wankelmütige Bräutigam das Schiff dann später wieder abholen."

„Wie gefiel Ihnen denn dieser Vorschlag, Angeklagter Voigt?", unterbrach ihn der Richter. „Schließlich hatten Sie ja eine Reihe von Vorleistungen erbracht, ohne dass Herr Behr sich irgendwann einmal erkenntlich gezeigt oder Sie wenigstens zu dem Jagdausflug eingeladen hätte."

„Ich empfand Herrn Nonnenworts Vorschlag als Zumutung – ja, als Aufforderung zum Vertrauensbruch gegenüber Flosse – und fragte ihn, ob das mit der Schiffsentführung wirklich ernst gemeint sei. Darüber solle ich mir nicht den Kopf zerbrechen, antwortete er. Er, Hugo Nonnenwort, sei der wahre Eigner des Schiffes. Ganz gewiss käme Flosse durch diesen Schrecken zur Besinnung – es sei seine letzte Chance, zu seiner Verlobten zurückzukehren. Wenn ich nicht bereit wäre, auf diese Weise zu Flosses Wohl beizutragen, würde er ihm das Schiff wieder ganz wegnehmen, um es anderweitig zu verkaufen. Und was mich beträfe, ich könne mir ja leicht ausmalen, dass Flosse nie mehr in der Lage sein würde, einen Bestmann anzustellen. Schweren Herzens ging ich auf Nonnenworts Vorschlag ein, verlangte aber die Aushändigung der Schiffspapiere, um mich jederzeit gegenüber der Wasserpolizei ausweisen zu können."

„Und? Hat er Ihnen die Schiffspapiere übergeben?", unterbrach ihn der Amtsrichter.

„Aber selbstverständlich! Sonst wäre ich gar nicht erst losgefahren."

„Sie sind dann erst einmal erlöst, Angeklagter. Nehmen Sie bitte neben Ihrem Anwalt Platz! Vielleicht ist Ihr Freund Hans Thieme bereit, uns den Rest zu erzählen."

Hans war bereit: „Am Pfingstmontagmorgen konnte man kaum etwas sehen, so dicht war der Nebel. Auch diese komischen Reiserbesen, die – wie ich von Erwin weiß – den Fahrweg markieren, waren fast nicht mehr zu erkennen. Wir fuhren los in der Hoffnung, dass der Himmel sich aufklaren werde. Aber das Gegenteil trat ein. Bei der Sandinsel Trischen wurde es dann ganz ungemütlich. Ich war noch nie richtig auf See gewesen und konnte Erwin deshalb kaum helfen. Ich sah nur noch Nebel, nichts als Nebel – ich wollte von Erwin wissen, was zu tun sei.

Den Anker sollt‘ ich schmeißen, rief er mir zu und drängte mich, weil es rasch gehen müsse. Das hab‘ ich versucht. – Und das große Auge am schiffseitigen Ende der Ankertrosse solle ich um den Poller auf dem Vorschiff legen. Ich wusste nicht, wie das geht, und fragte nach. Inzwischen rauschte mir die Trosse schon durch die Finger und war nicht mehr zu halten. Sie verursachte mir fürchterliche Schmerzen. Verdammt, meine Hände! Oh nee, diese verfluchte Ankertrosse!

Was denn nun mit der Trosse sei, wollte Erwin wissen. – Die sei weg, ausgerauscht ins Meer. Er beschimpfte mich, ich sei ein Dummkopf, und dass mit mir tatsächlich nichts anzufangen sei. Da geschah es! Rums. Der Kutter stand – und zwar unmittelbar neben so einem Reisigbesen, den sie Pricke nennen. Wir waren außerhalb des Fahrweges auf ein Ufer des Wattstroms geraten, das noch unter dem Hochwasser verborgen war und erst später sichtbar wurde. Heute weiß ich, dass diese gefährliche Stelle unter dem Namen ‚Hohe Kante von Trischen' bekannt ist.

Wären wir nur strikt im gut ausgepriggten Fahrwasser geblieben und hätten dort nach erster Grundberührung den Anker geworfen, wäre es uns möglich gewesen, mit dem ersten auflaufenden Wasser wieder freizukommen und in der Fahrwasserrinne weiterzufahren. Jetzt mussten wir hier warten, bis die Flut so hoch aufgelaufen war, dass sie nicht nur die Höhe der Hohen

Kante erreicht hätte sondern noch achtzig Zentimeter weiter bis zum Erreichen unserer Wasserlinie hätte steigen müssen. Die MARGA wäre anders tief unten im Fahrwassergraben leicht zwei Stunden früher wieder aufgeschwommen und einer Verfolgung entkommen.

Nun musste ich Erwin meine Hände zeigen. Sie waren bei dem Versuch, die Ankerleine zu halten, aufgescheuert und hatten zu bluten begonnen. Die Finger hatten wie Feuer gebrannt, als die Leine durch die Hände rauschte. Nun waren die Hände angeschwollen und taten sehr weh. Erwin hat sie behutsam mit Mullbinden verbunden und danach sahen sie aus, als hätte ich Fausthandschuhe an.

Das Wasser fiel zu diesem Zeitpunkt tiefer und tiefer. Sandhügel erhoben sich aus dem Wasser, und zwischen ihnen wurde der Wattstrom wie ein sich ringelnder Fluss sichtbar – nur einen Meter von dem Hügel entfernt, auf dem die MARGA stand. Hoch und trocken thronte sie genau auf der höchsten Stelle weit und breit.

Um die Mittagszeit hörten wir das Geräusch eines sich nähernden Motorbootes. Das könne nur der Schrauber sein, überlegte Erwin, denn neben dessen Kutter – gleich dem ersten am Steg – lag immer ein Motorboot.

Mir war gar nicht wohl zumute. Ich solle ihn nur machen lassen, sagte Erwin und ging unter Deck. Nach einer Weile tauchte er mit einer der Jagdflinten wieder auf.

Ich fragte ihn, was er damit vorhabe – doch nicht etwa auf den Schrauber schießen! Erwin beruhigte mich; die Flinte wolle er nur vorzeigen, wenn jemand verrückt spielen würde und uns den durch Nonnenwort zur Entführung nach Tönning an vertrauten Kutter wegnehmen wolle."

Der Staatsanwalt unterbrach den Angeklagten: „Also hätte er schießen wollen, wenn der Eigner aufgetaucht wäre, um sich sein Eigentum zurückzuholen?"

Hans Thieme stutzte. „Nein, so wollte ich nicht verstanden werden! Erwin glaubte doch, dass ein ganz anderer – nämlich der Besitzer irgendeines Mo-

torbootes – auf uns zu hielt. Um Nonnenworts Auftrag sicher durchzuführen, wäre es vielleicht nötig gewesen, diesen Fremden zu bedrohen.
Aber es kam viel schlimmer. Das schlanke Motorboot war plötzlich da und lag unter uns im Priel. Ich sah Erwin an, dass er ziemlich überrascht war. Er flüsterte mir zu, dass der da in dem Boot Flosse, der Eigner des Schiffes, sei. Flosse warf einen ziemlich kleinen Anker aus, um das leichte Motorboot in dem flachen Wasser neben der MARGA zum Stehen zu bringen. Die dünne Ankerleine, die nicht viel zu halten hatte, behielt er in der Hand. Ich sah, wie das an uns vorbei in Richtung See abfließende Wasser langsam zum Stillstand kam, um anschließend langsam in die Richtung zurückzufließen, aus der wir gekommen waren.
Dieser Flosse da unten in dem Motorboot war dann genauso erstaunt, als er Erwin erkannte. Er schrie etwas von Diebstahl und Vertrauensbruch. Er war sehr erregt und hörte überhaupt nicht zu, als Erwin ihm zu erklären suchte, das Ganze sei eine Entführung zum Schein im Auftrag des Schiffseigners Nonnenwort, um ihn, Flosse, wegen der knallhart zurückgewiesenen Verlobung zur Vernunft zu bringen. Herr Nonnenwort hätte Erwin das Schiff anvertraut und sogar die Papiere mitgegeben. Erwin wollte sie Flosse sofort zeigen, damit er sehen könne, dass wir nichts Unrechtes im Schilde führten.
Flosse wollte uns aber vom Schiff jagen und zog einen Revolver. Erwin hatte blitzschnell das Gewehr an der Wange und schrie ihn an, keinen Unsinn zu machen. Er möge die Pistole weglegen und zuhören, dann heraufkommen und die Schiffspapiere entgegennehmen.
Flosse hörte nicht. Er verlangte, wir sollten das Schiff sofort verlassen.
Das wollten wir aber nicht, weil wir Angst hatten, er würde uns im Watt zurück- und ersaufen lassen.
Flosse bestand auf seiner Forderung und begann zu zählen. Da gab Erwin den ersten Schuss ab – einen Schreckschuss nur, so über Flosses Kopf hinweg. Mir rief er zu, ich solle in Deckung gehen – Flosse wolle uns fertigmachen.

Und schon knallte es uns um die Ohren. Flosse gab mehrere Schüsse auf uns ab, die alle ihr Ziel verfehlten. Erwin sah keine andere Chance, unser Leben zu retten, als auf Flosse zu zielen. Er schoss – und dann war plötzlich alles still. Ich beugte mich über die Reling und sah, dass Flosse im Motorboot lag und sich nicht mehr rührte. Die Ankerleine hatte er fallen lassen. Die Strömung war schneller geworden und nahm das Boot sogleich mit sich fort in die Nebelwand."

„Das war eine sehr bewegende Darstellung, Angeklagter Thieme. Damit haben Sie uns in die Lage versetzt, die näheren Umstände, die zum Tod des Fischers Behr geführt haben, besser zu verstehen und mir eine Menge Arbeit erspart", stellte Doktor Brodersen zufrieden fest.

„Gewiss, gewiss, Herr Staatsanwalt! Da haben Sie schon recht, aber es liegt auch immer noch eine Menge Arbeit vor uns", mahnte der Vorsitzende. „Angeklagter Thieme, wenn es sich tatsächlich so abgespielt hat, wie Sie es uns geschildert haben – warum sind Sie beide dann nicht mit dem Schiff, als es wieder freikam, zurückgefahren und haben das der Polizei erzählt?"

„Wir hatten Angst, dass uns keiner glauben würde. Darum sind wir zur Außeneider hinübergefahren und haben das Schiff dort versenkt."

Der Amtsrichter dankte Hans und hieß ihn, wieder Platz zu nehmen.

„Nun, den Rest der Geschichte haben wir uns nach Auffindung der MARGA selbst erklären können. Ich rufe Herrn Fabrikdirektor Hugo Nonnenwort in den Zeugenstand." Hugo Nonnenwort hatte viel Sorgfalt auf sein Äußeres verwendet. Er trug einen neuen Cutaway mit schwarzgrau gestreifter Röhrenhose. Die Hosenbeine fielen, wie es sich gehörte, ein wenig nach hinten über die Hacken. Dazu passte das Hemd mit ‚Vatermörderkragen' und ein dick geknoteter graublauer Schlips, geschmückt mit einer Schlipsnadel, die eine dicke Perle zierte.

Der Herr Fabrikdirektor wirkte recht nervös, als Staatsanwalt Brodersen mit seinem Verhör begann. „Herr Nonenwort, Sie haben nach Auffindung und der Übergabe des Kutters MARGA durch die Tönninger Werft die für den

Eigner des Schiffes bestimmten Schiffspapiere an sich genommen. Trifft das zu?"

„Das entspricht den Tatsachen. Dazu hatte ich auch das Recht, da ich nach der Übernahme sämtlicher Kosten Haupteigner bin."

„Hatten Sie Herrn Voigt eben diese Papiere schon einmal zu einem früheren Zeitpunkt, das heißt, vor der Entführung des Kutters aus dem Ecksteder Hafen, übergeben und ihm den Auftrag zur Entführung des Schiffes nach Büsum erteilt?"

„Von dem, was der Angeklagte Voigt sich da vorhin zusammenfantasiert hat, ist kein Wort wahr."

„Wo befinden sich die Papiere denn zurzeit?"

„In einem Tresor in meinem Haus. Ich hatte sie heute Morgen noch in der Hand."

Staatsanwalt Brodersen wandte sich noch einmal direkt an Erwin Voigt: „Haben Sie das gehört, Angeklagter? Haben Sie uns etwa ein Ammenmärchen aufgetischt?"

Erwin war außer sich. „Herr Nonnenwort hat uns die Schiffspapiere gegeben, so wahr ich Erwin Voigt heiße!"

„Dann sagen Sie uns doch, Angeklagter Voigt, wo die Schiffspapiere sind, die Sie von Herrn Nonnenwort erhalten haben wollen."

„Das geht leider nicht mehr, Herr Staatsanwalt. Sie sind uns aus dem Keller, wo Hans Thieme sie verwahrt hatte, gestohlen worden."

„Wie das?" Der Staatsanwalt wurde streng. „Es fällt mir schwer, Ihnen das abzunehmen, Angeklagter. Sie haben das Gericht heute bereits einmal belogen – warum sollten wir Ihnen jetzt glauben? Ich habe keine weiteren Fragen an Sie."

Damit wendete sich Brodersen wieder dem Fischkonservenfabrikanten zu. Hugo Nonnenwort gab sich inzwischen sehr selbstsicher und bekräftigte noch einmal seine Aussage. Er wies es weit von sich, je mit Erwin gesprochen und mit ihm einen derart dummen Streich ausgeheckt zu haben.

„Herr Nonnenwort, wir werden Sie als Zeugen nicht vereidigen, damit Sie nach dieser Falschaussage nicht auch noch einen Meineid schwören."

Die Stimme des Amtsrichters klang streng, als er jetzt das Wort an den Fabrikanten richtete.

„Die Schiffspapiere sind im Keller der Oberrealschule in der Waitzstraße in Kiel aufgetaucht und polizeilich konfisziert worden. Möchten Sie sie sehen? Sie liegen als Beweisstücke vor."

Der Vorsitzende bat den Staatsanwalt, mit der Befragung fortzufahren. Dr. Brodersen erhob sich und ging zu Nonnenwort hinüber.

„Es war also Erwin Voigt, der in diesem Fall die Wahrheit gesagt hat. Warum Sie, Herr Nonnenwort, gelogen haben, liegt ebenfalls auf der Hand: Sie wollten in der Öffentlichkeit nicht als der Mann dastehen, der den Auftrag zum Diebstahl eines Schiffes gegeben hat und demzufolge jetzt auch noch die Mitschuld an der Ermordung eines Menschen trägt. Um zu vermeiden, dass die Wahrheit ans Licht kommen würde, haben Sie sogar Ihre Tochter angestiftet, nach Kiel zu fahren und die Papiere zurückzuholen."

„Nie und nimmer!", schrie Hugo Nonnenwort dazwischen. Der Richter erhob die Stimme: „Ich bitte nun Herrn Doktor Wittenborg in den Zeugenstand". Nachdem der Arzt Platz genommen hatte, begann der Vorsitzende mit seiner Befragung: „Herr Doktor Wittenborg, Sie sind der Zeugin Marga Nonnenwort zweimal in Kiel begegnet."

Marga wurde auf ihrem Platz unruhig.

Wittenborg korrigierte: „Persönlich bin ich Fräulein Nonnenwort in Kiel gar nicht begegnet – eher indirekt. Als ich im Hotel Berliner Hof wohnte und mich dort gerade einer Besprechung wegen in dem dazugehörigen Café aufhielt, soll eine junge Frau das Hotel betreten und sich an der Rezeption als meine Ehefrau ausgegeben haben, um auf diese Weise meinen Zimmerschlüssel zu erhalten. Dem Portier zufolge habe sie ihm erklärt, dass sie mir nur einige Unterlagen, die ich daheim vergessen hätte, ins Zimmer legen wolle, aber keine Veranlassung sähe, mich dafür bei meinem Gespräch zu stören. Ganz offensichtlich hat sie dann die Gelegenheit genutzt, mein Zimmer zu durchsuchen. Dabei muss ihr auch eine von mir angefertigte Liste mit den Namen aller im Mordfall Behr zu befragenden Personen in die Hände gefallen sein, denn diese lag später anders als zuvor auf meinem Schreibtisch. Bei ihrer Suche ist ihr wohl auch ein gläserner Aschenbecher heruntergefallen, da dieser zerbrochen auf dem Boden lag. Ich bemerkte diesen Vorfall erst, als ich nach dem Gespräch mein Zimmer wieder aufsuchte und die beschriebenen Zustände vorfand. Als ich den Portier später fragte, ob ihm an der Dame etwas aufgefallen sei, antwortete er: ihm sei eigentlich weiter nichts als der Hut und der dazu passende Schleier in Erinnerung. Ja, er erinnere sich an einen roten Hut – flach wie ein umgedrehter Essteller – und an das mit Gänseblümchen verzierte Hutbändchen."

„Einspruch, Euer Ehren!", ging Holzbrinck dazwischen. „Hüte wie der von Ihnen beschriebene sind zurzeit in Mode. Auch wenn Fräulein Nonnenwort heute einen solchen trägt, wird dieser Hinweis dem Gericht nicht genügen, um sie als die dreiste Einbrecherin in das Hotelzimmer zu identifizieren."

„Wir nehmen Ihren Hinweis zur Kenntnis, Herr Anwalt", schnitt ihm der Vorsitzende das Wort ab und fuhr fort: „Herr Doktor Wittenborg, wir brauchen Sie noch. Erzählen Sie uns bitte: Wann sind Sie Fräulein Nonnenwort, wie Sie wenigstens vermuteten, an diesem Tage in Kiel dann noch einmal begegnet?"

„Am Abend desselben Tages bin ich ihr, ohne dass ich es beweisen könnte, wahrscheinlich sogar persönlich begegnet – und zwar in dem spärlich beleuchteten Eingangsbereich der Gaststätte ‚Zum Düppel', als sie gerade das Lokal verließ. Im Gegenlicht nahm ich jedoch nur schemenhaft eine schlanke Gestalt wahr – außerdem hatte ich an diesem Ort wirklich nicht damit gerechnet, Fräulein Nonnenwort anzutreffen. Ich hatte die Gaststätte aufgesucht, um von den Maaten, die ursprünglich von Karl Theodor Behr zur Robbenjagd eingeladen worden waren, Näheres über die Vorkommnisse der Pfingsttage zu erfahren. Im Laufe des Gesprächs erzählten die jungen Männer mir, dass gerade eine verschleierte Dame bei ihnen gewesen sei und nach Erwin Voigt und dessen Adresse gefragt habe – sie wolle bei ihm ein paar Sachen abholen, die Flosse diesem geliehen hätte. Da die Maaten aber nicht wussten, wo Erwin wohnt, hätten sie ihr die Anschrift des Kellers in der Oberrealschule in der Waitzstraße gegeben. Ihren Namen habe die Dame nicht preisgegeben, aber die Stammtischfreunde erinnerten sich an ihr Äußeres – an einen modernen roten Hut mit einem lilafarbenen Schleier – und waren sich zudem recht sicher, an der Stimme die Verlobte ihres Freundes Flosse – Fräulein Marga Nonnenwort – erkannt zu haben."

Wittenborg durfte sich setzen.

Der Amtsrichter ließ nunmehr einen der Maaten, die auf dem Flur warteten, hereinrufen. „Ich bitte den Maaten Peter Leif in den Zeugenstand!"

Nach Aufnahme der Personalien und der üblichen Belehrung wollte der Amtsrichter von ihm wissen: „Erinnern Sie sich an die Verlobte Ihres ermordeten Freundes Behr, Fräulein Marga Nonnenwort? Und sehen Sie diese Dame hier im Saal?"

„Oh ja, da drüben auf der Zeugenbank, Mo-Moin, Fräulein Nonnenwort und Herr Fischkonservenfabrikdirektor! Nett, Sie hier wieder zu treffen!", röhrte Pitter Leif in den tiefsten Tönen. Marga Nonnenwort reagierte nicht, sondern schaute nur zur Seite. „Wo und wann haben Sie Fräulein Nonnenwort getroffen?", fuhr der Amtsrichter fort.

„Das war einmal am Sonnabend vor Pfingsten gegen Mittag auf dem Bahnhof in Marne. Sie kam mit ihrem alten Herrn, was ihr Vater ist, darüber zu, als Flosse – Entschuldigung! – als Karl Theodor uns von der Bahn abholte. Ein zweites Mal habe ich sie nur an ihrer Stimme erkannt. Sie überraschte uns bei einem unserer Treffen im Düppel – sie wollte wissen, ob wir ihr die Adresse von Erwin Voigt geben könnten."

„Danke, Herr Leif! Sie dürfen auf der Zeugenbank Platz nehmen."

Amtsrichter Tietje bat Marga in den Zeugenstand und fragte sie, nachdem er sie besonders eindringlich belehrt hatte: „Stimmt das, was die beiden Herren soeben hier ausgesagt haben?"

„Kein Wort davon!", antwortete sie, aber es klang nicht sehr überzeugend.

„Sind Sie sich da ganz sicher, Fräulein Nonnenwort? Denken Sie noch einmal nach! Es steht für Sie viel auf dem Spiel, noch können Sie zurück. Sie müssen als Zeugin weder sich selbst noch Angehörige belasten – aber Falschaussagen, das wissen Sie, werden hart geahndet!“

„Ich bleibe bei dem, was ich gesagt habe.“

„Nun, dann dürfen Sie sich wieder setzen.“

Richter Tietje bat noch einmal Wittenborg in den Zeugenstand und erklärte: „Herr Doktor Wittenborg war noch ein zweites Mal in Kiel – und zwar in Absprache mit der Polizei – um den Keller der Oberrealschule in der Waitzstraße aufzusuchen. Herr Doktor, Sie haben dort die Schiffspapiere der MARGA gefunden und für die Polizei als Beweismittel sichergestellt. Was haben Sie außerdem beobachtet?“

„Es sah so aus, Herr Richter, als habe man die Papiere zur Abholung bereitgelegt. Der Gedanke lag nahe, dass Marga Nonnenwort das diskriminierende Material für ihren Vater rechtzeitig zurückholen wollte. Die Abholung ist wahrscheinlich daran gescheitert, dass sie Erwin Voigt beziehungsweise Hans Thieme nicht angetroffen hat. – Übrigens hat Herr Kommissar Jebens die durchnässten Schiffspapiere im Labor mit Silbernitrat testen lassen. Der Test hat ergeben, dass die Papiere in Salzwasser gelegen haben.“

Ein paar Tage nach meinem Besuch in dem besagten Keller bekam ich dann einen äußerst besorgten Anruf vom Hausmeister der Schule, den Hans, wie wir hörten, dort bei der Reparatur von Schulmöbeln unterstützt habe. Er fragte aufgebracht, ob ich die Schiffspapiere auf dem Tisch gesehen oder diese gar an mich genommen hätte. Hans hätte ihm gesagt, der Besuch einer Dame stehe bevor, die schon einmal da gewesen sei. Jetzt endlich wolle sie die Papiere zurück haben.“ Rechtsanwalt Holzbrinck gelang es nicht länger, seinen mit bedeutsamem Gesichtsausdruck zur Schau gestellten Gleichmut länger aufrecht zu erhalten.

Marga Nonnenwort saß kerzengerade auf ihrem Platz, selbstbewusst und herausfordernd, als könne ihr das ganze Verfahren nicht das Geringste anhaben. Ihr Vater hingegen verbarg sein Gesicht mit den Händen.

„Fräulein Nonnenwort, bleiben Sie nur ruhig dort drüben sitzen. Meinen Sie, dass ich den Portier des Hotels Berliner Hof für eine Gegenüberstellung hereinholen muss, oder wollen Sie uns jetzt auch ohne eine solche Gegenüberstellung die Wahrheit sagen?“

Marga stand auf und begab sich, ohne dazu aufgefordert worden zu sein, in den Zeugenstand. Mit fester Stimme bekannte sie: „Ich hatte leider viel zu spät und auch nur gerüchteweise davon gehört, dass mein Vater die Schiffspapiere dem Angeklagten Erwin Voigt übergeben hätte. Im Kontor unserer Fabrik wurde sogar gemunkelt, dieser Voigt hätte von meinem Vater mit den Papieren viel Geld erpressen wollen. Um Klarheit zu gewinnen, bat ich meinen Vater, mir die Schiffspapiere zu zeigen. Daraufhin bekam er einen Wutanfall und beschimpfte mich. Mein Misstrauen sei verletzend und ungerecht. Die Papiere befänden sich nach wie vor in seinem Tresor. Er war nicht bereit, sie mir zu zeigen. Weil sein Verhalten mir immer unklarer und unheimlicher wurde, begann ich damit, Nachforschungen anzustellen. Mein Einbruch in das von Doktor Wittenborg gemietete Zimmer gelang ohne Probleme. – Dafür möchte ich mich noch bei Ihnen entschuldigen, Herr Doktor Wittenborg. Ich wollte nur wissen, ob Sie Material gegen meinen Vater gesammelt hatten und ob er irgendwie Verdacht erregt haben könnte – auf welche Weise auch immer.

Der sich an das Gespräch mit den Maaten anschließende Besuch des Kellers in der Oberrealschule war leider erfolglos, weil weder Erwin Voigt noch sein Freund Hans Thieme anwesend waren. In der Tat hatte ich gehofft, die dem Angeklagten Voigt von meinem Vater ausgehändigten Schiffspapiere zurückzuerlangen.“

Wittenborg begriff zum ersten Mal die moralischen Beweggründe, die Marga Nonnenworts Handeln zugrunde lagen. Sie hatte das nicht einmal Erfolg versprechende Risiko eines Besuchs bei Erwin Voigt beziehungsweise Hans Thieme auf sich genommen, um den Kopf ihres bedenkenlos agierenden Vaters zu retten. Wittenborg konnte der nun folgenden Bewertung ihrer Aussage durch das Gericht ganz und gar zustimmen.

„Vielen Dank, Fräulein Nonnenwort, dass Sie uns nun doch noch die Wahrheit gesagt haben. Dann wollen wir Ihre Falschaussage auch nicht weiter strafrechtlich verfolgen."
Dann wandte sich der Richter wieder Margas Vater zu:. „Nun, Herr Nonnenwort, möchte ich Sie noch einmal in den Zeugenstand zu bitten."
Dr. Tietje begann sofort mit der Befragung. „Sie haben eine mutige Tochter, Herr Nonnenwort. Ihr wäre es beinahe gelungen, die Schiffspapiere zurückzuholen, die Sie hätten belasten können. Wollen Sie es ihr nun gleichtun und uns hier auch die Wahrheit sagen?"
Nonnenwort räusperte sich und begann: „Ich habe mir bisher nie vorstellen können, dass meine eigene Tochter je auf die Idee verfallen würde, mir nachzuspionieren. Das will mir auch jetzt noch nicht in den Kopf."
„Dazu hatte sie jeden Grund, wie sich soeben herausgestellt hat", betonte der Richter. „Sie wollte ihren Vater vor Schlimmerem bewahren."
„Dabei hatte ich doch immer nur ihr Bestes im Sinn", fuhr Nonnenwort fort: „Wie auch immer – es ist leider so, wie meine Tochter es gerade geschildert hat. Ich wollte unserem wankelmütigen Schwiegersohn einen Denkzettel verpassen und ihn damit auf den Pfad der Tugend zurückbringen. Zu diesem Zweck hatte ich mir die Schiffsentführung ausgedacht, aber nicht damit rechnen können – und das müssen Sie mir glauben – dass mein Manöver unseren künftigen Schwiegersohn das Leben kosten könnte."
„Und mich haben Sie mit dem Tode bedroht, wenn ich Ihnen die Schiffspapiere nicht zurückgeben würde!", schrie Erwin Voigt dazwischen. „... nachdem Sie mich erpressen wollten, Sie Schnösel!", giftete Nonnenwort zurück.
Die gesenkte Stimme des Vorsitzenden klang bedrohlich scharf: „Angeklagter, bitte mäßigen Sie sich – oder möchten Sie, dass ich Sie für den Rest der Verhandlung ausschließe?
Jetzt zu Ihnen, Herr Nonnenwort: Ich habe schon lange keinen Zeugen mehr gehört, der sich derart verächtlich über einen Angeklagten geäußert hat wie Sie soeben über Erwin Voigt. Ich fordere Sie hiermit auf, dem Gericht weitere Verbalinjurien dieser Art zu ersparen! Lassen Sie mich noch

hinzuzufügen, dass Ihr staatsbürgerliches Verhalten sehr zu wünschen übrig lässt. Sie hätten der Staatsanwaltschaft und der ermittelnden Polizei die Arbeit wirklich erleichtert, wenn Sie unmittelbar nach der Ermordung des Herrn Behr die folgenreiche Anstiftung zur Schiffsentführung aufgedeckt hätten. Nur Sie allein wussten von Anfang an, dass der Jungfischer Behr bei der Suche nach seinem Schiff unweigerlich auf Erwin Voigt und Hans Thieme treffen musste. Sie haben es verschwiegen, obwohl Ihnen nicht entgangen sein kann, dass zahlreiche andere Personen – und sogar Sie selbst – in Verdacht geraten sind. Das nahmen Sie offensichtlich billigend in Kauf. Sie haben durch Ihre Handlungsweise die Ermittlungen in strafwürdiger Weise behindert. Das wird für Sie persönlich noch rechtliche Konsequenzen zur Folge haben.

Wir können in diesem Fall auch nicht den geringsten Hinweis außer Acht lassen. Da sich noch ein weiterer Zeuge gemeldet hat – Herr Kriminaldirektor Sonnemann aus Berlin – den wir heute Nachmittag anhören werden, können wir die Beweisaufnahme jetzt noch nicht abschließen.

Zu einem Urteil werden wir voraussichtlich erst am späten Nachmittag gelangen. Bis dahin, Herr Staatsanwalt, bleiben die beiden Angeklagten in Untersuchungshaft. Herr Doktor Wittenborg, Sie werden sich am Nachmittag ebenfalls bereithalten müssen, falls wir Sie noch brauchen. Gleiches gilt für den Herrn Konservenfabrikanten, Hugo Nonnenwort, und dessen Tochter Marga. Wir unterbrechen hier und setzen den Prozess heute Nachmittag um zwei Uhr in diesem Raum fort. Die Sitzung ist geschlossen.“

Ein Gang durch die frische Luft und der Verzehr der von Ottilie liebevoll geschmierten Brote hatten Wittenborg gutgetan. Pünktlich und zugleich mit den anderen Zeugen traf er zum Sitzungsbeginn wieder ein. Als sie dann in den Saal gebeten wurden und der Amtsrichter ihnen den aus Berlin angereisten Kriminaldirektor Sonnemann vorstellte, stieg die allgemeine Aufmerksamkeit spürbar.

Der Vorsitzende Tietje eröffnete. „Ich bitte nun Herrn Herbert Sonnemann, Kriminaldirektor im Amte Staatsschutz des Ministeriums des Inneren, in den Zeugenstand."

Wittenborg war beeindruckt von der physischen Präsenz des breitschulterigen, schweren Mannes in Offiziersuniform. Der Nacken war leicht nach vorn gebeugt und die kurz geschnittene Stoppelfrisur weißgrau. Unter der hohen Stirn trugen jedoch vor allem die ungewöhnlich kräftigen Augenbrauen zur Charakterisierung des Gesichts bei. Der Blick des Kriminaldirektors war klar, aber zugleich auch skeptisch.

Es war eine außergewöhnliche Situation. Wittenborg war sich sicher, dass noch nie ein Kriminaldirektor vom Staatsschutz aus Berlin dieses Itzehoer Gericht betreten hatte!

Der Amtsrichter gebot Ruhe und belehrte auch diesen Zeugen, bevor er mit der Befragung begann.

„Herr Kriminaldirektor Sonnemann, mir liegt eine Bestätigung Ihres Amtes vor, Sie seien dazu ermächtigt, in vollem Umfang auszusagen. Sie haben unserer Staatsanwaltschaft in diesem Prozess noch nicht verwendete Beweismittel angeboten. Ich darf Sie bitten, diese dem Gericht jetzt vorzulegen und zu erläutern."

Sonnemann öffnete seinen Aktenkoffer, zog eine grüne Mappe daraus hervor und entnahm ihr eine Fotografie. „Sie sehen auf diesem Lichtbild eine Briefpostkarte abgebildet, die von Erwin Voigt beim Postamt Wilster laut Poststempel am Freitag, dem 26. Mai 1911 – also am Tag nach dem Stapellauf der MARGA – eingeliefert wurde und an Hans Thieme in Kiel adressiert war. Die Briefpostkarte zeigt die Anschriften der beiden Angeklagten und einen aus drei Sätzen bestehenden Text:

„Lieber Hans! Pfingstmontag fährt unser Schiff nach der Südsee. Wir treffen uns bei mir in Wilster. Alles Weitere dort.
Herzliche Grüße Dein Erwin."

Ich darf Ihnen hiermit meine Kopie als Beweisstück überreichen."

Sonnemann nahm wieder seinen Platz ein.
Im Saal herrschte nach dieser für alle überraschenden Aussage Totenstille. Mit einer solchen Wende hatte hier niemand gerechnet: Plötzlich gab es ein Motiv, das die Anstiftung Nonnenworts zum Diebstahl des Schiffes zur unwichtigen Nebensache werden ließ! Der eigentliche Anlass für den Diebstahl des Kutters war ein ganz anderer – aus gänzlich anderen Beweggründen und bereits wesentlich früher entstanden! Eine solche Wendung hatte in der Tat niemand vorhersehen können – weder das Gericht noch die Zeugen.
„Herr Voigt," fragte der Richter erregt, „haben Sie diese Karte geschrieben?"
„Nein, natürlich nicht. Ich habe sie nicht geschrieben. – Aber wenn Sie bedenken, was in diesem Prozess schon an Wunderdingen geschehen ist, möchte ich auch hier eher an Zauberei glauben."
„Ersparen Sie uns doch diesen Hokuspokus! Seien Sie sicher, dass wir den geschriebenen Text durch einen Grafologen genauestens haben prüfen lassen." Brodersens Stimme klang eisig, seine Unterarme lagen angespannt auf dem Tisch, die Finger gespreizt. „Wir haben Schriftproben von Ihnen nach Berlin geschickt. Das Gutachten liegt bei den Akten. Es bestätigt die Echtheit. – Diese Postkarte lässt den ganzen Fall in einem anderen Licht erscheinen. Durch sie wird ein Motiv offenbart, das Sie bisher fantastisch zu verschleiern wussten: Sie wollten gemeinsam in die Südsee und hatten bereits ein Schiff für eine solche Reise ausgemacht, als Sie diese Karte an Ihren Freund abschickten – ein Vorhaben, das Sie schon lange geplant hatten. Die Idee des Zeugen Nonnenwort, dem Jungfischer Behr eine Warnung zu verpassen, kam Ihnen dann sehr gelegen. Sie wollten den Fischer ohnehin um sein Schiff bringen. Dafür spricht, dass Sie sich auch sogleich noch das Schiffszertifikat zu beschaffen wussten. Des Fischers Tod nahmen Sie dabei billigend in Kauf."
„Sie besitzen eine blühende Fantasie, Herr Staatsanwalt, soweit es die von langer Hand geplante Südseereise betrifft", ließ sich an dieser Stelle der Verteidiger Holzbrinck mit deutlich höhnischem Unterton vernehmen.

„Aber Herr Holzbrinck! Hier kommt doch eins zum anderen: Der Erwerb der Seekarten vom Bismarckarchipel, die extra für die Reise an Bord genommen worden waren, weist in die gleiche Richtung wie der Inhalt der Postkarte."
Der Amtsrichter machte dem Wortgeplänkel ein Ende. „Ich darf Sie noch einmal in den Zeugenstand bemühen, Herr Sonnemann!"
„Vielen Dank, Herr Amtsrichter! Hier habe ich noch die Fotos zweier weiterer Schriftstücke, die wir im Zuge unserer Untersuchungen beide auf einer Briefseite entdeckt haben."
Erwin Voigt wurde blass, Sonnemann fuhr aber unbeirrt fort: „Einmal lesen wir in normaler Schrift:

„Sehr geehrter Herr Engelhardt!
Ich möchte Ihnen unsere Hochachtung für Ihre der Gesundheit sehr förderlichen Aktivitäten ausdrücken,
Ihr Erwin Voigt."

Unter dieser Schrift befand sich ein zweiter mit Geheimtinte geschriebener Text, der infolge einer speziellen chemischen Behandlung des Schriftstückes sichtbar wurde und der im Zusammenhang mit der Entführung des Schiffes sehr aufschlussreich zu sein scheint:

„An den hochherzigen Stifter und Begründer des Sonnenordens und der Aequatorialen Siedlungsgesellschaft August Engelhardt, Insel Kabakon Postlagernd: Herberthöhe, Deutsch-Neuguinea

Hochverehrter Herr Engelhardt!
Aus einer Schrift, die Sie gemeinsam mit August Bethmann unter dem Titel ‚Das Neue Evangelium – Tief- und Weitblicke für die Auslese der Menschheit: Was sind Universitäten gegen eine solche Lebensweise? Berichte in die Heimat … ‘, eben aus dieser Schrift, die Sie, Herr Engelhardt, und August Bethmann gemeinsam verfasst haben, durften mein Freund Erwin Voigt und der Unterzeichnende Näheres über Ihr gewaltiges Projekt auf Kabakon

entnehmen. Wir wissen auch von den Schwierigkeiten, die der Anwerbung neuer Mitglieder durch die deutschen Behörden – zum Beispiel durch das Fordern von Garantiebeträgen in Höhe von 1.400 Mark pro Siedler – bereitet werden.
Ihr Motto: ‚Nackter Kokovorismus ist Gottes Wille. Die reine Kokosdiät macht unsterblich und vereint mit Gott', hat uns überzeugt. Auf dem Erbwege wird uns über kurz oder lang ein seetüchtiger Fischkutter zufallen, mit dem wir uns auf den Weg begeben werden, um zu Ihnen zu stoßen. Wir sind bereit, das von Ihnen mit Recht so genannte ‚kleinkarierte Deutschland' und die diskriminierenden Einschränkungen unserer naturbedingten Lebensbedingungen baldigst zu verlassen.

Hochachtungsvoll ..."

Der Brief und sein Verfasser stellen zwar grundsätzlich für niemanden eine Gefahr dar. Aber für die aus diesem Motiv zu ziehenden Schlussfolgerungen im Mordfall Behr darf der Inhalt des Briefes als bemerkenswertes Zeugnis in Anspruch genommen werden.
Daher erlauben wir uns, Ihnen dieses Schriftstück in Amtshilfe zu übermitteln."
Der Amtsrichter fuhr Erwin Voigt entrüstet an: „Haben Sie diesen Brief geschrieben?"
„Nein, hab ich nicht!", versicherte dieser mit bebender Stimme und Tränen in den Augen. Dann wandte sich der Richter an Wittenborg: „Herr Doktor Wittenborg, Sie sind als Gast des Hausmeisters im Keller der Oberrealschule gewesen – dem üblichen Treffpunkt der beiden Angeklagten. Ist Ihnen dort etwas Besonderes aufgefallen?"
„Die Wände waren mit Südseemotiven bemalt, die der Maler offenkundig in beachtenswerter Auslegung und Neuinterpretation von Werken des französischen Malers Paul Gaugin geschaffen hat. Hans Thieme ist keineswegs als Kopist zu betrachten. Er hat vielmehr die bei Gaugin gefundenen Landschaften gewissenhaft studiert und mit einigem Ingenium in einem höchst

eigenen Stil fortentwickelt. Die dargestellten Szenen könnten in variierter Form das Leben auf Kabakon darstellen ..."

„Die Staatsanwaltschaft hat die wichtigsten Szenen inzwischen fotografieren lassen", sekundierte der Staatsanwalt.

Hans Thieme lächelte – aber das Lächeln erstarb ihm auf den Lippen, als Wittenborg hinzufügte: „Vom Hausmeister der Schule habe ich kürzlich erfahren, dass nach Erhebung der Anklage gegen Voigt und Thieme die Südseemotive samt und sonders mit weißer Ölfarbe übergestrichen worden seien."

Diese Nachricht traf Hans Thieme wie ein Gehirnschlag. Er sank weinend vornüber auf den Tisch. „Mein Kabakon, meine letzte Zuflucht! Wo soll ich jetzt noch hin?"

Das kam so ernst, so todtraurig aus ihm heraus, dass niemand darüber lachen konnte und auch der Staatsanwalt sich über dieses Geständnis kaum so recht freuen mochte. Wittenborg fühlte sich von diesem Übermaß an Sentimentalität empfindlich berührt. Im Saal herrschte absolute Stille. Schließlich räusperte sich Amtsrichter Tietje und blickte fragend um sich: „Gibt es noch weitere Anträge zur Beweisaufnahme? – Wenn das nicht der Fall sein sollte, werden wir die Beweisaufnahme jetzt abschließen. Ich fasse zusammen: Die beiden jugendlichen Angeklagten haben gestanden, das Schiff – die MARGA VON ECKSTEDT – gestohlen und dessen Eigner getötet zu haben.

Ich bitte nun den Herrn Staatsanwalt um sein Plädoyer."

„Hier ist kein Platz für Gefühlsduseleien", begann Brodersen seine Ausführungen. „Dieser Ausbruch des Angeklagten war zweifelsfrei das Geständnis beider Taten. Ein stärkeres Motiv als das soeben hier bekundete dürfte sich schwerlich finden lassen. Damit steht fest, dass man weder von Notwehr noch von Totschlag sprechen kann, sondern nur von einem von langer Hand vorbereiteten Diebstahl des Kutters MARGA für einen ganz bestimmten Zweck.

Der Fabrikant, Herr Nonnenwort, hatte weder die skrupellosen Charaktere noch die wahren Pläne der Angeklagten, das Schiff für eine Reise in die Südsee zu stehlen, durchschaut. Er konnte nicht vorhersehen, dass sein ebenso sittenwidriger wie verhängnisvoller Plan sich in ein Verbrechen mit derart weitreichender Perspektive und blutigem Ausgang verkehren würde und dass sie beide schlussendlich bereit sein würden, für die Durchführung ihres Planes notfalls auch zu töten. Anders hätte er den beiden das Schiff nie und nimmer anvertraut. An der Bluttat trägt er demzufolge keine Mitschuld.

Als die Angeklagten fürchten mussten, entdeckt und wegen des Diebstahls verurteilt zu werden, haben sie den Eigner durch einen Kopfschuss getötet. Das war Mord! Der Versuch des Angeklagten Thieme, die Tötung des Fischers Behr als Akt der Selbstverteidigung darzustellen, entlarvt sich in Anbetracht der Planung von langer Hand als Schutzbehauptung. Daher beantrage ich für den Angeklagten Erwin Voigt, der die Mordtat ausgeführt hat, die Höchststrafe, welche diese Strafkammer verhängen kann: vier Jahre Zuchthaus. Für den Angeklagten Hans Thieme, dem zwar die Beteiligung an der Planung, nicht aber die Mitwirkung an der Bluttat anzulasten ist, beantragt die Staatsanwaltschaft eine Zuchthausstrafe von zwei Jahren.

Ich deutete bereits an, dass dem Zeugen Nonnenwort keine Mitschuld an der Bluttat nachgewiesen werden konnte – gleichwohl werden auf ihn gesonderte Verfahren wegen seiner Falschaussage sowie der Vortäuschung einer Straftat zukommen."

Dr. Brodersen setzte sich und Amtsrichter Tietje übernahm das Wort:

„Nach dem Staatsanwalt hat nunmehr Anwalt Holzbrinck das Wort für das Plädoyer der Verteidigung".

Holzbrinck schien verzweifelt, als er begann: „Meine Mandanten haben es mir wahrlich nicht leicht gemacht. Sie werden bemerkt haben, dass ich zumindest zweimal in Erwägung gezogen habe, mein Mandat niederzulegen.

Sowohl Voigt als auch Thieme haben eine furchtbare Jugend erlebt. Erwin Voigt wuchs in ärmlichen Verhältnissen ganz ohne Vater auf; und Hans

Thieme hatte einen Vater, der seinen Sohn aus verletzter Eitelkeit und Wut darüber, dass dieser nach seinen, des Vaters Vorstellungen, die sittlich gebotenen Voraussetzungen für die Nachfolge in der Apotheke nicht erfüllte, zutiefst verachtete. Nicht allein, dass er das eindeutig nachweisbare, künstlerische Talent und die Berufung zum Maler nicht anerkennen und fördern wollte – um ihn noch stärker zu demütigen, schickte er ihn zu einem Drogisten von zweifelhaftem Ruf in die Lehre und wollte ihn zerbrechen sehen. Der Junge, der dank der Borniertheit des Vaters kein Zuhause mehr hatte, keine berufliche Perspektive mehr sah, schuf sich dann mit seiner Malerei im Keller der Realschule eine Ersatzwelt.
In dieser für ihn furchtbaren Zeit hielt nur einer zu ihm: Sein Freund Erwin Voigt, der die Ausbildung zum Lehrer auf einer Präparande schmiss und als Barpianist durch die Stadt tingelte, um mit seinen spärlichen Einnahmen auch noch den durch die Eltern sträflich vernachlässigten, geliebten Freund mit durchzubringen. Verführt durch die Kabakon-Anzeigen Engelhardts, durch deren abstruse Anpreisungen eines verheißungsvollen Zufluchtsortes sogar bedeutende Persönlichkeiten des öffentlichen Lebens im Reich verführt worden sind, sahen die beiden bettelarmen jungen Männer einen Hoffnungsschimmer am Horizont. Als dann auch noch der wunderbare Kutter MARGA in Sicht kam, war es um den Verstand meiner Mandanten geschehen. *‚Auf-Teufel-komm-raus'* wollten sie einer Welt entkommen, in der es keinen Platz für die berufliche Entwicklung, keinen Platz für eine gemeinsame Zukunft geben würde. Hätten sie nach dem Wunsch ihrer verantwortungslosen Eltern lieber Suizid verüben sollen, als über einen Ausweg nach Kabakon zu sinnieren?
Die Straftaten meiner Mandanten sind nicht zu beschönigen. Aber im Gegensatz zur Staatsanwaltschaft bin ich davon überzeugt, dass die Aussage des Angeklagten Voigt bezüglich der glaubhaft beschriebenen Selbstverteidigung uns dazu zwingt, die Tötung Behrs eindeutig als Totschlag zu definieren – dass sie es nicht erlaubt, diese als Mord hinzustellen.

Abschließend möchte ich das hohe Gericht darum bitten, die ausweglosen Lebensumstände dieser jungen Menschen, die letztlich zu den Straftaten geführt haben, angemessen zu berücksichtigen und bei der Zumessung des jeweiligen Strafmaßes Milde walten zu lassen."
Sobald sich Holzbrinck nach diesem sehr emotionalen Plädoyer wieder gesetzt hatte, verfügte Amtsrichter Tietje, dass sich das Gericht nunmehr zur abschließenden Beratung zurückzöge.
Am späten Nachmittag wurde die Verhandlung mit der Verkündung der Urteile abgeschlossen. Das jeweilige Strafmaß entsprach dem Antrag der Staatsanwaltschaft. Alle Fragen schienen gelöst zu sein. – Wirklich alle?
Dr. Wittenberg war wie benommen, als er das Gerichtsgebäude verließ.

Die Nebelbraut vom Schosterbarg

30. Oktober 1911

Das Jahr war müde und unansehnlich geworden wie ein alter Pflug, der am Feldrand vergessen seinem würdelosen Ende entgegenrostet. Der mit Nieselregen von der See einfallende Nordwest zog die Bäume nackend aus und das Blätterkleid wirbelte über Gräben und Wege hinweg, blieb schließlich in den Pfützen liegen, wo es dann von den eisenbereiften Rädern der Pferdefuhrwerke zermalmt wurde.

Die Schafe auf dem Deich blieben beieinander und wendeten dem Wetter ihr Hinterteil zu.

Ottilie war an diesem Abend mit ihrem Doktor gar nicht zufrieden. Der lief ruhelos im Wohnzimmer auf und ab, blieb minutenlang vor dem regennassen Fenster stehen, zog hier und da ein Buch aus dem Regal, aber legte es gleich wieder aus der Hand, ohne überhaupt hineingeschaut zu haben.

Aufs Geratewohl sprach Ottilie ihn an: „Herr Doktor! Sie denken über Elsbeth nach. Und Sie haben keinen Schimmer, wo Sie noch nach ihr suchen sollen. Ich weiß, wie Sie vielleicht weiterkommen könnten – weil ich doch an dem Nachmittag, als Asmus bei uns war, einen Blick in diese alte Kladde geworfen hatte, die Sie noch irgendwo haben müssten. Sie sollten es nicht länger aufschieben, das Heft zu lesen. Es scheint sich um eine Sage zu handeln – der Titel klingt zumindest sehr danach: ‚*Die Nebelbraut vom Schosterbarg*'".

Der Doktor hielt inne, blickte sie kurz über seinen Brillenrand hinweg an und sagte dann leise, wie zu sich selbst: „Ich Esel! Wieso hab' ich das nicht früher begriffen: Asmus und die Nebelbraut! Das ist Mehlmanns Kladde, nach der wir schon so lange suchen. Asmus hat das Durcheinander nach dem Anschlag auf die Süderschule und Mehlmanns Wohnung ausgenutzt und die Kladde entwendet."

Er griff ins Bücherregal und hatte die Kladde sofort in der Hand. Der Text war auf eine recht altertümliche Weise in einer an Schnörkeln reichen Schönschrift abgefasst. Auf der ersten Innenseite wurde der Titel wiederholt.

Noch im Stehen begann Wittenborg laut zu lesen – Ottilie stand wie gebannt daneben und hörte zu.

Noch einmal las der Doktor den verschnörkelten Titel *„Die Nebelbraut vom Schosterbarg“* … und dann den Text:

„Die Marner Fischer litten zu wiederholten Malen arge Not, wenn die Krabben ausgeblieben waren. Sie hatten aber bald herausgefunden, wo man sie suchen musste – nämlich in den Mägen der Seehunde. Diese Tiere hatten sich in erschreckender Weise vermehrt, die See leer gefressen und den Menschen nichts übrig gelassen.

Als wollten sie die Fischer auch noch verhöhnen, trafen sie sich in jedem Jahr gegen Ende September des Abends in Massen auf dem Hondsbarg – dem Berg der Seehunde – und blieben die ganze Nacht über dort. Mit ihren Körpern bedeckten sie jeden Fleck und schauten auf die Hügelspitze. Dort oben, auf dem höchsten Punkt, stand aufrecht eine weiße Robbe: die Robbenkönigin.

Die Fischer kamen zu dem Schluss, dass etwas geschehen müsse. Sie veranstalteten große Seehundjagden, doch der erwünschte Erfolg blieb aus. Die gefräßigen Räuber nahmen an Zahl sogar noch zu. So wurde das Dasein der Fischer immer kümmerlicher. In ihrer Not schickten sie Boten durchs ganze Land, die überall um Rat bitten sollten, wie man ihnen helfen könne. Wer sie von diesem Übel erlöse, dürfe sich wünschen, was er wolle – sie würden es ihm gewähren. Auch ich, ein Schuhmachermeister in Rostock, fühlte mich davon angesprochen, denn ich hatte die ganze Geschichte mit Leidenschaft verfolgt. Daher war ich genau über die Sorgen der Marner Fischer im Bilde. Ich fasste mir ein Herz, packte meine Sachen und machte mich auf den Weg. Im September zur Monatsmitte traf ich dort ein.

Die Männer in Marne sind riesengroß. Sie konnten nicht glauben, dass ausgerechnet ein kleinwüchsiger Schuster sie von den Robben befreien wollte. Mein Beruf sei doch wohl nicht die rechte Voraussetzung für ein solches Vorhaben – aber sie staunten nicht schlecht, als ich ihnen erklärte, was ich über ihre Not bereits alles wusste, und sie bewunderten meine vielen Bücher. Ich bat sie also, mich nur gewähren zu lassen – sie verlören ja nichts dabei.

Ich war dann häufiger zu den unterschiedlichsten Tages- und Nachtzeiten mit einem Boot unterwegs, verriet aber niemandem, was ich vorhatte – zumal ich es selber noch nicht wusste. Das Einzige, das ich sicher wusste, war, dass die Robben sich gegen Ende September an ihren gewohnten Plätzen in Herden zusammenfinden würden.

So kam es denn auch. Abend für Abend hielten sie ihre großen Versammlungen auf dem Hondsbarg ab, lagen dicht bei dicht nebeneinander, bis zur Spitze der alten Düne hinauf. Der zunehmende Mond begünstigte meine Beobachtungen. Und dann sah ich sie zum ersten Mal – die wunderschöne weiße Robbe, die den höchsten Platz einnahm, dort oben aufrecht stand und mit ihren Seitenflossen wedelte. Dabei stieß sie Laute aus, die von den anderen im Chor beantwortet wurden. Das musste sie sein, die Robbenkönigin! Ich konnte mich nicht sattsehen – also blieb ich.

Eine halbe Stunde vor Mitternacht zog sich die Herde ins Watt zurück und wartete dort auf ihre Königin. Es schien so, als wollten sie einen besonderen Vorgang nicht stören. Als der Seewind zwölf Glockenschläge vom Marner Kirchturm herüberwehte, verwandelte sich die weiße Robbe von einem Augenblick zum anderen in ein Menschenkind – in eine zauberhafte junge Frau. Ich war wie gebannt durch ihren Anblick – die oder keine, dachte ich. Ich stieg aus dem Boot, lief den Hügel hinauf und begrüßte sie ehrerbietig. Bei ihrem Anblick vergaß ich, dass sie noch vor wenigen Minuten eine Robbe gewesen war: Vor mir stand die schönste Frau, die ich je gesehen hatte. Ohne meinen Kopf zu gebrauchen, fragte ich sie, ob sie meine Frau werden wolle. Sie sagte kein Wort und nickte nur. Aber dann lächelte sie

traurig und deutete mit der Hand an, dass sie zurück ins Meer müsse – zurück zu ihrem Volk. Ehe ich mich versah, hatte sie ihre tierische Gestalt wieder angenommen und war verschwunden.
Ich blieb zurück und hatte nur einen einzigen Gedanken: Ich musste sie haben! Aber wie konnte ich es anstellen, dass sie bei der nächsten Begegnung ihre menschliche Gestalt behielt und ich sie mit mir nehmen könnte! Ich entwickelte einen verwegenen Plan. In der folgenden Nacht wiederholte sich das gleiche Spiel. Ich hatte diesmal Schuhe aus goldenem Leder mitgebracht. Ich wartete am Fuß der Düne ungeduldig auf das Erscheinen der Robbenkönigin. Doch in dieser Nacht hing ein feiner Nebelschleier über der Hügelspitze. Als dieser sich endlich verzog, gab er die Sicht auf die bereits in ein menschliches Wesen verwandelte Robbenkönigin frei. Ich lief auf sie zu, umarmte sie und küsste ihr nebelfeuchtes Gesicht.
‚Meine Nebelbraut', so nannte ich sie. ‚Ich habe dir ein Geschenk mitgebracht.' Ich überreichte ihr die goldenen Schuhe. Sie zog sie sofort an, strahlte vor Seligkeit und tanzte vor Freude um mich herum. Aber als ihre Zeit gekommen war, streifte sie die Schuhe schnell wieder ab, verwandelte sich zurück in ihre tierische Gestalt und floh ins Meer."

Wittenborg blickte auf und schüttelte den Kopf. Das war die Beschreibung solch goldfarbener Schuhe, wie Elsbeth sie am Pfingstsonntagabend getragen hatte! – Er las weiter:

„Daraufhin fasste ich den Plan, sie in der folgenden Nacht zu entführen. Der Vollmond stand über dem Watt und erleuchtete die Landschaft nahezu taghell. Ich hatte die goldenen Schuhe wieder dabei, sie aber diesmal von innen mit einem nicht wieder lösbaren Leim bestrichen. Es war alles wie am Abend zuvor, nur als ihre Stunde kam und meine Nebelbraut die Schuhe abstreifen wollte, gelang es ihr nicht – sie saßen fest an ihren Füßen.
Sie konnte nicht mehr zurück – sie konnte nicht wieder ihre tierische Gestalt annehmen.

Die Seehunde waren unruhig geworden und kamen den Hügel herauf. Ihre Königin, die nur ihre Robbenstimme behalten hatte, schien sich mit wehklagenden Lauten von ihrem Volk zu verabschieden. Ganz leise, ohne noch einen Ton von sich zu geben, rutschten die Seehunde zurück ins Meer – sie sollten fortan für viele Jahre verschwunden bleiben.

Von den Marner Fischern erbat ich als Lohn nichts weiter, als die schöne Frau heimführen zu dürfen. Dem stimmten sie gerne zu, weil sie so unverhofft billig davonkamen. Aus Dankbarkeit benannten sie zu meinen und meines Berufsstandes Ehren den Hondsbarg in ‚Schosterbarg' um. Die Robbenkönigin folgte mir in ihrer menschlichen Gestalt; wir heirateten in der Marner Kirche und gingen dann nach Rostock zurück.

Sieben Jahre lebten wir glücklich zusammen. Aufgrund ihrer besonderen Natur wuchsen der Königin die Schuhe in die Haut ein. Sie hatte jedoch keinerlei Beschwerden – ganz im Gegenteil: Sie tanzte immer noch so gern wie in der Nacht, als sie die Schuhe zum ersten Mal trug. Es fehlte uns an nichts! Aber Mitte September des siebten Jahres war sie plötzl … Anton Bertram, Schuhma …"

Mit einem Riss durch die letzte Seite brach der Text ab. Aber es stand da noch eine reichlich unbeholfen geschriebene Notiz auf der Innenseite des hinteren Deckels:

„Als Marner Fischer bin ich so frei, den Worten des Schusters Anton Bertram aus Rostock nach eigenem Erinnern das Folgende hinzuzufügen:

Sieben Jahre blieb das Marner Watt von den Seehunden verschont. Dann kehrten sie plötzlich zurück – und die weiße Robbe mit ihnen. Doch musste irgendetwas mit ihr geschehen sein, denn sie konnte sich kaum mehr bewegen. Ihr Schwanz war nur noch ein Stummel.

Am Tage nach dem Wiedererscheinen der Robben besuchten mehrere Fischer – so auch ich – den Schosterbarg. Auf seinem höchsten Punkte – da, wo die Robbenkönigin gestanden hatte – fanden wir ein zierliches Paar Schuhe aus vergoldetem Leder und darinnen zwei säuberlich abgetrennte

Füße. Man konnte die Füße nicht herausziehen, denn sie waren fest mit dem Leder verwachsen.
Spätere Nachforschungen ergaben, dass eine wunderschöne Frau in goldenen Schuhen eines Tages in der Kate eines Dithmarscher Fischers aufgetaucht sei und ihn angefleht habe, sie von ihren Schuhen zu befreien, da diese ihr unerträgliche Schmerzen bereiteten. Der Fischer habe schließlich ihrem Drängen und Betteln nachgegeben und ihr in gewünschter Weise geholfen. So sei sie imstande gewesen, sich in die Robbenkönigin zurückzuverwandeln und zu ihrem Volk zurückzukehren."

Wittenborg schlug sich mit der Hand gegen die Stirn. „Wie konnte ich das nur übersehen!", fluchte er. Er fasste Ottilie am Arm und sagte: „Er lebt in einer Fantasiewelt mit der Nebelbrautsage. Und Elsbeth ist seine Nebelbraut. Nicht auszudenken, was daraus wird, wenn er Elsbeth vor der Polizei findet. – Herr Gott im Himmel!"
In diesem Augenblick stürmte sein Kollege Volck herein. Noch ganz außer Atem stieß er hervor: „Vor der Haustür wartet Jens Ohm. Er bittet darum, dass wir so schnell wie möglich die Chaise anspannen und mit ihm nach Eckstedt fahren. Im Norden vom Kaiser-Wilhelm-Koog brennt es und Eckstedt scheint betroffen zu sein. Man kann von der Straße aus den Feuerschein sehen."
Wittenborg sprang auf. „Kommen Sie, Volck! Wir werden gebraucht!"
Er warf seinen Wettermantel über, griff nach seinem Arztkoffer und stürmte nach draußen. Ohm hatte Hans bereits vor die Chaise gespannt und nur kurze Zeit später rappelte das Gefährt mit den drei Männern über die regennasse Straße nach Westen hinüber in den Kaiser-Wilhelm-Koog. Als sie den alten Deich zwischen den Högen überquerten, sahen sie es: Im Norden, wo Eckstedt lag, wütete ein Brand. Die Häuser im Dorf konnten aber nicht betroffen sein, denn die wie Blitze in den Abendhimmel schießenden Flammen wurden durch die Eckstedter Deichlinie glatt abgeschnitten. Es musste irgendwo draußen im Vordeich brennen. „Vielleicht ist ein Kutter mit Ben-

zinmotor explodiert. Man hört immer wieder von solchen Unfällen", meinte Volck, doch Ohm wusste es besser: „Das kann nicht sein. In Eckstedt gibt es nur einen Kutter mit Petroleummotor, aber Öl explodiert nicht so schnell. Es gibt dort kein Schiff mit Benzinmotor – nur mein Motorboot, aber das liegt mit leerem Tank an Land, seitdem damit der Leichnam des Jungfischers Behr angetrieben worden ist. – Kann der Gaul nicht schneller laufen?"

Sie stürmten Wasserfontänen aufwerfend durch die Pfützen auf Eckstedt zu.

Vor Ohms Haus brachte Wittenborg den Rappen neben dem Gartenzaun zum Stehen. Dort stand bereits das Reitpferd des Wachtmeisters Brandner.

Die Männer hasteten im Laufschritt den Deich hinauf. Als sie die Deichkrone erreichten, sahen sie die Ursache der lodernden Flammen: Auf dem Bootssteg standen drei lichterloh brennende Öleimer. Aber auch auf dem ersten der sieben Schiffe, die dort am Steg vertäut lagen, züngelten Flammen empor – anscheinend war das Feuer übergesprungen! Es war Ohms Kutter!

Ohm hetzte den Deich hinunter. „Auf dem Schiff befindet sich eine junge Frau mit ihrem Kind! Holt sie raus!", schrie er schon während des Laufens. Zwei seiner Fischerkollegen in nassen Mänteln und mit triefenden Wolldecken über den Armen waren bereits an den brennenden Eimern vorbei auf das Deck des Kutters gesprungen und hatten mit Äxten die Tür zum Ruderhaus eingeschlagen. Ein Dritter versuchte, mit nassen Decken die aus den Eimern auflodernden Flammen zu ersticken.

Im nächsten Augenblick war auch Ohm auf dem Schiff. „Wir holen euch raus!", rief er und drang durch die zertrümmerte Tür ins Innere vor. In das Gebrüll der Männer mischten sich hell gellende Angstschreie einer Frau. Die Verglasung der Motorluke auf dem Achterschiff barst vor Hitze und einzelne Flammen züngelten hinter dem Ruderhaus am Mast empor. Mit einem lauten Knall zersprang dann auch die Frontscheibe des Ruderhauses.

Auf der Deichkrone sammelten sich Neugierige, die mit Pferd und Wagen, mit dem Fahrrad oder zu Fuß von allen Seiten herbeigeeilt waren.
Auch die beiden Ärzte waren hinter Jens Ohm her zum Steg hinuntergerannt. Dort trafen sie auf die vor Angst wie erstarrte Ehefrau Ohms, die mit Tränen in den Augen stumm zum Schiff hinüberblickte. Volck sprang ohne den Schutz einer mit Wasser getränkten Wolldecke auf das brennende Vorschiff, aber die Hitze gebot ihm Einhalt.
„Vorsicht, Jens! Er ist hinter dir!", hörten sie Hark Banning schreien, der, gegen die Flammen kämpfend, gerade einen jungen Mann mit rotblondem Wuschelkopf zur Seite stieß und auf diese Weise Ohm vor einem Schlag auf den Hinterkopf bewahrte.
Wittenborg erkannte Asmus Eeckena. Ohm wandte sich um und warf sich dem kleinen Rotschopf entgegen. Asmus drängte eine Frau mit dem Rücken in das Schiffsinnere in Richtung der offenen Luke ab, die – wie Wittenborg wusste – zum Maschinenraum hinunter führte. Die Frau drohte hinabzustürzen. Sie vermochte sich auch nirgendwo festzuhalten, weil sie mit beiden Armen einen Säugling an der Brust barg.
Es war – Elsbeth Mandrukeit!
Asmus hatte nach dem schwersten Hammer an Bord, dem ‚Mooker', gegriffen und holte damit zum Schlag aus. Ohm konnte sich gerade noch zur Seite ducken – der Schlag ging ins Leere und der Schwung des Schlages riss Asmus vornüber. Ohm zwängte sich an ihm vorbei und zog Elsbeth von der Luke weg. Hark Banning versetzte Asmus, noch ehe der sich wieder aufgerichtet hatte, einen Kinnhaken, der ihn vollends zu Boden streckte. Dann half er Ohm, Elsbeth und ihr Kind in die nassen Wolldecken einzuschlagen und durch die Flammen von Bord auf den Steg zu schaffen. Hark Banning lief zurück, um Asmus aus dem Feuer zu retten. Er hob ihn vom Boden auf, stellte ihn wieder auf die Füße und umfasste seine Schultern, um ihn an Land zu führen. In diesem Moment entschlüpfte ihm der kleine Kerl, sprang zurück und stürzte sich mit dem markerschütternden Schrei „Mich kriegt ihr nie!" in die aus dem Maschinenraum herauflodernden Flammen.

Wittenborg, Volck, Ohm, seine Frau, Elsbeth mit dem Kind auf dem Arm und die Fischer standen stumm auf dem Steg und konnten kaum fassen, was sich da vor ihren Augen abspielte. Die Menschen auf dem Deich hielten sich die Hände vors Gesicht. Zu ihnen schrie Hark Banning jetzt hinüber: „Schnappt euch Eimer und helft mit löschen, sonst geht gleich das nächste Schiff in Flammen auf!“

Elsbeth ging mit noch unsicheren Schritten zum Land hinüber und ließ sich mit dem Kind am Deichrand nieder. Wittenborg folgte ihr.

„Wie schön, dass wir Sie wieder bei uns haben. Sie haben allen gefehlt.“

Sie lächelte stumm.

Frau Ohm wischte Elsbeth mit einem nassen Tuch den Ruß aus dem Gesicht. Immer wieder hustend starrte die junge Mutter mit weit aufgerissenen Augen auf das brennende Wrack. Sie hatte nur leichte Verbrennungen an den Händen und Unterarmen davongetragen, die Doktor Volck sogleich mit Salben linderte und verband. Das Kind war glücklicherweise unversehrt geblieben.

Hark Banning, Jens Ohm und die anderen Fischer mühten sich, den Bug des hinter der LISA am Steg liegenden Schiffes mit nassen Säcken abzudecken und diese immer wieder mit Wasser zu übergießen. Die beiden Ärzte versorgten die mehr oder minder schweren Verbrennungen, die sich einige der Männer bei der Rettungsaktion zugezogen hatten.

Für Jens Ohm aber hatte Wittenborg nur einen vorwurfsvollen Blick übrig, als dieser auf ihn zukam. „Mir fehlen wirklich die Worte“, sagte er. „Ich verstehe gar nichts mehr …“

„Ich werde Ihnen alles erklären, Doktor“, entgegnete Ohm ruhig.

„Wir suchen wochenlang nach Fräulein Elsbeth. Und Sie halten die Frau auf Ihrem Schiff versteckt! – Und sagen nichts?“

„Wäre ich so dumm gewesen, der Polizei ihren Aufenthaltsort zu verraten, hätten es sofort alle erfahren. Ich wusste doch überhaupt nicht, wer Elsbeth bedrohte! Waren es die Politischen? Waren es hasserfüllte Einheimische? Oder war es jemand ganz anderes? – Vielleicht hätten Sie als Arzt mir ja an-

deuten können, dass es hier im Koog einen jungen Mann gibt, der wegen seiner Geisteskrankheit eine Gefahr für Leib und Leben der Mandrukeit darstellt."
„Sie haben recht – ich hätte es früher bemerken müssen", gab Wittenborg kleinlaut zu.
„Da wir nun alle von der Tatsache, dass es Asmus Eeckena war, völlig überrascht worden sind, verdient meine Vorsicht eigentlich eher Lob als Tadel, Herr Doktor! Ich habe Elsbeth am Pfingstsonntag nicht aus dem Hafen gerettet und auf meinem Schiff in Sicherheit gebracht, um sie dann irgendeinem Irrsinnigen auszuliefern."
Jens Ohm schaute Wittenborg herausfordernd an. Der drückte ihm nur still die Hand. Die Freude über den guten Ausgang überstrahlte alle kleinlichen Rechthabereien.
Da kam noch ein Nachzügler den Deich herunter und hielt auf sie zu – Lehrer Mehlmann! Auch ihn hatte es nicht zuhause gehalten, nachdem er den Feuerschein bemerkt hatte. Er war schwer erschüttert. „Was hat er da nur angerichtet, der kleine Wuschelkopf! Hat beinahe zwei Menschen umgebracht. Wie schwer er das Leben nimmt – und dass er daran zerbrechen würde, war nicht vorherzusehen. Nun hat er sich also davon gemacht und wir können nichts mehr für ihn tun."
Elsbeth kauerte mit ihrem Kind noch immer am Fuße des Deiches. Nach und nach kamen alle zu ihr herüber. Wachtmeister Brandner, der sich mit Rücksicht auf ihren Zustand bisher zurückgehalten hatte, sprach Elsbeth nun vorsichtig an. Er fragte, ob sie schon etwas berichten könne oder lieber zu einem späteren Zeitpunkt Erklärungen abgeben wolle.
Wittenborg fuhr ihn empört an: „Aber Herr Brandner, Sie wissen doch, dass sie nicht sprechen kann!"
Brandner bekam einen roten Kopf.
„Entschuldigung!", stammelte er. „Ich hab gar nicht daran …"
„Schon gut, ich kann wieder sprechen", ließ Elsbeth sich da aber zur Verwunderung aller mit brüchiger, vom Rauch noch heiserer Stimme hören.

„Nach dem furchtbaren Tanz am Pfingstabend kam die Stimme zurück. – Ich war im Wasser und musste um Hilfe rufen, Jens Ohm hat es gehört und mich gerettet“, stammelte sie. „Ich möchte alles erzählen, nur die Stimme, die will manchmal noch nicht.“

Mit vielen kleinen Unterbrechungen schilderte sie dann, was sich am heutigen Abend abgespielt hatte: „Asmus, der stand plötzlich im Ruderhaus ... sagte, er habe das Schiff schon lange beobachtet und gesehen, dass ich manchmal an Land war ... mir die Beine vertreten. Heute hätte er gesehen, dass Ohm nach Marne gefahren ist, und hat die Gelegenheit genutzt, um mich im Ruderhaus zu stellen ... Auf dem Steg hatte er drei Öleimer in Brand gesetzt, um mir jede Möglichkeit zur Flucht zu verbauen ... Er schnitt Grimassen für das Kind und es lachte. Er sprach von unseren Kindheitstagen – wie wir miteinander gespielt haben, da drüben auf dem Schosterbarg ... ‚Nebelbraut' habe er immer zu mir gesagt, weil ich doch ohne jede Frage seine Nebelbraut wäre – halb Menschenkind, halb Robbe – genau wie im Märchen ... Lass uns wieder auf dem Schosterbarg spielen, so wie früher, hat er gesagt. Ich bekam es mit der Angst und wehrte ihn ab, als er plötzlich versuchte, das Kind hochzunehmen. Da wurde er böse und sein Gesicht schaute jetzt ganz greulich aus ... Ich solle mit ihm fahren, sagte er, hinaus aufs Meer. Ich sei die Robbenkönigin. Er sei auserwählt, mich zu meinem Volk zurückzubringen ... Wir würden alle drei – er, das Kind und ich – wieder in Robben verwandelt und mit den Robben leben. Er mühte sich ab, den Bootsmotor anzuschmeißen ... Der wollte aber nicht. „Dann bringen wir es hier zu Ende“, rief er, kletterte über die Leiter nach unten in den Maschinenraum und... welch ein Wahnsinn! Er goss einen Kanister aus. Es roch aber nicht nach Öl – ich glaube eher, nach Benzin. Dann kam er wieder nach oben und vernagelte die Tür des Ruderhauses. Ich bekam es mit der Angst. Er ließ ein brennendes Streichholz in den Maschinenraum hinunter fallen. Es tat einen mächtigen Wumms, begleitet von Pesthauch, und das ganze Schiff stand in Flammen. Vergeblich versuchte ich, die Tür irgendwie aufzubrechen. Ich flehte Asmus an, uns frei zu geben – aber der… der war sowas von Sinnen. Ich konnte kaum noch atmen … die Hitze wurde unerträglich. Ich tat alles, mein Kind zu schützen – schon wagte ich nicht mehr zu hoffen, dass dieser Wahnsinn plötzlich ein Ende finden möge! – Da endlich! Retter wurden sichtbar! Es kamen die Fischer und dann auch Ohm. – Alles Übrige wisst ihr."

Der um Elsbeth versammelte Personenkreis schwieg ergriffen. Wittenborg grübelte. Zu Dr. Volck gewandt meinte er ziemlich bedrückt: „Als Arzt hätte ich wirklich früher blicken müssen, dass Asmus psychisch krank war."

Jens Ohm reichte Elsbeth die Hand und half ihr hoch. Sie zitterte noch immer am ganzen Leib, aber als sie auf ihr Kind schaute, huschte ein Lächeln über ihr Gesicht. Ohm und seine Frau nahmen sie in ihre Mitte und begleiteten sie über den Deich in ihr Haus.

Das Feuer war inzwischen gelöscht worden. An Deck der LISA war alles schwarz – der Mast verkohlt und das Ruderhaus zusammengebrochen. Letzte Rauchschwaden wehten herüber. Die Fischer und ihre Helfer sammelten die Löscheimer wieder ein. Nach und nach begaben sich alle auf den Heimweg. Lehrer Mehlmann hatte das Glück, von einem Nachbarn mitgenommen zu werden.

Wittenborg und Volck stiegen in ihre Chaise – während der Rückfahrt hingen beide schweigend ihren Gedanken nach.

Mit Franz Liszts „Liebestraum"
den Beginn einer neuen Zeit zelebrieren

Mittwoch, 22. November 1911

Als hätte ein anderes Zeitalter begonnen, in dem man das Leben neu planen und beginnen durfte, brach mit einem blank gefegten Himmel und reichlich warmem Sonnenschein der Morgen des Buß- und Bettages an.

Dr. Wittenborg hatte die Nacht traumlos geschlafen. Die Pracht des heraufziehenden Spätherbsttages entsprach vollkommen seiner seelischen Verfassung. In Ruhe wählte er für den Kirchgang den guten schwarzen Anzug aus. Er knöpfte den Vatermörderkragen auf das weiße Hemd und schlüpfte in seine nur selten benutzten schwarzen Lackstiefel.

In geradezu festlicher Stimmung betrat er das Wohnzimmer und setzte sich an den Flügel. Auf dem Notenpult über der Klaviatur lag ein offensichtlich sehr häufig benutztes, schon recht zerfleddertes Notenbuch. Wittenborg wählte mit Bedacht ein Stück aus, bei dem es sich dem Notenbild zufolge um ein zartes Thema handelte, das jedoch auch brillante Läufe und Arpeggien enthielt. Er setzte in feinstem Pianissimo ein. Die rechte Hand zog eine ruhige, durchsonnte Melodie in einer schönen Durtonart aus den Tasten, während die Linke mit auf- und abperlenden Dreiklängen brillierte. Die Melodie steigerte sich allmählich, erklomm den Gipfel der Leidenschaft und wetteiferte mit den zur Raserei ausartenden Arpeggien der linken Hand. Nach dieser wilden Jagd schwiegen die Hände plötzlich und es entstand eine nachdenkliche Pause. Danach, so schien es, erklang mit sechs schlichten Akkorden eine leise Frage, die noch einmal in etwas tieferer Lage wiederholt und nach einigem Zögern schließlich mit einer ruhigen Schlusswendung von schlichter Feierlichkeit beantwortet wurde.

Nach dem Spiel verharrte Wittenborg – tief in Gedanken versunken. Als er wieder aufschaute, entdeckte er Ottilie, die reglos in der Tür stand. Ihr lie-

fen Tränen der Rührung über die Wangen und sie sagte leise: „So etwas Schönes habe ich noch nie gehört."
„Es ist auch von einem großen Meister, der das Klavier beherrschte wie kein Zweiter. – Ich habe es lange nicht mehr gespielt."
Langsam ging er an ihr vorbei; er verließ den Raum beinahe wie ein Schlafwandelnder, der einem imaginären Ziel sicher entgegenstrebt.
Ottilie schlich sich zum Flügel hinüber – sie musste doch erkunden, um welches Musikstück es sich hier handelte. Sie las die Überschrift:

„Franz Liszt – Liebestraum."

So, so, dachte sie bei sich, allmählich ist er also so weit. Nach dem Frühstück holte Wittenborg Hans aus dem Stall. Er spannte ihn für die kurze Fahrt zur Kirche vor die Chaise. Dann fuhr er den Wagen vor das Haus und half Ottilie, die schon an der Pforte gewartet hatte, beim Einsteigen. Zusammen mit dem Doktor in die Kirche! So häufig kam das nicht vor!
Im Gotteshaus angelangt, dirigierte der Landarzt Ottilie nicht in eine der hinteren Bänke, wo er üblicherweise saß, sondern in die erste Reihe.
Noch ehe der letzte Glockenschlag des Eingangsgeläuts verhallt war, war die Kirche bis auf wenige Plätze in der ersten Bank mit sonntäglich gekleideten Gästen gefüllt.
Im letzten Augenblick hastete Eberhard Volck durch den Mittelgang. Er hatte das Fahrrad genommen.
„Kommen Sie, Doktorchen!", flüsterte Ottilie ihm zu und drückte ihn neben sich in die Bank.
Dem Harmonium wurde ein letzter Choral abgerungen und der mächtige Gesang der Gemeinde schien das neogotische Gewölbe vibrieren zu lassen:

„Wachet auf, ruft uns die Stimme
der Wächter sehr hoch auf der Zinne
Wach auf du Stadt Jerusalem …!"

Gerade als sich die Melodie zur Zeile „Wo seid ihr klugen Jungfrauen?“ emporschwang, öffnete sich noch einmal knarrend das Portal. Fünf weitere Personen betraten die Kirche und schritten beinahe feierlich den Mittelgang entlang bis vor den Altar – die alten Ehepaare Behr und Ohm und in ihrer Mitte eine junge, zerbrechlich wirkende Frau mit einem kleinen Kind auf dem Arm. Dieses war in eine blaue Wolldecke gehüllt, aus der ein langes, weißes Taufkleid hervorschaute.
Die Menschen erhoben sich von den Kirchenbänken. Sie schienen geradezu erleichtert wahrzunehmen, dass die ehedem von vielen geschmähte, dann verschwundene und sogar für tot gehaltene Elsbeth Mandrukeit zurückgekehrt war. Pastor Johannes Todsen begrüßte die Ankömmlinge und begleitete sie zur ersten Bank. Nachdem sie sich gesetzt hatten, neigte Elsbeth sich zum Doktor hinüber und begrüßte Ottilie, Wittenborg und Volck mit einem wohlklingenden „Guten Morgen!“
Der Gottesdienst begann. In seiner Predigt sprach der Pastor über das Gleichnis vom barmherzigen Samariter, das er eigens für Elsbeths ersten Kirchgang seit der Geburt ihres Kindes ausgewählt hatte:
„Alle haben weggesehen am Pfingstabend – offenbar hatte keiner der im Krug versammelten Christen von dem Pfingstwunder, dem Ausschank des Heiligen Geistes, profitiert. Niemand schritt ein, als diese Frau mit dem Kind unter ihrem Herzen aus dem Lokal floh, sich schwere Verletzungen zuzog, es bis zum Hafen schaffte und dann ins Wasser ging! ‚Hätt‘ sie doch verrecken sollen, die elende Pollackin‘, mögen sich einige der unbelehrbarsten Deutschtümler gewünscht haben!“, donnerte Pastor Todsen mit seinem eindringlichen Bass von der Kanzel. „Wovor hat sie sich so sehr gefürchtet? Wer war es, der sie so in Angst versetzte? – Die böse Tat eines Verwirrten war es, der den teuflischen Gedanken der Menschenfeinde mit eigenen, elenden Befriedigungswünschen zu einer höllischen Melange geraten ließ! – Wir wollen auch dieser ausweglos verirrten Seele eines kranken jungen Selbstmörders gedenken.

Elsbeth Mandrukeit wurde vor dem Tode des Ertrinkens bewahrt. Anschließend hat der klar denkende Mann, dem diese Rettung zu verdanken ist, sie vorsorglich auf seinem Schiff beherbergt und vor Anschlägen auf ihr Leben beschützt. Er und seine Frau haben sie gesund gepflegt, ernährt und versorgt, als seien sie ihre leiblichen Eltern. Jens Ohm fühlte die Pflicht, Fräulein Mandrukeit gerade in jenen Wochen gegen die Bosheit der Welt zu verteidigen, als sie das Kind zur Welt bringen sollte, das wir heute taufen wollen.

Elsbeth und das Kind sind dem kinderlosen Ehepaar inzwischen so sehr ans Herz gewachsen, dass sie beiden durch Adoption einen neuen Familiennamen gegeben haben. – Geht in euch, meine Lieben, und seid bereit, wann immer das Leben es von euch verlangt, dem Beispiel der Familie Ohm tatkräftig nachzueifern."

Wittenborg war von der Predigt tief beeindruckt. – Der Pastor hatte ihnen mit wenigen Worten schonungslos die Wahrheit gesagt.

Ein Gebet und das Kirchenlied „Liebster Jesu, wir sind hier" leiteten zur Taufe über. Die Ohms, Elsbeth mit dem Täufling, Doktor Volck und Doktor Wittenborg traten an das Taufbecken heran. Als das kühle Wasser auf die Stirn des Kindes tropfte, begann es aus Leibeskräften zu schreien. Pastor Todsens dröhnender Bass war dennoch gut zu verstehen: „Jonas Ohm, ich taufe dich im Namen des Vaters, des Sohnes und des Heiligen Geistes. Amen."

Danach nahm der Pastor sie alle in die Pflicht – besonders die beiden Mediziner Wittenborg und Volck, die sich als Paten angeboten hatten, um den kleinen Jonas zu Beginn seines Lebensweges mit ihrer Fürsorge zu begleiten.

Nach der Erteilung des Segens traten sie ins Freie hinaus. Der Himmel hatte sich zugezogen, man sah kaum mehr die Kirchturmspitze. Dr. Volck und Ottilie standen noch – in ein Gespräch vertieft – an der Kirchentür. Elsbeth mit dem Kleinen, die Ohms und Wittenborg gingen gerade über den freien

Platz vor dem Kirchenportal, als sich der alte Lehrer Mehlmann zu ihnen gesellte.
„Was wird nun aus dir und dem Kleinen, liebe Elsbeth?“, fragte er Anteil nehmend.
„Die beiden, Elsbeth und der kleine Jonas, gehören jetzt zu unserer Familie. Wir geben sie nicht wieder her“, antwortete Frau Ohm und legte ihren Arm um die junge Frau. Und Jens Ohm fügte hinzu:
„Uns sind Kinder immer versagt geblieben. Jetzt haben wir eine Tochter und einen kleinen Enkel. Soweit es in unserer Macht steht, werden diese beiden Menschenkinder nie wieder Not erleiden. – Ich seh uns schon als Großeltern mit dem Kleinen an der Hand auf dem Deich stehen und der Elsbeth zuwinken, wenn sie als erste Frau hier an der Küste mit unserem Kutter aus dem Hafen fährt, um Krabben zu fischen.“
„Mit unserem Kutter? Von dem ist doch fast nichts mehr übrig.“
„Du hast recht, Irmchen! Das wollt ich dir schon seit Tagen beichten: Ich möchte bei Hansen in Wewelsfleth einen neuen Kutter in Auftrag geben. Den Großteil der Kosten wird die Fischerkasse nach dem Brand auf der LISA übernehmen. Den Rest verkraften wir schon. Und du, Irmchen, du darfst dir schon mal ’nen schönen Namen für das Schiff ausdenken.“
„Aber gewiss doch! Da hab‘ ich wirklich ein Wörtchen mitzureden. –Ober dat segg ik Di: Dat ist die beste Idee, die du dschemals hattest. Dschewoll, dat mok wi so! Das kriegen wir wohl hin! Die Köger Fischer werden sich nicht mehr einkriegen. Elsbeth, die erste Kapitänin im Koog! Ja, und wenn denn erst einmal der Kleine ans Ruder geht …!“
Das Ehepaar Behr hatte die letzten Worte der Unterhaltung mit angehört und nun wandte sich Vater Behr an Ohm:
„Ein bisschen sind wir nu ja auch mit dem kleinen Jonas verwandt. Er ist doch auch unser Enkel. – Den Kutter braucht ihr nicht erst bauen zu lassen. Flosses MARGA, die immer noch auf der Werft in Tönning liegt, ist so gut wie neu und bestens in Schuss. Sie müsste nur einmal gründlich überholt werden.“

Frau Behr ging zu Elsbeth hinüber und umarmte sie. „Wir haben einiges an dir gut zu machen, liebe Elsbeth." Elsbeth sagte nichts; sie nahm nur den Kopf der alten Frau und drückte ihn an ihre Schulter. Meta Behr streichelte liebevoll das winzige Händchen, das sich ihnen aus dem Kinderwagen entgegenstreckte.

Alsbald verabschiedeten sich alle in gelöster Stimmung voneinander und strebten der Straße zu.

Dort erwartete sie ein Herr von kräftiger Statur mit einer Aktentasche unter dem Arm. – Wittenborg hätte ihn in seinem Sonntagsstaat beinahe nicht wiedererkannt.

„Sawatzki!", stellte dieser sich vor und grüßte höflich nach allen Seiten. Dann wendete er sich an den Lehrer Mehlmann: „Ich hab' hier was für Sie, das uns Asmus Eeckena in einer verschließbaren Buchhülle zur Aufbewahrung übergeben hatte. Wir haben die Hülle erst nach seinem furchtbaren Tod geöffnet – es war jedoch kein Buch darin. Aber die Hülle ist mit einer Widmung an Sie beschriftet, Herr Mehlmann." Indem er dies sagte, überreichte er die Hülle. Lehrer Mehlmann war überrascht und kehrte die Hülle um, doch es fiel nichts heraus – sie war wirklich leer. Man merkte ihm seine Enttäuschung darüber deutlich an.

„Schade! Einen Moment lang hatte ich gehofft, meine Kladde mit der ‚Nebelbraut vom Schosterbarg' zurückzubekommen."

„Nicht traurig sein, lieber Herr Mehlmann! Auch ich habe noch ein Mitbringsel für Sie." Wittenborg griff in seinen weiten Umhang und zog ein schwarzes Heft hervor.

„Dies hat Asmus bei einem Besuch in unserem Haus vergessen."

„Das gibt es ja nicht! Welch ein Geschenk des Himmels!, dass diese Kladde, so teuflisch sie ist, wieder da ist!", bedankte sich Mehlmann bei Wittenborg und hielt das schwarze Heft noch einmal hoch, damit alle es mitbekamen.

„Nun kann ich mich endlich daran machen, die Sage von der Nebelbraut auf dem Schosterbarg zu kommentieren und neu herauszugeben."

Währenddessen hatte Ottilie zwischen den aus der Kirche kommenden Gottesdienstbesuchern eine in Schwarz gekleidete Frau entdeckt. Sie trug einen flachen Hut mit Schleier und ging allein – man hätte sie durchaus für eine Witwe halten können.

Ottilie zupfte Wittenborg am Ärmel und flüsterte ihm zu: „Sehen Sie doch mal, wer dort drüben geht, Herr Doktor!“ Wittenborg hörte den letzten Teil des Satzes schon gar nicht mehr. Er eilte bereits über den Vorplatz in Richtung der Eingangspforte des Kirchhofs und stellte sich der dunkel verschleierten Frau in den Weg.

„Fräulein Marga“, sprach er sie an, „wie geht es Ihnen?“

„Wie soll es mir schon gehen! Meinem Vater geht es jedenfalls sehr schlecht – und daher auch uns allen“, antwortete sie leise.

„Das lässt sich denken – nach allem, was in letzter Zeit geschehen ist. Sie haben in den vergangenen Wochen harte Schicksalsschläge und Enttäuschungen erlebt. Wie sie damit umgegangen sind, hat mich tief beeindruckt. Und noch etwas möchte ich Ihnen gern sagen: Vor nicht allzu langer Zeit haben Sie sich in einem Kieler Hotel als meine Ehefrau ausgegeben. Das fand ich ausgesprochen kühn, aber auch ... na ja ...ein bisschen richtungsweisend. Nun ... Ich wollte Ihnen schon lange sagen, dass ich das gar nicht für so eine ganz abwegige Idee halte. – Ich würde, wenn Sie erlauben, gern bei anderer Gelegenheit und einer guten Tasse Kaffee mit Ihnen zusammen darüber nachsinnen, ob es sich lohnt, diesen Gedanken weiter zu verfolgen. Was meinen Sie dazu?“

Er sah sie unter ihrem Schleier lächeln und zustimmend nicken. Ihre Kutsche kam, er half ihr hinein und winkte ihr nach, bis von dem Wagen nichts mehr zu sehen war.

* * *

ANHANG

\- - -

Die *Marner Zeitung* brachte am 15. April 1914 eine traurige Nachricht:

„Im Kaiser-Wilhelm-Kog erschoß sich ein 21jähriger, gut gekleideter junger Mann, der aus Chemnitz stammte und vor einigen Jahren in Wilhelmskoog in der Fischerei tätig gewesen sein soll. Die Leiche wurde halb im Wasser, die Papiere auf dem Trockenen gefunden. Der stellvertretende Amtsrichter aus Marne hat die Leiche durch einen Arzt obduzieren lassen. Es wurde zweifellos Selbstmord festgestellt. Die Leiche wurde in Kronprinzenkoog beerdigt."

Ich wüsste gern mehr darüber.

Jörgen Bracker

Hamburg, im August 2020

Wahr oder wahrscheinlich?

In Wewelsfleth – heute ein eher beschaulicher Ort, nicht weit von der Einmündung der Stör in die Elbe gelegen – arbeiteten um die Wende vom 19. zum 20. Jahrhundert mehrere ausgezeichnete Holzschiffwerften. Eine von ihnen verdient es, im Rahmen des vorliegenden Romans besonders hervorgehoben zu werden, da sie den Schauplatz für das Eingangskapitel bildet. Diese wurde von den Schiffbaumeistern Johann und Gustav Junge betrieben und belieferte die Fischer und Küstenschiffer an der ganzen deutschen Nordseeküste mit Transportewern und Fischereifahrzeugen.
Gustav Junge hatte zu Beginn seiner Tätigkeit eine Reise nach England unternommen, um dort den *cutter in the British waters* zu studieren – nach diesem Vorbild wollte er ein für unsere Wattengebiete geeignetes Segelfahrzeug entwickeln. Das Ergebnis dieser Studien war ein knapp zehn Meter langer und dreieinhalb Meter breiter Krabbenkutter, der nur achtzig Zentimeter tief ging und damit für die Krabbenfischerei in den Watten besonders gut geeignet war. Die Fischer zeigten sich von diesem Ergebnis begeistert. Die Werft hatte in der Folgezeit Mühe, ihre Produktion der schnell wachsenden Nachfrage auch anzupassen. Der Bedarf an Fischereifahrzeugen nahm von Jahr zu Jahr zu – teilweise bedingt durch den rasanten Ausbau der Eisenbahnlinien, die nach und nach die Nordseehäfen in ihr Streckennetz einbezogen. Der Einsatz von Kühlwaggons in dem stark expandierenden Güterverkehr begünstigte zudem das Entstehen neuer Absatzmärkte für Fischereiprodukte im Deutschen Reich und führte zur Blüte der vom Fischfang lebenden Berufszweige. Die Krabbenfischer partizipierten von diesem Aufschwung. Wer zuvor noch bis zur Brust im Wasser stehend seinen Schiebehamen vor sich her durch das Wattenmeer geschoben hatte, stieg jetzt – wenn es ihm möglich war – auf einen Krabbenkutter um und holte mit der Kurre die Krabben in solchen Mengen aus dem Meer, dass der Weiterverkauf und auch der Versandhandel zu lohnenden Geschäften wur-

den. Der mühseligere Krabbenfang mit dem Schiebehamen blieb alleinstehenden Frauen vorbehalten.

Heimkehr eines Kutters vor Eintreten der Hohlebbe zum Liegeplatz an der Sielhafenbrücke im Vordeich, den die Mastspitzen dort bereits liegender Kutter anzeigen. Abtransport der frischen Krabben zum Pferdewagen, der auf dem Deich den Fischer erwartete.

Ein solcher Krabbenkutter, dessen Bauzeichnung sich im Archiv des Deutschen Schifffahrtsmuseums in Bremerhaven befindet, steht im Mittelpunkt unserer Geschichte. Im Auftrag des Jungfischers Friedrich Schlömer wurde der Kutter auf der Junge-Werft in Wewelsfleth erbaut und im Frühjahr 1911 an ihn ausgeliefert. Friedrich Schlömer legte ihn in einen winzigen Dithmarscher Sielhafen, der schon lange nicht mehr existiert.

Als ganze Krabbenfangflotten bereits die großen Häfen füllten, wurden vor den Deichen der gerade dem Wattenmeer abgerungenen Köge zusätzliche Sielhäfen angelegt. Im Rahmen dieser Art der Landgewinnung war es immer erforderlich, Teile von Prielen mit einzudeichen, um diese dann für die Entwässerung des neuen Kooges zu nutzen. – Eine solche Gelegenheit hatte sich auch bei der Eindeichung des Kaiser-Wilhelm-Kooges ergeben, als man einen Teil des Prieles – des sogenannten ‚Krautlochs' – mit in den Koog einbezog und durch ein Siel im Deich nach Norden entwässerte. Außerhalb des Deiches wurde am Prielufer ein kleiner Fischereihafen angelegt und diesseits des Deiches entstand die nur wenige Häuser umfassende Siedlung Eckstedt, von der in diesem Roman die Rede ist.

Ein Exemplar des von Gustav Junge konstruierten Kuttertyps, die in Wewelsfleth erbaute und im Mai 1912 einem Büsumer Fischer übergebene FAHREWOHL VON BÜSUM habe ich im Jahre 1980 erworben, um sie durch Restaurierung in ihren ursprünglichen Zustand zu versetzen. – Der Kutter besaß ursprünglich die von der Junge-Werft garantierten guten Segeleigenschaften. Ohne diese wäre es gar nicht denkbar gewesen, das Fahrzeug in der Tagesfischerei einzusetzen, mit seiner Hilfe das Netz an der Kurre über die Fanggründe zu schleppen und allabendlich die Körbe voller Krabben im Hafen zum Weiterversand abzuliefern.

Ihre Segeleigenschaften büßte die FAHREWOHL im Laufe der folgenden Jahrzehnte nach dem Einbau immer stärkerer Motoren und der Verkleinerung der Segelfläche nach und nach gänzlich ein. Um sie wieder zum Leben zu erwecken, wollte ich das Schiff planmäßig restaurieren lassen. Ich suchte das Gespräch mit Fischern und Fahrensleuten sowie Restauratoren und

Schiffshistorikern, die das Fahrzeug und seine Geschichte mehr oder minder gut kannten.

Einer der Büsumer Gesprächspartner glaubte zu wissen, auf diesem Schiff sei Friedrich Schlömer, einer seiner weitläufigen Verwandten, erschossen worden. An weitere Einzelheiten – wann und wo das geschehen sein mochte – erinnerte er sich nicht und konnte auch niemanden benennen, der mehr darüber wusste. Die Aussicht, demnächst mit einem Unglücksschiff in See zu stechen, erschreckte mich. Dem musste ich nachgehen. Eine zufällige Begegnung mit Nelus Hajungs, einem damals bereits 98-jährigen Transportewerschipper in Friedrichskoog, ergab dann glücklicherweise, dass ich mich umsonst geängstigt hatte. Dank seines hervorragenden Gedächtnisses war Hajungs sofort in der Lage, mir genau zu erklären, wann und wo und auf welchem Schiff die Mordtat geschehen war: Nicht mein Kutter, die FAHREWOHL von Büsum, sondern eines ihrer Schwesterschiffe, die völlig baugleiche SEESCHWALBE von Eckstedt/Kaiser-Wilhelm-Koog, sei Schauplatz dieser Bluttat gewesen, die sich am Pfingstmontag des Jahres 1911 ereignet habe.

Den alten Mann hatte sein Gedächtnis nicht getrogen. Bei meinen durch seine Aussage veranlassten Nachforschungen wurde ich in der *Marner Zeitung* fündig. In der Ausgabe vom 8. Juni 1911 stieß ich auf eine Traueranzeige, in der das tragische Ereignis durch die Eltern des Ermordeten bekannt gemacht wurde,

„... daß am 2. Pfingsttage, vormittags neuneinhalb Uhr, ... Friedrich Schlömer durch die Hand eines frechen Mordbuben in dem blühenden Alter von 23 Jahren uns entrissen wurde.“

In derselben Ausgabe fand sich unter *„Lokales und Provinzielles“* ein erster Bericht dazu:

„... Der Fischer Fr. Schlömer und einige Freunde beabsichtigten, am 2. Pfingsttage auf Seehundsjagd zu fahren, und hatten am Abend vorher be-

reits ihr Boot [Krabbenkutter] mit Proviant, Flinten und Munition versehen. Als sie am anderen Morgen abfahren wollten, war das Boot verschwunden und alle Anzeichen deuteten darauf hin, dass es gestohlen sei. Schlömer, der im Besitze eines Motorbootes war, fuhr in Begleitung einiger Leute auf die Suche. Nach einiger Zeit fanden sie auch im Watt das Boot und zwei Männer daneben. Der eine, früher Schifferknecht im Wilhelmskoog namens Feick [richtig: Voigt], aus Wilster, der auch schon eine Präparanden-Anstalt besucht hatte, legte auf Schlömer an und schoss ihm die Mütze vom Kopfe. Schlömer fuhr jetzt mit seinem Boot zu einem in der Nähe befindlichen Fischer, um sich dort eine Flinte zu leihen. Hierauf kehrte er zu den Dieben zurück. Kaum war er auf Schussweite herangekommen, als Voigt einen Schuss abgab, der Schlömer mitten in die Brust traf. Die Insassen des Bootes [Motorboot] fuhren schleunigst zurück und benachrichtigten die Polizei, die sofort die Verfolgung aufnahm. Inzwischen war durch die einsetzende Flut das gestohlene Boot [Schlömers Krabbenkutter] vom sog. „Hohen Ufer" [bei Trischen – eine steile Wattstromkante, die bei Flut unsichtbar unter Wasser blieb] wieder flott geworden …"

Die *Marner Zeitung* vom 13. Juni 1911 zitierte aus der *Kieler Zeitung* und ermöglichte es ihren Lesern, sich ein erstes Bild von den Tätern zu machen:

„… daß sowohl Voigt wie Thieme aus Kiel stammen und beide guten Familien angehören. Thieme hat das Reformgymnasium bis zur Obersekunda besucht, musste aber ausscheiden, wohl weil er stark nervös war. Da er mit dieser Schulbildung nicht Apotheker werden konnte, trat er bei einem Drogisten in die Lehre. Seine Eltern hatten ihm den Verkehr mit Voigt, der einen schlechten Einfluß auf ihn ausübte, wiederholt verboten. Voigt war früher Präparand. Da er sich aber nicht gut führte, wurde er von seinen Verwandten aufs Land geschickt. Um die Angehörigen Thiemes zu täuschen, hatte Voigt einen Tag vor Pfingsten an Thieme geschrieben, er werde ihn während der Pfingsttage besuchen. In Wirklichkeit war Thieme zu Voigt gefahren."

Die *Marner Zeitung* vom 15. Juni 1911 konnte dann aus polizeilichen Vernehmungsprotokollen und den Aussagen der beiden 17-jährigen Täter zitieren und versuchte, die Hintergründe für das Motiv der Tat zu erläutern:

„… Die jetzt vorliegenden eingehenden Aussagen der beiden [Täter] … lassen den Sachverhalt in manchen Punkten anders als bisher erscheinen. Hiernach besuchte der siebzehnjährige Schifferknecht bis kurz vor Ostern d. J. eine Präparanden-Anstalt in Kiel, da er Lehrer werden sollte. Er hatte jedoch von jeher Hang zu Abenteuern und sich vor allem in den Kopf gesetzt, nach den Südseeinseln auszuwandern. Diesen Plan hatte er eingehend mit dem Drogisten-Lehrling Hans Thieme besprochen. Beide kamen viel zusammen und schlossen Freundschaft. In Folge seiner Beschäftigung mit den abenteuerlichen Südseeplänen hatte Voigt an seinen Studien kein Interesse mehr. Er verließ die Präparanden-Anstalt und wandte sich nach Altona, um dort im weiteren Verfolg seiner Südsee-Pläne nautische Instrumente kennen zu lernen. Da sich ihm hierzu keine zusagende Gelegenheit bot, so wurde er Schiffsjunge. Er heuerte auf einem Ewer an und wurde dann bald darauf Schifferknecht [Bestmann] auf einem Krabbenfischerkutter [dem von Schlömer]. Während dieser Zeit war er mit seinem Freund in Kiel in regem Briefwechsel geblieben und teilte diesem kurz vor Pfingsten mit, dass er jetzt im Kaiser-Wilhelm-Koog die Zeit für gekommen erachte, den Südseeplan in die Tat umzusetzen. Thieme möge zu Pfingsten zum Antritt ihrer Fahrt nach der Südsee nach dem Kaiser-Wilhelm-Koog kommen. Danach machte sich dieser dann in Kiel reisefertig …
Die beiden Abenteurer sind anscheinend Opfer der phantastischen „Reise- und Schundliteratur.“

Die *Marner Zeitung* vom 22. Juni 1911 informierte darüber, wo und warum der Prozess nicht in Altona, sondern in Itzehoe stattfinden werde:

„Die beiden Attentäter, Voigt und Thieme … haben das 18. Lebensjahr noch nicht vollendet. Deshalb werden sie sich auch nicht, wie ursprünglich

angenommen worden ist, vor dem Altonaer Schwurgericht, sondern vor der Strafkammer Itzehoe zu verantworten haben."

Ich befragte nach Nelus Hajungs auchnoch seine um ein Jahr ältere Schwester Anna, ob sie sich noch erinnere, was am Pfingstmontag 1911 geschehen sei. Ich traf Anna in ihrer kleinen Gaststätte, deren über die Zeiten hinweg unveränderte Einrichtung ich im Roman beschrieben habe. Sie gab mir spontan Auskunft: *„Oh, Pingstmondach, doar hebbt se Friech Schlömer dotschoten!"*
Beide, Anna und Nelus Hajungs, als Ohren- und Augenzeugen – damals noch keine zwanzig Jahre alt – waren zugegen, als Schlömer und seine Freunde am Pfingstsonntagabend in diesem Gastraum an der Theke eine für den nächsten Morgen in Aussicht genommene Seehundjagd bei einem Bier besprachen. Weitere Aussagen noch lebender Zeitzeugen waren nicht zu erlangen. Die Hoffnung auf die Durchsicht von Prozessakten zerschlug sich, da diese vollständig vernichtet worden seien, wie mir das Schleswig-Holsteinische Landesarchiv nach dankenswerten Bemühungen mitteilte. Zeitungsberichte über den Prozess in Itzehoe gab es nicht, weil Öffentlichkeit und Presse aufgrund des jugendlichen Alters der beiden Täter vom Prozess ausgeschlossen waren.
So ließ sich denn auch kaum mehr über die Lebensumstände der betroffenen Personen und ihr Umfeld vor und nach der Ermordung des Jungfischers in Erfahrung bringen. Dass Schlömer zu diesem Zeitpunkt gerade 23 Jahre alt geworden und unverheiratet war, lässt sich der Todesanzeige entnehmen. Unmittelbar zuvor muss er seinen Militärdienst, wie wahrscheinlich die meisten Fischer, bei der Kaiserlichen Marine in Kiel abgeleistet haben.
Alle weitergehenden Recherchen habe ich 1981 erst einmal aufschieben müssen, da nach wie vor faszinierende berufliche Aufgaben auch meine Freizeit bis zu meiner Pensionierung in Anspruch nahmen.
Allerdings versuchte ich dennoch, wann immer es mir möglich war, die landschaftlichen Gegebenheiten und den historischen Hintergrund für das

im Roman geschilderte zentrale Geschehen auszuleuchten und nach Verknüpfungsmöglichkeiten Ausschau zu halten.

Über die Entstehung der Köge, die Häfen, Ortschaften und Städte ließ sich manches den Chroniken entnehmen – zu neueren Erkenntnissen der Sozialgeschichtsforschung und Volkskunde in Dithmarschen vor allem den ausgezeichneten Arbeiten von Nis R. Nissen. Hinzu kamen wichtige Veröffentlichungen zur Einwirkung politischer Parteien und Vereine auf die Stimmung im Lande vor dem Ersten Weltkrieg. Für die Entwicklung der Fischerei, deren Erforschung sich Kurt Winter in Büsum mit großer Sorgfalt angenommen hatte, war der Zuzug ostpreußischer Fischer aus Alt-Passarge von entscheidender Bedeutung. Zu ihnen gehörte um 1910 nahezu die Hälfte aller Büsumer Kutter, wie ich vor Jahren in einem kleinen Aufsatz herausgearbeitet habe.

Mindestens so wichtig war in dieser Zeit die saisonale Unterstützung durch die Wanderarbeiter aus Ostpreußen und Polen für den Ausbau der Landwirtschaft in den neuen Kögen. Dennoch wurden diese Menschen teilweise unmenschlich behandelt und sahen sich der zunehmenden Anfeindung seitens bestimmter politischer Vereine ausgesetzt. Aus den zeitgenössischen Aufzeichnungen von Pastor Ludwig Schlee aus dem zu Norderdithmarschen gehörenden Wesselburen geht hervor, dass sich im Wesentlichen nur die Diakone der Inneren Mission der massiven Probleme der Wanderarbeiter annahmen. – In Analogie hierzu hat die Fantasie in dem vorliegenden Roman ähnliche Verhältnisse für Süderdithmarschen erfunden.

Zahlreiche Einzelveröffentlichungen über die Anwerbung von Interessenten für die Auswanderung in die Südsee erlaubten es, für die Motive der Täter reale Anknüpfungspunkte zu finden.

Ohne die veröffentlichten Ergebnisse wissenschaftlicher Bemühungen um die Geschichte unseres Landes wäre die Entstehung eines historischen Romans wie des vorliegenden undenkbar. Darum sei dem interessierten Leser, der das Gelesene gerne vertiefen würde, das sich anschließende Verzeichnis weiterführender Literatur zur Hilfe angeboten.

Über den Autor

Jörgen Bracker
© Foto: romanus fuhrman

Jörgen Bracker, Historiker und Archäologe aus Leidenschaft, studierte – nach dem Abitur an der Domschule Schleswig – Klassische Archäologie, Alte Geschichte sowie Vor- und Frühgeschichte in Marburg, Kiel und Münster. Er promovierte 1965 in Münster mit einer Arbeit zum Thema *„Die Bildnisse Kaiser Gordians III. nach einer neuen ikonographischen Methode"*. Anschließend war er als Kustos und Oberkustos am Römisch-Germanischen Museum Köln als Ausgrabungsleiter und bei der Neugestaltung des 1974 eröffneten Museumsneubaus tätig, bevor er 1976 zum Direktor und Professor des Museums für Hamburgische Geschichte berufen wurde.

Es war eine Lebensaufgabe, die dort auf Bracker wartete: Zunächst waren fahrplanmäßig die den Start erschwerenden Schäden aus dem Zweiten Weltkrieg zu beseitigen: An Stelle der Schlaglöcher auf dem Vorplatz sollte ein Mosaikbild der Stadt im Kranz der Bastionen des 17. Jahrhunderts freundlicher und einladender wirken. Im Haus selbst wurden die rußgeschwärzten, abschreckenden Wände der Eingangshalle zunächst notdürftig mit Nussgranulat abgeblasen. Die Zugänglichkeit aller Räume, für Behinderte bis dahin eingeschränkt durch unterschiedliche Raumniveaus, musste – durch Einbau von Rampen und kleinen Fahrstühlen – verbessert werden. Auch das inhaltliche Konzept wurde überarbeitet: Im Zuge einer Neugestaltung der Abteilungen musste die volkskundliche Präsentation in eine historische Abfolge der Exponate geändert werden Zu bisher nicht gezeigten Aspekten der Hamburger Historie – u. a. der Arbeiterbewegung, der Geschichte der Juden und deren Verfolgung – wurden zur Vertiefung bis 2001 etwa 25 kleine und große Ausstellungen entwickelt. Vor Verwirklichung der großen Hanse-Ausstellung im Jahr 1989 wurde eine Überdachung des Innenhofes erforderlich: Die wertvollen, bisher vom sauren Regen angefressenen und deshalb von den Restauratoren im Keller verwahrten Kalksteinkapitelle und -reliefs sollten im Innenhof gefahrlos wieder präsentiert werden können. Es entstand ein kühnes, international bewundertes und den Zwecken des Museums entsprechendes Glasgewölbe, das zur Hälfte von begeisterungsfähigen Stiftern aus Hamburg finanziert wurde. Es verwandelte den Innenhof unter anderem in eine Festhalle, die seitdem häufig für internationale Begegnungen, historische Gedenktage, Vorträge und Kammerkonzerte zur Verfügung steht. All dies wurde bis zu Brackers Pensionierung im Jahr 2001 geschaffen. Sein Dank gilt auch heute noch der Unterstützung durch die tatkräftigen, in personeller Mitbestimmung zusammenwirkenden Fachleute, seiner ausgezeichneten Mitarbeiter-Crew.

Bracker publizierte ferner zahlreiche wissenschaftliche Artikel in Zeitschriften, Museumskatalogen und Sachbüchern zur Geschichte Hamburgs und der Hanse. Nach der Pensionierung schrieb er historische Romane: *Zeelander, der Störtebekerroman*, *Die Reliquien von Lissabon, Störtebekers Vermächtnis* und den historischen Kriminalroman *Hinter der Nebelwand*. 2015 folgte der Roman *Spielmanns Fluch*. 2018 erschienen die ersten beiden Bände der Roman-Trilogie zu Claus Störtebeker unter dem Titel *Genannt Claus Störtebeker* und *Furor Maris. Gespenstische Lissabonreise*.

Jenseits der Nebelwand der Traum von Kabakon greift die Handlung aus *Hinter der Nebelwand* in überarbeiteter und um die Ergebnisse weiterer Recherchen ergänzter Form auf.

Weiterführende Literatur:

Gustav Blunk, Chronik von Büsum, in: Dithmarschen H. 1, Boyens & Co. , Heide 1938.

Jörgen Bracker, Die Seefischerei an der Schleswig-Holsteinischen Westküste vor dem Ersten Weltkrieg, in: Jürgen Brockstedt, Seefahrt an deutschen Küsten im Wandel 1815 – 1914. Karl Wachholtz Verlag, Neumünster 1995.

Ders., Unser Strom. Hamburg und die Niederelbe von Lauenburg bis Cuxhaven. Schriften des Deutschen Schiffahrtsmuseums Bd. 41, hg. v. Uwe Schnall. Kabel Verlag, Hamburg 1995.

Ders., Hinter der Nebelwand, Historischer Kriminalroman. 1. U. 2. Auflage: Wachholtz Verlag, Neumünster. 2011/ 2012. Sonderauflage (fehlerhafter Nachdruck!) unter neuem Titel: Am Ruder der Tod, Tredition Verlag, Hamburg, 2013.

Stefan Breuer, Die Völkischen in Deutschland. 2. Aufl. WBG., Darmstadt 2010.

Marc Buhl, Das Paradies des August Engelhardt

Gisela Graichen, Horst Gründer, Deutsche Kolonien,.Traum und Trauma. Ullstein Buchverlage, Berlin 2005.

J. Hansen, H. Wolf, Chronik des Landes Dithmarschen. Hamburg 1833.

Nils Hansen, Doris Tillmann, Schleswig-Holsteinische Dörfer in der Kaiserzeit. Verlag Boyens & Co., Heide 1990.

Jürgen Jensen, Seestadt Kiel. Geschichte und Gegenwart. Wachholtz Verlag, Neumünster 1975.

Jürgen Jensen, Kiel im Kaiserreich. Das Erscheinungsbild der Marinestation der Ostsee 1871 – 1918. Karl Wachholtz Verlag, Neumünster 1978.

Jürgen Jensen, Peter Wulf (Hrsg.), Geschichte der Stadt Kiel. Karl Wachholtz Verlag, Neumünster 1991.

Herbert Karting, Schiffe aus Wewelsfleth. Deutsche Küstensegler, Band III. Die Fischerei- und Sonderfahrzeuge der Junge-Werft. Rundschau KG, Itzehoe 1985.

Alfred Kamphausen (Hrsg.), Der Kronprinzenkoog. Zum 150jährigen Bestehen des Kooges, Meldorf 1938.

Christian Kracht, Imperium, Kiepenheuer & Witsch 2012.

Bernd G. Längin, Die deutschen Kolonien – Schauplätze und Schicksale. Verlag E. S. Mittler & Sohn, Hamburg, Berlin, Bonn 2005.

Hans Michelsen, Chronik des Deich- und Hauptsielverbandes Dithmarschen, Band I, 2. Aufl. Boyens 2008.

Rüdiger Möller, „Und mancher Slawe machte sich im Kirchspiel sesshaft", in: *Nis R. Nissen (Hrsg),* Menschen, Monarchen, Maschinen, Landarbeiter in Dithmarschen.

Manfred Niendorf, Wewelsfleth. 750 Jahre Geschichte. Hans Christians Verlag, Hamburg 1988.

Nis R. Nissen, Ins Rollen gebracht. Die Marschbahn von 1845 bis 1972, Westholsteinische Verlagsanstalt Boyens & Co. Heide 1990.

Nis R. Nissen (Hrsg.), Menschen, Monarchen, Maschinen. Landarbeiter in Dithmarschen. Westholsteinische Verlagsanstalt Boyens & Co., Heide 1988.

Michael Peters, Der Alldeutsche Verband am Vorabend des Ersten Weltkrieges (1908 – 1914). Ein Beitrag zur Geschichte des völkischen Nationalismus im spätwilhelminischen Deutschland. 2. korr. Aufl., Peter Lang Verlag Frankfurt a.M., Berlin etc., 1995.

Ulrich Pfeil, Partikularismus, Sonderbewusstsein und Aufstieg der NSDAP. Kollektive Denkhaltungen und kollektive Erinnerung in Dithmarschen 1866 – 1933. ZGSH. Bd. 124, 1999, S. 135 ff.

Uwe Puschner, Die völkische Bewegung im wilhelminischen Kaiserreich, Sprache – Rasse – Religion. WBG., Darmstadt 2001.

Rüdiger Möller, Zuckerfabrik „Charles deVos", in: Demokratische Geschichte, Jb. f. Schleswig-Holstein…,2000, Bd.13, S.59 – 80.

Kurt Schulte, Kurt Winter, Büsum und das Meer. Dithmarschen Verlag Johann Haack, Büsum 1980.

Kurt Schulte, Büsum – Von der Insel zum Nordseeheilbad. Eine Chronik. Verlag Boyens & Co., Heide 1989.

Wilhelm Stock, Chronik der Gemeinde Friedrichskoog. Meerland am Gestade der Nordsee. Friedrichskoog 1979.

Wilhelm Stock, Festschrift 50 Jahre Dieksanderkoog 1935 – 1985. Boyens & Co., Heide 1985.

Gerd Stolz, Geschichte der Polizei in Schleswig-Holstein. Westholsteinische Verlagsanstalt Boyens & Co., Heide 1978.

Walter Voigt, Büsum in Wandel der Zeiten. Verlag Boyens & Co., Heide 1962.

Kurt Winter, Die Fischerei in Büsum. 2. Aufl. Verlag Boyens & Co., Heide 1983.

Abbildungsverzeichnis

S. 95:

Erstes Motorbootrennen der Cowes-Regatta in England 1906 – Postkarte: „Vorn das Daimler-Boot" (H. Hilger Verlag Berlin)

S. 115 u. 215:

Amtsgericht Altona

S. 124:

Dithmarscher Wattgebiete – Karte (Brockhaus Konversationslexikon, 1898)

S. 127:

Durch Windmühlen angetriebene Wasserpumpen in St. Margarethen (Wilstermarsch; sie halten die extrem tief unter dem mittleren Hochwasser der nahen Elbe liegende Marsch durchgehend trocken) – zeitgenössische Postkarte des *„Verl. Bahnhofsrestaurateurs Petersen, St. Margarethen"* sic!

S. 140:

Koogskirche, 1887 von einem Berliner Architekten erbaut – Postkarte

S. 147:

Schnelldampfer „Auguste Victoria" im Größenvergleich mit dem Hamburger Rathausturm. Schnellste Verbindung nach New York! – Postkarte, Stempel: 7. 10. 1912. HELIOCOLORKARTE, mit Text: „Schnelldampfer Kaiserin Auguste Victoria" (Verlag Ottmar Zieher, München)

S. 152 u. 182:

Tiefste Stelle im Watt: Ehstensieler Fahrwasser – Karte (Deutscher Seefischerei-Almanach, 1912)

S. 159:

Dusenddüwelswarf, nahe Hemmingstedt – Postkarte, gestempelt am 7. 10. 1912 (Heinecke, Kunst und Papierhandlung, Accidenzdruckerei, Meldorf)

S. 163:
Berliner Hof

S. 186:
Kieler Oberrealschule, Waitzstraße

S. 225:
Zeitgenössische Ernteszene

S. 234:
Zuckerrübentransport. Als Mutter noch lebte, konnte auch Klein-Elsbeth der Landarbeit nicht entgehen.

S. 248:
Zum Dreschen bereit! Links das Lokomobil mit einem dampfbetriebenen Antriebsrad an der Seite, von dem ausgehend ein Treibriemen die Dreschmaschine im Bildmittelgrund in Gang setzt.

S. 269:
Amtsgericht Itzehoe

S. 326:
Zeitgenössische Szene bei der Heimkehr eines Kutters

Soweit nicht anders angegeben, stammen die Illustrationen aus der Sammlung des Verfassers